中国农业机械流通协会近年部分主要活动介绍

中国农业机械流通协会会长毛洪在 2019 年全国农机流通工作会议上宣读倡议书

中国农业机械流通协会副会长陈涛在 2019 年全国农机流通工作会议上发布农机地头展公共品牌

中国农业机械流通协会副会长陈涛在 2019 年全国农机流通工作会议上做报告

中国农业机械流通协会会长毛洪在 2019 年全国农机流通工作会议上签约年度重要合作项目

2018 中国国际农业机械展览会

2019 新疆农业机械博览会

2019 中国国际农业机械展览会开幕式

2019 中国国际农业机械展览会展厅现场

2019 中国国际农业机械展览会活动现场

2020 中国国际农业机械展览会开幕式

2020 中国国际农业机械展览会活动现场

2020 中国国际农业机械展览会展会现场

2018 年 7 月在河北保定召开 2018 年北方果园生产机械化发展论坛

2018 年 11 月在天津滨海新区召开全国水产健康养殖机械化技术研讨会

2018 年 11 月在重庆渝北召开 2018 年南方丘陵山区果菜茶桑麻生产机械化发展论坛

2019 年 5 月在广西南宁召开广西丘陵山区果园生产机械化技术交流座谈会

2019 年 5 月在新疆乌鲁木齐召开新疆林果业和特色作物生产机械化论坛

2019 年 8 月在河北滦县召开全国花生生产农机农艺融合及农业社会化服务发展论坛

2020 年 9 月在河南遂平召开农机地头展——全国小麦生产耕整播新技术新装备专题会

2020 年 11 月在河北安国召开农机地头展——全国中药材生产机械化大会暨中国农业机械流通协会中药材机械分会成立大会

2018 年 7 月在河北保定举办 2018 年北方果园生产机械装备演示展示活动

2019 年 5 月在广东从化举办果园生产机械化技术培训暨推广活动

2019 年 6 月在山东平度举办农机地头展——果园机械走进山东半岛活动

2019 年 7 月在辽宁营口举办农机地头展——果园机械走进辽东半岛地区暨东北冷凉地区果园生产机械化技术培训班

2019 年 8 月在河北滦县举办农机地头展——2019 年全国花生机械装备现场会暨花生生产农机农艺融合与社会化服务论坛

2019 年 8 月在河北威县举办农机地头展——果园机械走进威县梨园暨十万亩标准梨园农机具选型活动

2020 年 9 月在河南遂平召开农机地头展——全国小麦生产耕整播新技术新装备专题会暨 2020 年驻马店市三秋农机作业现场演示会

2020 年 11 月在河北安国召开农机地头展——全国中药材生产机械化专题会议

安徽蚌埠扶贫活动

（左二为中国农业机械流通协会会长毛洪）

河北保定扶贫活动

（前排左二为中国农业机械流通协会副会长陈涛）

《农机行业优秀扶贫案例集》刊印

《农机行业优秀扶贫案例集》发布

农业机械营销实务

The Practice of Agricultural Machinery Marketing

中国农业机械流通协会　组编

苑同宝　施　颖　编

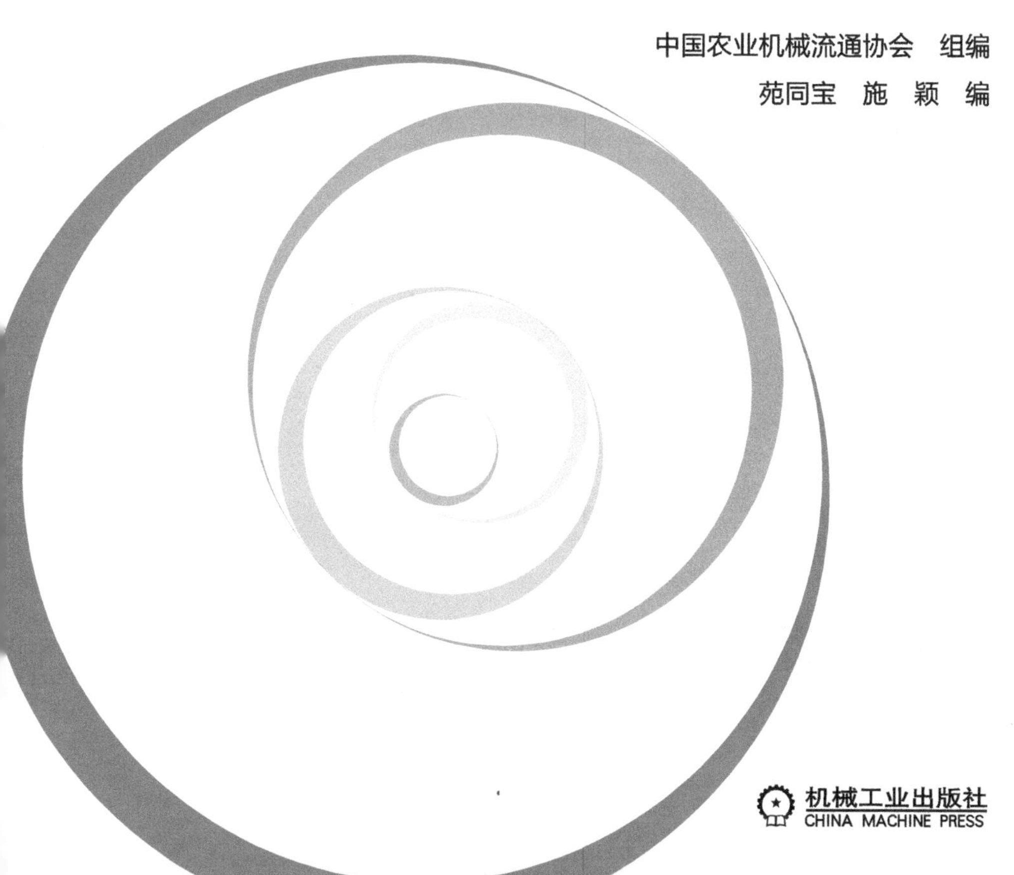

机械工业出版社
CHINA MACHINE PRESS

本书立足现代农业机械企业营销岗位的工作背景，通过对农业机械行业进行背景分析，帮助读者建立对我国农业和农业机械化的立体认知；通过对市场营销原理进行阐述，帮助读者深刻理解目前行业的营销工作。本书旨在培养读者的行业认知之“稳”和营销方法之“活”，建立基于行业认知展开营销动作的工作思路。

本书内容涵盖我国农业机械化的发展阶段分析、政策变化情况，以及农业机械市场营销理念、营销策略的运用及产品销售技巧，较为完整地阐述了农业机械市场营销岗位所涉及的主要工作内容，并设有“实战借鉴”栏目，适合农业机械生产企业的营销部门、农业机械流通企业、农业机械大市场等行业群体选用。

图书在版编目（CIP）数据

农业机械营销实务／中国农业机械流通协会组编；苑同宝，施颖编.
—北京：机械工业出版社，2021.7（2026.2 重印）
ISBN 978-7-111-68277-6

Ⅰ.①农… Ⅱ.①中… ②苑… ③施… Ⅲ.①农业机械-市场营销学 Ⅳ.①F764.4

中国版本图书馆 CIP 数据核字（2021）第 091632 号

机械工业出版社（北京市百万庄大街 22 号 邮政编码 100037）
策划编辑：高 伟 王 茜　　责任编辑：高 伟 王 茜 刘 源
责任校对：炊小云　　责任印制：张 博
固安县铭成印刷有限公司印刷

2026 年 2 月第 1 版第 2 次印刷
170mm×230mm · 21.75 印张 · 2 插页 · 413 千字
标准书号：ISBN 978-7-111-68277-6
定价：99.80 元

电话服务　　网络服务
客服电话：010-88361066　　机 工 官 网：www.cmpbook.com
010-88379833　　机 工 官 博：weibo.com/cmp1952
010-68326294　　金 书 网：www.golden-book.com
封底无防伪标均为盗版　　机工教育服务网：www.cmpedu.com

本书编审委员会

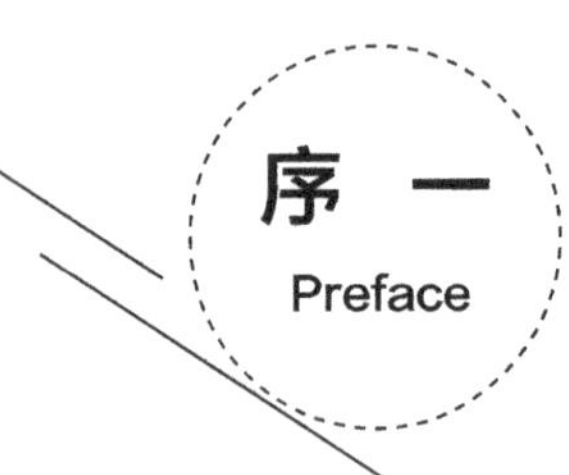

序 一

Preface

自《中华人民共和国农业机械化促进法》颁布和农机购置补贴政策实施以来，我国农业机械化事业取得了辉煌的历史性成就。其中，农业机械流通行业是我国农业机械化事业的重要组成部分，也实现了长足发展，成绩可圈可点。尤其近年来，农业机械流通行业发展更加迅速，营销方式不断创新，服务能力不断提高，新业态、新模式不断涌现。但是，作为行业协会，我们也发现很多农业机械流通从业人员对我国农业机械化的基本情况理解不够深刻，对市场营销的基本原理掌握不够充分，缺少清晰的行业认知和具体的营销方法，这在很大程度上限制了农业机械流通事业的发展。从20世纪90年代到今天，多种原因导致我国农业机械市场营销方面的图书基本无更新，付之阙如，而原有的图书内容与新时期农业机械化发展的形势已不适应。此学术之不兴，实为行业之憾事，也为盛世之隐忧。

党的十八大以来，党和国家高度重视流通体系建设。2020年9月，习近平总书记在中央财经委员会第八次会议上强调，流通体系在国民经济中发挥着基础性作用，构建新发展格局，必须把建设现代流通体系作为一项重要战略任务来抓。要贯彻新发展理念，推动高质量发展，深化供给侧结构性改革，充分发挥市场在资源配置中的决定性作用，更好发挥政府作用，统筹推进现代流通体系硬件和软件建设，发展流通新技术新业态新模式，完善流通领域制度规范和标准，培育壮大具有国际竞争力的现代物流企业，为构建以国内大循环为主体、国内国际双循环相互促进的新发展格局提供有力支撑。

2021年是中国共产党成立100周年，是“十四五”开局之年。中国农业机械流通协会组织力量攻坚克难，编写了一本满足新时期需要的农业机械市场营销方面的书籍，向建党100周年献礼。

从管理学的角度讲，营销工作是营销部门的职能，但是营销理念是整个企业和全体员工必须具备的基础理念。相信本书可以为农业机械生产企业的营销部门、农业机械流通企业、农业机械大市场等行业群体的营销能力提升起到积极的促进作用。本书还可为农业机械领域同仁提供战略营销角度的行业观察。开卷有益，功不唐捐。为者常成，行者常至。

晚清名臣张之洞说："古来世运之明晦，人才之盛衰，其表在政，其里在学。"希望本书的编写成为新时期农业机械行业重视市场营销学术研究和营销理论实际应用的滥觞。

毛　洪

中国农业机械流通协会会长

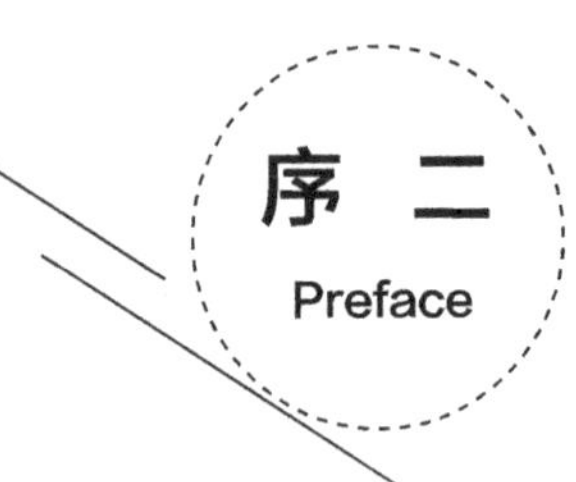

序 二

Preface

农业机械化是农业农村现代化的重要内容、重要支撑和重要标志。党中央、国务院始终高度重视农业机械化发展，根据不同时期经济社会发展形势，及时明确农业机械化发展的指导方针、目标任务和政策措施，推动农业机械化取得举世瞩目的历史性成就。2020 年全国农作物耕种收综合机械化率达到 71%，小麦耕种收综合机械化率稳定在 95% 以上，水稻、玉米耕种收综合机械化率分别超过 85%、90%。我国农业生产已从主要依靠人力、畜力转向主要依靠机械动力，进入了机械化为主导的新阶段。

2021 年是我国农业机械流通行业发展 60 周年。新中国成立初期，新式农具的供销工作由中华全国供销合作总社负责，后转为商业部负责。1961 年 10 月，国务院批准将农机具供销业务由商业部转为农业机械部负责，农业机械部设立了销售管理局及上海、天津、沈阳农机具采购供应站。从严格意义上讲，此举实为我国农业机械流通事业之肇端。其后，我国农业机械流通行业又经历了转轨适应期、稳定发展期、系统转型期、发展机遇期、转型升级期，不断嬗变，蔚然大观，为我国农业机械化事业做出了重要贡献。

党的十九届五中全会审议通过的《中共中央关于制定国民经济和社会发展第十四个五年规划和二〇三五年远景目标的建议》，对新发展阶段优先发展农业农村、全面推进乡村振兴做出总体部署，为做好当前和今后一个时期“三农”工作指明了方向。《中共中央 国务院关于全面推进乡村振兴加快农业农村现代化的意见》对加快农业现代化提出了具体要求。农业农村部办公厅还印发了《关于做好 2021 年全程机械化有关工作促进粮食稳产增产的通知》，强调农业机械化和农业机械装备在粮食生产中起到集成技术、节本增效、提质减损、推动规模经营作用，要求推进农机农艺农田协调配合，加快绿色高效农机化技术装备推广应用，抓好重要农时农机作业服务，精准实施农机化扶持政策，全方位提升粮食生产全程机械化水平，为粮食稳产增产贡献机械化力量。未来几年，农业机械化对现代农业的支撑作用将进一步显现，农业机械流通行业将迎来重要发展机遇。潮平两岸阔，风正一帆悬。在新时期如何做好农业机械营销工作，则是一个重要命题。

市场营销是一门复杂的科学，农业机械行业本身是一个横跨工业、商业、农业的复杂行业。实际来看，农业机械营销既不同于快速消费品营销，也与汽车、工程机械等耐用品营销有很大的差距。他山之石，可以攻玉。像汽车营销领域的CRM（客户管理系统）应用水平，工程机械营销领域的“五率”（市场覆盖率、商谈参与率、商谈成功率、竞争战胜率、市场占有率）管理等内容，都远比农业机械营销做得精细。未来的农业机械营销还将进一步面对更深层次的行业变革，这更加要求我们必须充分掌握营销原理，深刻理解行业情况，应世而变、相时而动、临事而敬、谋势而成。

另外，我们还要多研究农业机械流通的历史。知古鉴今，方可行远。历史纵深给予我们的方位感，是很多其他东西所不能代替的。像我们现在号召的农业机械社会化服务，早在20世纪80年代户营和联户经营的拖拉机就通过收取“作业费”而取得了飞速发展。直到1982年10月，农牧渔业部专门就农机化服务问题在杭州召开会议，才确认了“农机化服务（劳务）”是一种劳动交换，应该按照市场原则经营，并提出把原来的农业机械管理站改名为“农机化服务站”，大力开展服务工作。今天，我们从容看淡这段历史，为当时紧要关头正确的惊险一跃击节赞叹。未来，我们能不能从容看淡现在，今天的我们能不能在历史紧要关头手把红旗勇立潮头？像克劳塞维茨在《战争论》中说的那样，要“有一种敏感的和善于识别的判断力，一种用以察觉出真实的精湛智能”。这是时代留给我们的命题。

考虑到本书的市场分析主要为宏观层面，中国农业机械流通协会计划每年向农业机械行业征集市场营销与服务工作的典型案例作为补充。届时将汇编成册，推介在营销及服务方式创新、信息化及智能化提升、平台集聚及融合发展等方面的新业态、新模式，以飨读者。

市场营销作为一门实践科学，其实是知行功夫。知是行之始，行是知之成。希望本书的出版能够为新时期农业机械行业做好市场营销工作尽绵薄之力。

陈　涛
中国农业机械流通协会副会长兼秘书长

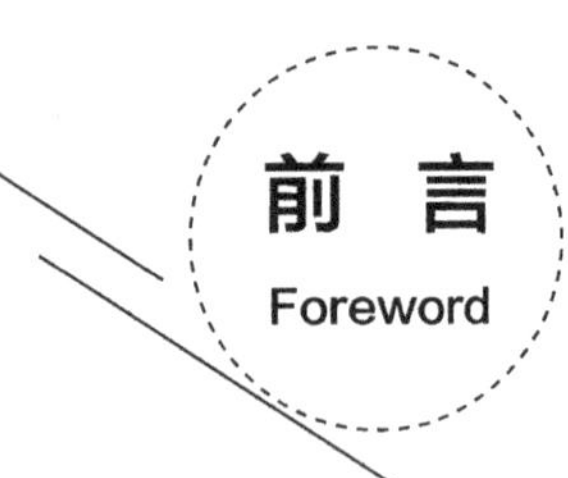

前言

Foreword

我国农业机械流通体系在发展过程中，以党的十一届三中全会为分水岭，呈现两种模式，即计划流通模式与商品流通模式。在党的十一届三中全会以前，农业机械产品不作为商品，依指令性计划流通，所有权在农业机械流通过程中不断下移，货币在农业机械流通过程中不断上移，但价值规律、供求规律、竞争机制等市场经济规律基本不起作用。其中，1979 年成立的中国农业机械化服务总公司（1987 年更名为中国农业机械总公司）在很长一段时间内负责农业机械产品的计划、分配、调拨，并对各级农业机械公司进行行业管理和业务指导，在我国农业机械流通历史上留下了浓墨重彩的篇章。随着有计划的社会主义商品经济机制形成，农业机械开始作为商品进入流通领域，农业机械流通行业发生了一系列的重大变革。真正的农业机械市场概念出现要从 1983 年算起，当年的中央 1 号文件《当前农村经济政策的若干问题》指出：国家允许农民个人或联户购置农副产品加工机具、小型拖拉机和小型机动船，从事生产和运输；大中型拖拉机和汽车，在现阶段原则上也不必禁止私人购置。1984 年 2 月 27 日，国务院发布的《关于农民个人或联户购置机动车船和拖拉机经营运输业的若干规定》，明确允许农民个人或联户购买拖拉机从事多种经营。1994 年国家改革成品油流通体制，国内成品油价格并轨，取消了农用柴油平价计划指标。至此，国家在计划经济体制下出台的农业机械化优惠政策全部取消，农业机械行业全面进入了以市场为导向的发展阶段。

在 1983 年后，早期的农业机械市场方面的图书陆续出现，主要有《农机产销与市场预测》（1984 年 11 月，中国农业机械出版社）、《农机市场预测》（1984 年 12 月，未公开出版）、《商品经济与农机市场》（1989 年 10 月，中国农业机械出版社）、《中国农机市场学》（1991 年 4 月，内蒙古人民出版社）等，在这些书里面均能看到中国农业机械总公司的身影。1991 年 5 月，中国农业机械流通协会经原物资部、民政部批准成立，中国农业机械总公司当选为会长单位，原由中国农业机械总公司承担的行业管理、服务职能转由协会全面负责。

考虑到当前行业缺少新时期农业机械市场营销方面的书籍，中国农业机械流通协会挺膺负责、主动担当，决定在建党 100 周年之际编写出版一本专业著作，为农业机械流通事业做好引导与服务。本书第 1 章由中国农业机械流通协会苑同宝编写，内容阐述了我国农业机械化发展阶段的划分、发展现状与未来发展重点，梳理了我国农业机械购置补贴政策的演变过程，分析了我国农业机械流通行业的发展概况，可以让农业机械流通从业人员清楚地认识到我国农业机械化进程的当前坐标定位和未来方向，培养农机营销人员的行业认知能力，角度立体、数据翔实、结构完备、资料实用。第 2 ~5 章由常州机电职业技术学院施颖编写，按照农业机械营销的过程展开叙述，使读者掌握农业机械营销理念、营销策略运用及产品销售技巧，并将市场营销基础理论知识与相关营销实务知识有机地进行了融合，框架清晰、实战导向、内容完整、案例丰富。本书最后还附了《2021—2023 年农机购置补贴实施指导意见》，使读者对农机购置补贴有更深入的了解。

在本书编写过程中，还得到了张宗毅、周振等同志的大力支持，他们在繁忙的工作之余费心整理书稿。吉林省农业机械化技术推广协会的李社潮和中国农业机械流通协会的王玉狮（已退休）、如一、季节同志也都不同程度地提供了一些有价值的资料。在此，谨表谢意。

由于时间紧、任务急，本书还存在不少纰漏，恳请方家指正，以备再版修订。

编者

目录
Contents

第3章 农机市场调查与分析

第4章 农机市场营销策划

第5章 农机销售管理

第 1 章 Chapter one

行 业 概 述

1.1 改革开放以来我国农业机械化的发展阶段

改革开放以来，我国在人多地少、自然条件及耕作制度复杂、经济底子薄的国情农情下，探索出了中国农业机械化发展规律和发展道路，开创了中国特色农业机械化发展的新局面，取得了辉煌的成就，积累了丰富的发展经验。回顾这段历程，农业机械化过程大致可以划分为 3 个阶段。

1.1.1 体制转换（1978—1993 年）

新中国成立以来，中央提出了明确的农业机械化发展目标和相应的指导方针、政策。国家在有条件的社、队成立农机站并投资，支持群众性农具改革运动，增加对农业机械科研教育、鉴定推广和维修供应等系统的投入，基本形成了遍布城乡、比较健全的支持保障体系。在这个时期，我国建立了与人民公社体制相配套的、以行政命令主导的农业机械化发展体制。改革开放以来，伴随经济体制改革，我国农业机械化事业逐步确定了发展战略方针并实行了农业机械所有制等多项改革（表 1 - 1）。

首先，调整发展战略方针，将“农林牧副渔齐头并进发展机械化”的方针调整为“因地制宜，有选择地发展农业机械化”。20 世纪 50 年代我国就提出了“农业的根本出路在于机械化”的论断，并在 1966 年确定了“1980 年基本实现农业机械化”的目标，由此拉开了采取行政手段、自上而下以大型农业机械为主的农业机械化推进进程的序幕。1979 年农村地区逐步开始了家庭联产承包责任制改革，农业经营规模日益细碎化，大中型农业机械失去了用武之地。面对农村改革中出现的这些问题，1979 年党的十一届四中全会提出了因地制宜，有选择地发展农业机械化。1982 年中共中央发出的关于改革开放以来第一个关于农村问题的中央 1 号文件再次表示，农业机械化必须有步骤、有选择地进行。这标志着我国已调整农业机械化发展方针，同时也为新时期农业机械化发展指明了方向。

其次，改革农业机械所有制。20 世纪 80 年代初，正值理论界激烈争论生产资料所有制之际，农业机械领域率先开始了农业机械所有权改革。1983 年的中央 1 号文件针对农业机械所有制问题，指出“农民个人或联户购置农副产品加工机具、小型拖拉机和小型机动船，从事生产和运输，对发展农村商品生产，活跃农村经济是有利的，应当允许；大中型拖拉机和汽车，在现阶段原则上也不必禁止私人购置。”1984 年国务院出台《关于农民个人或联户购置机动车船和拖拉机经营运输业的若干规定》，允许农民个人或联户用购置的机动车船和拖拉机经营运输业。这 2 个文件对农业机械所有制的问题进行了松绑，冲破了生产资料不允许个人所有的禁区。由此，农民逐渐成了农业机械化发展的需求主体，政府和集体逐步退居幕后。从 1986—1995 年农户、集体、国家农业机械保有量的结构中，我们也能窥探出这一变化。这一时期全国农户农业机械原值占全社会农业机械原值比重从 1986 年的 66. 54% 快速增长到了 1995 年的 80. 14% 。

表 1 - 1　农业机械化体制转换一览表

类别	时间	内容
发展战略方针	1979 年 9 月	党的十一届四中全会提出了因地制宜，有选择地发展农业机械化
	1982 年 1 月	中央 1 号文件表示，农业机械化必须有步骤、有选择地进行
农业机械所有制	1983 年 1 月	中央 1 号文件指出：农民个人或联户购置农副产品加工机具、小型拖拉机和小型机动船，从事生产和运输，对发展农村商品生产，活跃农村经济是有利的，应当允许；大中型拖拉机和汽车，在现阶段原则上也不必禁止私人购置
	1984 年	国务院出台《关于农民个人或联户购置机动车船和拖拉机经营运输业的若干规定》：允许农民个人或联户用购置的机动车船和拖拉机经营运输业

随着家庭联产承包责任制逐步确立后，由于农民家庭经营规模小、投资能力有限，国家鼓励农户购置小型农业机械，发展以小型农业机械为主的农业机械化，我国形成了以小型机具为主的农业机械装备格局。1993 年我国的小型拖拉机保有量达到 788. 34 万台，比 1978 年的 174 万台增长了 353. 07% ，而大中型拖拉机保有量为 72. 12 万台，仅比 1978 年的 55. 74 万台增长了 29. 39% 。从结构上来看，1986—1993 年小型拖拉机占比几乎每年都稳定 95% 以上。1993 年，我国农业机械总动力

达到3.18亿千瓦，比1978年的1.17亿千瓦增长了171.79%。全国农作物机耕、机播、机收水平分别增长到54.50%、18.13%与9.73%。农作物耕种收综合机械化率㊀为30.16%。

1.1.2 市场导向与农业机械社会化服务初步发展（1994—2003年）

1994年7月，国家取消了农用柴油平价供应政策。至此，带有计划经济色彩的农业机械化政策彻底退出历史舞台，我国农业机械化进入了以市场为导向的发展阶段，开启了以农业机械社会化服务为主要内容的新的发展征程。

首先，农业机械社会化服务逐渐发展，农业机械化从购买农业机械向购买机械服务转变。20世纪90年代以来，农民收入快速增加，部分农户已经具备了购置农业机械或服务的能力；与此同时，我国的中小型农业机械生产技术日臻成熟。农业机械适用的内在需求与外部供给条件逐渐成熟。随着农村二、三产业的发展，农民兼营他业，农村劳动力价格逐渐攀升。劳动、机械两类要素在农业生产中的相对价格逐步变化，劳动对机械的相对价格正在逐渐升高，劳动机械投入比的诱致性制度变迁条件已然形成。从经济效益角度而言，农民已经能够接受机械代替人力从事农业生产并对其形成了有效需求。与此同时，北方地区一些农机手在南北地域的小麦成熟时间差中寻到了商机，从南至北沿途为农户机收小麦，由此拉开了中国农业机械跨区作业的序幕。此举迅速得到了国家的肯定与支持。此后，农业部门几乎每年都组织农业机械跨区作业动员大会，并出台相应的优惠政策推动农业机械跨区作业。至此，以农业机械社会化服务为形式的农业机械化道路逐步确立（图1-1）。

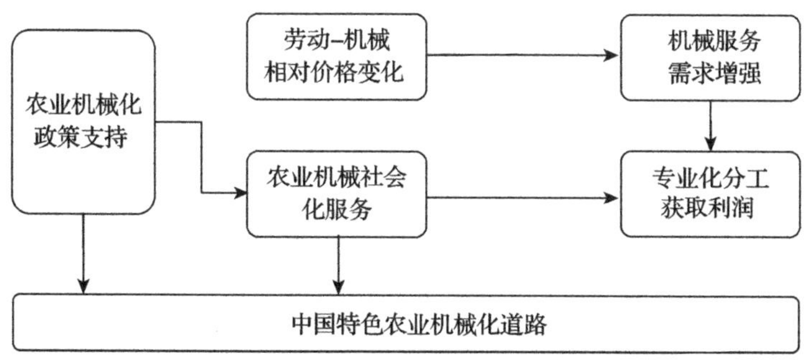

图1-1 中国农业机械化制度生成路径

㊀ 按照农业农村部的统计口径，农作物耕种收综合机械化水平是通过农作物机耕水平、机播水平、机收水平加权平均计算而来，权重分别为0.4、0.3、0.3。

其次，国家多方面扶持农业机械化。1994—2003 年，国家各有关职能部门从计划、财政、科技、能源、环保等多方面采取政策措施，引导和扶持农业机械化的发展。具体内容详见表 1 - 2。

表 1 - 2　1994—2003 年国家农业机械化扶持政策一览表

政策类别	时间	政策内容
计划	1994 年 7 月	1994 年 7 月，国家取消了农用柴油平价供应政策
	1996 年 9 月	农业部印发《农业机械化发展“九五”计划和 2010 年规划》，提出到 2000 年全国农业机械总动力以 3.4% 的年递增率增长，机耕、机播和机收面积分别达到 6100 万公顷、4700 万公顷和 2840 万公顷，农业机械化发展到粮食增长和农业总产值增长的贡献份额达到 15%，到 2010 年农业机械化贡献率将达到 20%
财政	1998 年 4 月	财政部、农业部联合印发《关于编制 1998 年大型拖拉机及配套农具更新补贴计划的通知》，计划 1998 年中央财政安排 2000 万元资金，支持黑龙江、辽宁、山东、内蒙古、河南、新疆、吉林的农业机械更新工作
	1999 年 5 月	财政部向黑龙江、吉林、山东、辽宁、河南、新疆、内蒙古 7 个重点产量大省（自治区）下达大型拖拉机及配套农具更新补助资金 2000 万元，用于农业机械服务组织和农业机械大户的大型拖拉机及配套农具的更新补助
	2001 年 5 月	农业部印发《关于下达 2001 年农业机械装备更新项目计划的通知》，安排 2001 年中央财政设立的农业机械装备更新补贴专项资金 2000 万元，主要用于对种粮大户、农业机械专业户和基层农业机械服务组织购置大中型拖拉机进行补贴，鼓励发展大中型拖拉机
科技	1996 年 12 月	农业部印发《关于组织送教下乡开展千万农机手培训活动的通知》，决定用 2 年时间集中组织农业机械管理系统的干部和全国 2000 多所农业机械学校，送科技知识下乡，对千万农机手进行培训
	2001 年 11 月	科技部正式批复“十五”国家科技攻关计划“农业机械化关键技术研究开发”项目。项目经费总额为 2400 万元。项目用于水稻、玉米耕种收高效能机械的研发

（续）

政策类别	时间	政策内容
能源	1996 年 4 月	国家安排农业生产救灾柴油 50 万吨、化肥 20 万吨。中央财政为此安排专项补贴资金 8000 万元。其中，救灾柴油专项补贴 6000 万元
	1997 年 10 月	经国务院批准，财政部、国家计划委员会联合发布《油品价格调节基金征收使用管理暂行办法》，建立油品价格调节基金，专项用于补助受柴油提价影响较大的小麦、水稻、玉米三大粮食作物的机耕、机播、机收等农业机械田间作业
环保	1999 年 5 月	农业部下达秸秆综合利用专项资金 3000 万元，用于北京、天津、石家庄、沈阳、上海、南京、济南、郑州、成都、西安 10 个大中城市郊区及京津塘、京石、沪宁、济青 4 条高速公路沿线地区的秸秆综合利用技术推广补助，主要用于从事秸秆综合利用的单位或个人购置秸秆粉碎还田机等农机具的补贴

这个时期最大的特点是探索出了以农业机械社会化服务为形式的符合国情、农情的农业机械化道路，保障了我国农业机械化的可持续发展。截至 2003 年，全国农业机械总动力增加到 6.04 亿千瓦，比 1994 年增长了 78.65%，年均增长 6.66%；农业机械化作业服务组织数量从 1996 年的 256281 个增长到 2003 年的 30818382 个，年均增长 98.22%，农业机械化作业服务专业户从 1996 年的 3531890 个增加到 2003 年的 3603792 个，年均增长 0.29%；农作物机耕、机播、机收水平分别为 46.8%、26.7% 与 19.0%，其中机收水平增长较快（图 1-2）。农作物耕种收综合机械化率为 32.13%。

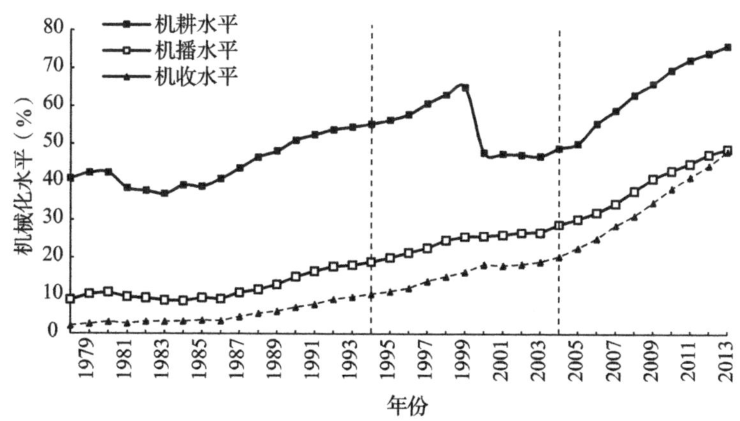

图 1-2 1979—2013 年中国农业机械化水平增长示意图

注：本图数据来自《全国农业机械化统计资料汇编 1949—2004》与 2004—2013 年《全国农业机械化统计年报》。

1.1.3 依法促进与农业机械社会化服务快速发展（2004 年至今）

2004 年国家颁布实施了《中华人民共和国农业机械化促进法》，我国农业机械化进入了依法促进的阶段。同年，财政部、农业部共同启动实施了农机购置补贴政策。至此，我国农业机械化进入了依法促进的快车道。

2004 年 11 月 1 日，《中华人民共和国农业机械化促进法》正式实施。这是我国第一部有关农业机械化的法律。这部法律的第二十一条明确指出："国家鼓励跨行政区域开展农业机械作业服务。各级人民政府及其有关部门应当支持农业机械跨行政区域作业，维护作业秩序，提供便利和服务，并依法实施安全监督管理。"第二十二条明确指出了扶持农业机械服务的各类政策。这是农业机械社会化服务首次被写入国家法律，这充分表明中国特色农业机械化道路受到法律认可与支持，中国农业机械化进入了依法促进的阶段。

更为重要的是，2004 年启动实施的农机购置补贴政策为中国特色农业机械化道路的深化增添了强劲动力。2004 年的中央 1 号文件决定："提高农业机械化水平，对农民个人、农场职工、农机专业户和直接从事农业生产的农机服务组织购置和更新大型农机具给予一定补贴。"同年 3 月，中央财政安排资金 7000 万元，其中 4000 万元补贴给 16 个省（自治区、直辖市）的 66 个县，3000 万元补贴给农垦部门。由此拉开了 21 世纪农机购置补贴的序幕。此后 10 年中央财政用于农机购置补贴的投入累计近 950 亿元，有效地带动了农民的农业机械购置投入。农民农业机械购置投入从 2004 年的 237.50 亿元快速增加到了 2013 年的 624.60 亿元，年均增长 11.34%（表 1-3）。

表 1-3 2004—2013 年农机购置补贴实施情况

年份	实施县数/个	补贴数额/万元	农民投入/万元	总投入/万元
2004	66	7000	2375029.00	2491841.66
2005	500	25000	2732638.69	2926179.41
2006	1126	54000	2954663.88	3195106.77
2007	1716	110900	3117086.66	3505958.46
2008	全部	372000	3411600.40	4092555.37
2009	全部	1300000	4528405.23	6097446.59
2010	全部	1549300	5093038.62	7062139.73

（续）

年份	实施县数/个	补贴数额/万元	农民投入/万元	总投入/万元
2011	全部	1750000	5314401.86	7447057.88
2012	全部	2150000	5963025.60	8569562.16
2013	全部	2175480	6245952.95	8870229.48

注：实施县个数与农机补贴数额由农业农村部农业机械化管理司提供，其余数据来自 2004—2013 年的《全国农业机械化统计年报》。

总体而言，这段时期我国农业机械化发展呈现出两大特点。

第一，以农机购置补贴的方式大力扶持农业机械化，有力地推进了农业机械化。一是表现在农作物综合机械化率上，在第一、二阶段中机耕水平处于波动增长之中，进入第三阶段后，机耕水平迈进了快速增长时期，年均增长 5.02%；机播、机收水平在第一、二阶段里增长缓慢，年均增长率分别为 4.49% 与 9.21%，而在第三阶段里机播、机收水平年均增长率达到了 6.01% 与 10.04%。从全国各区域来看，到 2012 年年底已有 18 个省（市、自治区）的农作物耕种收综合机械化水平超过 50%，全国农作物耕种收综合机械化达到 59.48%。二是表现在主粮机械化上，第三阶段是三大主粮关键机械化环节起步与高速增长的时期（图 1－3）。其中，提高最快的是玉米机收水平，2003 年只有 1.89%，到了 2013 年达到了 51.57%，10 年间提高了 26.3 倍；水稻的机播率在 2003 年仅为 6.00%，到 2013 年已达到了 36.10%，10 年间提高了 5 倍以上；水稻收获环节的机械化也提高得较快，2003 年只有 23.40%，2013 年达到了 80.91%，10 年间提高了 2.5 倍。

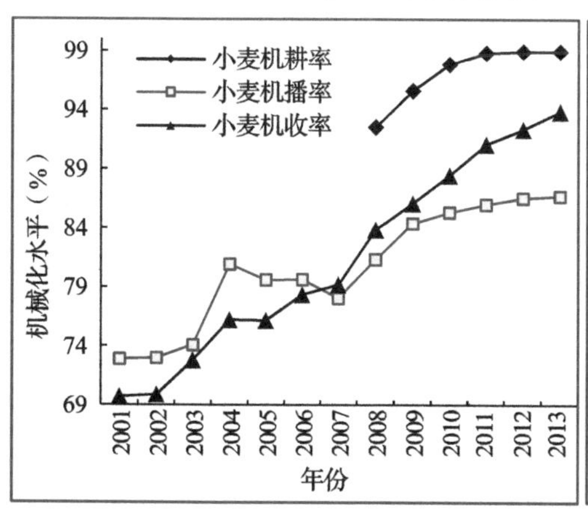

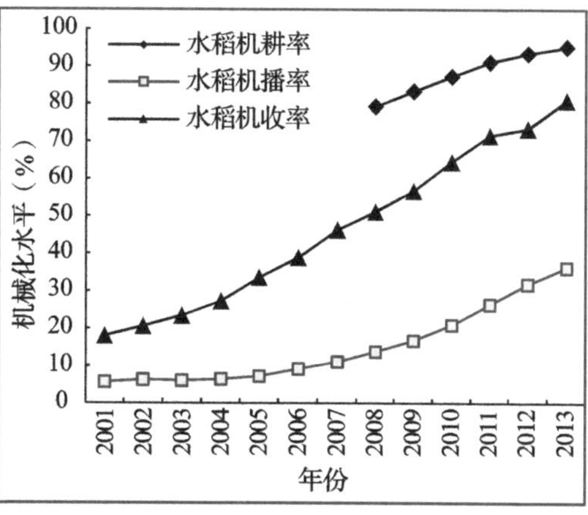

图 1－3 三大主粮作物机械化水平

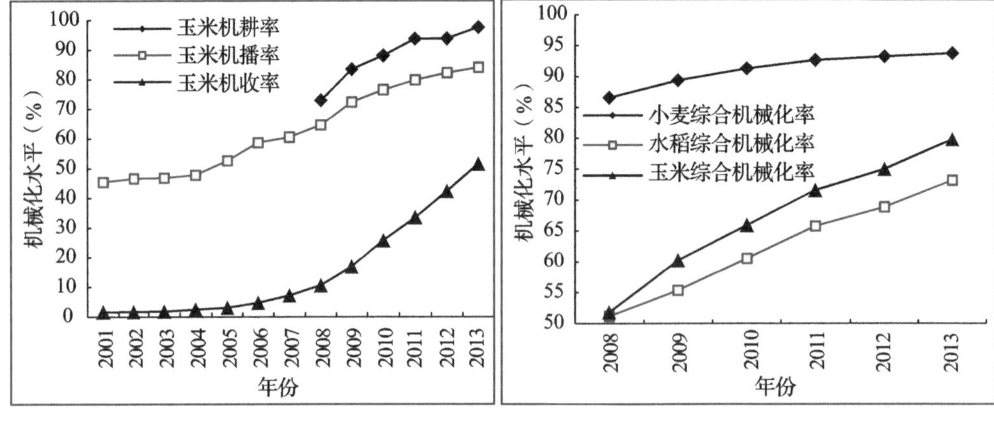

图1-3　三大主粮作物机械化水平（续）

注：本图数据来自《全国农业机械化统计资料汇编1949—2004》与2004—2013年《全国农业机械化统计年报》。

第二，农业机械社会化服务能力显著增强。受农机购置补贴政策的推动，全国农业机械户数量大增，农业机械化作业服务专业户从2004年的3607984个增加到2013年的5242735个，年均增长5.48%。农业机械化作业服务人数的增加进一步增强了农业机械化服务的供给能力；同时，本时期内全国劳动力转移加速，农业机械化服务需求空前增加。因而农机手跨区作业面积得到了明显提高，全国跨区机收小麦、水稻、玉米总面积从2004年的1514.36万公顷增长到2013年的2537.21万公顷，年均增长7.65%。

1.1.4　我国农业机械化的典型特征及其与国外比较

改革开放以来，我国农业机械化围绕国情农情，开辟出了一条独具中国特色、与欧美日韩截然不同的机械化发展道路，探索出了以农业机械社会化服务为核心内涵的新型农业机械化发展模式，即中国特色农业机械化发展模式。

2013年全国农业人口为62961万人，农业机械化作业服务专业户人口为730.55万人，倘若去除自有农业机械的5253.11万人，也就是说1.16%的农民为全国91.66%的农民提供农业机械化服务，这是我国农业机械化道路的真实写照，同时也是中国特色农业机械化道路的现实内涵。纵观我国农业机械化20年的发展历程，我们已然探索出了一条“在家庭联产承包经营下，农机手供给农业机械社会化服务，农户购买服务”的具有中国特色的农业机械化发展道路。中国特色农业机械化道路的开辟（表1-4）有力地回答了2个问题。

表1-4　中国与其他国家、地区农业机械化道路比较分析

<table>
<tr><th>国别/地区</th><th>机械化类型</th><th>国情农情</th><th>特征</th></tr>
<tr><td>美国、加拿大、澳大利亚</td><td>大规模机械化道路</td><td>1. 劳均耕地面积大，如澳大利亚劳均耕地面积近1500亩
2. 农户农业机械购置投入能力很强</td><td rowspan="3">1. 走资金与技术密集型的路子，农业机械技术含量高、价值大
2. 农业机械一般只是作为替代人、畜力作业的手段
3. 农户购买农业机械主要是农户自有自用，为自家农业生产服务</td></tr>
<tr><td>欧洲</td><td>中等规模集约机械化道路</td><td>1. 土地规模适中，如英国、意大利劳均耕地面积分别为36亩与114亩
2. 农户农业机械购置投入能力强</td></tr>
<tr><td>日本、韩国</td><td>小规模精细机械化道路</td><td>1. 人均耕地面积小，劳均耕地面积较适中，日本、韩国劳均土地规模分别达37.5亩与16.5亩
2. 农户农业机械购置投入能力较强</td></tr>
<tr><td>中国</td><td>家庭联产承包经营下，农机手提供农业机械社会化服务，农户购买</td><td>1. 人均耕地面积小，仅有1.35亩；劳均耕地面积也小，仅有6亩
2. 农户农业机械购置投入能力弱</td><td>1. 农户以购置中小型农业机械为主
2. 农户购买农业机械不仅要为自家自用，更重要的是开展社会化服务</td></tr>
</table>

注：本表数据来自郭熙保. 加速推进农业规模化经营刻不容缓［J］. 湖湘三农论坛，2012：21-24。

第一，中国农业机械化道路不同于美国、欧洲、日本等已经实现农业机械化的国家和地区的发展模式，那么我们为什么没有走上与他们相同的机械化道路呢？纵观世界机械化发展模式，总体而言有3种形式。一是美国、加拿大、澳大利亚式的，由于这些国家劳均耕地多，农户农业机械购置投入能力很强，因而走的是大面积农田配套大型机械的大规模机械化道路；二是欧洲式的，欧洲国家土地规模适中，农户农业机械购置投入能力强，走的是中等规模集约机械化的道路；三是日本、韩国式的，日韩劳均土地规模分别为37.5亩与16.5亩，农户农业机械购置投入能力较强，主要走的是小规模精细机械化的道路。这3种不同形式的机械化道路都是依据这些国家的国情、农情逐渐确立的，他们虽形式不同但却有着3个共同点：一是走

资金与技术密集型的路子，农业机械技术含量高、价值大；二是农业机械一般只是作为替代人、畜力作业的手段；三是农户的投入能力较强，购买农业机械主要是农户自有自用，为自家农业生产服务。对于中国而言，人多地少是我国的基本国情、农情，人均耕地面积仅有1.35亩，劳均耕地面积也不过6亩，这些基本情况决定了我国无法走上大、中规模机械化的道路；同时，我国农民收入水平低，自我积累能力还很弱，每家每户购买农业机械，既买不起也不经济，因而决定了我国也无法走上日韩式小规模精细机械化道路。

第二，中国特色农业机械化道路有着什么样的科学内涵呢？须知，在中国发展农业机械化，必须坚持在土地实行家庭联产承包经营的前提下，解决好农业机械大规模作业与亿万小规模农户生产的矛盾。以农业机械社会化服务为形式的农业机械化道路就有力地化解了这个矛盾。一方面它减少了农机具的重复购置，解决了“有机户有机没活干、无机户有活没机干”的矛盾，做到了“买不起、用得起”；另一方面农民购买农业机械特别是价值较高的大中型机具不仅服务了自家，更重要的是还开展了农业社会化服务，使得高投入的大中型农业机械在分散经营的一家一户的土地上实现了高产出。中国特色农业机械化道路符合我国基本国情、农情。同时，中国特色农业机械化道路科学地回答了什么是农业机械化发展主体、发展机制和发展目标的问题。一是农民群众是农业机械化的发展主体，以跨区作业为主要形式的农业机械社会化服务是我国农民继家庭联产承包经营、乡镇企业之后的又一伟大创举。我国地域广阔，农业耕作方式各地差别很大，采用什么样的农机具、以什么样的经营形式组织作业，农民群众最有发言权。因此，推进中国特色农业机械化道路必须坚持农民群众在发展农业机械化中的主体地位，尊重农民群众的创造和选择。二是社会化服务是中国农业机械化的基本发展机制，农业机械户和各类农业机械服务组织依据市场需求来开展作业服务，大力发展农业机械跨区作业，积极推动农业机械服务社会化、市场化与产业化。这既是中国特色农业机械化的基本形态，也是今后农业机械化政策的着力点。三是共同利用、提高效益是农业机械化的发展目标，即鼓励农业生产经营者共同使用、合作经营农业机械，提高农业生产效益，推进农业现代化。

总体看，我国农业机械化发展是生产力与生产关系相互适应的过程，这也是中国特色农业机械化最深层次的科学内涵。早在改革开放前，我国农业机械化就经历了一段长足发展期，农业机械化适应人民公社时期的生产关系，经历了一段人民公社购买大型农业机械从事农业经营的历程。改革开放后，由于农业生产关系发生了重大变化，家庭成了主要的生产单位，农业机械化经过体制转换、农业机械社会化服务初步发展、农业机械社会化服务快速发展3个阶段，探索出了以农户购买服务为鲜明特征的中国特色农业机械化道路，这是当前农业机械化适应生产关系的又一次体现。展望未来，随着农村土地流转的持续发展及规模化经营的快速发展，农业机械化还将会再次顺应生产关系的调整，预测未来的农业机械化将同时出现小农户购买农业机械服务与新型农业经营主体购买大型农业机械同步快发展，新型农业经营主体购买大型农业机械将会逐渐成为主形态。当然，不可否认的是农业机械化对农业生产关系的影响也是重大的，这是新型农业经营主体流入土地形成新的农业契约关系的重要物质基础。

1.2 我国农业机械化的发展环境、现状与重点

1.2.1 我国农业机械化发展环境

1. 自然环境

自然因素中影响农业机械化发展最大的是地形地貌，一般来说，地形越平坦的地方，越容易通过使用大型机械实现机械化；地形越复杂的地方，则越难以实现机械化。

我国东北地区（黑龙江、吉林、辽宁、内蒙古）、新疆地区（新疆）、华北平原地区（北京、天津、河北、山东、河南）、长江中下游平原地区（江苏、上海、安徽）地形条件相对较好，平地占耕地面积比例均在60%以上，部分省份在80%以上，因此这些地区的农业机械化发展较快；而南方低缓丘陵区（湖北、湖南、江西、福建、浙江、广东、广西、海南）、黄土高原及西北地区（山西、陕西、宁夏、甘肃、青海、西藏）地形条件略差，平地占耕地面积比例均在60%以下，部分省份在20%~40%，因此农业机械化水平发展速度次之；而西南丘陵山区地形条件最为恶劣，平地占耕地面积比例均在20%以下，农业机械化水平发展在全国排名靠后。

一个区域的种植制度对农业机械化水平的影响也至关重要，一般来说，种植机械化技术成熟的作物的地区，机械化水平发展较快；同时，复种指数较低的地区由于需要更大的耕地面积才能保障一定收入，通常人均耕地面积要比复种指数较高的地区要大，因此农忙季节承担的作业量比较集中，对农业机械的需求更大，所以一年一熟区的农民有更大的动力去购买或使用农业机械。

全国主要分为一年一熟区和一年两熟区。结合各省份历年复种指数统计情况，可以得出：东北地区为一年一熟区，主要种植玉米、水稻和大豆；新疆地区为一年一熟区，主要种植棉花、玉米、小麦；华北平原地区为一年两熟区，主要种植玉米、

小麦；黄土高原及西北地区为一年一熟区，主要种植玉米、小麦；长江中下游平原地区为一年两熟区，主要种植水稻、小麦；南方低缓丘陵区为一年两熟区或不稳定的一年三熟区，主要种植水稻；西南丘陵山区为一年两熟区，主要种植水稻、玉米、薯类等作物。

南方复种指数高、北方复种指数低，这也或许是我国南方地区农业机械化水平低于北方的另一个重要原因。

2. 政治法律环境

鉴于农业机械化在发展现代农业中的地位和作用，近年来党中央、国务院及各级地方政府都高度重视农业机械化的发展，主要体现在：

1）农业机械化法律法规体系建设不断完善。2004 年颁布《中华人民共和国农业机械化促进法》以来，陆续出台了《农业机械安全监督管理条例》《拖拉机登记规定》《拖拉机驾驶培训管理办法》《联合收割机及驾驶员安全监理规定》《农业机械试验鉴定办法》《农业机械维修管理规定》《农业机械质量调查办法》等部门规章，各地也出台了 40 多部有关农业机械化工作的行政规章。

2）农业机械化公共服务体系不断健全。目前我国已经逐步形成了以农业机械化推广系统、农业机械化试验鉴定系统、农业机械安全监理系统、农业机械化学校、农业机械化信息中心为实体的农业机械化公共服务体系。同时，各级财政对农业机械化一般行政事业支出费用的投入也以年均超过 13% 左右的速度增加，示范基地、培训设施、试验鉴定仪器、安全监理装备等农业机械化公共服务条件和手段得到一定程度的改善。

3）农业机械化扶持力度不断加大。不但出台了农机购置补贴政策，扶持力度从 2004 年的 7000 万元增加到 2021 年的 190 亿元；而且农业农村部还出台了深松补贴政策，一些省份依据本省实际情况也开展了机插秧作业补贴、秸秆还田作业补贴、机库棚建设补贴、贷款贴息等政策，补贴政策不断丰富与完善，补贴力度不断加大。

可以看出，目前农业机械化发展面临的政治法律环境非常良好。

3. 经济环境

当前，我国经济发展进入新常态，正从高速增长变为减速换挡，国内农业生产成本快速攀升，大宗农产品价格普遍高于国际市场，农业基础设施薄弱，农业资源紧缺，开发过度、污染加重，气候变化及农业生态环境压力加剧，病虫害及自然灾害频繁发生，农业机械化、信息化程度不高，土地产出率、资源利用率、劳动生产率偏低等问题进一步显现。如何在资源环境硬约束下保障农产品有效供给和质量安全、提升农业可持续发展能力，如何加快创新步伐、提高农业竞争力，是必须面对的一个重大考验。未来几年，迫切需要通过农业机械化与信息化融合、农业机械化与农艺融合，显著提高农业资源利用率、劳动生产率和土地产出率，充分挖掘农业机械化在“一控两减三基本”中的潜力，发展资源节约型、环境友好型的农业机械化技术体系。

虽然宏观经济增速下行，但我国农村居民家庭人均收入增速快于 GDP 经济增速，近 5 年增速超过 10%，农村居民收入的稳步提高则使得农村居民购买农业机械和农业机械服务的能力更强。

4. 社会环境

2010 年全国第六次人口普查数据表明，相比 1990 年，全国农林牧渔业劳动力 40 岁以上人数占比从 31.20% 上升到 61.10%，上升了近 30%，同时 40 岁以上的农业劳动力中又有 56.52% 大于 50 岁。现在看来，农业劳动力老龄化状况已进一步加剧，根据典型调研，目前农业劳动力平均年龄在 50 岁以上。农业劳动力老龄化的同时，呈快速减量化趋势。随着存量农业劳动力老龄化和新生代农民子女主要到非农产业就业，预计 10～20 年，全国农业劳动力数量将下降一半。农业劳动力的快速下降，要保证农业生产就必须快速提高劳动生产率，这为农业机械化的快速发展提供了巨大的空间。可以预计，未来由于经营规模的扩大，大型农业机械的需求将逐渐成为主流。

劳均播种面积越高，则对农业机械化需求越强烈，显然在排除其他因素下农业机械化水平也可能越高。目前我国除新疆、东北和长江中下游平原地区劳均播种面积高于 10 亩外，其他区域劳均播种面积均不足 9 亩，全国平均不足 10 亩。未来，随着农业劳动力老龄化和减量化加剧，各区域农业机械化水平将更快推进。

5. 种植结构

近年来各区域主要农作物种植面积占农作物播种面积比例见表 1－5。

表 1－5 近年来各区域主要农作物种植面积占农作物播种面积比例（%）

地区	年份	小麦	水稻	玉米	大豆	油菜	马铃薯	花生	棉花	蔬菜	甘蔗
新疆地区	2008	16.40	1.58	13.05	1.57	1.86	0.21	0.07	38.30	4.33	0.00
	2009	24.74	1.55	12.83	1.82	1.65	0.49	0.10	30.22	5.62	0.00
	2010	23.54	1.41	13.74	1.56	1.47	0.70	0.08	30.69	6.38	0.00
	2011	21.63	1.42	14.61	1.56	1.29	0.91	0.07	32.87	6.47	0.00
	2012	21.10	1.35	16.70	1.08	1.16	0.52	0.09	33.58	5.99	0.00

（续）

地区	年份	小麦	水稻	玉米	大豆	油菜	马铃薯	花生	棉花	蔬菜	甘蔗
新疆地区	2013	21.51	1.29	17.67	1.13	0.84	0.56	0.09	32.97	5.69	0.00
	2014	20.70	1.36	16.51	1.05	0.88	0.61	0.06	35.40	5.62	0.00
	2015	21.53	1.15	16.71	1.00	0.76	0.47	0.05	33.08	8.45	0.00
	2016	21.97	1.18	15.66	1.00	0.58	0.49	0.06	30.77	5.57	0.00
东北地区	2008	2.56	13.76	38.83	19.31	0.80	3.89	1.21	0.02	4.14	0.00
	2009	2.80	13.02	38.20	18.29	0.74	3.66	1.45	0.01	3.66	0.00
	2010	2.81	13.79	39.26	15.91	0.73	3.47	1.66	0.02	3.68	0.00
	2011	2.83	14.17	40.45	13.93	0.71	3.55	1.73	0.03	3.86	0.00
	2012	2.64	14.43	43.13	11.57	0.87	3.38	1.73	0.02	4.03	0.00
	2013	2.25	14.68	45.58	10.55	0.89	3.20	1.70	0.01	3.93	0.00
	2014	2.24	14.39	46.50	10.66	0.99	2.85	1.55	0.01	3.87	0.00
	2015	1.99	14.06	47.90	9.92	0.98	2.64	1.50	0.00	4.45	0.00
	2016	2.26	15.44	47.67	12.74	1.01	3.02	1.75	0.00	3.83	0.00
华北平原地区	2008	33.07	2.42	25.71	2.50	1.19	0.43	6.32	6.56	13.61	0.03
	2009	33.05	2.46	26.38	2.37	1.21	0.39	6.24	5.85	13.65	0.01
	2010	33.08	2.47	26.70	2.25	1.23	0.45	6.27	5.40	13.79	0.01
	2011	33.12	2.48	27.02	2.18	1.19	0.49	6.27	5.31	13.91	0.01
	2012	33.29	2.52	27.34	2.17	1.17	0.48	6.21	4.56	14.11	0.01
	2013	33.26	2.50	27.84	2.09	1.16	0.49	6.26	3.97	14.24	0.01
	2014	33.40	2.51	28.37	1.96	1.12	0.46	6.23	3.41	14.29	0.01
	2015	33.51	2.51	28.87	1.80	1.08	0.51	6.20	2.91	16.54	0.01
	2016	33.73	2.47	28.74	1.76	1.01	0.95	6.36	2.50	14.40	0.01
长江中下游平原地区	2008	26.45	27.02	6.56	7.27	6.75	0.05	1.76	4.10	11.53	0.16
	2009	26.43	27.01	6.68	7.11	7.14	0.05	1.69	3.56	11.90	0.05
	2010	26.40	26.87	6.85	6.85	6.80	0.05	1.75	3.41	12.51	0.05
	2011	26.66	26.84	7.24	6.49	6.38	0.06	1.70	3.47	12.79	0.04
	2012	27.07	26.89	7.32	6.41	6.10	0.09	1.67	2.81	13.34	0.04
	2013	27.19	26.94	7.50	6.29	5.81	0.05	1.66	2.60	13.66	0.04
	2014	27.31	27.01	7.61	6.21	5.62	0.05	1.67	2.34	13.91	0.04
	2015	27.48	27.14	7.85	6.01	5.36	0.04	1.66	1.92	16.49	0.04
	2016	27.69	27.60	7.85	6.13	4.98	0.04	1.65	1.47	14.58	0.04

（续）

地区	年份	小麦	水稻	玉米	大豆	油菜	马铃薯	花生	棉花	蔬菜	甘蔗
黄土高原及西北地区	2008	22.50	1.55	24.11	3.76	3.94	10.35	0.32	1.80	8.23	0.00
	2009	23.19	1.53	25.37	3.56	4.24	10.00	0.30	1.38	8.66	0.00
	2010	22.22	1.52	27.23	3.44	4.21	10.02	0.29	1.13	8.82	0.00
	2011	21.54	1.46	27.75	3.38	4.12	10.22	0.30	1.07	9.02	0.00
	2012	20.88	1.52	28.28	3.31	3.99	10.02	0.31	0.94	9.61	0.00
	2013	20.08	1.49	28.73	3.10	3.91	10.22	0.29	0.71	9.92	0.00
	2014	19.59	1.46	29.03	2.82	3.84	9.92	0.30	0.61	10.22	0.00
	2015	19.52	1.42	29.09	2.74	3.74	9.69	0.28	0.44	12.26	0.00
	2016	19.29	1.42	28.61	2.85	3.73	9.87	0.28	0.31	10.71	0.00
南方低缓丘陵区	2008	3.04	42.86	4.02	1.59	7.26	0.98	2.86	2.28	16.91	3.79
	2009	2.99	42.32	4.32	1.56	7.98	1.17	2.91	1.93	16.96	3.66
	2010	2.98	41.23	4.33	1.54	8.00	1.32	2.95	2.01	16.89	3.56
	2011	3.00	40.73	4.57	1.52	8.03	1.43	3.00	2.07	17.26	3.60
	2012	3.11	40.33	4.84	1.56	8.16	1.45	3.14	1.97	17.70	3.69
	2013	3.16	40.00	4.79	1.54	8.37	1.55	3.06	1.77	18.05	3.68
	2014	3.12	40.10	4.91	1.60	8.47	1.63	3.10	1.50	18.59	3.54
	2015	3.19	39.93	5.15	1.60	8.43	1.64	3.17	1.23	20.96	3.20
	2016	3.18	39.53	5.06	1.69	8.18	1.59	3.22	0.96	19.76	3.10
西南丘陵山区	2008	9.27	18.94	16.46	2.34	6.85	7.11	1.58	0.09	11.68	1.50
	2009	8.95	18.60	16.31	2.38	7.66	8.43	1.64	0.08	12.15	1.40
	2010	8.71	18.23	16.62	2.37	7.81	8.48	1.65	0.07	12.72	1.37
	2011	8.49	18.04	16.32	2.34	7.79	8.55	1.61	0.07	13.25	1.38
	2012	8.17	17.63	16.13	2.31	7.78	9.07	1.62	0.07	13.81	1.47
	2013	7.82	17.55	16.04	2.24	7.83	9.11	1.59	0.06	14.40	1.50
	2014	7.50	17.39	16.06	2.25	7.97	9.32	1.61	0.06	15.03	1.48
	2015	7.19	17.27	15.98	2.26	8.05	9.34	1.62	0.05	16.16	1.36
	2016	6.98	17.20	15.82	2.31	8.08	9.46	1.63	0.04	16.16	1.22
全国	2008	15.11	18.71	19.11	5.84	4.22	2.99	2.72	3.68	11.44	1.12
	2009	15.15	18.47	19.44	5.73	4.54	3.17	2.73	3.09	11.48	1.06
	2010	14.90	18.35	19.97	5.23	4.53	3.20	2.78	2.98	11.67	1.04
	2011	14.75	18.27	20.38	4.79	4.47	3.30	2.78	3.06	11.94	1.05

（续）

地区	年份	小麦	水稻	玉米	大豆	油菜	马铃薯	花生	棉花	蔬菜	甘蔗
全国	2012	14.63	18.17	21.12	4.32	4.48	3.34	2.80	2.83	12.27	1.08
	2013	14.43	18.14	21.73	4.06	4.50	3.36	2.77	2.60	12.51	1.09
	2014	14.33	18.04	22.10	4.05	4.52	3.32	2.74	2.51	12.74	1.05
	2015	14.30	17.89	22.58	3.85	4.46	3.27	2.73	2.25	14.54	0.95
	2016	14.51	18.11	22.06	4.32	4.40	3.46	2.84	2.01	13.40	0.92

1）新疆地区的主要作物为棉花、小麦和玉米，其中棉花种植比例呈明显下降趋势。

2）在东北地区，主要作物水稻、玉米种植比例大幅度上升，而大豆种植比例则快速下降，考虑到水稻收割机也可兼收大豆，因此对农业机械装备结构影响不大。

3）在华北平原地区，主要作物小麦种植面积占比相对稳定，而玉米种植面积稳步上升，今后对玉米播种机、玉米收割机的需求将上升。此外，花生播种面积亦较为稳定，鉴于花生收获机械化水平较低的现状，今后对花生收获机械需求也将增大。而棉花播种面积占比本身较小而且快速下降，鉴于该地区棉花机收处于未起步状态，估计今后对棉花收割机的需求随着播种面积下降也不会有太大进展。

4）在长江中下游平原地区，小麦、水稻种植面积占比均相对稳定，小麦种植比例还略有上升，考虑到该区域收获机以稻麦兼收机型为主，今后该区域对稻麦联合收割机需求变化不大。同时，该区域玉米种植面积快速上升，大豆和油菜种植面积逐步下降，棉花种植面积快速下降，因此该区域今后玉米联合收割机需求将增大，而大豆、油菜因为可用稻麦联合收割机收获而不影响装备需求，只会在一定程度上降低装备利用率。

5）在黄土高原及西北地区，主要作物小麦种植比例略有下降，而玉米种植比例小幅上升，今后对玉米收获机的需求将有所增加。

6）在南方低缓丘陵区，三大主粮种植比例都略有下降，油菜种植比例略有上升，甘蔗（主要在广西）种植比例基本稳定。

7）在西南丘陵山区，三大主粮种植比例均有所下降，而油菜、马铃薯种植比例有所上升，考虑到该区域播种、收获环节机械化水平均较低，今后该区域对稻麦收割机、玉米联合收割机的需求均将有所增加，同时油菜、马铃薯的收获机械也将增加。

另外，大多数区域蔬菜种植比例是上升的，相关机械需求也将增加。

总的来看，近年来全国稻麦种植比例略有下降但基本稳定，玉米种植比例升幅较大，大豆、棉花种植比例下降幅度较大，马铃薯种植比例略有上升，油菜、花生、甘蔗种植比例基本稳定。目前稻麦联合收割机基本饱和，而玉米收割机保有量还不足，今后玉米收割机需求将进一步增加，棉花收割机需求下降，其他除蔬菜生产机械外基本保持稳定。另外，这里没有考虑养殖业的快速发展，未来养殖机械需求也将快速增加。

6. 技术供给环境

近年来，我国农业机械工业总产值一直保持年均20%以上的增速，经过2004年以来“黄金十年”的大发展，2016年时农业机械工业总产值就达到4500亿元以上，农业机械工业得到显著发展。国产农业机械门类不断丰富，已经形成内燃机、拖拉机、运输机械、收获机械、牧业机械、拖内配件等诸多小行业，并形成完整的工业体系。同时，本土农业机械企业不断发展壮大，2020年规模以上农业机械企业已有1615家，并成长出中国一拖、潍柴雷沃、中联重机、山东五征、江苏悦达、江苏沃得、星光农机等一大批实力雄厚、具有自主研发能力、竞争力较强的农业机械企业。此外，约翰迪尔、凯斯纽荷兰、爱科、久保田等国际农业机械巨头也纷纷通过建厂或并购方式进入我国。总的来说，如果不考虑是否国产化问题，我国主要粮、棉、油等农业机械装备技术供给能力尚可。

1.2.2 我国农业机械化发展现状

1. 历史趋势

图1-4展示了我国历年机耕水平、机播水平、机收水平，可以看出：2003年

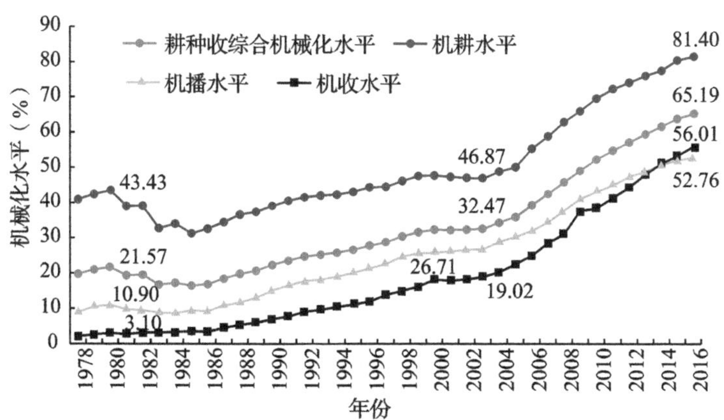

图1-4 我国历年耕、种、收机械化水平及综合机械化水平

注：本图数据由历年《全国农业机械化统计年报》《全国农业统计提要》整理、计算获得。

之前均发展缓慢，1980—2003 年的 23 年中耕种收机械化水平仅从 21.57% 提高到 32.47%，仅提高 10.90%；而 2003—2016 年的 13 年间农业机械化水平却从 32.47% 提高到 65.19%，提高了 32.72%。可见农业机械化发展在实施农机购置补贴政策之后提速很快。此外，还可以看到随着农业机械化的发展和推进，机播、机收环节的机械化水平与机耕环节的机械化水平差距在不断缩小。

2. 发展现状

目前，我国各区域种植业耕种收综合机械化水平见图 1－5。可以看出，目前全国各区域耕种收综合机械化水平差距较大。其中：新疆地区、东北地区的耕种收综合机械化水平相对较高且较为接近，分别为 89.35% 和 91.05%；华北平原地区和长江中下游平原地区的耕和收 2 个环节机械化水平比较接近，但在播种环节的机械化水平上，华北平原地区远远高于长江中下游平原地区（显然长江中下游平原地区播种环节的机械化水平受制于水稻播种机械化的薄弱环节），综合机械化水平分别为 79.08% 和 74.42%；黄土高原及西北地区和南方低缓丘陵区的耕和收 2 个环节机械化水平较为接近，但黄土高原及西北地区的播种环节机械化水平远远高于南方低缓丘陵区（同样，南方低缓丘陵区播种环节的机械化水平受制于水稻播种机械化水平），综合机械化水平分别为 56.84% 和 48.89%；而西南丘陵山区与其他地区的农业机械化水平差距是全方位的，机耕水平与倒数第二的南方低缓丘陵区差 23.91%，机收水平只有 14.21%，与倒数第二、第三的黄土高原及西北地区和南方低缓丘陵区分别相差 26.40% 和 32.35%。

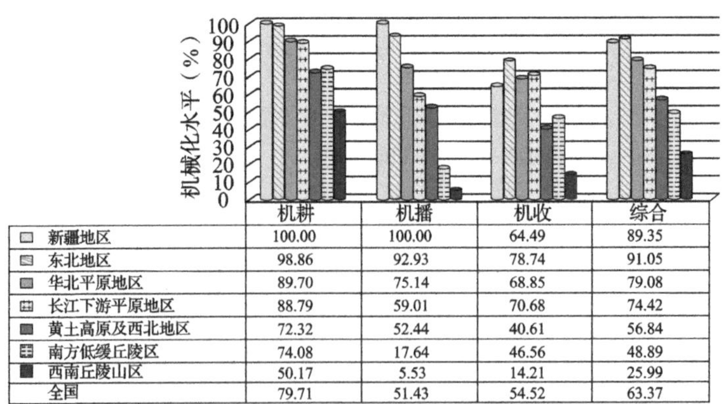

	机耕	机播	机收	综合
新疆地区	100.00	100.00	64.49	89.35
东北地区	98.86	92.93	78.74	91.05
华北平原地区	89.70	75.14	68.85	79.08
长江下游平原地区	88.79	59.01	70.68	74.42
黄土高原及西北地区	72.32	52.44	40.61	56.84
南方低缓丘陵区	74.08	17.64	46.56	48.89
西南丘陵山区	50.17	5.53	14.21	25.99
全国	79.71	51.43	54.52	63.37

图 1－5　2016 年各区域耕、种、收机械化水平

注：本图数据由《2016 年全国农业机械化统计年报》《2016 年全国农业统计提要》整理获得。

不同区域、不同作物的机械化水平见表 1－6。

表 1-6 2016 年各区域主要作物机械化水平（%）

品种	环节	新疆地区	东北地区	华北平原地区	长江中下游平原地区	黄土高原及西北地区	南方低缓丘陵区	西南丘陵山区	全国
小麦	机耕	100.00	97.95	99.87	100.00	95.10	100.00	91.54	99.16
	机播	100.00	96.76	98.26	93.82	80.60	49.82	21.34	87.19
	机收	99.62	94.27	98.57	99.44	79.99	92.74	45.59	92.26
水稻	机耕	100.00	99.22	91.09	97.87	91.43	99.04	82.57	96.19
	机播	68.83	94.95	46.25	64.31	39.75	28.38	13.25	42.60
	机收	93.52	95.79	86.93	95.00	76.66	89.87	49.55	85.41
玉米	机耕	100.00	100.00	96.32	100.00	98.46	63.30	62.44	94.36
	机播	100.00	98.38	93.74	87.44	77.15	12.25	1.32	78.92
	机收	77.79	79.79	83.28	76.66	52.79	13.16	1.49	65.23
大豆	机耕	41.23	92.88	48.35	40.79	35.11	53.68	24.27	68.62
	机播	50.04	97.34	70.82	56.99	23.17	6.83	0.08	68.34
	机收	35.66	94.78	48.85	53.90	7.26	7.79	0.19	63.75
油菜	机耕	59.43	39.88	81.19	78.55	68.24	79.24	70.29	74.15
	机播	100.00	94.78	33.66	26.42	32.35	26.74	7.77	25.16
	机收	92.06	91.21	35.36	40.55	22.88	43.92	12.48	34.73
马铃薯	机耕	78.41	90.25	93.27	81.59	72.50	64.43	30.83	57.85
	机播	76.74	76.53	56.91	0.00	35.35	4.55	0.83	25.20
	机收	60.60	68.72	59.73	0.00	33.45	6.94	1.24	24.01
花生	机耕	100.00	73.56	74.57	92.26	30.27	64.94	25.33	68.18
	机播	100.00	69.49	66.94	39.87	18.38	5.32	0.27	43.07
	机收	100.00	62.95	50.88	22.86	3.35	6.20	0.05	33.91
棉花	机耕	100.00	61.22	87.62	89.07	85.16	85.32	0.84	93.84
	机播	100.00	61.22	66.42	0.51	73.99	2.01	0.00	72.45
	机收	41.96	61.22	0.24	0.00	2.05	0.77	0.00	22.83
其他作物	机耕	100.00	82.01	63.18	54.64	43.24	44.88	22.96	49.63
	机播	100.00	75.40	26.11	13.05	25.64	4.51	2.20	21.11
	机收	53.58	45.71	19.98	23.08	13.73	9.24	2.97	16.58

（1）小麦　小麦机械化水平整体较高。其中机耕水平除西南丘陵山区只有91.54%以外，其他区域均超过95%，甚至达到100%；对于机播水平，在新疆地区、东北地区、华北平原地区、长江中下游平原地区均超过90%，甚至达到100%，黄土高原及西北地区达到80.60%，而南方低缓丘陵区和西南丘陵山区分别只有49.82%和21.34%；对于机收水平，除西南丘陵山区只有45.59%和黄土高原及西北地区只有79.99%以外，其他地区均高于90%。可见小麦生产机械化水平提升空间主要在小麦播种面积占全国小麦种植面积5.07%的西南丘陵山区，但考虑到地形限制，今后提升空间相对较小。

（2）水稻　各区域差距较大，同时播种环节机械化水平整体较低。对于水稻种植面积占全国比例为15.39%的东北地区，其水稻生产无论是机耕、机播还是机收水平都超过90%，基本上实现机械化；对于水稻种植面积占全国比例为15.43%的长江中下游平原地区，其水稻生产机耕水平、机收水平均高于95%，但机播水平只有64.31%；对于水稻种植面积占全国比例为50.56%的南方低缓丘陵区，其水稻生产机耕水平、机收水平也相对较高，分别达到99.04%和89.87%，但其机播水平仅仅为28.38%；对于水稻种植面积占全国14.87%的西南丘陵山区，机耕水平虽然达到82.57%，但机播水平只有13.25%，机收水平只有49.55%。可见，对于水稻生产机械化，提升空间主要在于南方低缓丘陵区的水稻机播水平和西南丘陵山区的播种与收获机械化，但由于地形限制，短期内实现难度较大，特别是西南丘陵山区。

（3）玉米　玉米主要生产环节中机收是薄弱环节。对于玉米播种面积占全国39.01%的东北地区，其玉米耕地环节机械化水平达到100%，收获环节机械化水平也达到79.79%；对于玉米播种面积占全国27.19%的华北平原地区，其玉米耕地、播种环节机械化水平均达到90%以上，收获环节机械化水平也达到83.28%；对于玉米播种面积占全国11.16%的黄土高原及西北地区，其玉米机耕、机播水平分别为98.46%和77.15%，而机收水平则只有52.79%；对于玉米播种面积占全国11.23%的西南丘陵山区，其机耕、机播、机收水平全面落后，特别是机播、机收水平均不足2%。可见，对于玉米生产机械化，今后的提升空间在于在东北地区、华北平原地区、黄土高原及西北地区大力发展机收水平，西南丘陵山区由于玉米种植地形恶劣（在西南丘陵山区，玉米一般种植在坡地上），中长期内预计不会有太大提升空间。

（4）大豆　除大豆播种面积占全国53.21%的东北主产区大豆耕、种、收机械化水平较高外，播种面积占14.34%的长江中下游平原地区和占8.52%的华北平原地区耕、种、收机械化水平均较低。可见，大豆的机械化生产水平提升，主要空间在东北地区以外的其他地区，但是考虑到大豆播种面积在其他地区占当地农作物播种面积比例极低（除长江中下游平原地区为6.13%以外，其他地区均低于4%，属于小类作物），因此未来提升空间也较为有限。

（5）油菜 油菜的机播、机收水平均较低。其中：对于油菜播种面积占全国11.46%的长江中下游平原地区，油菜机播和机收水平分别只有26.42%和40.55%；对于油菜播种面积占全国43.05%的南方低缓丘陵区，油菜机播和机收水平分别只有26.74%和43.92%；对于油菜播种面积占全国28.77%的西南丘陵山区，油菜机播和机收水平均在10%左右。可见，对于油菜生产机械化，今后主要的提升空间在长江中下游平原地区和南方低缓丘陵区。

（6）马铃薯 马铃薯主产区的马铃薯播种与收获机械化水平均较低。对于马铃薯播种面积占全国15.76%的东北地区，马铃薯机耕水平达90.25%，机播和机收水平分别为76.53%和68.72%，相对其他主产区较高；对于马铃薯播种面积占全国24.51%的黄土高原及西北地区，其马铃薯机耕水平为72.50%，机播和机收水平分别为35.35%和33.45%；对于马铃薯播种面积占全国10.65%的南方低缓丘陵区，机耕水平为64.43%，机播和机收水平均不足7%；对于马铃薯播种面积占全国42.75%的西南丘陵山区，机耕水平仅为30.83%，机播和机收水平均不足2%。考虑到在南方低缓丘陵区和西南丘陵山区，马铃薯主要种植在地形条件较差的地块上，因此未来马铃薯生产机械化的提升空间主要在东北地区和黄土高原及西北地区。

（7）花生 播种和收获机械化水平均较低。其中，对于花生播种面积占全国11.13%的东北地区，其花生机播、机收水平均超过60%；对于花生播种面积占全国46.82%的华北平原地区，机播水平为66.94%，机收水平仅为50.88%；对于花生播种面积占全国26.26%的南方低缓丘陵区，其花生机播水平和机收水平均在6%左右。同时，各区域花生播种面积占各区域总播种面积比例，除华北平原以外，其他地区均低于4%。因此，今后花生生产机械化水平的提升空间主要在东北地区和华北平原地区。

（8）棉花 棉花机收水平十分低下。其中：在棉花播种面积占全国53.97%的新疆地区，棉花机耕、机播水平均达到100%，但机收水平只有41.96%；在棉花播种面积占全国25.95%的华北平原地区，棉花机收水平不足1%；对于棉花播种面积分别占全国15.69%和10.18%的南方低缓丘陵区与长江中下游平原地区，棉花机播、机收水平均不足2%。同时，棉花播种面积占各区域农作物总播种面积比例除新疆达到30.77%以外，其他区域均不足3%，属于小宗作物，因此预计未来棉花生产机械化主要提升空间在新疆地区。

（9）其他作物 其他作物的耕、种、收机械化水平均较低，全国平均分别为49.63%、21.11%和16.58%。其他作物包含蔬菜、甘蔗、甜菜、烟叶、麻类、茶叶、水果等作物，这些作物的生产机械化难度较大，特别是播种与收获机械化难度较大，今后提升速度较为缓慢。

1.2.3 未来一段时间我国农业机械化发展重点

1. 重点区域分析

分别将各区域机耕面积、机播面积、机收面积除以全国农作物播种面积并乘以权重（耕0.4、播0.3、收0.3，同时，在计算机耕环节贡献时全国农作物播种面积剔除免耕播种面积），得到各区域分环节对全国耕种收综合机械化水平的贡献率(表1－7)。

表1－7 2016年各区域分环节对全国耕种收综合机械化水平贡献率（%）

区域	机耕水平	机播水平	机收水平	合计
新疆地区	1.58	1.06	0.68	3.32
东北地区	7.37	5.03	4.27	16.67
华北平原地区	5.72	4.71	4.31	14.74
长江中下游平原地区	3.72	1.79	2.15	7.66
黄土高原及西北地区	2.61	1.35	1.05	5.01
南方低缓丘陵区	7.58	1.23	3.24	12.05
西南丘陵山区	3.32	0.26	0.67	4.25
全国	31.90	15.43	16.37	63.70

分区域来看，目前对全国耕种收综合机械化水平贡献最高的是东北地区，其次是华北平原地区，南方低缓丘陵区排第三，长江中下游平原地区排第四，其后依次是黄土高原及西北地区、西南丘陵山区和新疆地区。从环节来看，目前机耕环节对全国耕种收综合机械化水平贡献百分比最高，达31.90%；其次是机收和机播环节，分别是16.37%和15.43%。

将各区域农作物播种面积除以全国农作物播种面积得到的百分比再乘以权重（耕0.4、播0.3、收0.3），即得到各区域分环节机械化水平对全国耕种收综合机械化水平贡献率最大值（假定未来种植结构不发生变化），见表1－8。

表1－8 各区域分环节对全国耕种收综合机械化水平贡献率最大值（%）

区域	机耕水平	机播水平	机收水平	合计
新疆地区	1.41	1.06	1.06	3.53
东北地区	7.22	5.42	5.42	18.06

（续）

区域	机耕水平	机播水平	机收水平	合计
华北平原地区	8.35	6.26	6.26	20.87
长江中下游平原地区	4.05	3.04	3.04	10.13
黄土高原及西北地区	3.44	2.58	2.58	8.60
南方低缓丘陵区	9.26	6.95	6.95	23.16
西南丘陵山区	6.26	4.70	4.70	15.66
全国	40	30	30	100

将表1－8中的数值与表1－7中的对应数值相减，即得到各区域在目前农业机械化发展水平基础上，对全国耕种收综合机械化水平贡献率的剩余空间，见表1－9。

表1－9 各区域分环节对全国耕种收综合机械化水平贡献率剩余空间（%）

区域	机耕水平	机播水平	机收水平	合计
新疆地区	0.00	0.00	0.38	0.38
东北地区	0.00	0.39	1.15	1.54
华北平原地区	2.63	1.55	1.95	6.13
长江中下游平原地区	0.33	1.25	0.89	2.47
黄土高原及西北地区	0.83	1.23	1.53	3.59
南方低缓丘陵区	1.68	5.72	3.71	11.11
西南丘陵山区	2.94	4.44	4.03	11.41
全国	8.41	14.58	13.64	36.63

分区域来看，今后发展空间最大的2个区域是南方低缓丘陵区和西南丘陵山区，这2个区域对全国耕种收综合机械化水平贡献率的剩余空间分别高达11.11%和11.41%，这2个区域耕种收全方位落后于其他地区，亟须大力发展；排第三的是华北平原地区，对全国耕种收机械化水平贡献率剩余空间为6.13%，主要来自玉米收获环节；排第四的是黄土高原及西北地区，该区域未来对全国耕种收综合机械化水平贡献率剩余空间为3.59%，该区域耕种收各环节还都有提升空间；其后依次是长江中下游平原地区、东北地区和新疆地区。从环节上看，今后耕、种、收各环节均有较大发展空间，但其中播种和收获环节机械化发展空间都较大。

2. 重点作物与环节分析

分别将各类作物机耕面积、机播面积、机收面积除以全国农作物播种面积并乘以权重（耕 0.4、播 0.3、收 0.3，同时，在计算机耕环节贡献时全国农作物播种面积剔除免耕播种面积），得到各类作物分环节对全国种植业耕种收综合机械化水平的贡献率，见表 1－10。由此可见，目前对全国耕种收综合机械化水平贡献最大的作物是小麦、水稻、玉米三大粮食作物，这三类作物的贡献率分别达到 13.69%、14.72% 和 16.07%，三者合计达到 44.48%，占 2016 年全国耕种收综合机械化水平（63.70%）的 69.83%，而这三类作物播种面积占全国农作物播种面积的比例合计只有 54.68%，显然农业机械化发展在种植业中存在严重不平衡。大豆、油菜、马铃薯、花生、棉花及包含甘蔗、蔬菜在内的其他作物对全国耕种收综合机械化水平的绝对贡献较少，合计只有 19.22%，并且主要是这些作物机耕环节的贡献，一共 19.20% 的贡献中仅机耕环节贡献就达到 11.73%。

表 1－10　2016 年各作物环节对全国耕种收综合机械化水平贡献率（%）

作物	机耕水平	机播水平	机收水平	合计
小麦	5.87	3.80	4.02	13.69
水稻	7.77	2.31	4.64	14.72
玉米	6.53	5.22	4.32	16.07
大豆	1.33	0.89	0.83	3.05
油菜	1.46	0.33	0.46	2.25
马铃薯	0.90	0.26	0.25	1.41
花生	0.87	0.37	0.29	1.53
棉花	0.84	0.44	0.14	1.42
其他作物	6.33	1.81	1.42	9.56
总计	31.90	15.43	16.37	63.70

将各类作物播种面积除以全国农作物播种面积得到的百分比再乘以权重（耕 0.4、播 0.3、收 0.3），即得到各类作物各环节机械化水平对全国耕种收综合机械化水平贡献率最大值（假定未来种植结构不发生变化），见表 1－11。将表 1－11 中的数值与表 1－10 中的对应数值相减，即得到各类作物在目前农业机械化发展水平基础上，对全国耕种收综合机械化水平贡献率的剩余空间，见表 1－12。从表 1－12 可以看出，今后三大粮食作物对全国耕种收综合机械化水平贡献率剩余空间有限，即使耕种收 3 个环节三大粮食作物均实现机械化，全国耕种收综合机械化水平仅增加

10.80%，若其他作物机械化水平保持不变，全国耕种收综合机械化水平只能达到74.50%。大豆、油菜、马铃薯、花生、棉花5类作物的贡献剩余空间主要在于播种和收获环节，这5类作物合计贡献剩余空间为7.41%。其他作物对全国耕种收综合机械化水平贡献剩余空间高达18.71%，而其他作物中蔬菜的播种面积高达47.37%，因此今后应高度重视蔬菜及其他经济作物的播种机械化。

表1-11　2016年各作物分环节对全国耕种收综合机械化水平贡献率最大值（%）

作物	机耕水平	机播水平	机收水平	合计
小麦	5.81	4.35	4.35	14.51
水稻	7.24	5.43	5.43	18.10
玉米	8.83	6.62	6.62	22.07
大豆	1.73	1.30	1.30	4.33
油菜	1.76	1.32	1.32	4.40
马铃薯	1.39	1.04	1.04	3.47
花生	1.13	0.85	0.85	2.83
棉花	0.80	0.60	0.60	2.00
其他作物	11.31	8.49	8.49	28.29
总计	40	30	30	100

表1-12　各作物分环节对全国耕种收综合机械化水平贡献率剩余空间（%）

作物	机耕水平	机播水平	机收水平	合计
小麦	0.00	0.55	0.34	0.89
水稻	0.00	3.12	0.79	3.91
玉米	2.30	1.40	2.30	6.00
大豆	0.40	0.41	0.47	1.28
油菜	0.30	0.99	0.86	2.15
马铃薯	0.49	0.78	0.79	2.06
花生	0.26	0.48	0.56	1.30
棉花	0.00	0.16	0.46	0.62
其他作物	4.98	6.68	7.07	18.73
总计	8.10	14.57	13.64	36.31

通过以上分析，我们可以看出：

（1）从发展环境来看　第一，在地形地貌方面，我国东北地区、长江中下游平原地区、新疆地区地形条件相对较好，农业机械化水平发展较快；而南方低缓丘陵区、黄土高原及西北地区地形条件略差，农业机械化水平发展速度次之；而西南丘陵山区各省地形条件最为恶劣，平地占耕地面积比例均在20%以下，农业机械化发展水平在全国靠后。第二，在种植制度方面，东北地区、新疆地区、黄土高原及西北地区为一年一熟区，其他区域为一年两熟区，熟制的不同，对农业机械装备的需求也会有所影响。第三，在政治法律环境方面，我国农业机械化发展面临的政治法律环境良好。第四，在经济环境方面，我国正面临经济减速换挡、转型升级期，需要农业机械化在改造传统农业、发展现代农业中发挥作用，特别是在节本增效和"一控两减三基本"中发挥应有作用。第五，在社会环境方面，我国农业劳动力减量化、老龄化为农业机械化发展提供了巨大空间和机遇。第六，在农业产业结构方面，由于需求结构发生变化及市场竞争条件下的国际分工发生变化，我国玉米种植面积大幅度上升，大豆、棉花种植面积大幅度下降，今后农业机械装备结构调整应紧紧围绕农业产业结构调整进行。第七，在技术供给环境方面，我国主要粮、棉、油等农业机械装备技术供给能力尚可，但部分高端产品由外资供应。

（2）从农业机械化发展现状来看　第一，从区域角度看，各区域机械化水平发展差异较大。新疆地区、东北地区的耕种收综合机械化水平相对较高且较为接近；华北平原地区和长江中下游平原地区的耕和收2个环节机械化水平比较接近，但在播种环节华北平原远远高于长江中下游平原地区；黄土高原及西北地区和南方低缓丘陵区的耕和收2个环节机械化水平较为接近，但黄土高原及西北地区的播种环节机械化水平远远高于南方低缓丘陵区；而西南丘陵山区与其他地区的农业机械化水平差距是全方位的。第二，从主要作物角度看，各类作物各环节机械化水平差异也较大。虽然小麦、玉米、大豆、棉花等机播水平较高，但三大粮食作物中的水稻播种机械化水平不足45%，油菜、马铃薯播种机械化水平仅25%左右，花生播种机械化水平也刚到43%；虽然小麦、水稻的机收水平较高，但三大粮食作物中的玉米收获机械化水平仍然不足70%，油菜、马铃薯、花生等收获机械化水平仍不足35%，棉花收获机械化水平不足25%。同时，甘蔗、蔬菜、水果、茶叶等作物的播种、收获、初加工环节机械化水平十分低下。今后农业机械装备的结构调整，应重点发展薄弱环节的农业机械装备。

（3）从未来发展重点来看　第一，从全国各区域角度看，今后发展空间最大的2个区域是南方低缓丘陵区和西南丘陵山区，这2个区域耕种收全方位落后于其他地区，亟须大力发展；排第三的是华北平原地区，对全国耕种收机械化水平贡献的剩余空间主要是玉米收获环节；排第四的是黄土高原及西北地区，耕种收各环节还都有提升空间。第二，从全国主要作物角度看，今后三大粮食作物对全国耕种收综合机械化水平贡献剩余空间有限。大豆、油菜、马铃薯、花生、棉花等几类作物的贡献剩余空间主要在于播种和收获环节。其他作物对全国耕种收综合机械化水平贡献剩余空间大，而其他作物中蔬菜的播种面积高达47.37%，因此今后应高度重视蔬菜及其他经济作物的种植机械化。

1.3 我国农机购置补贴政策演变

1.3.1 农机购置补贴政策出台背景

1. 粮食播种面积和产量持续下降，粮食安全问题受到关注

1997年开始，受粮价持续下降的影响，农户粮食种植积极性下降，1997—2003年作为口粮的稻谷、小麦播种面积出现了六连减（图1-6）。其中2003年比1997年稻谷种植面积下降了16.55%、小麦种植面积下降了26.81%。

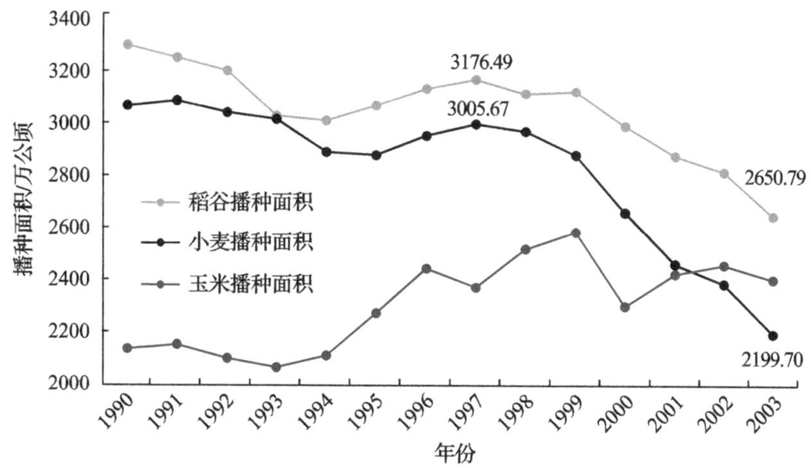

图1-6 1990—2003年我国三大粮食作物播种面积

对应的，稻谷和小麦的产量也出现大幅度下降，与1997年相比，2003年稻谷总产量下降了19.97%，小麦总产量下降了29.85%（图1-7）。

2. 城乡差距持续拉大，“三农问题”凸显

图1-8展示了1983—2003年我国城乡居民纯收入、农村居民农业纯收入占比变化情况。

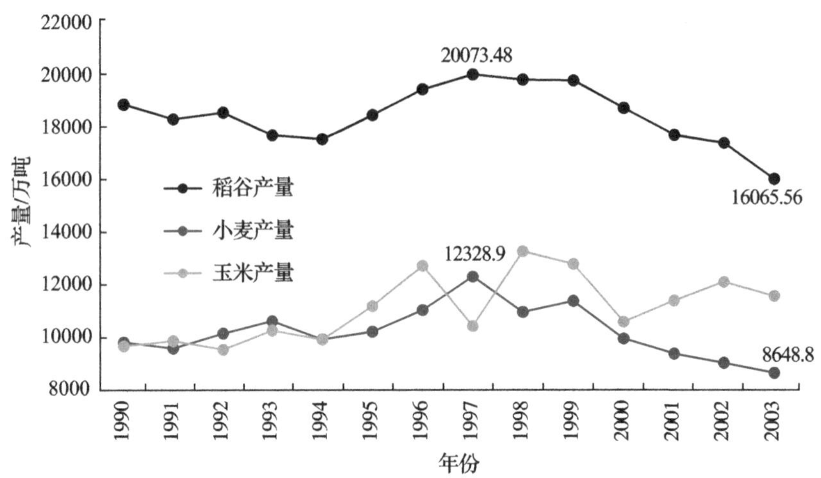

图 1-7　1990—2003 年我国主要粮食产量

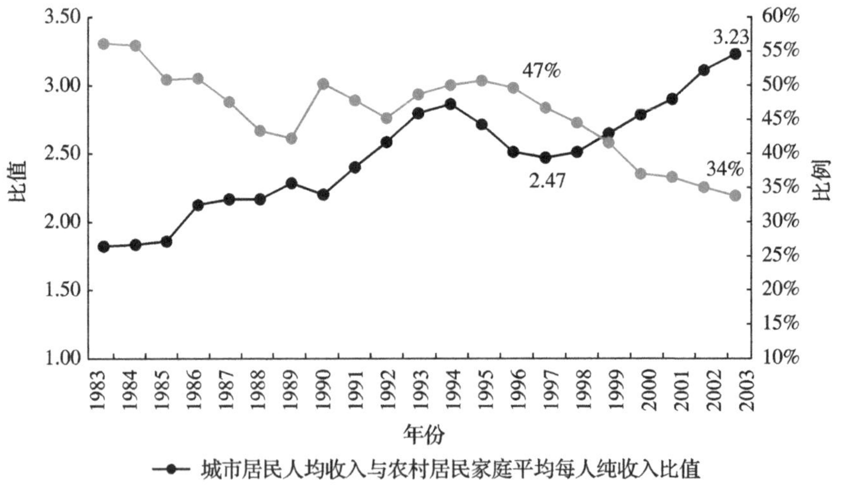

图 1-8　1983—2003 年我国城乡居民纯收入、农村居民农业纯收入占比

注：本图数据由历年《中国统计年鉴》整理、计算得到。

从图 1-8 中可以看出，1997—2003 年虽然农业纯收入占总纯收入比例一直下降，但仍然达到 34%，即农业经营收入在当时仍然是农民的重要收入来源之一。这一时期农民平均收入徘徊不前，而城市居民收入则稳步增长，导致城乡收入差距不断拉大，城市居民人均收入与农村居民家庭平均每人收入比值从 1997 年的 2.47 倍增长到 2003 年的 3.23 倍，城乡差距持续拉大不利于社会稳定。同时，这一时期农业农村不断暴露出一些问题。2000 年，时任湖北省监利县棋盘乡党委书记的李昌平在写给国务院总理的信中提出“农民真苦，农村真穷，农业真危险”。李昌平的信通过媒体震动了全国，“三农问题”暴露在公众面前（新华网，2008），党中央对此高度重视。

3. 工业“反哺”农业，系列支农政策密集出台

基于粮食安全、社会稳定的角度，党中央高度重视“三农”问题。2004 年，在时隔 18 年后再次把中央 1 号文件锁定在农业议题上，并从此连续 18 年一直锁定农业议题。

2004 年，时任中央委员会总书记胡锦涛在党的十六届四中全会上提出“两个趋向”的论断，即“在工业化初始阶段，农业支持工业、为工业提供积累是带有普遍性的趋向”和“在工业化达到相当程度以后，工业反哺农业、城市支持农村，实现工业与农业、城市与农村协调发展，也是带有普遍性的趋向”。由此展开了系列支农政策的密集出台。

在前期农村税费改革试点的基础上，2004 年中共中央、国务院决定从当年开始逐步降低农业税税率，并提出 5 年内全面取消农业税的目标。2005 年 12 月 29 日，十届全国人大常委会第十九次会议决定，自 2006 年 1 月 1 日起国家不再针对农业单独征税。

2004 年前后推出的在全国范围实施的系列支农政策还包括良种补贴政策、种粮直接补贴政策、农资综合补贴政策、农机购置补贴政策，带有地域性质的补贴政策有小麦最低价收购政策（小麦主产区）、水稻最低价收购政策（水稻主产区）、玉米临储政策（黑龙江、吉林、辽宁、内蒙古），以及系列防灾减灾稳产支持政策如冬小麦主产区“一喷三防”补助政策、东北水稻大棚育秧补助政策、东北地区抗旱“坐水种”补助、南方地区早稻集中育秧补助、西南干旱地区玉米覆膜补助政策等。

对于其中的农机购置补贴政策，在 2004 年的中央 1 号文件《中共中央国务院关于促进农民增加收入若干政策的意见》中提出“对农民个人、农场职工、农机专业户和直接从事农业生产的农机服务组织购置和更新大型农机具给予一定补贴”后，当年 6 月 25 日全国人大通过了《中华人民共和国农业机械化促进法》，里面明确提出“中央财政、省级财政应当分别安排专项资金，对农民和农业生产经营组织购买国家支持推广的先进适用的农业机械给予补贴”。同年，农机购置补贴政策正式实施。

1.3.2 补贴资金与范围演变

1. 补贴资金总量变化

2004年，我国开始实施农机购置补贴政策，农机购置补贴中央资金从2004年的0.78亿元增长到2014年的237.55亿元，2014—2016年连续3年保持稳定，2017年才开始有所下降。2004—2017年累计补贴1871亿元，目前年度补贴资金稳定在180亿元左右（图1-9）。

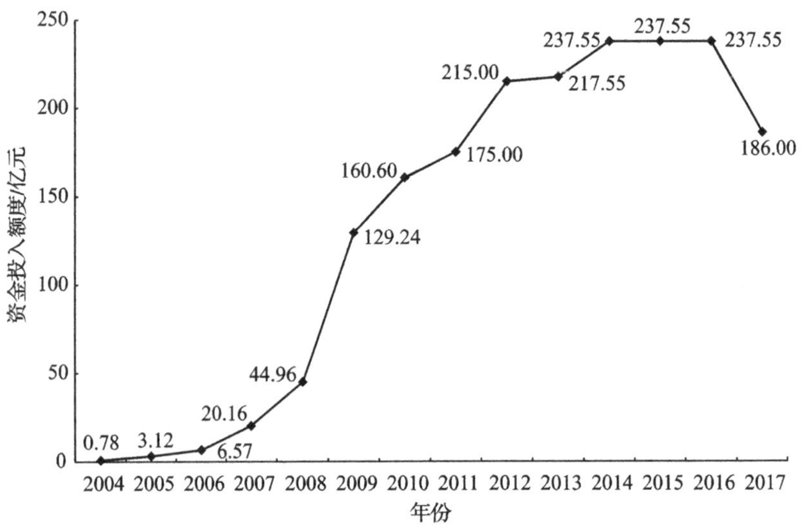

图1-9　2004—2017年我国农机购置补贴中央资金投入额度

注：本图数据由历年《全国年农业机械化统计年报》整理获得。

2. 补贴机具、区域和对象范围变化

我国历年农机购置补贴政策补贴机具、区域、对象见表1-13，从表1-13可以看出以下规律。

1）农机购置补贴政策刚开始实施时，由于补贴资金有限，无法覆盖绝大部分的农机和全部的农牧县，只能选择有限的机具和农牧县。补贴机具种类从2004年的只有6种增加到2013年的12大类48个小类175个品目，补贴区域从2004年的66个粮食生产大县扩大到目前覆盖所有农牧业县（场）。

2）补贴对象也发生了变化，2004年仅限农民个人和直接从事农业生产的农机服务组织；2005年增加了地方农场职工；2009年增加了牧民、渔民、取得当地工商登记的奶农专业合作社、奶畜养殖场所办生鲜乳收购站和乳品生产企业参股经营的

生鲜乳收购站；2011 年改为农牧渔民、农场（林场）职工、直接从事农机作业的农业生产经营组织；2014 年增加了农民合作社；2015—2017 年不再直接限定农牧渔民身份，改为“直接从事农业生产的个人和农业生产经营组织”，即其他不是农民身份的个人或组织只要从事农业生产均是潜在的购机补贴对象；2018—2020 年补贴对象仍然是“从事农业生产的个人和农业生产经营组织”，但做了进一步解释：“其中农业生产经营组织包括农村集体经济组织、农民专业合作经济组织、农业企业和其他从事农业生产经营的组织。”

补贴对象的演变，与我国农民逐渐从身份名词变为职业名词有关，越来越多的农业规模经营主体可能是大学生村官、可能是农业企业、可能是其他创业者。

表 1－13　我国历年农机购置补贴政策补贴机具、区域、对象

年份	补贴机具	补贴区域	补贴对象
2004	主要包括拖拉机、深松机、免耕精量播种机、水稻插秧机、收获机、秸秆综合利用机械 6 种机具	16 个农业主产省（区、市）的 66 个粮食生产大县	农民个人和直接从事农业生产的农机服务组织
2005	大中型拖拉机、耕作机械、种植机械、植保机械、收获机械、粮食干燥机械 6 大类 18 个品种的机具	31 个省、直辖市、自治区的 500 个县，重点向优势农产品集中的主产省、主产县倾斜	农民（含地方农场职工）和直接从事农业生产的农机服务组织
2006	大中型拖拉机、耕作机械、种植机械、植保机械、收获机械、粮食干燥机械 6 大类 19 个品种的机具	31 个省、直辖市、自治区的 1080 个农牧县	农民（含地方农场职工）和直接从事农业生产的农机服务组织
2007	大中型拖拉机、耕作机械、种植机械、植保机械、收获机械、粮食干燥机械、排灌机械 7 大类 24 个品种的机具	31 个省、直辖市、自治区的 1500 个农牧县	农民（含地方农场职工）和直接从事农业生产的农机服务组织
2008	9 大类 33 个品种的机具。各地可自行增加不超过 5 种其他机具	覆盖所有农牧业县（场）	农民（含地方农场职工）和直接从事农业生产的农机服务组织

（续）

年份	补贴机具	补贴区域	补贴对象
2009	耕整地机械、种植施肥机械、田间管理机械、收获机械、收获后处理机械、农产品初加工机械、排灌机械、畜牧水产养殖机械、动力机械、农田基本建设机械、设施农业设备和其他机械 12 大类 38 个小类的机具。各地可在 12 大类范围内自行增加不超过 10 个品目的其他机具	覆盖所有农牧业县（场）	农牧渔民（含农场职工）、直接从事农机作业的农业生产经营组织，以及取得当地工商登记的奶农专业合作社、奶畜养殖场所办生鲜乳收购站和乳品生产企业参股经营的生鲜乳收购站
2010	耕整地机械、种植施肥机械、田间管理机械、收获机械、收获后处理机械、农产品初加工机械、排灌机械、畜牧水产养殖机械、动力机械、农田基本建设机械、设施农业设备和其他机械 12 大类 45 个小类 180 个品目机具。除 12 大类 45 个小类 180 个品目外，各地可以在 12 大类内自行增加不超过 20 个品目的其他机具列入中央资金补贴范围	覆盖所有农牧业县（场）	农牧渔民、农场（林场）职工、直接从事农机作业的农业生产经营组织、取得当地工商登记的奶农专业合作社、奶畜养殖场所办生鲜乳收购站和乳品生产企业参股经营的生鲜乳收购站
2011	耕整地机械、种植施肥机械、田间管理机械、收获机械、收获后处理机械、农产品初加工机械、排灌机械、畜牧水产养殖机械、动力机械、农田基本建设机械、设施农业设备和其他机械 12 大类 46 个小类 180 个品目机具。除 12 大类 46 个小类 180 个品目外，各地可以在 12 大类内自行增加不超过 30 个品目的其他机具列入中央资金补贴范围	覆盖所有农牧业县（场）	农牧渔民、农场（林场）职工、直接从事农机作业的农业生产经营组织

（续）

年份	补贴机具	补贴区域	补贴对象
2012	耕整地机械、种植施肥机械、田间管理机械、收获机械、收获后处理机械、农产品初加工机械、排灌机械、畜牧水产养殖机械、动力机械、农田基本建设机械、设施农业设备和其他机械 12 大类 46 个小类 180 个品目机具。除 12 大类 46 个小类 180 个品目外，各地可以在 12 大类内自行增加不超过 30 个品目的其他机具列入中央资金补贴范围	覆盖所有农牧业县（场）	农牧渔民、农场（林场）职工、直接从事农机作业的农业生产经营组织
2013	耕整地机械、种植施肥机械、田间管理机械、收获机械、收获后处理机械、农产品初加工机械、排灌机械、畜牧水产养殖机械、动力机械、农田基本建设机械、设施农业设备和其他机械 12 大类 48 个小类 175 个品目机具。各地可在 12 大类内自行增加不超过 30 个品目的其他机具列入中央资金补贴范围	覆盖所有农牧业县（场）	农牧渔民、农场（林场）职工、从事农机作业的农业生产经营组织
2014	耕整地机械、种植施肥机械、田间管理机械、收获机械、收获后处理机械、农产品初加工机械、排灌机械、畜牧水产养殖机械、动力机械、农田基本建设机械、设施农业设备和其他机械 12 大类 48 个小类 175 个品目机具。各地可在 12 大类内自行增加不超过 30 个其他品目的机具列入中央资金补贴范围	覆盖所有农牧业县（场）	农牧渔民、农场（林场）职工、农民合作社和从事农机作业的农业生产经营组织

（续）

年份	补贴机具	补贴区域	补贴对象
2015—2017	耕整地机械、种植施肥机械、田间管理机械、收获机械、收获后处理机械、农产品初加工机械、排灌机械、畜牧水产养殖机械、动力机械、设施农业设备和其他机械 11 大类 43 个小类 137 个品目	覆盖所有农牧业县（场）	直接从事农业生产的个人和农业生产经营组织
2018—2020	15 大类 42 个小类 137 个品目	覆盖所有农牧业县（场）	从事农业生产的个人和农业生产经营组织（以下简称“购机者”），其中农业生产经营组织包括农村集体经济组织、农民专业合作经济组织、农业企业和其他从事农业生产经营的组织

注：本表内容由历年农业部、财政部印发的农机购置补贴实施方案和指导意见整理获得。

1.3.3 补贴具体制度演变

1. 招标选型制度产生与取消

（1）省部两级招标选型阶段（2004—2010 年） 农机购置补贴额政策刚开始实施的头几年，补贴机具的确定方式是省部两级招标选型制度，或者叫省部两级指定厂家、品牌、型号的制度。

1）农业部针对全国通用的农机进行部级招标选型。对于当时全国通用性较强的机具，由农业部引入竞争机制，统一筛选机具型号，制订当年的全国通用类农机购置补贴产品目录（以下简称《通用类机具补贴目录》）。各省、区、市对以上机具不再进行重复选型。如 2005 年对大中型拖拉机、水稻插秧机、自走式全喂入和半喂入联合收割机 3 类 6 种机具进行统一招标选型，2006 年对大中型拖拉机、水稻插秧机、自走式全喂入和半喂入联合收割机、旋耕机 4 类中的 9 种机具进行统一招标选型，2007 年对拖拉机、收获机械、种植机械、植保机械、耕作机械 5 类中的 14 种机具进行统一招标选型，2008 年沿用 2007 年选型结果，2009 年对拖拉机、收获机械、种植机械、植保机械、耕作机械 5 类中的 11 种机具进行统一招标选型，2010 年对动力机械、收获机械、种植施肥机械、耕整地机械、田园管理机械、畜牧水产养殖机械 6 类中的 17 种机具进行统一招标选型。

2）各省针对其他机具组织本省的招标选型工作。其他类机具由各省级农机管理部门采用竞争机制和程序，统一组织开展省级选型工作，制订本省、区、市的年度其他类机具购置补贴产品目录（以下简称《其他类机具补贴目录》），中央财政补贴比例由各省、区、市在当年农业部、财政部联合发布的《农业机械购置补贴实施指导意见》规定的补贴率和补贴额以内自行确定。参与筛选的机具必须是已列入《国家支持推广的先进适用的农业机械产品目录》中的产品。

3）补贴目录合并。各省、区、市可根据本地实际，对《通用类机具补贴目录》中的补贴种类进行取舍（但不能在某一种类中对各型号的产品进行取舍）后，与本省、区、市制订的《其他类机具补贴目录》合并，编制本省、区、市本年度机具购置补贴产品目录，并在上报农业部农业机械化管理司备案无异议后予以公布执行。

（2）指定补贴机具范围阶段（2011 年至今）《2011 年农业机械购置补贴实施指导意见》中对补贴机具的确定方法表述为："农业部根据全国农业发展需要和国家产业政策确定全国补贴机具种类范围；各省（区、市、兵团、农垦）结合本地实际情况，确定具体的补贴机具品目范围。省级农机化主管部门要将补贴机具品目范围内的，所有已列入国家支持推广目录且承诺在本省（区、市、兵团、农垦）销售的产品和已列入本省级支持推广目录的产品，全部纳入补贴目录，按程序向社会发布并报农业部备案。"

《2012 年农业机械购置补贴实施指导意见》中对补贴机具的确定方法表述为："农业部根据全国农业发展需要和国家产业政策确定全国补贴机具种类范围；各省（区、市、兵团、农垦）结合本地实际情况，合理确定具体的补贴机具品目范围。县级农机化主管部门不得随意缩小补贴机具种类范围，省域内年度补贴品目数量保持一致。补贴机具必须是已列入国家支持推广目录和省级支持推广目录的产品。"

《2013 年农业机械购置补贴实施指导意见》中对补贴机具的确定方法表述为："各省应结合本地实际情况，在农业部确定的 175 个品目中，选择部分农业生产急需、农民需求量大的品目纳入中央财政补贴机具种类范围。对于价格较低的机具可以不列入补贴范围。县级农机化主管部门不得随意缩小补贴机具种类范围，省域内年度补贴品目数量保持一致。补贴机具必须是已列入国家支持推广目录或省级支持推广目录的产品。"

《2014 年农业机械购置补贴实施指导意见》中对补贴机具的确定方法表述为："各省应结合本地实际情况，突出重点，在农业部确定的 175 个品目中，缩小范围，选择部分农业生产急需、农民需求量大的品目作为本省中央财政补贴机具种类范围，对于价格较低的机具可以不列入补贴范围，具体由各省确定。提倡有条件的省份选择部分粮食生产耕种收及烘干等关键环节急需的机具品目敞开补贴，满足省域内所有申购者的需求。因补贴资金规模所限当年未能享受到补贴的申购者，可在下一年度优先补贴。县级农机化主管部门不得随意缩小补贴机具种类范围，如确需缩小范围，应由县级农机购置补贴工作领导小组研究提出方案，并报省级农机化主管部门审核；也可由省级农机化主管部门结合本省实际，分区域确定补贴机具种类范围。为进一步推动企业自主经营、公平竞争和消费者自由选择、自主消费，促进农机化科技创新，2014 年选择 1 个省进行补贴产品市场化改革试点，即在补贴机具种类范围内，除被明确取消补贴资格的农机产品外，符合条件的购机者选择购置国家或省级支持推广目录外的产品，也可申请补贴。具体方案报经农业部、财政部同意后实施。除试点省份外，补贴机具必须是已列入国家支持推广目录或省级支持推广目录的产品。补贴机具须在明显位置固定有生产企业、产品名称和型号、出厂编号、生产日期、执行标准等信息的永久性铭牌。”

《2015—2017 年农业机械购置补贴实施指导意见》中对补贴机具的确定方法表述为：“补贴机具必须是在中华人民共和国境内生产的产品。除新产品补贴试点外，补贴机具应是已获得部级或省级有效推广鉴定证书的产品。继续选择个别省份开展补贴产品市场化改革试点，在补贴机具种类范围内，除被明确取消补贴资格的或不符合生产许可证管理、强制性认证管理的农机产品外，符合条件的购机者购置的农机产品，均可申请补贴。”

《2018—2020 年农业机械购置补贴实施指导意见》中对补贴机具的确定方法表述为：“补贴机具必须是补贴范围内的产品，同时还应具备以下资质之一：（1）获得农业机械试验鉴定证书（农业机械推广鉴定证书）；（2）获得农机强制性产品认证证书；（3）列入农机自愿性认证采信试点范围，获得农机自愿性产品认证证书。补贴机具须在明显位置固定标有生产企业、产品名称和型号、出厂编号、生产日期、执行标准等信息的永久性铭牌。”

（3）选型制度兴废原因分析　2004—2010 年实施的是招标选型的制度，为什么要进行招标选型呢？2009 年农业部官员答记者时回答如下：

“农机购置补贴既是一项强农惠农政策，也是一项产业促进政策，开展补贴机具选型是促进产业发展、保证资金使用效果的重要措施。

一是落实《中华人民共和国农业机械化促进法》的规定。二是发挥宏观调控作用的需要。该政策不仅是对农民购机给予扶持，更重要的是通过选型确定重点机具种类、机型，鼓励农民购买先进适用、技术成熟、安全可靠、节能环保、服务到位的农机具，促进农机结构调整和更新换代。三是促进农机工业结构调整和技术进步。通过竞争性择优选型，引导广大农机企业改进产品质量，增加研发投入，优化农机产品结构布局。四是严把产品质量关的有效途径。五是保障农民权益的重要举措。在该补贴实施中，农民属于弱势群体，通过选型严格把关，能最大限度地保障农民权益，使补贴政策效应最大化。

总之，在目前情况下，不能对所有农机具都实行补贴，只有农业生产急需、农民需要但购买有困难、符合规定要求的机具种类和机型才能享受国家补贴。”

也就是说，选型制度有几重目的，一是通过竞争选型引导农民购买先进适用、技术成熟、安全可靠、节能环保、服务到位的农机具；二是促进农机工业结构调整和技术进步；三是为农民“严把产品质量关”以“保障农民权益”。其中第一条是第二条和第三条的必要条件，即农业部和各省农机部门要肩负着甄别农机是否具备“先进适用、技术成熟、安全可靠、节能环保、服务到位”等特征的职能，以此达到促进农机工业结构调整和技术进步、为农民“严把产品质量关”以“保障农民权益”的效果。

那么，这个职责能够被履行吗？这些效果能够达到吗？几年的实践很快就有了答案。

对于农业部农机主管部门来说，随着农机购置补贴规模的扩大，通过开专家评审会来对数以千计的农机产品是否具备“先进适用、技术成熟、安全可靠、节能环保、服务到位”等特征进行判断的难度越来越大。如2006年只有77家企业的461个产品参选，67个企业生产的385个产品最终中选；但在2010年的全国通用类农机购置补贴参选文件开封仪式上，有431家企业的2595种产品投递了参选文件。数以千计的产品，能否靠几天会议精准判别出是否“先进适用、技术成熟、安全可靠、节能环保、服务到位”？显然是很难。

对于省级农机主管部门来说，由于可以对在《通用类机具补贴目录》以外的其他机具展开招标选型，因此具有了《通用类机具补贴目录》以外农机进入补贴目录的生杀大权。

对农机企业来说，如果不是通用类农机，则要分别参加全国38个省级单位（包括计划单列市、黑龙江省农垦总局等副省级单位）的农机选型投标，疲于奔命。即使进入了部级农机购置补贴的通用目录，还需要去跟各省级农机主管部门商谈中标价格，对企业正常经营造成了极大的负担。

由于显而易见的弊端，2011年开始彻底废除省部两级选型制度，农业部不再指定具体企业、具体产品和价格，而只指定补贴机具品目范围。如2013年指定了175个品目，各省、区、市可以根据本省、区、市实际情况选择部分农业生产急需、农民需求量大的品目纳入中央财政补贴机具种类范围，农机企业只需要将符合条件（列入国家支持推广目录或省级支持推广目录）的产品参数报备给各省农机主管部门即可。

2. “从价补贴”到“定额补贴”

（1）从价补贴阶段（2004—2010年） 2004—2010年，我国农机购置补贴政策具体补贴标准是按照从价补贴的方式进行的，不超过机具价格的30%（2009年、2010年对血防疫区、汶川地震重灾区实施特殊政策，给予50%的补贴比例）。为了防止单机补贴额度过高，又额外规定了单机补贴绝对额上限。2004—2006年单机补贴额绝对额上限是3万元；2007—2010年单机补贴绝对额上限是5万元，但2008—2010年对个别机具的绝对额上限进行了调整。2008年规定“100马力[㊀]以上大型拖拉机和高性能青饲料收获机补贴限额提高到8万元，大型棉花采摘机补贴限额提高到20万元”；2009年规定“将100马力以上大型拖拉机、高性能青饲料收获机、大型免耕播种机、挤奶机械补贴限额提高到12万元”；2010年规定“100马力以上大型拖拉机、高性能青饲料收获机、大型免耕播种机、挤奶机械、大型联合收割机、水稻大型浸种催芽程控设备、烘干机单机补贴限额可提高到12万元，大型棉花采摘机、甘蔗收获机、200马力以上拖拉机单机补贴额可提高到20万元”（表1-14）。

表1-14 我国历年农机购置补贴政策补贴标准

年份	补贴标准
2004	补贴资金标准不超过机具价格的30%，补贴额不超过3万元
2005	使用中央资金的补贴率不超过机具价格的30%，且单机补贴额原则上不超过3万元
2006	使用中央资金的补贴率不超过机具价格的30%，且单机补贴额不超过3万元
2007	使用中央资金的补贴率不超过机具价格的30%，且单机补贴额不超过5万元。地方可累加
2008	使用中央资金的补贴率不超过机具价格的30%，且单机补贴额不超过5万元，100马力以上大型拖拉机和高性能青饲料收获机补贴限额提高到8万元，大型棉花采摘机补贴限额提高到20万元
2009	全国总体上继续执行30%的补贴比例。血防疫区继续执行“以机代牛”50%的补贴政策，汶川地震重灾区县补贴比例提高到50%。单机补贴额最高不超过5万元的标准，并根据实际需要，将100马力以上大型拖拉机、高性能青饲料收获机、大型免耕播种机、挤奶机械补贴限额提高到12万元

㊀ 1马力≈745.7瓦。

（续）

年份	补贴标准
2010	总体上继续执行不超过30%的补贴比例。汶川地震重灾区县、重点血防疫区补贴比例可提高到50%。单机补贴额原则上最高不超过5万元。100马力以上大型拖拉机、高性能青饲料收获机、大型免耕播种机、挤奶机械、大型联合收割机、水稻大型浸种催芽程控设备、烘干机单机补贴限额可提高到12万元；大型棉花采摘机、甘蔗收获机、200马力以上拖拉机单机补贴额可提高到20万元
2011	中央财政农机购置补贴资金实行定额补贴，即同一种类、同一档次农机在省域内实行统一的补贴标准。定额补贴按不超过本省（区、市、兵团、农垦）市场平均价格30%测算，单机补贴限额不超过5万元。汶川地震重灾区县、重点血防区补贴比例可提高到50%。通用类农机产品补贴额由农业部统一确定，非通用类农机产品补贴额由各省（区、市、兵团、农垦）自行确定。100马力以上大型拖拉机、高性能青饲料收获机、大型免耕播种机、挤奶机械、大型联合收割机、水稻大型浸种催芽程控设备、烘干机单机补贴限额可提高到12万元；大型棉花采摘机、甘蔗收获机、200马力以上拖拉机单机补贴额可提高到20万元
2012	中央财政农机购置补贴资金实行定额补贴，即同一种类、同一档次农机在省域内实行统一的补贴标准。通用类农机产品补贴额由农业部统一确定，非通用类农机产品补贴额由各省（区、市、兵团、农垦）自行确定，单机补贴限额不超过5万元。非通用类农机产品定额补贴不得超过本省（区、市、兵团、农垦）近3年的市场平均销售价格的30%，重点血防区主要农作物耕种收及植保等大田作业机械补贴定额测算比例不得超过50%。100马力以上大型拖拉机、高性能青饲料收获机、大型免耕播种机、挤奶机械、大型联合收割机、水稻大型浸种催芽程控设备、烘干机单机补贴限额可提高到12万元；甘蔗收获机、200马力以上拖拉机单机补贴额可提高到20万元；大型棉花采摘机单机补贴额可提高到30万元
2013	中央财政农机购置补贴资金实行定额补贴，即同一种类、同一档次农机在省域内实行统一的补贴标准。通用类农机产品最高补贴额由农业部统一确定；非通用类农机产品补贴额由各省自行确定，相邻省份应加强沟通、相互协调，防止出现同类产品补贴额差距过大。每档次农机产品补贴额按不超过此档产品在本省域近3年的平均销售价格的30%测算，重点血防区主要农作物耕种收及植保等大田作业机械补贴定额测算比例不得超过50%。一般机具单机补贴限额不超过5万元；挤奶机械、烘干机单机补贴限额可提高到12万元；100马力以上大型拖拉机、高性能青饲料收获机、大型免耕播种机、大型联合收割机、水稻大型浸种催芽程控设备单机补贴限额可提高到15万元；200马力以上拖拉机单机补贴限额可提高到25万元；甘蔗收获机单机补贴限额可提高到20万元，广西壮族自治区可提高到25万元；大型棉花采摘机单机补贴限额可提高到30万元，新疆维吾尔自治区和新疆生产建设兵团可提高到40万元

（续）

年份	补贴标准
2014	中央财政农机购置补贴资金实行定额补贴，即同一种类、同一档次农机在省域内实行统一的补贴标准。通用类农机产品最高补贴额由农业部统一确定。纳入多个省份补贴范围的非通用类农机产品最高补贴额由农业部委托牵头省组织，有关省份参加共同确定；其他非通用类和自选品目农机产品补贴额由各省自行确定。测算每档次农机产品补贴额时，总体应不超过此档产品近 3 年的平均销售价格的 30%，重点血防区主要农作物耕种收及植保等大田作业机械和四川芦山、甘肃岷县漳县地震受灾严重地区补贴额测算比例不超过 50%。相邻省份应加强沟通、相互协调，防止出现同类产品补贴额差距过大。一般机具单机补贴限额不超过 5 万元；挤奶机械、烘干机单机补贴限额可提高到 12 万元；100 马力以上大型拖拉机、高性能青饲料收获机、大型免耕播种机、大型联合收割机、水稻大型浸种催芽程控设备单机补贴限额可提高到 15 万元；200 马力以上拖拉机单机补贴限额可提高到 25 万元；甘蔗收获机单机补贴限额可提高到 20 万元，广西壮族自治区可提高到 25 万元；大型棉花采摘机单机补贴限额可提高到 30 万元，新疆维吾尔自治区和新疆生产建设兵团可提高到 40 万元
2015—2017	中央财政农机购置补贴资金实行定额补贴，即同一种类、同一档次农机原则上在省域内实行统一的补贴标准，不允许对省内外企业生产的同类产品实行差别对待。一般农机每档次产品补贴额原则上按不超过该档产品上年平均销售价格的 30% 测算，单机补贴额不超过 5 万元；挤奶机械、烘干机单机补贴额不超过 12 万元；100 马力以上大型拖拉机、高性能青饲料收获机、大型免耕播种机、大型联合收割机、水稻大型浸种催芽程控设备单机补贴额不超过 15 万元；200 马力以上拖拉机单机补贴额不超过 25 万元；大型甘蔗收获机单机补贴额不超过 40 万元；大型棉花采摘机单机补贴额不超过 60 万元
2018—2020	中央财政农机购置补贴实行定额补贴，补贴额由各省农机化主管部门负责确定，其中，通用类机具补贴额不超过农业部发布的最高补贴额。补贴额依据同档产品上年市场销售均价测算，原则上测算比例不超过 30%。一般补贴机具单机补贴额原则上不超过 5 万元；挤奶机械、烘干机单机补贴额不超过 12 万元；100 马力以上拖拉机、高性能青饲料收获机、大型免耕播种机、大型联合收割机、水稻大型浸种催芽程控设备单机补贴额不超过 15 万元；200 马力以上拖拉机单机补贴额不超过 25 万元；大型甘蔗收获机单机补贴额不超过 40 万元；大型棉花采摘机单机补贴额不超过 60 万元

注：本表内容由历年农业部、财政部印发的农机购置补贴实施方案和指导意见整理获得。

（2）定额补贴阶段（2011 年至今） 2011 年之后，我国农机购置补贴标准开始实施“定额补贴”制度，即由“从价补贴”变为“从量补贴”。具体来说，每台机具的补贴金额不再是机具本身价格的 30%，而是同一种类、同一档次机具无论价格差异多大，都按照同一额度进行补贴。这一额度的确定方式为该类机具“按不超过本省（区、市、兵团、农垦）市场平均价格30%测算”。

此外，这一阶段仍然执行单机补贴最高限额的制度，限额也在不断提高。如2011年规定“100马力以上大型拖拉机、高性能青饲料收获机、大型免耕播种机、挤奶机械、大型联合收割机、水稻大型浸种催芽程控设备、烘干机单机补贴限额可提高到12万元；大型棉花采摘机、甘蔗收获机、200马力以上拖拉机单机补贴额可提高到20万元”。2018—2020年已经提高为“100马力以上拖拉机、高性能青饲料收获机、大型免耕播种机、大型联合收割机、水稻大型浸种催芽程控设备单机补贴额不超过15万元；200马力以上拖拉机单机补贴额不超过25万元；大型甘蔗收获机单机补贴额不超过40万元；大型棉花采摘机单机补贴额不超过60万元”。

（3）“从价补贴”改为“定额补贴”的原因分析　按比例从价补贴的弊端是显而易见的，极容易导致农机制造企业涨价冲动，或虚报价格进而套取补贴资金。实际操作中也出现了参加选型的农机年年涨价的情况，还有部分厂家在选型时报高产品价格，销售时和农民的实际交易价格远低于报价，而从价补贴是按照报价或发票上的价格而不是实际交易价的比例进行补贴的，这样就出现了企业套取补贴资金的情况。

同时，从价补贴操作成本较高。按照从价方式补贴，需要每年审定各种农机的价格、性能等，操作成本相对较高。而由各省农机部门与厂家确定最终销售价格则为各省农机部门权力设租提供了方便之门。

而从量补贴或“定额补贴”的优势是明显的，主要表现在：第一，能够节约农机购置补贴资金。借鉴从量税和从价税的经济学分析过程，很容易可以得出：农机市场交易量提升到某一水平，使用从量补贴比从价补贴所花费的补贴资金要更少。第二，从量补贴简便易行。实行从量补贴以后，就不需要再对同类产品不同厂家实行差别补贴，也就不需要审定价格和性能了，能够大大减少农机购置补贴主管部门工作量，简化工作流程，易于操作。第三，减少寻租空间。第四，从量补贴鼓励低价竞争，有利于低价产品销售。假设某农机产品市场上有2个厂家，厂家a的农机产品价格为5万元，厂家b的农机产品价格为6万元。如果按照30%的比例从价补贴，则厂家a享受的补贴金额为30%×5万=1.5万元，厂家b享受的补贴金额为30%×6万=1.8万元，农民如果购买a厂的产品需要支付3.5万元，如果购买b厂的产品需要支付4.2万元。如果按照从量补贴方法，每台补贴金额为1.65万元［即在保持补贴总花费不变的情况下，将补贴总额平均分配到每台农机上，计算式为（5+6）×0.3/2=1.65（万元）］，则农民如果购买a厂的产品需要支付 3. 35 万元，如果购买 b 厂的产品需要支付 4. 35 万元。与从价补贴相比较，农民购买 a 厂的产品将少支付 0. 15 万元，购买 b 厂的产品将多支付 0. 15 万元，因此原先打算买 b 产品的农民也许会转向买 a 产品，这意味着从量补贴将鼓励生产企业降价竞争。

基于以上原因，自 2011 年开始，农机购置补贴标准全面实施了“定额补贴”这一从量补贴方式。

3. “差价购机”到“全价购机”

2011 年之前，全国农机购置补贴资金支付制度为“省级集中支付制，农民差价购机”。即中央补贴资金只下达省级财政部门，不再向下拨付，省级财政部门审定农机主管部门定期出具的补贴资金结算确认清单后，直接将补贴资金支付给相关企业或供货方。农民实行差价购机，凭与县农机局签订的补贴协议，向相关企业或供货方缴纳扣除补贴额后的差价款，就可提货。该项支付制度实施以来，对于减轻购机农民负担起到了一定作用，但也暴露出了大量腐败问题。

2012 年开始，部分省份开始实施“全价购机、县级结算、直补到卡”的资金结算方式，2013 年全面铺开。即农民全款购机，然后凭发票、人机合影等凭证向县农机部门申请补贴资金，由县农机部门审核无误后向县财政部门提供补贴资金结算确认清单，然后由县财政部门将补贴资金直接打到申请购机补贴的农民个人银行账户。也有个别省份将权限下放到乡镇农技中心和乡镇财政所。该项支付制度实施后，腐败案件发生率大幅度下降。

目前，全国范围内均已实现“全价购机”。《2018—2020 年农机购置补贴实施指导意见》中明确指出“县级农机化主管部门、财政部门按职责分工、时限要求对补贴相关申请资料进行形式审核，组织核验重点机具，由财政部门向符合要求的购机者发放补贴资金”。

4. 经销商由政府指定到厂家指定

2004—2008 年，不仅厂家和产品需要招标选型，大部分省份连经销商也要进行招标选型，更有甚者直接由农机部门指定经销商。这样一方面破坏了农机制造企业原有的经销渠道，另一方面给各级农机主管部门收受好处大开方便之门。

鉴于地方农机主管部门指定经销商的诸多弊端，农业部、财政部联合发布的《2009 年农业机械购置补贴实施方案》中明确指出“合理确定补贴机具的经销商是落实好农业机械购置补贴政策的重要环节。补贴机具经销商由农机生产企业自主提出在省（区、市）和兵团范围内的经销商建议名单，报经省级农机主管部门统一发布实施。”

5. 补贴机具资质变迁

在 2017 年之前，农机产品是否获得农业机械试验鉴定证书（农业机械推广鉴定证书）是该产品是否成为补贴机具的必要条件。这一前置条件受到了诸多批评，如拖拉机和植保机械已经被列入强制性产品认证目录（3C 认证），相同的技术参数还要再次接受农机鉴定部门重复检测认证；部分农机鉴定机构不认真，为了收钱而鉴定；一些先进实用的农机新产品因为申请鉴定周期长而无法享受补贴。

基于此，《2018—2020 年农业机械购置补贴实施指导意见》中将农机补贴资质要求修改为满足 3 个条件之一，即（1）获得农业机械试验鉴定证书（农业机械推广鉴定证书）；（2）获得农机强制性产品认证证书；（3）列入农机自愿性认证采信试点范围，获得农机自愿性产品认证证书。

同时，农业部、财政部展开了农机新产品购置补贴试点工作。2018 年农业部办公厅、财政部办公厅联合发布了《关于做好 2018—2020 年农机新产品购置补贴试点工作的通知》，该通知要求“探索对尚无试验鉴定大纲的农机新产品开展补贴的路径和办法，或者探索现行试验鉴定大纲不能涵盖其新增功能和结构特征的新产品分类分档办法，完善价格、比例等补贴额测算因素的选取方式和确定标准，以补贴试点推动新产品的推广应用，制定和修订试验鉴定大纲、完善补贴额测算办法，为新产品纳入全国农机购置补贴机具种类范围奠定基础。”

6. 缩范围、控定额、促敞开

农机购置补贴政策虽然在实施过程中不断完善，但仍然存在补贴范围越来越宽、部分省份补贴资金紧张、部分省份补贴资金使用结构与本省农业产业结构不匹配等诸多问题，为了提高农机购置补贴中央财政资金使用效率，2015 年全国农机工业工作会议上农业部农业机械化管理司司长李伟国提出“2016 年农机购置补贴将继续创新，在补贴方向上实施九字方针：缩范围、控定额、促敞开。”

缩范围，是为了突出补贴重点，围绕转方式、调结构，将一些低端的、过剩的、低附加值的产品剔除出补贴范围，将非本区域主要农作物生产机具剔除出补贴范围，这有利于降低企业和农机管理部门的风险。控定额，是对那些市场已饱和、市场价格已下降或不是当地主导产业发展需求的产品，可以适当降低补贴标准。这样做的好处：一是可以发挥财政资金“四两拨千斤”的撬动作用；二是可以减少补贴政策对市场的过度干预；三是有利于提高补贴机具的使用效率；四是有利于降低企业和管理部门的风险。而所谓促敞开，是指尽量做到在补贴范围内的产品能够敞开补贴。对于不能一步到位的，可以先敞开一些重点产业和重点机具，这样不仅能体现政策的公平性、普惠性，还可以减少操作程序，减少寻租行为。

通过本部分的梳理总结（表 1－15）可以看出，农机购置补贴政策实施以来，具体的机具资质确定制度、补贴比例确定制度、补贴支付制度、经销商管理制度等都发生了较大变化。其中变化最大的是补贴支付制度，从“差价购机”变为“全价购机”，对农机制造企业、农机经销商、农民和政府行为都有极大影响。

表 1－15　我国农机购置补贴制度变迁

<table>
<tr><th>年份</th><th>补贴机具范围</th><th>补贴金额</th><th>补贴支付制度</th><th>经销商管理</th><th>补贴机具基本资质</th><th>补贴对象选择</th></tr>
<tr><td>2004</td><td rowspan="7">省部两级招标选型</td><td rowspan="7">从价补贴（30%）</td><td rowspan="8">差价购机</td><td rowspan="5">农机主管部门指定</td><td rowspan="12">必须获得农业机械试验鉴定证书</td><td rowspan="11">先到先得</td></tr>
<tr><td>2005</td></tr>
<tr><td>2006</td></tr>
<tr><td>2007</td></tr>
<tr><td>2008</td></tr>
<tr><td>2009</td><td rowspan="8">厂家指定</td></tr>
<tr><td>2010</td></tr>
<tr><td>2011</td><td rowspan="6">所有补贴品目范围内的产品</td><td rowspan="6">从量补贴（同类同档相同补贴定额）</td></tr>
<tr><td>2012</td><td rowspan="5">全价购机</td></tr>
<tr><td>2013</td></tr>
<tr><td>2014</td></tr>
<tr><td>2015—2017</td><td rowspan="2">2016 年开始：缩范围、控定额、促敞开</td></tr>
<tr><td>2018—2020</td><td>三选一：农业机械试验鉴定证书、3C 认证、自愿性认证</td></tr>
</table>

1.4 国内外农机流通行业发展情况

1.4.1　我国农机流通行业发展概况

农机流通在农机产业链中发挥着极其重要的作用，是农业机械化和农机工业发展的重要环节和支撑。农机从制造过程到使用过程，只有通过农机流通才能实现连接。农机流通企业既是展示新型农机的重要窗口，也是农民直观了解农机产品信息、选购农机产品的主要渠道，农机流通架起了农机生产企业和农机使用者之间的桥梁。农机流通事业横跨农机生产、农机流通、农机使用整个经济循环，是我国农村市场体系建设的重要内容。随着我国社会主义新农村建设和流通产业改革发展步伐的推进，发展现代化的农机流通对实现农业机械化、乡村振兴等具有重要意义。

1. 农机流通事业的地位和作用

农机流通是以农机流通企业（或农机经销商）为主体，上连农机生产企业，下延至农机使用者，是实现农业机械化不可分割的重要组成部分。长期以来，农机流通行业服务于“三农”，服务于农机工业，为农业机械化和农机工业的发展做出了巨大贡献。当前，我国正处于从传统农业向现代农业转变的关键时期，加快现代农机流通体系建设，对于推进农业机械化和农机工业发展，提高农业装备水平、改善农业生产条件、增强农业综合生产能力、拉动农村消费需求等具有重要作用。

（1）宏观作用

1）促进农业机械化发展。农业机械化是农民使用农机装备进行农业生产的过程。发展农机流通是实现农民方便购买和正常、安全使用先进适用和名优农机产品的重要保障。

①大力发展现代流通方式和建设新型农机流通网络，实现农机销售商流、物流、信息流、资金流的统一，建立健全的农机流通及综合服务体系，可以显著提升农机流通的效率和质量，降低农机流通成本，方便农民选购适用的农机。

②优质畅通的农机产品销售渠道和规范有序的农机市场秩序，可以扼制和打击假冒伪劣农机产品，以维护农机生产者、经营者和使用者的合法权益。

③完备的售后服务网络，是适应农机服务及时性、有效性的客观要求，可以解决农机产品由于使用季节性强、使用时间相对集中容易产生故障的问题。普遍及时的培训，可以提高农民安全有效使用农机的意识和能力。

④农机购置补贴政策实施以来，农机流通企业的购机供货已成为购机补贴政策实施中的一个关键环节。农机流通企业直接面对申购补贴机具的农民，其营销行为和服务态度，在一定程度上影响着农民对农机部门执行落实国家惠农政策的印象，直接关系到政策实施的进度和效果。

2）促进农机工业发展。

①引导、决定农机生产。企业生产的农机产品只有通过市场交换的流通形式，转移到农民用户手中，用于农业生产，才能实现其改造和提升农业的社会价值。农机流通企业是农机生产企业的销售终端，农机流通是农机生产与购买、使用的桥梁和纽带。随着市场经济的发展，农机市场从卖方市场根本性地转变为买方市场之后，

农机领域的经济结构状态发生了巨大的变化，以生产为核心的经济结构逐渐被消费—流通—生产三位一体的经济结构所取代。只有现代农机流通方式才能带动现代化的农机生产，大规模的农机流通方式才能带动大规模的农机生产。

②服务农机生产。为农机生产企业和农机工业服务是农机流通服务的重要内容之一。农机流通企业除要积极销售产品和做好售后服务工作外，还要积极为农机生产企业提供市场信息、价格信息和反馈产品质量信息等服务，从而促进农机工业健康发展。

农机流通企业在经营活动中，既要维护农民利益，又要维护生产企业利益，尽力满足农机生产企业的合理要求，力争产销共同繁荣。

3）促进农村市场体系建设。

①农机流通体系是农村市场体系的重要组成部分。农机是一种重要农业生产资料，其消费对象是量大面广的农民，与一般的消费资料尤其是快速消费品有着本质的区别。它是一种提升农业生产机械化水平的致富工具，是农业和农村商品生产者获得物质生产要素的关键，是无法替代的。因此，农机流通体系是农业生产资料体系及农村市场体系的重要组成部分。忽视农机流通体系的建设，就谈不上有完善的农村市场体系。随着农业现代化的发展，它的作用也越来越重要。

②发展农机流通业是提高我国流通业对国民经济的贡献率的手段之一。随着农业机械化和农机工业的发展，农机市场具有巨大的潜力，而农机流通业的发展相对滞后，其发展有相当大的提升空间。大力发展农机流通业有利于增加就业人口、提高流通业对国民经济的贡献率、促进经济发展方式转变。

③农机市场与农村市场相互作用。农机产品既是物质资料生产的成果，又是进行农业物质生产的基本要素。农机市场是农业再生产的中介，它直接联系着生产资料生产和消费资料生产 2 个相对独立的市场，并对其产生制约的作用。一般来说，当农机市场繁荣时，农机工业的生产规模不断扩大，农业生产现代化的进程不断加速。反之，就出现停滞和萎缩，甚至抑制简单再生产的进行。所以农机市场的兴衰直接反映农机工业、农业生产及农村经济状况。农机市场的发育和成长还与生产力水平、生产关系和生产力的适应程度密切相关。一方面，生产力发展的水平决定了农机市场的规模和质量；另一方面，生产关系又制约着农机市场的发育过程。实践证明，农村生产关系的调整，既会制约农机市场某一方面的发展，也会刺激农机市场另一方面的发育。生产力水平是农机产品市场发育的必要条件，生产关系是它发育的充分条件。

（2）微观作用

1）农机流通是农机产品从制造领域转移到使用领域的经济活动过程，是联结农机制造者与农机使用者的纽带和桥梁，源于农机生产企业，止于农机用户，是农机产品有效供给、广泛推广、有效使用的重要环节。农机流通是农机装备制造的延伸，是农机装备产业的重要组成部分。农机流通事业的主体是农机流通企业，也包括农机生产企业。农机流通企业与农机生产企业紧密相连，不可分割，一荣俱荣、一损俱损。优质的农机流通服务，对于提升产品品质、打造知名品牌、促进推广应用具有重要的作用。

2）农机流通是农民购买农机产品的主渠道。农机产品的及时有效供给是保证农业生产顺利进行和保障我国农业机械化快速推进的重要保障。我国农机产品品种不一、型号多样，且购机农民遍布全国所有农业县市，量大面广。这些农机绝大部分是通过分布在全国各地的大大小小的经销商提供的。农机流通行业从业人员大量艰苦而细致的工作保障了农机产品的及时供货、不误农时。

3）农机流通是提供农机售后服务的重要途径和保障。更好更快地推进农机化，真正让农民“买得起、用得好、有效益”一直以来都是农机行业秉承的宗旨。补贴政策的实施让农民“买得起”，良好的售后服务才能让农民“用得好、有效益”，可见切实保障产品售后服务落实到位至关重要。经销商直接联系和面对购机农民，在我国的农机流通环节，当前大多数经销商切实遵守“谁销售谁负责”的原则，认真履行“三包”服务承诺，保障了农机产品售后服务和零配件及时供应。

4）农机流通是培训新型农民的重要力量。乡村振兴、农业现代化需要一批新型的农民。近年来，随着农机购置补贴政策的深入实施，农民购机、用机积极性持续高涨，农民购置农机具不断增加，新的农机操作人员也在不断增加，这些新农机手是农业生产的生力军，也是社会主义新农村建设的重要力量。为保证农机作业的顺利开展及安全进行，他们普遍需要进行农机具使用操作和安全常识等方面的培训。第一次的培训工作，一般是由经销商组织的，经销商不仅销售农机具，而且为购机农民免费提供有关技术培训，指导新农机手使用操作农机具，了解维护保养和安全生产等相关知识。

5）农机流通是推广新型农机的重要队伍。近年来，农机主管部门大力推广深松整地、精量播种、化肥深施、高产栽培、保护性耕作、秸秆综合利用和机插秧等农机新技术、新机具。农机经销企业积极配合做好新型农机具的试验、示范和推广，在农业生产新技术、新机具的广泛推广应用中发挥了极其重要的作用，在补贴政策实施过程中，经销商已经逐渐成为一支推广新型农机的重要队伍。

2. 农机流通事业的发展历程

我国农机流通事业的形成是随着中国农业机械化事业和农机工业的发展而成长

起来的，经历了创立发展期、转轨适应期、稳定发展期、系统转型期、发展机遇期、转型升级期6个发展时期。

（1）创立发展期（1961—1977年） 新中国成立初期，农机具供销业务主要由商业部承担。1959年，农业机械部成立。1961年10月15日，经中央批准，将农业机具（不包括小农具）的配套和供销业务，由商业部划归农业机械部，农业机具（包括零配件）的生产、配套、供销和维修等项业务，统一由农业机械部负责。农业机械部设立了销售管理局和上海、天津、沈阳农机具采购供应站，之后相继在全国各省（自治区、直辖市）、地、县设立农机供应公司，形成四级供应体制，我国的农机流通（供销）系统初步形成。此后，农机销售、维修等工作相继归口农业机械部、农业部、第八机械工业部、农林部、第一机械工业部领导管理。

在1978年以前，国家实行集中统一管理的社会主义计划经济，农机供销工作的主要任务是负责农机产品的计划收购、计划分配。农机供应公司本身为行政事业单位，享受支农企业的各项优惠待遇，国家给予农机销售以政策性补贴。这种计划分配体制为我国初期大面积推广农业机械化起到了积极作用，但由于有一段时间片面追求农业机械化发展速度，不注意产品质量，造成大量积压和浪费。

（2）转轨适应期（1978—1980年） 1978年开始的农村经济体制改革对农机流通的改革起了极大的推动作用。农村普遍实行家庭联产承包责任制后，农机产品的销售对象由社队集体转变为以亿万农民为主，农机产品不再作为生产资料分配，而成为商品进入市场。1979年9月28日，党的十一届四中全会通过《关于加快农业发展若干问题的决定》，指出：“农业机械部要做好统一管理农业机械的科学研究、设计制造、使用管理、维修保养、供销服务和人员培训等工作。”“农业机械部要按照经济区域，面向农村基层，建立和健全农业机械化服务公司，把农业机械和各种农用化工产品的供应、维修、租赁、回收、技术传授、使用服务，逐步地统一经营起来，做到方便及时，减少社队开支。”尔后，农业机械部与农业部达成协议，将原农林部农业机械供应公司及其所属上海、天津、沈阳3个农机具采购供应站划归农业机械部领导，即在原农林部农业机械供应公司的基础上，组建中国农业机械化服务总公司（1987年更名为中国农业机械总公司）。由总公司负责农机产品的计划、分配、调拨，并对各级农机公司实行行业管理和业务指导。1980年，共有县以上国有农机公司2812个，县以下乡镇供应网点1.38万个，从业人员11.1万人，初步形成了网络健全、布局合理、遍布全国的完整的农机供应服务系统。

（3）稳定发展期（1981—1995年） 由图1-10可知，1981—1995年的15年是全国农机公司系统发展比较稳定的时期，全国农机公司系统中县以上农机公司数量基本保持在2650个左右，其中1981年为2671个，1995年为2674个，基本达到每县有一个国营农机公司。但各级农机公司归口管理混杂，有的归口物资部门，有的归口机械部门，还有的归口农业部门，等等。

这一时期，随着全国农机公司系统优质服务活动全面深入地开展，农机公司系统的销售服务功能逐步得到强化，售前、售中、售后服务得到快速发展，县以上农机公司均设有“三包”维修服务中心，配有一定的检测维修设备和技术服务人员。农机公司系统销售总值一直占农机工业总产值的 60% ~80%，是农机销售的主渠道。

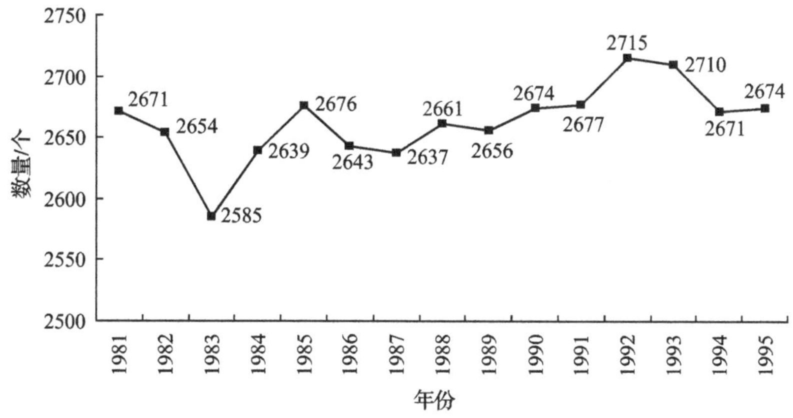

图 1－10 1981—1995 年全国农机公司系统中县以上农机公司数量统计

（4）系统转型期（1996—2003 年） 这是一个国有机制转换而民营经济兴起的阶段。1996 年之后，随着国家经济体制改革的不断深入和市场经济的快速发展，国有农机公司的管理体制和经营方式越来越不适应时代的要求。在国家关于国有企业改革“抓大放小”“国退民进”的政策引导下，国有经济成分逐步退出农机流通企业。国有农机公司有的破产关门，有的改制重组或分化，股份、民营、个体农机流通企业得以兴起和发展，农机公司系统流通格局从此被打破，新的多元化的流通格局初步形成。

如图 1－11 所示，1996—1999 年农机流通企业经历了一个数量递减时期。2000 年，国营农机公司迅速分化，民营、个体农机公司应运而生，全国农机流通企业数量达到 10123 个，是 1995 年的 4 倍。个体、民营农机流通企业多数是由原来国有农机公司退出的干部、职工成立的。原来一个国营农机公司的改制重组或解体，分化而生出多个民营农机公司。经过 2001 年的市场自然淘汰和调整，2002 年减少到 5748 个，2002 年、2003 年农机流通企业数量又处于较平稳期，年均 5653 个，但也为 1996 年的 2 倍。

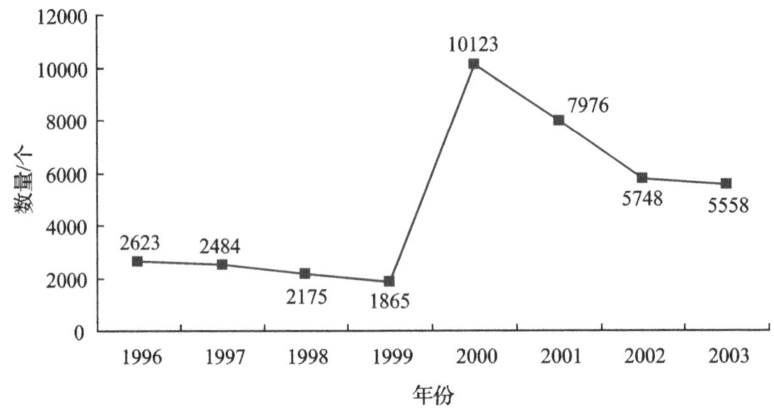

图 1－11　1996—2003 年全国农机公司系统中县以上农机公司数量统计

（5）发展机遇期（2004—2015 年）　2004 年，《中华人民共和国农业机械化促进法》颁布实施，国家开始实行农机购置补贴，各级政府高度重视“三农”工作，农业机械化得到快速发展，农机流通行业也迎来了前所未有的发展机遇。在发展机遇期，绝大部分国有农机公司完成了改制重组获得新生，如江苏苏欣农机连锁有限公司、黑龙江省农机有限责任公司等；新兴民营农机流通企业由于管理体制比较先进、经营机制非常灵活，也很快发展起来，如吉峰农机连锁股份有限公司、安徽青园集团等；许多农机生产企业（集团）均组建了比较强势的市场营销部门（公司）；连锁、代理、配送、电子商务、二手农机及品牌店、形象店、农机有形市场等新的流通方式蓬勃发展。这期间流通企业及其从业人数猛增，从 2004 年的 5983 家、52921 人，增至 2015 年的 12336 家、104122 人。

（6）转型升级期（2016 年至今）　农机行业连续十余年的高速发展，无疑也促进了农机流通事业的发展，同时也带来了农机流通行业发展的不确定性，在 2016 年进入转型升级期。农机流通企业由单纯的销售商或者销售服务商向服务销售商、综合服务商转型，同时向上下游延伸。上游与制造企业加强联合，有效进行营销、服务网络整合，发展适应制造企业需要，关键是要符合自身特点的营销模式服务网络；在做好营销和服务的基础上，下游要适应农业“规模化”要求，探索“全程机械化＋农事服务”，为农民提供“一站式”服务。

3. 我国农机流通行业发展现状

（1）流通主体不断壮大　农机流通行业形成了以民营和股份制企业为流通主体的格局，全国只有屈指可数的几个国有农机流通企业。据统计，自农机补贴政策实施以来，我国具有法人资格的农机流通企业及其从业人员数量持续增长。从计划经济时期的2000多家农机流通企业到2003年为5558家，2012年突破万家，2017年为13182家，是2003年的2.4倍。从业人员2003年为58866人，2013年突破10万人，2016年为10.57万人，年均增长5.8%，2017年有所下降，为92150人。长期以来，平均每个企业不足10个人。

农机经销点（农机流通企业设立的农业机械经销门市部和经销店，以及个体工商户，包括农机大市场内的经销铺面）数量增长速度相对平稳，2003年为70114家，2017年为80614家，但从2014年起逐年缓慢减少。从业人员2003年为136605人，2016为176870人，2017年有所下降，为173833人。长期以来，平均每个经销点人数为2人。

（2）基本形成了以制造企业为主导的代理制销售网络　农机流通渠道虽有厂家直销或电商平台直销等形式，但农机流通行业仍然是农机产品流通的主渠道。各农机制造企业产品的销售仍然是以农机流通企业（农机经销商）经销/代理为主要的营销形式，而主流农机制造企业主要实行代理制。即农机制造企业按区域划分市场，设立一级经销商（一级代理）、二级经销商（二级代理），产品流向为制造企业—一级代理—二级代理—用户。此外，各生产企业特别是互相竞争较强的企业都有各自的渠道，路径基本不重合。所以，大多数经销商只代理某个品牌，或代理相互不存在竞争的品牌。

（3）销售服务一体化逐步建立　近年来，逐步建立了农机制造企业委托经销商进行“三包”服务，实行销售服务一体化的模式。大多数农机制造企业特别是大型企业在授权经销商代理产品销售时，将“三包”服务同时委托给经销商（主要是一级经销商），由经销商在其销售区域内就近就地进行“三包”服务，要求高的延伸到用户培训、用户指导服务。为做好“三包”服务，制造企业需要对经销商服务人员培训，流通企业需要配备服务人员、服务车辆、维修场地和设备等。较好的流通企业的服务人员的比例在30%以上。面对行业剧烈的竞争，农机流通企业（经销商）的存在依靠经销权/代理权的争取，争取经销权/代理权靠的是稳定的销售渠道，稳定或扩展销售渠道靠的是服务。销售渠道稳定，销售终端完整，服务极致，企业过硬，才会获得厂家和用户的信任和倚靠。服务已经成为企业打造差异化竞争优势，提升品牌知名度、认知度和美誉度的重要手段。

（4）多功能的农机品牌经销店/形象店逐步发展　我国农机品牌经销店建设从探索到尝试再到推进发展已历经十几年。随着农机产品市场集中度逐步提高，高性能、大中型农机产品不断增多，农机生产企业和流通企业重视品牌战略，重视销售终端形象和服务质量，着力推行由农机制造企业授权，具有整机销售、配件供应、售后服务、信息反馈、技术培训“五位一体”功能的农机品牌经销店营销模式。

农机品牌形象店也是由生产企业牵头建立并扶持发展起来的品牌代理店，也只销售同一品牌的产品，但店面形象和功能比品牌店要求要低一些。

（5）农机连锁经营发展　我国农机连锁经营是在农机行业“黄金十年”期间发展起来的。有关农机流通企业实施农机流通品牌经营服务战略，并以流通服务品牌发展连锁经营、创建经营网络，实现规模化、专业化、规范化、标准化的经营管理。目前比较典型的农机连锁经营企业有吉峰农机连锁有限公司、江苏苏欣农机连锁有限公司。

（6）农机交易市场发展　农机交易市场兴起于20世纪90年代，近十几年发展较快，已经成为我国农机流通领域的重要业态之一。农机交易市场作为农机销售的集散地，其优势在于聚焦化、规模化和集约化，在活跃地方经济、方便农机批发零售、方便农民选择和购买农机及规范市场行为等方面起到了较好的作用。

4. 当前农机流通存在的问题

（1）组织化程度相对较低　农机流通企业众多，规模普遍较小，单体分散经营的流通主体所占比重较高，经营集中度不高，流通效率低，缺乏有实力的大型农机流通“龙头”企业。总体看来，经销商渠道弱、乱、散、小、无序竞争的格局仍未改变。

造成农机流通企业众多且越来越多但规模不大的原因是多方面的。除市场刺激作用及原国有农机公司解体分化外，一是各厂家倾向经销商专营，各自设立渠道；二是厂家划分代理区域过小，甚至同一区域设立多个代理，或者实行渠道下沉至县镇、乡镇，分割原区域代理；三是催生了一批“食利经销商”，有的甚至是有关系、有门路而无资金、无场地的“特殊经销商”。

（2）运营模式相对单一　经营模式落后，手段单一，长期以坐店销售和硬件销售为主，抗风险能力和抗行业周期能力差，经营品种单一，盈利途径单一，利润空间小。大多数农机流通企业主要以拖拉机、联合收获机经营为主，而高端农机具、经济类作物、设施农业、畜牧养殖等新需求的农机产品涉及的很少，二手农机经营、“三包”外维修服务、配件经营、融资租赁、金融保险、作业服务等后市场服务鲜有开发开展，跟不上市场、用户快速变化的需求，流通企业自己也没有扩大经营的本钱。农机流通企业的业务收入和利润的80%以上均由主机销售业务实现。这种单一的运营模式严重削弱了企业的主营业务收入和盈利能力。

（3）服务能力有待提升　农机流通企业不但要自己赚钱，还要积极为生产企业和用户服务，这样才能获得持续稳定的发展。因此，农机流通企业一方面要为生产企业着想，真正根据他们的需求提供有价值的服务，为产品推广和市场开发发挥积极作用，另一方面要为农民提供优良的售后服务，使其用着安全、放心。恰恰是在这些方面，目前部分农机流通企业做得还远远不够。

(4) 专业人才青黄不接　从业人员老龄化，中青年较少，学历、文化水平不高，专业技能水平较低，人才匮乏、断层，青黄不接。企业经营者、管理者从业时间长，实践经验丰富，但缺乏系统的现代管理知识；农机销售和售后服务人员普遍没有经过系统的专业培训，专业技能、综合素质不高。有工作经验，既熟悉农机营销，又懂得维修与服务的复合型人才非常稀缺。

农机流通行业效益较差和人才的缺乏相互影响，形成了恶性循环。企业效益差难以吸纳人才、培养人才，无人才又难以提高企业经营管理水平和售后服务能力，较低的经营管理水平和售后服务能力更难以提高企业的经营效益。

(5) 信息化建设比较滞后　行业整体信息化程度低，电子信息化软硬件缺失，市场信息不畅，信息管理人才缺乏。特别是由于信息匮乏和资金短缺等原因，致使行业数据统计、加工分析、市场预测等方面工作难以开展。

1.4.2 其他国家农机流通情况初探

1. 看英国农民如何选购二手农机具

在英国，在线购买二手农用设备非常方便，涉及农机和车辆的绝大多数线上销售都是货真价实的。但是，在线交易并非万无一失。尽管大多数互联网广告都是真实的，但有案例显示，犯罪分子的手段也在升级，从前他们只是在互联网上进行搜索，盗取真实的卖家图片，创建虚假交易，但近来的骗局更复杂，涉及欺诈者创建假的网站，并经常从真实的农场或公司那窃取照片和详细商业信息，以使其看起来更具说服力。

英国农民联合互助保险公司（NFU Mutual）的农村事务专家瑞贝卡·戴维森称，对于有组织的犯罪团伙而言，农用车辆和设备贸易已成为一项大生意，这些犯罪团伙将设备放在英国本土或转移至国外，在网上出售。她警告："在某些情况下，犯罪分子虚构产品，并使用合法车辆的登记信息在网上销售，骗取定金；更多的情况则是以远低于市场价格兜售赃物，试图在买方不进行认真检查的情况下快速出手。"那么，农民可以采取哪些步骤来确认自己正在与线上的真正卖家打交道？戴维森女士建议，如果价格似乎低到不合理的程度，那肯定有问题，在继续进行交易之前，应对市场有所了解。买家应确保卖方拥有有效的地址和电话号码，如果可能，应到他们的家庭或营业场所拜访，对任何要求在高速公路服务区或停车场进行交易的人应保持合理怀疑。对车辆要进行全面的检查和试驾，尤其是要检查产品序列号、合格证、发票等重要的标识和证件，确保序列号在正确的位置，并且没有涂改。她表示，不要急于做出错误的决定，如果有任何疑问，应进行更多的研究和检查而不是心怀侥幸。她称，从值得信赖的经销商处购买二手农机具可以帮助减少被骗的风险，万一出现问题还可以更轻松地进行补救或解决。

参加拍卖是英国农民购买二手农机具的另一选择。布朗公司（Brown&Co）的拍卖师西蒙·韦茅斯主持季度性的农机在线拍卖。他说："在我们的销售中，起拍价和成交价都是比较合理的，我们的工作人员都是到现场了解机具的情况，并对其进行分类，因此至少可以确保产品真实存在，客户不可能为某些不存在的产品出价。这是拍卖公司与 eBay（亿贝）之类网上交易的最大不同，我们的风险控制做得很好。"不过，他仍然建议买家在拍卖前安排与卖家见面，以查看机器的外观并与卖家交流。"我们拍摄了很多照片，但我们无法保证把每个方位、每个细节都拍摄到。我们还提供了非常确切的描述，但买家还是需要检查描述与事实是否相符，因为每个人的判断标准也是不一样的。"韦茅斯说。

拍卖的另一个好处是，买方将钱支付到拍卖公司账户，这笔钱直到货品被提货后才会支付给卖方。如果买家到卖家的农场提取机器时感觉与描述不符，那么就有机会取回他们的钱，而如果他们进行的是私人交易，情况可能就比较难说了。韦茅斯先生强调，买家立即取货是很重要的。根据布朗公司的在线销售条款，买方有 2 周的时间去收取他们购买的产品，但是如果对产品不满意，他们应在拍卖结束后 3 天内通知拍卖师，然后，有 7 天的时间来获得独立工程师的报告以支持他们的案件，尽管在大多数情况下，纠纷是在发生这种情况之前非正式解决的。

罗伊索恩斯律师事务所（Roythornes Solicitors）的亚历克斯·福斯特说，英国法律一般是为消费者而非企业提供最大的保护。例如，如果消费者在网上购买拖拉机并发现其质量不理想或不适合其使用，则他们有 30 天的时间来反悔，这被称为短期拒绝权。即使过了 30 天，消费者也可以要求卖方更换或修理，但不能要求退货，不过如果卖方没有在合理的时间内修理或更换货物，则消费者可以拒绝货物并要求全额退款。福斯特表示，如果二手农机是在线拍卖的，买家实际上是在接受拍卖行制订的条款和条件，因此无论拍卖是亲临现场还是在线进行，都受到法律同样的保护。

专家表示，虽然在线下或线上购买二手农机有种种保障，但为了避免不必要的麻烦，买家在购买前还是应该采取一些措施。首先是检查照片，如果广告中附有照片，请将其复制到搜索引擎中进行图片搜索，如果有很多不同的出售信息使用同一张照片，就要警惕是犯罪分子发布的假信息了。如果确定信息属实，建议买家对预期购买的产品进行实地检查，以帮助确定其年限、状况和价值，不建议在未看到机器之前就交付任何款项。查看机器时，应尽量在光线较好的白天到卖方所在地查看。要检查卖家姓名和地址是否与机器购买凭证等文书上的登记相符。再谨慎一点的话，可记录停放在该地址其他农机具的品牌、型号和注册号，万一在购买后发现涉及盗抢之类的问题，这些信息可能对警察有所帮助。再其后应查看序列号或车架号，此类信息应保持清晰完整，且未经涂改。卖家还应采取措施，以确保在安装、使用、清洁或维护二手设备时，该设备始终安全无风险，并提供有关使用该设备的足够信息，通常是说明书。

购买二手机器时，卖方通常会保证如果机器在购买后的一定期限内发生故障，则卖方将免费提供修理所述机器所需的所有零件和人工。无论如何，担保的措辞是主观的并有待商议的，卖方通常希望在条款中提供尽可能少的服务，而买方通常希望提供尽可能多的服务。因此，在购买产品之前，买卖双方应对此进行尽可能详细的约定，并在双方同意后签署合同。

2. 加拿大农机市场与经销商主营业务

加拿大在农机化发展进入了常态后，农机经销商主营业务的调整变化与稳定发展及相关企业对后市场业务的开发拓展，对于我国农机经销企业的转型升级具有一定的启示作用。

（1）加拿大农业与农机化　加拿大农业具有得天独厚的自然禀赋优势。加拿大的全国耕地面积为6800万公顷，主要农产品为小麦、大麦、烟叶、亚麻、玉米及油菜籽。其粮食产量仅次于美国、中国和印度，人均粮食产量居世界第一。

农业和畜牧业是加拿大的五大产业之一，也是其国民基础产业。2015年，加拿大农业和畜牧业产值达763亿加元（1加元≈5.23元人民币），其中农作物产值为411.38亿加元；农场平均经营收入为10.3万加元，每个农场的平均净资产达到361.8万加元；农业产业总收益为201亿加元，是世界为数不多的农业创造利润较多的国家之一。

加拿大还是全球前五大农产品出口国之一。加拿大的农产品50%用于出口，其中小麦80%输往国外，是仅次于美国的世界第二大小麦出口国。其出口到中国的农产品曾一度占其总出口量的50%。在农业和农业食品行业方面，加拿大具有技术熟练的生产者、强大的资源基础和创新的文化环境。

加拿大农业的机械化、集约化和信息化程度都很高，每个农业劳动力平均配备2台拖拉机，可以负担120公顷耕地的工作量，最大马力的拖拉机在400马力以上。

（2）农机市场和需求变化趋势　加拿大已经有了一个成熟、稳定的农机市场，农机市场的年需求总量与耕地面积相比较不算很大。近几年加拿大农机销售总额仅在70亿加元左右，平均每万亩的农机投入要比我国投入低得多。

据Export网站提供的数据，加拿大农机市场上销售的农机设备有相当一部分是从美国进口的。2015 年，加拿大从美国进口农机设备总值达 31.67 亿加元，占加拿大进口农机设备总值的 65.94%，约占加拿大农机设备销售总值的 54.66%。2016—2017 年，加拿大从美国进口的农机设备略有减少，下降到 26.8 亿加元左右，但仍占加拿大进口农机设备总值的 62.8%，占加拿大农机设备总值的 50.3%。2018 年，加拿大从美国进口农机设备的市场份额进一步下降，但降幅很小，仍占据加拿大进口农机设备总值的半壁江山。

加拿大进口的农机产品除来自美国外，还来自法国、德国、日本等国家，重点产品品牌有约翰迪尔、爱科、凯斯纽荷兰、克拉斯、库恩、久保田等，我国雷沃重工的中马力拖拉机也有少量出口到加拿大。

加拿大开展农机经销业务的企业不超过 1000 家，农机销售服务从业人员约有 1.5 万人。各农机经销商网点主机和配套机具的年平均销售额在 700 万加元以上，加上二手农机、农机配件、维修服务等业务收入，平均每个网点营业收入为 1000 万～1300 万加元。

加拿大农场主的农机装备需求市场呈现出 3 个突出的特征。一是保护性耕作机具装备数量多、比例高。20 世纪 50 年代加拿大就开始了保护性耕作的试验研究工作，经过多年的示范推广，目前该国保护性耕作技术应用面积占总耕地面积的 70% 以上。因此，保护性耕作机具，包括大马力拖拉机、宽幅大型免播种机、复式联合整地机、大型压地机、自走式喷杆喷药机等成为农场主重点采购的农机装备。二是相当一部分用户都选择采购有自动驾驶智能操作系统的拖拉机、收割机、植保机等农机。三是无人机在田间、牧场、果园得到多方面的应用，代替了人工和牧羊犬，显示出积极的作用。

（3）农机经销商主营业务　在距离加拿大魁北克省蒙特利尔市市区大约 60 千米处有 2 家相距不到 2 千米的农机经销商——VALTRA 农机经销商和 Apnaneuf 农机经销点。它们距离很近，主营业务基本相同，但其运营模式和代理品牌不同，分别都有稳定的客户群，农机经销业务稳定发展。

在运营模式上，VALTRA 是家族创办并发展起来的经销企业，已有近 50 年的历史，现任总经理为家族第三代经营者。该企业规模不大，占地面积约为 1 万$米^2$，有一个包括配件供应间的营业大厅和一个近 1000 $米^2$ 的机具库房；现有员工 10 人，3 人负责销售，3 人承担售后服务维修工作。而 Apnaneuf 是一家农机经销公司连锁经营的经销网点之一。这个经销点共有 11 人，经营场地面积约为 8000 $米^2$，营业大厅与修理车间连在一起，前为营业厅，后为修理车间，还有面积较大的二手农机停放场地。

加拿大农机经销商的主营业务呈多元化发展态势。加拿大在进入农业全面机械化阶段后，农机市场也出现萎缩下滑，单独以卖农机为主营业务的模式已无法维持经销商的生存和发展，所以经销商大都实现了由单一经营业务向主营业务多元化的转型升级。这两家经销商在十几年前就已完成了转型升级，由只售卖拖拉机、机具，转变为经营主机与机具销售、农机维修、配件供应、二手农机购销、工程机械租赁及农机融资代理等，业务多元化，服务多样化，利润源于多渠道，抗风险能力明显增强，企业得到稳定发展。

同时，这两家经销商都在坚持、坚守并拓展农机产品销售业务，坚持不懈地把原有的农机主机和机具销售业务做好、做优、做宽，发挥龙头作用，并以此带动修理、配件、二手农机等业务。VALTRA 以代理美国、加拿大品牌农机具和清雪处理机具为主要销售业务，代理的品牌有美国大平原、加拿大国际等，同时还销售草坪机具、谷物粮仓、车模、工具、辅助用油等，每年销售收入在 700 万加元以上。Apnaneuf 主要代理爱科品牌，从拖拉机、收获机到牧草机械一应俱全，还销售加拿大国内品牌的一些农机。该经销点同样有草坪机具、车模、工具、辅助用油等产品销售，每年销售收入在 1000 万加元以上。

同国内的一些经销商相比，尽管这两家加拿大经销商的营业大厅不那么宽敞，但灯光明亮、商品齐全、排放整齐，技术资料放置有序，还为顾客准备了饮水；在柜台后面设置有 10 排以上的零配件货架。整个大厅的购物环境优良。

农机修理业务比较繁忙，毛利润率高。Apnaneuf 具有一定规模的修理车间，修理检验专用工具设备齐全，有专门的维修服务车，还专门设置了修理机具档案室，用文字和电子资料形式记录机具修理档案，配置 3 名维修人员修理业务量很大。VALTRA 也有厂商配备的农机维修服务车，主要采取修理人登门维修的方式开展农机维修业务。加拿大修理技能工人短缺，加之有的高端农机产品特别是电子智能部件不允许客户自行拆卸，维修费用很高，农机修理工收费高达每小时 30 加元，是经销点利润率最高的服务性业务，因此各经销点都积极开展此项业务。

二手农机业务占加拿大农机经销商主营业务一定比重。这两家农机经销商都有二手农机经销业务。二手农机的来源主要有 3 个，一是厂商以旧换新业务；二是公司维修服务人员去农场时商洽收购；三是农场主等主动出卖。这两家经销商都设有较大的二手农机停放场，停放有拖拉机、播种机、联合收获机、清雪处理机等机车、机具近百台（件）。二手农机的销售渠道方式主要有农场主到公司网点选购、参加二手农机拍卖会、公司网站销售等，一般每年的销售额从几十万到百万加元不等，在 2015 年后农机市场行情下滑的 2 年中，二手农机销售业务发展比较好。据了解，加拿大所有工业商品（包括农机及二手农机交易）都是价格和税款分计的，也要依法纳税，没有优惠政策。

此外，加拿大农机经销商一般都有几千件甚至上万件的农机配件，配件收入是其利润的重要来源之一。这两家经销商配件储备都十分充足，服务系统也很完善，网上订购、限时发货、物流配送，保证急件可当天送达。在收入方面，一般每家每年都有几十万加元的收入，如果修理量大，配件收入可达近百万加元。

这两家农机经销商都没有很多的主机商品库存，只有一些样品。这样做能降低运营成本，减小压力。加拿大农机经销商与客户之间的黏性高，并且各有代理品牌，客户有意购买时，商家随时可以调进产品，资金占有少，相对费用低。

3. 全球农机市场稳步增长

农机市场是一个随着人口和粮食需求增加、耕地和农业人才短缺而稳步增长的大规模市场。预计全球农机市场总规模将从2018年的1025亿美元（1美元≈6.49元人民币）增长到2025年的1352亿美元，年均增速约为4%。随着粮食需求、农业生产力提升支持政策、新技术应用、精准农业等技术发展，农机需求将会持续增长。

从2018年的全球农机市场总规模数据来看，拖拉机的市场规模约为487亿美元，占农机市场总规模的一半左右；农机具类的市场规模约为364亿美元；联合收割机的市场规模约为140亿美元。由于人口增长快、耕地紧张、粮食需求量大，亚洲、大洋洲地区的农机销售额最高，中国是世界第一大农机市场，农机市场规模约占全球份额的23.2%。

当前，拖拉机市场仍在保持快速增长，2025年有望达到636亿美元。市场增幅较大的机型以130马力以上的大功率拖拉机为主。在2018年，31~70马力拖拉机以145亿美元的市场规模占据了最大的市场份额，高于131~250马力产品的129亿美元。预计从2022年开始，大中型拖拉机将占主导地位，大中型拖拉机的市场规模比30马力以下拖拉机增长更快，其中超过250马力的大型拖拉机市场将进一步暴发。2018年，亚洲、大洋洲地区的拖拉机市场规模为206亿美元，成为最大的市场，以下依次为欧洲184亿美元，北美80亿美元。亚洲、大洋洲地区形成了以70马力以下小型拖拉机为中心的市场，欧洲则形成了以超过70马力大中型拖拉机为中心的市场，北美最畅销的是131~250马力大型拖拉机，从小型到大型拖拉机都形成了比较均匀的市场。无人自动驾驶拖拉机已在部分展会上亮相，从目前看来，这种机型预计最快可在2022年正式形成具有一定规模的市场，2030年将增长至57亿美元的市场规模。

联合收割机市场规模保持稳定。联合收割机的销售重点是欧洲、亚洲、大洋洲市场。在2018年的市场规模基础上，预计到2025年会有60%以上的增加。从购机金额上看，目前欧洲是最大的市场。在中国的销售金额约占亚洲、大洋洲市场的 80%，但由于农田地块面积仍偏小，中小型的联合收割机需求量较大。而欧洲的俄罗斯、德国和法国是主要市场，占 75% 左右，这些国家农田地块大，对大型联合收割机的需求量大。从购机数量上看，亚洲、大洋洲占联合收割机销售数量的 20% ~ 25%，销售额约占 30%。

打捆类机械市场规模将从 2018 年的 23 亿美元增长到 2025 年的 28 亿美元，其中约 90% 是圆形打捆机设备。在购机金额方面，北美和欧洲地区的市场占据了 90% 以上，打捆机械化率也是这 2 个地区遥遥领先。

配套农机具产品市场中，植保机械的市场规模将从 2018 年的 11 亿美元规模增长到 2025 年的 13 亿美元左右。数据显示，针对大规模耕地，能提高生产效率的农机产品是需求重点，而在这个方面欧洲和北美占 90% 以上的绝对比重。据统计，2018 年拖拉机配套农具的市场规模达到 364 亿美元，预测 2025 年将增长至 491 亿美元。其中耕耘作业机市场规模最大，为 109 亿美元，其次是收获和脱粒作业机市场，为 87 亿美元，亚洲、大洋洲地区占一半左右的市场规模，欧洲和北美占另一半。

2025 年，租赁市场规模将在 2018 年的基础上增长 6.3%。农机具有采购成本高、使用作业时间短的特性，这在很大程度上促成了成本相对较低的农机租赁市场的发展。2018 年，全球农机租赁市场规模为 261 亿美元，在 2025 年将增至 398 亿美元，增速快于整体农机市场规模增速。租赁市场快速发展的原因主要是全球农机化趋势和技术发展、政府补贴支持等。目前，发达国家农机化率超过 90%，但中国、印度、非洲国家等发展中国家还处于较低水平。世界贸易组织相关分析指出，许多国家为农民购置农机提供了大规模的政府补贴。

4. 国外农机流通的几种选择

早在几年之前，凯斯公司在其全球经销商会议上宣布了关于品牌纯度的公告，希望经销商只代理该公司的产品，而非兼品牌经营，并着重强调了几种不希望在经销商处看到的情景。约翰迪尔也对其经销商开设其他门店、经营其他品牌农机的情况表示关注。这引起了农机经销商、制造商和其他业内人士的纷纷议论。

每家农机主机企业当然都希望寻求排他性的分销经营，但这对于经销商而言并不容易，特别是那些在某些领域产品上建立了强大业务能力，但对于全程整体解决方案不那么侧重的经销商。专注于拖拉机或联合收获机销售的公司当然希望在门店摆上不同品牌的产品供顾客挑选，如果可能还会搞些品牌之间的竞争。该不该屈从于主机厂家排他性经营的压力成为摆在农机经销商面前的艰难选择，因此是时候来梳理农机流通的一些不同模型，考虑今后采取什么样的发展模式了。

美国《农业设备》杂志对多位农机设备制造商、经销商和农业咨询公司的专家进行了采访，以期分析各种销售模式的利弊。专家普遍认为，目前主要有主营单一设备的经销商、主要侧重维修业务的经销商、制造企业自营的商店、开设多家门店的集团连锁经销商、合作社发展而来的经销商、农业服务商转型而来的经销商、农民发展而来的经销商等。商业模式还会随着社会发展不断创新，无论明天的经销商发生什么变化，都是他们根据客观环境自己做出的选择。

很明显，农机制造商更愿意与传统的农机经销商合作。但是，随着经销商合并成为持续趋势，再加上代工生产盛行，选择传统农机经销商的余地正在减少。因此，主机企业正在研究一系列可供选择的分销策略，正如满胜公司（Monosem）创始人托尼·巴克（Tony Bakker）总结的那样，“农机的流通有很多选择。但我想强调，出售资本密集型设备的首选方案是借助主流经销商。”传统的农机经销商对于主机厂而言似乎没有任何威胁，最近流行的工厂店只是经销商的补充，制造商很乐意让“真正的经销商”为他们工作。有专家称，这种模式在可预见的未来不会有太大的改变，但微调是在所难免的，例如传统经销商通过网络获取潜在客户。

但另一方面，对于农机经销商来说，他们比主机厂家更加求新求变。美国农机经销商格拉斯集团（Glass Group）负责人查尔斯·格拉斯（Charles Glass）表示，随着全球化和技术变革步伐的加快，并受到互联网等新技术的影响，农机经销企业的日子似乎没有之前那么轻松了，竞争更加激烈，行业整合随时随地都在进行。资深分析人士乔治·罗素（George Russell）也认为，新一次技术革命的成果将很快应用到农机领域，制造商也会相应发布更多的创新产品。农机经销商业务主要还将是传统的经销权，但传统不可能一成不变，总会有人愿意尝试新事物，必须适应变化。针对这种说法，科罗尼（Krone）北美公司负责人鲁斯狄·弗洛（Rusty Fowler）认为，随着机会的扩大，行业将出现更多非常有能力的仅专注一两种产品的经销商，可能专注于某个领域能够拥有更多的机会。

除了传统农机经销商外，制造企业自营店铺的优点在于将营销信息与价值联系在一起，而不是价格；有机会在销售某种产品的过程中添加本品牌其他的服务和产品，包括融资产品，培养客户的品牌忠诚度。这样一方面能给最终用户带来更高的价值，一方面节省了经销商培训和管理的流程和费用，可以赚取更高的利润。但对于农机制造商而言，发展服务、零配件和贸易销售网络并非易事，庞大的人员配备需求和所需的额外资本均需加以考虑，并且现有的经销商网络将成为自营门店的竞争者。

有些经销商建立起非竞争品牌不同种类产品的“超市”，提供全面服务和融资。其优点在于较为专业，服务人员训练有素且高效，降低了销售、维修和服务成本，对最终用户较为便利。但其缺点是客户往往难以从琳琅满目的不同解决方案中做出决定，且此类商店初期基础设施投资较高，吸引大量熟练和经验丰富的员工的成本也很高。同样，现有的经销商网络将成为竞争者。

由合作社发展而来的经销商及精准农业零售商等模式优点在于一站式服务，并且将经销商的利益与农民利益捆绑在一起。这种商店往往更加了解农民的操作需求、种植优势和局限性，员工经验丰富，且大多分布在农场附近，因此极大地提高了最终用户的价值。但这种模式还比较新颖，农机和农资经销之间需要磨合，还需要在各个方面添加基础管理架构。

还有些提供全程解决方案的经销商同时也出售其他某些品类的农机产品。这些经销商在经验、资本和员工方面都不成问题，且有一定的客源，但主线产品占据了他们的大部分资金、精力和时间，其他品类的产品能受到多少关注就成了未知数。

此外，还有最终用户——农民发展而来的经销商和租赁代理经销商。他们的共同优点是熟悉设备，了解客户需求，能够为最终用户带来更高的价值，租赁代理经销商还通过租赁降低成本，允许更多的较小规模生产者拥有设备，方便快速行动和快速决策。但农民经销商通常在客户需要零件和服务时忙于自己的操作，无暇上门服务；由于设备在租赁情况下不属于用户所有，因此维护不当或粗心操作会带来额外的风险。在选择这类经销商时，用户可能无法使用融资工具。现有的经销商网络也是这类经销商的竞争者。

专家表示，目前农机主机厂对经销商的影响力和控制力还是比较大的。他们还认为，不管情况如何，农机行业最需要关注并践行的一件事就是始终专注于客户。“在有关利益分配的整个讨论中，所有利益相关者，不管是制造商还是经销商，都需要专注于什么最符合农民的利益，而不是什么对自己最有利。”巴克说，“一些专业人士高高在上谈论他们想象的东西及他们觉得最适合农民的东西是行不通的，我们真正需要做的是继续专注于我们的农民客户。换句话说，农民必须选择最适合他们的设备。”

1.5 / 小结

多年以来，农机行业在购置补贴和刚性需求的双重拉动下实现了较快发展。行业经历了野蛮成长期，正在告别非理性主导的淘金时代，告别固定资产投资条件下规模经济主导的产品短缺现象，逐渐步入市场化、法治化的高级发展阶段。同时，农业发展的目标开始转向投资收益管理与当前产业运营趋同的现代农业建设。当前来看，农机行业正在发生深刻变革，转型升级正在加速进行，不确定性正在进一步加大。

中国农业机械流通协会作为国家级的行业社团组织，推动和服务行业发展责无旁贷。在2019年全国农机流通工作会议隆重召开之际，中国农业机械流通协会郑重发出了农机行业守法、可持续经营倡议：

1）在发展方向问题上，行业应当加快推进农业机械化由耕、种、收环节向植保、烘干、秸秆处理全过程发展，由种植业向畜牧业、渔业、设施农业、农产品初加工业延伸，由平原地区向丘陵山区扩展，为实现农业农村现代化提供有力支撑；应当走农机农艺融合、机械化信息化融合、农机服务模式与农业适度规模经营相适应、机械化生产与农田建设相适应的科学发展路径；应当高度重视数字农业、智慧农机的技术前景和推广应用。

2）在企业治理问题上，行业应当尽快实现组织成长，建立符合时代需要的知识体系；应当加快提升战略分析和企业管理能力，不断提高运营效率和管理水平，全面实现企业科学发展，促使内控价值向经营结果正面溢出；应当加强终端信息反馈，保证一线信息向管理层原声传输、无损传导；应当快速建立学习型企业，积极培养知识型员工，不断吸纳和凝聚一流的精英人才团结奋斗；应当积极为员工搭建事业型平台，继续帮助实现他们的雄心壮志和伟大抱负。

3）在市场营销与商业模式问题上，行业应当加强市场调查和需求研究，重视地头主义；应当重视客户关系管理和产品全生命周期服务营销；应当从关注产品销售和设备拥有，转向关注设备利用和为大农业服务的理念；应当从四海为家的跨区作业模式转向属地经营、技术主导的综合农事服务，积极融入农业社会化服务快速发展的时代洪流；应当从关注客户转向关注用户、关注服务的价值传导和终极意义。市场营销要正确处理企业、顾客、社会三者的关系，行业应当从追求价值合作到追求价值链合作、追求价值观合作，实现消费者、企业内外经营者、社会公众的长期福利同步发展。

4）在产业竞争与合作问题上，行业应当加强价值竞争，减少价格竞争；应当放弃抄袭复制、粗制滥造的思维模式，重视技术的有效积累与沉淀，实现精益求精的产品改进与技术升级；应当平衡用户经营规模、用户知识结构、投资回报预期、设备运用水平等要素；应当深度测算用户数量、组织能量、产量质量、市场容量，综合考虑产品规划；应当与全产业链诚信、通力合作，同生死、共命运、共同奋发作为、共同承担风险、共同分享利润；必须守法经营，划出红线和底线；必须坚决杜绝采用提供不实投档信息、产品信息、销售信息和虚购报补、重复报补、以小抵大等违规手段骗套补贴行为，或涉事产销企业拒不配合调查、提供虚假调查材料等行为。

行业发展应当尊重市场经济原理，重视研究、科学决策。决定企业的不是产品，而是顾客。顾客在哪里，你的组织边界就在哪里。农机行业需要我们勇于自我革命，善于自我进化。未来，唯一能够生存的理由就是更好地实现价值创造、更全面的深度的服务能力。更重要的是，在行业监管日趋规范和严厉的大背景下，我们必须具有更强的使命感、更成熟的管理能力、更出色的资源整合水平，必须具有更高的法律敬畏意识；必须加强行业自律，规范行业行为，协调同行利益关系，维护行业间的公平竞争和正当利益，才能促进行业健康、有序发展。中国农业机械流通协会后期将积极探索建立行业惩戒机制，对违法违规行为依法采取业内通报、谴责等措施。

第2章 Chapter Two

树立现代市场营销观念

2.1 了解市场和市场营销的含义

在市场经济日益发展和市场竞争日益激烈的今天，市场营销已越来越多地引起相关人士的高度重视。企业的市场营销活动是一项复杂的系统工程，但也有其规律性，在其所有的研究内容里，市场和市场营销是最基本、最重要的概念。

2.1.1 了解市场的含义及其相关概念

1. 了解市场的起源及发展

市场起源于古时人类对固定时段或地点进行交易的场所的称呼，它随着社会分工的开始而产生，随着商品经济的发展而发展。当城市出现并且繁荣起来后，住在城市邻近区域的农民、工匠、技工们就会开始互相交易，并且对城市的经济产生贡献。显而易见，最好的交易方式就是在城市中有一个集中的地方，像市场，可以让人们在此提供货物及买卖服务，方便人们寻找货物及接洽生意。当一个城市的市场变得庞大而且更开放时，城市的经济活力也相对会增长起来。

在原始社会里，由于生产力水平极其低下，人们共同劳动，平均分配劳动产品，没有社会分工，也没有剩余产品，无任何商品交换，也不会有市场。到原始社会末期，人类社会第一次大分工即畜牧业和农业分离后，人类社会出现了最初的商品交换，通过物物直接交换，出现了原始的市场（有形的、具体的交易场所）。随着人类社会第二次大分工和私有制的产生，出现了直接以交换为目的的商品生产，个人间的交换成为商品交换的唯一形式。手工业的独立和生产的多样化，使市场的范围日益扩大，交换的品种和数量大大增加。随着社会分工的扩大、市场范围的拓展，货币成了商品交换的媒介。货币的自发产生消除了物物交换的限制，促进了商品生产的进一步发展，使人们对市场的依赖程度逐渐增加。在人类社会第三次大分工后，出现了商业。商业是商品交换的发达形式，是专门组织商品流通的独立行业。商业产生后，商人充当了市场的组织者，不仅使市场的范围更加扩大，而且使市场的设施和业务日趋完善。

自产生以来，市场经历了奴隶社会、封建社会、资本主义社会和社会主义社会等阶段。在奴隶社会和封建社会，自然经济占主导，所以市场的发展比较缓慢，规模也极狭小，在整个社会经济生活中的作用也不够大。到了资本主义社会，一切都成了商品，商品生产占统治地位，市场才以空前的速度扩大和发展起来。随着商品生产和商品交换的发展，市场规模的扩大，市场在社会经济生活中起的作用也越来越重要。市场是社会分工与商品经济的产物，社会分工越细，商品经济越发达，市场的规模与范围就越大。

市场随着社会生产力和商品经济的发展而发展，人们对市场的认识也随之不断深化和发展。可以看出，传统经济学理论中的市场主要指的还是有形的、具体的交易场所。然而，市场包含更丰富、更广大、更深刻、更复杂的内容，对社会经济有更强大的影响力，并不只是有形的、具体的交易场所，而是无形的、潜在的、抽象的人们对财富的不懈追求。正是人们对财富的追求和占有，推动着社会生产的分工、私有制的出现、商品经济的发展和社会经济的繁荣。是市场产生了社会分工，而不是社会分工产生了市场。

随着社会交往的网络虚拟化，市场不一定是真实的场所和地点，当今许多交易都是通过计算机网络来实现的，例如互联网上各类电子商务网站。

2. 了解市场的含义

在企业营销活动中，市场是企业开展营销活动的阵地，而研究市场是企业进入市场的开端，只有对市场有足够的了解，营销人员才能游刃有余地实施营销策略。市场是商品经济发展的产物，市场的概念也是随着商品经济的发展而发展的，市场虽有多种含义，但是通常可归纳为3种。

（1）传统的市场概念　传统的市场概念即狭义的市场，是买卖双方进行商品交换的场所。这是对市场本意的解释，也是最传统、狭义的概念。它强调买主和卖主发生交换关系的地点和区域。因为商品生产者之间、商品生产者与消费者之间，只有通过交换或买卖方式才能获得对方的产品，这就促使商品交换逐渐在一定时间和地点进行，形成市场。

（2）经济学中的市场概念　经济学中，在宏观的视角下，将市场表述为买卖关系的总和，即市场是从事商品生产和交换的生产者、经营者、消费者之间交换行为和活动中体现的经济关系的总和，强调的是商品供求关系、竞争关系、利益关系等。

（3）营销学中的市场概念　营销学中的市场是指某项产品或劳务的现实或潜在

购买者的集合，这是从企业或者卖方角度对市场的解释。所谓的购买者可分为两类：现实的既有支付能力又有购买兴趣的购买者；潜在的既可能具有购买能力又有欲望的购买者。明确自己产品的市场规模、消费者及用户构成，是企业营销战略决策、制订策略、组织营销活动的基本出发点。

此外，这里所说的市场由3个基本要素构成，即：有某种需求的人、购买力和购买欲望。只有当3个要素同时具备时，企业才拥有市场。人口是构成市场的基本因素，一个国家或地区的人口多少，是决定市场大小的基本前提。购买力是指人们支付货币购买商品或劳务的能力。购买力的高低由购买者收入多少决定。一般来说，人们收入多，购买力高，市场和市场需求也大；反之，市场也小。购买欲望是指消费者购买商品的动机、愿望和要求。它是消费者把潜在的购买愿望变为现实购买行为的重要条件，因而也是构成市场的基本要素。市场三要素的关系如图2－1所示。

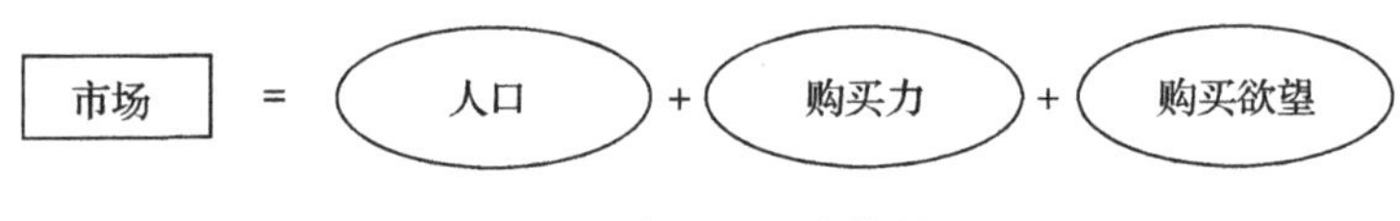

图2－1　市场三要素的关系

这里所指的人不是单个的人，而是消费者群及组织购买者。因此，市场的规模（市场的大小）取决于有着某种需要和特定资源，并且愿意通过交换来满足其需要的消费者数量。

市场体系是由各类专业市场，如商品服务市场、金融市场、劳务市场、技术市场、信息市场、房地产市场、文化市场、旅游市场等组成的完整体系。同时，在市场体系中的各专业市场均有其特殊功能，它们互相依存、相互制约，共同作用于社会经济。

3. 明确市场的分类

市场按照划分角度的不同大致可以分为以下几大类，见表2－1。

表2－1　市场的分类

<table>
<tr><td rowspan="4">按照市场中商品交换的地理区域划分</td><td rowspan="2">按世界地区划分</td><td>国际市场，如北美市场、中东市场、东南亚市场等</td></tr>
<tr><td>国内市场，如华北市场、华东市场、西北市场、华南市场等</td></tr>
<tr><td>按城乡划分</td><td>城市市场、农村市场</td></tr>
<tr><td>按行政区域划分</td><td>江苏省市场、四川省市场、广东省市场等</td></tr>
</table>

（续）

按照不同商品的交换场所划分	汽车市场、农机市场、纺织品市场、蔬菜市场等
按照不同商品购销方式的不同划分	批发市场、零售市场、批发零售兼营市场等

2.1.2 了解市场营销的含义及其相关概念

1. 了解市场营销及相关理论的形成与发展

市场营销于20世纪初期产生于美国。百余年来，随着社会经济及市场经济的发展，市场营销发生了根本性的变化，从传统市场营销演变为现代市场营销，其应用从营利性组织扩展到非营利性组织，从国内扩展到国外。

（1）市场营销的萌芽期　人们一般将19世纪中叶至20世纪20年代称为市场营销的萌芽时期。自工业革命以来，日益发达的生产力使社会商品供应日益丰富，导致部分产品供过于求。1825年，西方世界爆发了第一次大规模经济危机，之后每10年左右就要出现一次周期性的经济危机，从而使产品销售成为企业所关心的问题。一些企业开始着手开展一些以市场为导向的营销活动。随着企业对产品销售活动的重视，广告成为企业促进产品销售的重要手段之一。

企业界在经营观念和经营策略上的变化，引起了学术界的注意。从19世纪末开始，就有一些学者开始了对推销、广告等营销行为的研究。20世纪初，一些学者开始比较系统地提出促销和分销方面的有关理论。1905年，克罗伊西（W. E. Kreusi）在美国的宾夕法尼亚大学第一次讲授了“产品的市场营销”（The Marketing of Products）的课程，提出了“市场营销”（Marketing）这个词；1912年，被誉为市场营销学鼻祖的肖（A. W. Shaw）在《经济学杂志》上发表了论文《关于市场分配的若干问题》，3年之后，肖对这篇论文进行了修改和补充，出版了一本不满100页的小册子，强调了以市场为导向的经营观念；1916年，韦尔德（L. D. H Weld）编写并出版了世界上第一本以市场营销为命题的论著《农产品的市场营销》（*Marketing of Farm Products*）；1920年，彻林顿（Paul. T. Cherington）编写并出版了《市场营销基础》，更为系统地详述了市场营销的基本理论，从而使市场营销学的理论体系趋于明朗。

（2）市场营销的成形期　20世纪20～40年代是市场营销理论逐渐成形的时期。西方垄断资本集团的逐步形成，使生产力高度发展，产品供应越来越丰富，不少产品出现了供过于求的现象。市场供应的迅速增加和有效需求的不足，使社会经济矛盾日趋尖锐，终于在1929年导致了世界性的经济危机。严酷的现实使越来越多的企业感受到竞争的压力，体会到市场营销活动的重要性，从而使 20 世纪 20～40 年代成为市场营销活动在西方企业中迅速普及、市场营销理论体系基本确立的时期。在这一时期，市场营销活动趋于成形的显著标志是各企业纷纷成立了专门的市场营销研究机构，开始了理性化的市场营销活动。其中最早的是美国的柯蒂斯出版公司，1911 年就建立了商业研究部门，对市场营销活动进行了专门的研究，之后，越来越多的企业成立了类似的机构。1931 年，美国市场营销协会（AMA）成立，标志着对市场营销的研究活动已趋于社会化。

同市场营销活动在企业中得到普遍应用一致的是：市场营销理论的研究也有新的发展。在这一时期，有关市场营销的文章和论著急剧增加，而且越来越趋向于对市场营销理论的系统研究，注重于市场营销理论框架的塑造，其中比较有代表性的是克拉克（Clark）的《市场营销学原理》，梅纳德（Maynard）、贝克曼（Beckman）和韦德勒（Weldler）三人合著的《市场营销学原理》。这一时期的市场营销学著作虽然已基本形成了一定的框架体系，但是就实质和内涵来看，并没有真正进入以市场需求为导向的营销观念阶段，大多数仍停留于从企业的角度出发，研究如何对产品进行宣传和推销的层次上，这也是由当时企业的营销观念和营销实践尚不成熟决定的。

（3）市场营销的成熟期　市场营销学的理论与实践在 20 世纪 50 年代之后进入成熟阶段。首先，第二次世界大战后越来越多的企业开始由单纯研究产品的宣传和销售，开始转向对市场潜在需求的发现和研究，并开始研究如何以市场需求为导向，指导企业的生产和经营活动，组织有系统的市场营销活动。美国的可口可乐公司、国际商业机器公司（IBM）、通用电气公司、沃尔玛零售商业公司等跨国公司和企业集团都在实践中总结出了一整套的市场营销策略和技术，为理论上的研究奠定了基础。

其次，市场营销学的理论和实践已经开始由美国向全球扩散、传播，成为世界各国企业界和学术界所关注和接受的学说，对市场营销一些规律性问题的研究日益深入，一些新的概念和原理不断涌现，市场营销的研究领域也逐渐扩大。在此期间，出现了一批对市场营销学说的发展具有重要贡献的学者，其中，最值得推崇的是杰罗姆·麦卡锡（Jerome McCarthy）和菲利普·科特勒（Philip Kotler）。1960 年，麦卡锡和普利沃特（Perreault）合著的《基础市场营销》第一次将企业的营销要素归结为 4 个基本策略的组合，即著名的 4P 理论［产品（Product）、价格（Price）、渠道（Place）、促销（Promotion）］，成为现代市场营销学的基础理论；科特勒于 1967 年出版了《营销管理——分析、计划、执行和控制》一书，从企业管理和决策的角度，系统地提出了营销环境、市场机会、营销战略计划、购买行为分析、市场细分、目标市场及营销策略组合等市场营销的完整理论体系，成为当代市场营销学的经典著作，使市场营销学理论趋于成熟。

随着营销实践的不断发展，市场营销学的理论发展也十分迅速。麦卡锡和科特勒的著作都是每隔3年左右就重版一次，在理论上不断有所创新，如科特勒在1991年《市场营销学》的第7版中增加了“营销计划背景分析”“竞争者分析”“服务营销”等内容；在1994年的第8版中讨论了“营销近视”的问题，并提出了“通过质量、服务和价值来建立顾客满意度”；在1997年的第9版中，又讨论了“21世纪营销”的新内容——“网上营销”（Online Marketing）；而在2000年出版的“千禧版”中则对网络营销、电子商务等因高科技的推动而发展起来的新的营销方式做了更为全面而深入的分析。正如科特勒本人所提出的，市场营销的概念不是太多而是远远不足，随着市场营销实践的发展，市场营销学的理论将会变得越来越丰富。

2. 了解市场营销的核心概念

科特勒对市场营销的核心概念进行了如下描述：“市场营销是个人或群体通过创造，提供并同他人自由交换有价值的产品，以获得其所需所欲之物的一种社会和管理过程。”在这个核心概念中包含了需要、欲望和需求，产品，价值和满意，交换和交易，关系和网络，市场，营销和营销者等一系列的概念。

（1）需要、欲望和需求

1）需要（Needs）——没有得到满足的感受和状态。

2）欲望（Wants）——想消除未满足的状态，得到某些满足的愿望。

3）需求（Demands）——对有购买力并愿意购买某个具体产品的欲望。

需要明确的是，营销者并不创造需要，需要存在于营销活动之前。欲望是指人对一种物或一种活动的具体愿望，而形成需求应具备两个条件，即具有购买能力（支付能力）和愿意购买某种物或消费某种活动的欲望。营销者可以影响人们的欲望，并创造人们的需求。

（2）产品或提供物　任何需要的满足必须依靠适当的产品，好的产品将会在满足需要的程度上有更大提高，从而也就能在市场上具有较强的竞争力，实现交换的可能性也更大。然而产品不仅是指那些看得见、摸得着的物质产品，也包括那些同样能使人们的需要得到满足的服务甚至是创意，所以可以得出如下定义：产品（Product）是指能满足某种需要或欲望而提供给市场交换的一切东西，包括有形的商品、无形的服务、人员、知识、观念（包括创意）、组织、地点。

（3）价值和满意　人们在获得使其需要得以满足的产品效用的同时，必须支付相应的费用，这是市场交换的基本规律，也是必要的限制条件。市场交换能否顺利实现，往往取决于人们对效用和代价的比较。如果人们认为产品的效用大于其支付的代价，再贵的产品也愿意购买；相反，如果人们认为代价大于效用，再便宜的产品也不会要，这就是人们在交换活动中的价值观。可以用以下公式表示：

$$价值（Value）=\frac{效用（Utility）}{费用（Cost）}$$

式中　效用——由产品提供的各种功能与利益；

费用——得到产品效用所需要的成本付出（含购买成本和使用成本）。

人们只会去购买有价值的产品，并根据效用和费用的比较来认识价值的实现程度。而当感到以较小的费用获得了较大的效用时，则会十分满意，所以定义满意为：满意（Satisfaction）是指客户通过使用产品对其效用和费用的综合评价而形成的一种心理状态。具体来说，满意是客户的需求被满足后的愉悦感，是客户对产品或服务的事前期望（预期绩效）与实际使用产品或服务后所得到实际感受（可见绩效）的相对关系。当可见绩效大于或等于预期绩效时，客户会感觉满意；当可见绩效小于预期绩效时，客户会感觉不满意。如果用数字来衡量这种心理状态，这个数字就叫作满意度了。客户满意是客户忠诚的基本条件，而只有在交易中感到满意的客户才可能成为企业的忠实客户。所以企业不仅要为客户提供产品，更必须使客户感到在交换中价值的实现程度比较高，这样才可能促使市场交易顺利实现，才可能建立企业的稳定市场。

（4）交换和交易　交换（Exchange）是指有价值的东西的相互转移，交换是市场营销活动的核心。人们实际上可以通过4种方式获得他所需要的东西：一是自行生产，获得自己的劳动所得；二是强行索取，不需要向对方支付任何代价；三是向人乞讨，同样无须做出任何让渡；四是进行交换，以一定的利益让渡从对方那获得相当价值的产品或满足。市场营销活动仅是围绕第四种方式进行的。从交换实现的必要条件来看，必须满足以下几条：

1）交换必须在至少两人之间进行。

2）双方都拥有可用于交换的产品。

3）双方都认为对方的产品对自己是有价值的。

4）双方有可能相互沟通并把自己的产品递交给对方。

5）双方都有决定进行交换和拒绝交换的自由。

于是可以看到，需要的产生才使交换成为有价值的活动，产品的产生才使交换成为可能，而价值的认同才能使交换最终实现。前几个市场营销概念的构成要素最终都是为“交换”服务的，因“交换”而有意义。所以说“交换”是市场营销概念中的核心要素。

交易（Transaction）是指一定条件（协议）下的交换行为。交换不仅是一种现象，更是一种过程，只有当交换双方克服了各种交换障碍，达成了交换协议，才能称其形成了“交易”。交易是达成意向的交换，交易的最终实现需要双方对意向和承诺完全履行。所以，如果仅针对某一次交换活动，则市场营销就是为了实现同交换对象之间的交易，这是营销的直接目的。

（5）关系和网络　关系（Relations）是指双方或多方所形成的相关联系和状态。

现代市场营销活动中，企业为了要稳定自己的销售业绩和市场份额，就希望能同自己客户群体之间的交易关系长期地保持下去，并得到不断发展。而要做到这一点，企业市场营销的目标就不能仅仅停留在一次交易的实现，而应当通过营销的努力来发展同自己的供应商、经销商和顾客之间的关系，使交易关系能长期稳定地保持下去。

营销网络（Marketing Network）是指由企业与其所有的利益方建立的互利的业务关系。

生产者、中间商及消费者之间的关系直接推动或阻碍着交易的实现和发展。企业同与其经营活动有关的各种群体（包括供应商、经销商和顾客）所形成的一系列长期稳定的交易关系就构成了企业的营销网络。在现代市场营销活动中，企业营销网络的规模和稳定性成为形成企业市场竞争力的重要方面，从而也就成为企业营销的重要目标。

（6）市场　市场（Market）是指某种商品现实的和潜在的购买者的集合。

市场是社会分工和商品经济发展的必然产物，同时，市场在其发展和壮大过程中，也推动着社会分工和商品经济的进一步发展。市场通过信息反馈，直接影响着人们生产什么、生产多少，以及上市时间、产品销售状况等。市场联结商品经济发展过程中产、供、销各方，为产、供、销各方提供交换场所、交换时间和其他交换条件，以此实现商品生产者、经营者和消费者各自的经济利益。

（7）市场营销和市场营销者　市场营销（Marketing）是指为了满足人类的需要和欲望而实现潜在交换的活动。市场营销是站在企业的角度研究如何同其顾客实现有效交换的学科，所以说市场营销是一种积极的市场交易行为。现代营销活动的出发点和归属点是满足顾客的需求，核心概念是交换。市场营销活动贯穿于企业生产经营活动的全过程。

市场交易时表现积极的一方称为市场营销者（Marketer），不积极的一方称为目标公众。市场营销者通常是指服务于最终用户市场，同时又面临竞争者的卖方企业，采取积极有效的策略与手段来促进市场交易的实现。营销活动的有效性既取决于营销人员的素质，也取决于营销的组织与管理。

综上所述，本书将市场营销的定义概括为：**市场营销就是指从顾客（消费者和用户）的需要出发，组织整体性的经营活动，以适应和影响需要，并把能够满足这种需要和提升顾客价值的产品（或服务）送到顾客手中，让顾客满意，以实现企业的经营目标。**

农机市场营销是一种从农机产品的市场需求出发的营销管理过程，是农业企业为了更大限度地满足市场需求，为达到农机企业经营目标而进行的一系列市场营销活动。

实战借鉴

美国国际农机公司的“起死回生”

从19世纪中叶起，美国国际农机公司就开始了对市场的分析和研究，建立了市场定位的观念，确定了企业的定价政策，组织推销队伍，并采取了对售出的产品“包退包换”等售后服务的措施，从而大大提高了其市场竞争能力。

美国国际农机公司刚创立时，只生产农用收割机这一个类别的农机具。公司开业的头几年，生意十分萧条，总共才卖出7台收割机，连工人的工资都保证不了，总是入不敷出。最后公司创建人西洛斯·梅考克（Cyrus McCormick）连父亲留给他的遗产都亏光了，还欠下了沉重的债务。梅考克和助手深入研究了自己的产品，发现无论是性能还是使用方法，自己的收割机并不比其他厂家的同类产品差，可以说是当时国内的一流产品，而且自己的产品价格也适中。因此他得出结论，问题就出在营销策略不得当，所以必须从营销策略着手，才能使自己的公司摆脱困境。

经过再三的分析比较，他决定采用一种“保证赔偿法”，即购买本公司收割机的客户在头两年的使用过程中，如果不是人为的事故而导致机器出了故障，公司不仅会像其他公司那样免费维修，而且因机器损坏耽误了收割进程所造成的经济损失也全部由公司负责赔偿。

他的这一决定刚一提出，就遭到公司内部高层人员的集体反对，大家一致劝梅考克放弃此方法，另寻高招。梅考克却认为，想挽救公司就要敢于冒险，现在农机市场竞争越来越激烈，自己的公司如果再不开拓出一条新路来，在市场上是很难有立足之地的。

实行赔偿制度是一种全新的销售方法，是一种出奇制胜的新招数。其实，梅考克这一新的营销策略是经过深思熟虑的，并附带一系列的附加程序。在实行赔偿策略的同时，他发动公司上下献计献策，不断改进和提高产品质量，千方百计地防止自己的收割机出现质量事故，并对售出的收割机实行跟踪服务，还时常对用户进行问卷调查，倾听用户的意见。这样，用户逐渐地对他们公司的收割机有了信心，有了购买意向。经过使用后，发现他们的收割机果真质量上乘，于是大家纷纷前来购买。美国国际农机公司的生意开始兴隆起来，赔偿制度刚实行时的损失也赚了回来。几年后，这家公司逐步发展壮大，最后成了真正的国际性大公司，产品远销许多国家，成为市场上的名牌产品。

2.2 分析农业机械市场现状

2.2.1 认识农业机械产品

1. 了解农业机械基本内涵

农业机械（以下简称“农机”）是指用于种植业、畜牧业、渔业生产和农产品产后处理、农用运输及其他相关农事活动的机械和设备。

2. 了解农业机械的分类

农业机械概括地可分为农用动力机械和农业作业机械两大类。

（1）农用动力机械　农用动力机械主要有拖拉机、内燃机、电动机、风力（水轮）机等。

1）拖拉机。拖拉机是农业生产中具有多方面作业功能的主要行走动力机械。它与牵引式或悬挂式农机具配套，可以进行耕整地、种植、施肥、田间管理、植物保护、收获、农田基本建设、运输等一系列移动作业；也可以利用拖拉机动力输出轴和带轮工作装置驱动脱粒、清洗、农副产品加工、排灌等机械进行固定作业；还可以用于园林、山地、水田等特殊地形的农机具配套作业。

2）内燃机。内燃机是农业生产中具有多方面用途的配套动力源。它可以作为拖拉机、联合收割机、运输机械、插秧机等机械的动力装置，也可以与脱粒机、农副产品加工机械、排灌机械、畜牧机械等配套进行固定作业。农用内燃机主要有柴油机和汽油机2种。

3）电动机。它主要与排灌、农产品加工等机械配套进行固定作业。电动机的种类很多，最常用的是三相笼型异步电动机。

4）风力机和水轮机。风力机是我国新疆、内蒙古等西北边远地区和东南沿海地区农用和生活用动力的来源之一，多为小型机，利用风力发电、提水或完成其他固定作业。水轮机是中小型水力发电站的主要动力，也可作为水泵、水磨、铡草机等农业机械的动力装置。它被较广泛地应用于中南、西南山区等水电资源蕴藏量丰富的地区。

（2）农业作业机械　农业作业机械应用面广，种类繁多，一般按作业性质可分为农田作业机械、农副产品加工机械、排灌机械、畜牧机械和其他机械五大类。农田作业机械又可分为耕地和整地机械、种植和施肥机械、田间管理和植物保护机械、收获机械及场上作业机械等。

3. 了解农机产品的分类

农机进入流通领域，作为产品通过农机销售企业进行销售时，其分类方法是从经营管理角度出发，依据产品特点进行分类的。在经营活动中，常有以下2种分类方法：

（1）按农机产品流转统计要求分类　根据国家统计局对农机产品流转统计工作的要求，把农机产品分为机械化农机具类、动力及排灌机械类、农副产品加工机械类、维修配件类、非农机产品5类。这种分类方法主要是按产品性质同类归并的原则来划分的，它是为了在产品流转过程中便于统计而做的统一规定。

（2）按农机产品销售定价分类　为了便于对农机产品销售价格的制定，原国家物价局、原机械电子工业部和原物资部将农机商品按照其性质、价值、经营成本的高低等划分为3类。每类所包括的农机产品种类见表2-2。

表2-2　农机产品分类

类　别	农机产品名称
一类产品	拖拉机、挂车、农用汽车（载货车、农用改装车、农用运输车、机动三轮车）、加油车、推土机及装置、收获机械、扬场机（7.35千瓦以上）、烘干机、机动脱粒机、机动插秧机、机动植保机械、农机检修试验设备、畜牧机械、林业机械、机耕船（包括农用船）
二类产品	农田排灌机械（包括电动机、内燃机、喷灌机、水泵及附件、电气设备等）、大中小型机引农具（包括犁、耙、播种机、中耕机、平地机、开沟器、镇压器、联结器等）、船用齿轮箱、船用挂桨机、小型水力和风力发电设备（500千瓦以下）、柴（汽）油发电机组、打井机具及油罐等
三类产品	小型机动脱粒机械（筒式脱粒机）、扬场机（7.35千瓦及以下）、小型农机试验检修设备、各种拖拉机配件（附件、液压装置及拆装工具）、渔业机械、铡草机、小型水泵（口径在15厘米以下）和小型潜水电泵及其配件、各种水管、各种动力机械配件、各种机引农机具配件、船用齿轮箱配件、各种农副产品加工机械及配件、维修轴承、半机械化农具及其配件、传动带、胶轮大车和力车底盘及其配件（包括内、外轮胎）、农用汽车和拖拉机（包括挂车）轮胎、标准件，以及其他有关机具的配件、油桶等

一般来说，一类产品的价值高，经营的成本就低些；三类产品由于其价值低，且品种繁多，经营的成本就高；一些二类产品的经营成本介于一类产品和二类产品之间。

2.2.2 分析农机市场现状及特点

1. 分析农机市场的现状

我国农机工业经过多年的发展，已形成了拥有拖拉机、内燃机、耕作机械、植保机械、收获机械、排灌机械、运输机械、牧业机械、农副产品加工机械、饲料加工机械、半机械化农具、拖内配件等多个小行业，能生产十几个大类上千种产品的完整工业体系，农机工业整体产值早已突破了千亿元大关。我国农机化水平的不断提高，促进了我国农业劳动力结构的巨大变化，对我国农业和农村经济的发展做出了重要贡献。农机主导产品有拖拉机、农用运输车、联合收割机、农用水泵、配套农具等。

农机市场在国家惠农政策拉动下，自2004年以来一直保持稳健的发展趋势，真正实现了多方受益、稳步发展。农机购置补贴资金从2004年的7000万元增长到2020年的近200亿元，覆盖所有农牧渔业生产急需的关键环节的农业机械。农业机械化水平的提高，提高了农业劳动生产率、土地产出率和资源利用率，进一步增强了农业综合生产能力和农业防灾抗灾能力，推进了农业标准化作业、专业化生产和产业化运营。

2. 分析农机市场的特点

下面根据我国现状来分析农机市场的特点。

（1）地域和购买力的分散性强　我国农村分布广、农民居住分散，难以形成像城市那样的人口和需求的集中，农机销售和售前、售后服务的难度较大。此外，虽然农村居民购买力总体规模很大，但户均居民的购买力水平较低；同时，农村居民对农机品种消费的范围较广，涉及耕、种、收各种农机具，也造成了购买力的分散。上述农机消费市场的分散性，对流通企业在营销网络构建的深度和广度上要求均大大提高。

（2）差异性大　一是全国各地区间购买力水平的差异，富裕地区、发展中地区与贫困地区，在对农机需求的质和量方面表现出较大的差异。二是地区间消费环境存在差异，除了基础设施状况不同外，更主要表现在我国平原、山区、丘陵、高原、草地、沙漠，以及江、河、湖、海，造成不同地形的地区对农机产品的需求存在差异；同一地区不同农作物使用的农机具也有差异。因此，对大型农机流通企业在不同地区间开拓市场提出了更高的要求，要求流通企业在选择目标市场时进行深入的调研，同时在代理农机产品方面也要求品种、品牌多样化、系列化。

(3) 售前、售后服务要求高　农民获得的农机市场信息较为有限，同时品牌认知度低，怎么买、买什么、如何使用等信息传播的主要方式是口头传播，因此农机产品消费的示范效应较强，售前咨询服务要求高。同时，农机工作环境差，寿命短，更新换代快，维修成本高，农村交通条件差，通信设施落后，也提高了对售中、售后的服务要求。

(4) 用户需求侧重点的改变　伴随着行业进步、用户年龄结构改变、信息和智能技术高速发展、产业调整持续深入等核心因素影响日深，农机产业市场运行模式发生了颠覆性变革，用户需求发生根本性改变。用户对于农机产品的需求不再仅仅停留在“能用”的层面，而是向着“好用、实用、智能、舒适”等方向快速升级。这就要求农机行业不仅在性能上要紧跟时代潮流，在布局、结构、创新方面也要贴合目前的购买人群，在产品多样化、性能丰富性方面要有所突破。

(5) 新媒体平台的发展与运用　农机作为传统机械，在目前大背景下会受新兴的短视频和直播平台的冲击，目前很多机械设备行业都采用线上视频方式介绍机器或采用故事性软广告形式介绍产品性能，且绝大多数人都在使用线上观看的方式，视频市场巨大。农机行业要紧跟时代潮流，尝试使用线上直播、视频销售等方式，运用新颖的脚本文案，贴合用户实际，促进产品售卖，通过不同的道路寻找出路，进一步提升售卖与品牌知名度。

实战借鉴

农机购置补贴推动农机行业发展

为了提升我国农业现代化水平，我国政府机构出台了一系列政策措施提升农业机械化水平。以下汇总了2017—2020年我国农机行业部分重要的政策。

表2-3　2017—2020年我国农机行业部分重要政策

出台时间	政策法规	主要内容
2020年11月	《关于加快水产养殖机械化发展的意见》	到2025年，水产养殖机械化水平总体达到50%以上，育种育苗、防疫处置、起捕采收、尾水处理等薄弱环节机械化取得长足进步
2019年4月	《关于进一步加强农机购置补贴政策监管强化纪律约束的通知》	落实政策实施风险防控责任，强化农机生产企业规范参与补贴政策实施承诺制，全程全面公开信息，从严整治突出违规问题，强化补贴资金调度和调剂，推行补贴申请受理和资金兑付限时办理等

（续）

出台时间	政策法规	主要内容
2018 年 12 月	《关于加快推进农业机械化和农机装备产业转型升级的指导意见》	到 2025 年，农机装备品类基本齐全，重点农机产品和关键零部件实现协同发展，产品质量可靠性达到国际先进水平，产品和技术供给基本满足需要，农机装备产业迈入高质量发展阶段
2018 年 5 月	《关于做好 2018 年农机跨区作业管理和服务工作的通知》	精心组织实施，全力完成目标任务；打造信息、质量、绿色、平安、暖心“三夏”，提升作业效率，促进提质减损，推动循环利用，保障作业安全，做到便民惠农
2018 年 3 月	《2018—2020 年农机购置补贴实施指导意见》	坚持绿色生态导向，大力推广节能环保、精准高效农业机械化技术，促进农业绿色发展；推动科技创新，加快技术先进农机产品推广，促进农机工业转型升级，提升农机作业质量；推动普惠共享，推进补贴范围内机具敞开补贴，加大对农业机械化薄弱地区支持力度，促进农机社会化服务，切实增强政策获得感
2017 年 6 月	《2017 年农机化促进农业绿色发展工作方案》	以政策支持推动、技术规范引领、项目示范带动和培训推广促进为抓手，推进农机化技术与装备有效应用，支撑服务秸秆还田离田、畜禽粪污资源化利用、果菜茶有机肥替代化肥、农膜回收，促进农业绿色发展

注：本表信息由前瞻产业研究院整理。

国家一直通过资金补贴农机购置，推动农业机械化发展。2020 年 1～10 月，全国使用中央财政农机购置补贴资金额度为 197.26 亿元，同比提高 47%；补贴购置各类农机具 229.09 万台套，受益农户和农业生产经营组织 197.54 万个。以下汇总了 2020 年（截至 2020 年 10 月底）全国农机购置补贴政策实施情况。

表 2－4　2020 年全国农机购置补贴政策实施情况

<table>
<tr><th>指标</th><th>补贴金额/亿元</th><th>补贴购置数量/[万台（套）]</th><th>受益组织数量/万个</th></tr>
<tr><td rowspan="2">全国使用中央财政农机购置补贴</td><td rowspan="2">197.26</td><td rowspan="2">229.09</td><td>197.54</td></tr>
<tr><td>5.04（农业生产经营组织）</td></tr>
<tr><td>补贴购置生猪生产相关机具</td><td>2.13</td><td>11.25</td><td>10.71</td></tr>
<tr><td>支持各地开展新产品补贴试点</td><td>5.52</td><td>3.51</td><td>1.56</td></tr>
</table>

注：资料来源于农业农村部农业机械化管理司，由前瞻产业研究院整理。

2.3 把握市场营销观念的发展

2.3.1 了解市场营销观念

1. 体会市场营销观念的内涵

市场营销观念是指企业进行经营决策、组织管理市场营销活动的基本指导思想，也就是企业的经营哲学，它是一种观念、一种态度或一种企业思维方式。

市场营销观念对营销行为起着指导和约束作用，有什么样的市场营销观念，就会有什么样的营销态度和营销行为。现在一些企业之所以缺乏竞争力，关键的问题往往不是营销策略，而是在营销观念上出现了问题。营销观念落后、营销意识不强是影响企业发展的“绊脚石”。先进的营销观念认为，实现经营目标的关键在于正确确定目标市场的需要与欲望，并比竞争对手更有效、更有利地传送目标市场所期望的产品。现代营销活动需要更先进的营销观念。

2. 了解市场营销观念的演变与发展

纵观百年来市场营销观念的发展演变历史，可以将营销观念归纳为 5 种，即生产观念、产品观念、推销观念、市场营销观念和社会营销观念。

(1) 生产观念　生产观念是一种以生产为中心的古老的市场营销观念，即以生产为中心的企业经营思想，强调“以产定销、以量取胜”。该观念产生于 19 世纪末 20 世纪初，在社会生产力低下、产品供不应求的卖方市场条件下，产品在市场上是“皇帝的女儿不愁嫁”，企业“生产什么就卖什么，生产多少就卖多少”，根本不必考虑产品销售问题。当时美国福特汽车公司的创始人福特曾对建议公司生产彩色汽车的人说：“不管客户需要什么，我只管生产我的黑色汽车。”这是一种典型的生产观念的体现。具体来说，遵循这种经营观念的企业主要以提高劳动生产率、扩大生产规模，并以此降低产品价格来吸引顾客，获得自己的市场地位，很少关注除此之外的其他市场因素，甚至不注意对产品的更新和改良。

生产观念是生产力和科学技术都还比较落后，或是生产力发展比较缓慢时期的产物。以生产观念为导向的企业基本上是处于 3 种市场环境条件之下。一是产品明显供不应求。只要企业将产品生产出来，总能销得出去。西方在 20 世纪 20 年代以前，中国在 20 世纪 80 年代以前的情况基本上都是这样。中国当时的许多消费工业品，如手表、自行车、缝纫机都是凭票、凭证供应，所以生产企业只要扩大生产，提高产量，而根本没有必要去考虑市场销路的问题。二是价格竞争是市场竞争的基本形态。在这种情况下，企业竞争的主要手段是降低产品的价格，而降低价格的前提则是生产规模的扩大和生产成本的控制。所以企业必然以主要精力去扩大生产和降低成本。三是实行计划经济体制。在计划经济条件下，企业实际上只是政府计划的附属体，是一个严格按照计划进行生产的工作部门，资源和产品的分配不属于企业的责权范围，所以企业也没有必要去考虑生产之外的其他问题。

（2）产品观念　产品观念是在生产观念的基础上发展而来的，但仍属于一种比较陈旧的经营观念，遵循这种观念的企业主要依靠提高产品质量而不是降低成本来开发和占领市场，强调“提高产品质量，以质取胜”。该观念产生于20世纪20～30年代，企业认为“物以优为贵，只要产品质量好，就不愁卖不出去”。经营者认为顾客喜欢品质可靠、性能优良、有特色的产品，并且也愿意花较多的钱买这种产品，为此，企业应该致力于不断改进产品，设计和开发优良产品是企业市场竞争的主要手段。

的确，产品的品质和特色是企业争取顾客的主要因素，能注意以产品质量的改变和提高去赢得企业的市场地位比只重视产量和成本的“生产观念”是前进了一步。但是问题在于，进行产品设计开发的出发点在哪里？是企业还是消费者？产品观念的局限性就在于对产品的设计与开发只是从企业的角度出发，以企业为中心进行，认为“酒香不怕巷子深”，只要企业生产出优质产品，顾客自然会找上门来，而没有认识到顾客所购买的实际上是对于某种需要的满足。因此，持产品观念的企业往往会专注于自己的产品，而忽视市场需求的变化，容易导致企业患上“市场营销近视症”。

（3）推销观念　推销观念是当市场经济发展到一定阶段时出现的，此时企业认为只拥有好的产品和较低的成本还不能成为企业竞争的优势，企业还要运用各种推销技巧让顾客理解和认同产品的好处才能更多地达成交易。该观念产生于20世纪30年代至第二次世界大战结束。当时，随着生产力的进一步发展，一方面，市场上产品的花色品种增多，供应量不断增加，出现了供大于求的现象，企业间竞争开始加剧；另一方面，人们生活水平不断提高，需求向多样化发展，顾客购买的选择性增强，为了保证产品的销路，企业不得不考虑产品的销售问题。

这种观念将顾客看成是被动的、迟钝的，认为只有强化刺激才能吸引顾客，顾客只有在企业促销活动的刺激下才会购买产品。企业要销售已生产出来的产品，必须大力开展推销活动，千方百计吸引顾客产生兴趣，进而使他们购买产品，因此认为强力推销是企业扩大销售、增加利润的必由之路。

推销观念同生产观念和产品观念相比具有明显的进步，主要表现为企业经营者开始将眼光从生产领域转向了流通领域，不仅在产品的设计和开发，而且在产品的销售促进上投入精力和资本。在推销观念的指导下，企业特别关注产品的推销和广告，重视运用推销术或广告术刺激或诱导消费者购买产品。但是推销观念仍然是以企业为中心，认为“我卖什么，你就买什么”，而并没有将消费者放在企业经营的中心地位。这一点与前面的生产导向和产品导向观念没有本质的区别，都是先有产品后有顾客，就是“我生产什么，我就卖什么，你就买什么”，而对产品的售后服务和顾客的满意程度则并不重视。

奉行推销观念，着力于推销和广告，对企业的销售工作具有积极的促进作用。但如果生产出的产品需求已饱和或是不能满足人们多变的需求，那么即使大力推销也无济于事。

（4）市场营销观念　市场营销观念是以消费者需要和欲望为导向的经营哲学，是消费者主权论的体现，形成于20世纪50年代。该观念认为，实现企业诸目标的关键在于正确确定目标市场的需要和欲望，一切以消费者为中心，并且比竞争对手更有效、更有利地传送目标市场所期望的产品。此观念的指导思想是“顾客需要什么，企业就生产供应什么”。

市场营销观念的产生，是市场营销哲学的一种质的飞跃和革命，它不仅改变了传统旧观念的逻辑思维方式，而且在经营策略和方法上也有很大突破。它要求企业营销管理贯彻“顾客至上”的原则，将管理重心放在善于发现和了解目标顾客的需要上，并千方百计去满足它，从而实现企业目标。因此，企业在决定其生产经营时，必须进行市场调研，根据市场需求及企业本身的条件选择目标市场，组织生产经营，最大限度地提高顾客满意度。

20世纪50年代以后，随着科学技术的飞速进步和生产的不断发展，买方市场已经形成。第二次世界大战以后，欧美各国的军事工业很快转向民用工业，工业品和消费品生产的总量剧增，导致了市场上的激烈竞争。并且，由于个人收入和消费水平的提高，消费者的需要和欲望也发生了改变，企业为适应市场竞争的需要开始从以生产管理为中心，转向了以消费者需求为中心，从此结束了企业“以产定销”的局面。许多企业认识到，必须转变经营观念，才能求得生存和发展。从此，消费者至上的思潮为西方国家普遍接受，保护消费者权益的法律纷纷出台，消费者保护组织在社会上日益壮大。根据“消费者主权论”，市场营销观念相信，决定生产什么产品的主权不在生产者，也不在政府，而在消费者。

（5）社会营销观念　社会营销观念是对市场营销观念的修改和补充，强调要兼顾消费者、企业、社会3个方面的利益，要求企业在追求经济效益的同时，应兼顾社会效益，因而是符合社会可持续发展要求的营销观念，应当大力提倡。这种观念认为，企业的任务是确定目标市场需求、欲求和利益，并且在保持和增进消费者和社会福利的情况下，比竞争者更有效地使目标顾客满意。这不仅要求企业满足目标顾客的需求与欲望，而且要考虑消费者及社会的长远利益，即将企业利益、消费者利益与社会利益有机地结合起来。

社会营销观念产生于20世纪70年代的西方国家，为了抵制工商企业在市场营销中以次充好、虚假宣传、欺骗顾客、损害消费者利益的现象，西方许多国家兴起了消费者运动，在民间相继成立了消费者协会，以维护消费者的合法权益，防止和处理消费者利益受到损害的问题。在这种形势下，西方有的学者认为，消费者运动的兴起，证明企业并没有真正奉行市场营销观念，而大部分学者则对市场营销观念产生了怀疑，并提出了一些问题，认为市场营销观念回避了消费者需求欲望的短期满足和长远的社会福利之间的矛盾，企业奉行市场营销观念，单纯强调市场需求这种短期欲望，往往会导致环境污染、资源短缺、物资浪费和损害消费者长远利益的现象。为此，西方学者提出了社会营销观念。该观念的基本核心是：以实现消费者满意及消费者和社会公众的长期福利作为企业的根本目的与责任。理想的营销决策应同时考虑到：消费者的需求与愿望的满足，消费者和社会的长远利益，企业的营销效益。

与市场营销观念相比，社会营销观念有以下特点：在继续坚持通过满足消费者需求及欲望而获取利润的同时，更加合理地兼顾消费者的眼前利益与长远利益，更加周密地考虑如何解决满足消费者需求与社会公众利益之间的矛盾。

上述5种营销观念中，前3种统称为传统营销观念，后2种则统称为现代营销观念，对比情况见表2－5。

表2－5 传统和现代营销观念的比较

营销观念		重点	方法	目标
传统营销观念	生产观念	产品	生产价廉物美的产品	通过增加销售获得利润
	产品观念	产品	生产优质产品	通过改善质量、品种，增加销售获得利润
	推销观念	产品	加强推销活动	通过大量销售获得利润
现代营销观念	市场营销观念	消费者	进行营销综合活动	通过满足消费者需要获得利润
	社会营销观念	消费者与社会	进行营销综合活动	通过满足消费者需要、增进社会福利获得利润

2.3.2 了解新型市场营销观念

1. 了解新型市场营销观念的产生

20 世纪是市场营销领域从孕育、生长到大发展的世纪，是营销管理思想不断创新与丰富的世纪。在营销界，差不多每隔 10 年就会产生创新的思想、创新的做法，营销思想的创新是营销领域前进的动力和知识源泉。

随着社会经济快速发展，在现代市场营销这个大平台上出现了关系营销、绿色营销、文化营销、整体营销等多种新型营销观念，并且不断推陈出新，被统称为“新营销”。“新营销”的出现是经济、社会、文化技术等多种因素共同作用的结果。新型营销观念的创新指导着各种不同发展阶段和管理水平的企业经营，也使企业所营销的产品在属性上发生了改变，具有了更深层次的内涵。

2. 体会新型市场营销观念的种类

值得现代中国企业关注的主流新型营销观念有以下几种：

（1）关系市场营销观念　关系市场营销观念是较之交易市场营销观念而形成的，是市场竞争激化的结果。传统的交易市场营销观念的实质是卖方提供一种产品或服务以向买方换取货币，实现产品价值，是买卖双方价值的交换，双方是一种纯粹的交易关系，交易结束后不再保持其他关系和往来。在这种交易关系中，企业认为卖出产品赚到钱就是胜利，顾客是否满意并不重要。而事实上，顾客的满意度直接影响到重复购买率，关系到企业的长远利益。由此，从 20 世纪 80 年代起美国理论界开始重视关系市场营销，即为了建立、发展、保持长期的、成功的交易关系而进行的所有市场营销活动。它的着眼点是与和企业发生关系的供货方、购买方、侧面组织等建立良好、稳定的伙伴关系，最终建立起一个由这些牢固的、可靠的业务关系所组成的“市场营销网”，以追求各方面关系利益最大化。这种从追求每笔交易利润最大化转化为追求同各方面关系利益最大化是关系市场营销的特征，也是当今市场营销发展的新趋势。

关系市场营销观念的基础和关键是“承诺”与“信任”。承诺是指交易一方认为与对方的相处关系非常重要而保证全力以赴去保持这种关系，它是保持某种有价值关系的一种愿望和保证。信任是当一方对其交易伙伴的可靠性和一致性有信心时产生的，它是一种依靠其交易伙伴的愿望。承诺和信任的存在可以鼓励营销企业与伙伴致力于关系投资，抵制一些短期利益的诱惑，而选择保持发展与伙伴的关系去获得预期的长远利益。因此，达成“承诺—信任”，然后着手发展双方关系是关系市场营销的核心。

（2）绿色营销观念 绿色营销观念是在当今社会环境被破坏、污染加剧、生态失衡、自然灾害威胁人类生存和发展的背景下提出来的新观念。20世纪80年代以来，伴随着各国消费者环保意识的日益增强，世界范围内掀起了一股绿色浪潮，绿色工程、绿色工厂、绿色商店、绿色产品、绿色消费等新概念应运而生，不少专家认为，我们正走向绿色时代，21世纪将是绿色世纪。在这股浪潮冲击下，绿色营销观念也就自然而然地相应产生。

绿色营销观念主要强调把消费者需求与企业利益和环保利益三者有机地统一起来，它最突出的特点就是充分顾及资源利用与环境保护问题，要求企业从产品设计、生产、销售到使用的整个营销过程都要考虑到资源的节约利用和环保利益，做到安全、卫生、无公害等，其目标是实现人类的共同愿望和需要——资源的可持续利用，以及保护和改善生态环境。为此，开发绿色产品、发展绿色产业是绿色营销的基础，也是企业在绿色营销观念下从事营销活动成功的关键。

（3）文化营销观念 文化营销观念是指企业成员共同默认并在行动上付诸实施，从而使企业营销活动形成文化氛围的一种营销观念，它反映的是现代企业营销活动中，经济与文化的不可分割性。企业的营销活动不可避免地包含着文化因素，企业应善于运用文化因素来实现市场制胜。

在企业的整个营销活动过程中，文化渗透于其始终。一是产品中蕴含着文化，产品不仅仅是有某种使用价值的物品，同时，它还凝聚着审美价值、知识价值、社会价值等文化价值的内容。“孔府家酒”之所以能誉满海外，备受海外华人游子的青睐，不仅在于它的酒味香醇，更在于它满足了海外华人思乡恋祖的文化需要。日本学者本村尚三郎曾说过，“企业不能像过去那样，光是生产产品，而要出售生活的智慧和欢乐”“现在是通过产品去出售智慧、欢乐和乡土生活方式的时代了”。二是经营中凝聚着文化。日本企业经营的成功得益于其企业内部全体职工共同信奉和遵从的价值观、思维方式和行为准则，即所谓的企业文化。营销活动中尊重人的价值、重视文化建设、重视管理哲学及求新、求变精神，已成为当今企业经营发展的趋势。美国IBM公司的“尊重个人，顾客至上，追求卓越”三位一体的价值观体系，日本松下公司的“造物之前先造人”理念，瑞士劳力士手表的“仁心待人，严格待事”的座右铭等，充分说明了企业文化是把企业中各类人员凝集在一起的精神支柱，是企业在市场竞争中赢得优势的源泉和保证。

（4）整体营销观念 1992年美国市场营销学界的权威菲利普·科特勒提出了跨世纪的营销新观念——整体营销，其核心是从长远利益出发，企业的营销活动应囊括构成其内、外部环境的所有重要行为者，它们是：供应商、分销商、最终顾客、职员、财务公司、政府、同盟者、竞争者、传媒和一般大众。企业的营销活动就是要从这10个方面进行。

1）供应商营销。对于供应商，传统的做法是选择若干数目的供应商并促使它们相互竞争。现在越来越多的企业开始倾向于把供应商看作合作伙伴，设法帮助它们提高供货质量及其及时性。为此，一是要确定严格的资格标准以选择优秀的供应商；二是积极争取那些成绩卓著的供应商成为自己的合作者。

2）分销商营销。由于销售空间有限，分销商的地位变得越来越重要。因此，开展分销商营销，以获取它们主动或被动支持，成为制造商营销活动中的一项内容。具体来讲，一是进行“正面营销”，即与分销商展开直接交流与合作；二是进行“侧面营销”，即企业设法绕开分销商的主观偏好，而以密集广告、质量改进等手段建立并维持稳定的顾客偏好，从而迫使分销商购买该品牌产品。

3）最终顾客营销。这是传统意义上的营销，是指企业通过市场调查，确认并服务于某一特定的目标顾客群的活动过程。

4）职员营销。职员是企业形象的代表和服务的真实提供者。职员对企业是否满意，直接影响着他的工作积极性，影响着顾客的满意度，进而影响着企业利润。为此，职员也应成为企业营销活动的一个重要内容。职员营销由于面对内部职工，因而也称“内部营销”。它一方面要求通过培训提高职员的服务水平，增强敏感性及与顾客融洽相处的技巧；另一方面，要求强化与职员的沟通，理解并满足他们的需求，激励他们在工作中发挥最大潜能。

5）财务公司营销。财务公司提供一种关键性的资源——资金，因而财务公司营销至关重要。公司的资金能力取决于它在财务公司及其他金融机构的资信。因此，公司需了解金融机构对它的资信评价，并通过年度报表、业务计划等工具影响其看法，这其中的技巧就构成了财务公司营销。

6）政府营销。所有企业的经济行为都必然受制于一系列由政府颁布的法律法规和政策。为此，开展政府营销，以促使其制定于己有利的立法、政策等，已成为众多企业营销活动的内容。

7）同盟者营销。因为市场在全球范围的扩展，寻求同盟者对企业来说日益重要。同盟者一般与企业组成松散的联盟，在设计、生产、营销等领域为企业的发展提供帮助，双方建立互惠互利的合作关系。如何识别、赢得并维持同盟者是同盟者营销需要解决的问题，必须根据自身实际资源状况和经营目标加以选择，一旦确定，就设法吸引它们参加合作，并在合作过程中不断加以激励，以取得最大的合作效益。

8）竞争者营销。通常的看法认为竞争者就是与自己争夺市场和盈利的对手。事实上，竞争者可以转变为合作者，只要“管理”得当，这种对竞争者施以管理，以形成最佳竞争格局、取得最大竞争收益的过程就是“竞争者营销”。

9）传媒营销。大众传媒，如广播、报刊、电视等直接影响企业的大众形象和声誉，企业甚至可能受它“摆布”。为此，传媒营销的目的就在于鼓励传媒作有利的宣传。这就要求：一方面要与记者建立良好的关系，另一方面要尽量赢得传媒的信任和好感。

10）大众营销。企业的环境行为者中最后一项是大众，企业逐渐体会到大众看法对其生存与发展有至关重要的影响。为获得大众喜爱，企业必须广泛搜集公众意见，确定他们关注的新焦点，并有针对性地设计一些方案加强与公众的交流，如资助各种社会活动，与大众进行广泛接触、联系等。

实战借鉴

久保田纯品屋——开创农机部品推广、销售新模式

2013年8月21日，久保田农业机械（苏州）有限公司（下称“KAMS”）和经销商合作设立的“久保田纯品屋”在河南省汝南县落户，成为全国首家久保田特许经营部品店。纯品屋的设立将逐步规范久保田零部件的供应渠道和销售渠道，为用户提供优质、放心的久保田原厂配件。

KAMS的产品在国内插秧机和收割机市场有很高的占有率，市场保有量巨大，维修保养用部品的需求很大。受利益驱使，一些不法商人生产或销售假冒伪劣“久保田”零部件，赚取暴利，坑农、害农。近几年跨区作业期间，发生多起由于购买和使用了假冒伪劣的油品造成发动机烧瓦、变速器损坏等重大问题，不仅耽误了农时，还带来了巨大的经济损失，对久保田品牌也产生了负面影响。

为了保护农民利益，让农机手掌握识别假冒部品的方法，并方便、快捷地购买到放心的久保田原厂配件，KAMS将逐步在全国推广“久保田纯品屋”。纯品屋由KAMS授权，采用统一店面标志，初期以宣传和展示作为重点，推广纯正部品；向用户宣传假冒伪劣配件的鉴别方法，宣传假冒伪劣产品的危害，提高用户对假冒伪劣产品的防范意识；将来纯品屋还将逐步承担区域的部品销售渠道管理、拓展，市场情报搜集，区域促销活动策划和实施，区域客户管理的职能。

汝南县是全国闻名的农机大县和农机跨区作业大县。近年来，汝南以农机专业

合作社为龙头，跨区作业队伍作业面积达1000多万亩（1亩≈666.67米^2），足迹遍布全国各地，1年的作业时间近7个月，跨区作业收入已成为该县农民增收的一大支柱产业。KAMS选择将首家“久保田纯品屋”落户汝南，就是希望立足农机大县，开拓新型农机部品销售模式，为农机户提供更全面、优质、及时的服务，助推农业机械化发展。

第3章 Chapter Three

农机市场调查与分析

3.1 分析影响农机企业营销环境的因素

菲利普·科特勒认为，一个企业的营销环境由企业营销管理机能外部的行动者与力量组成，这些行动者与力量冲击着企业管理当局发展和维持同目标顾客进行成功交易的能力。市场营销环境是指与企业有潜在关系的所有外部力量与机构的总和，是企业营销活动的约束条件和激励因素，并可划分为微观环境和宏观环境。微观环境是指那些直接影响企业为市场服务能力的行动者，如供应商、中介机构、竞争者、顾客及公众等；宏观环境是指那些影响企业微观环境中所有行动者的较大的社会力量，包括人口环境、经济环境、自然环境、技术环境、政治法律环境及社会文化环境等。市场营销环境示意图如图3－1所示。

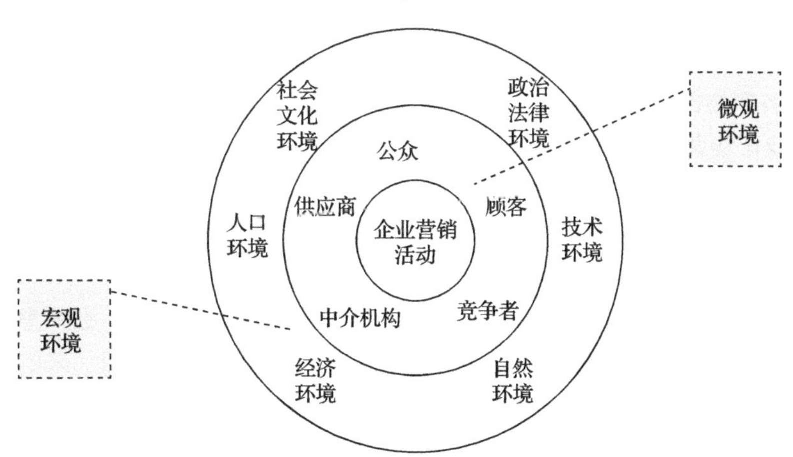

图3－1 市场营销环境示意图

市场营销环境是不断变化的，这些变化会给企业的营销活动提供机会或者带来威胁。可以说，市场营销环境等于机会加威胁。农机企业必须重视对市场营销环境的分析和研究，并根据市场营销环境的变化制定有效的市场营销战略，扬长避短，趋利避害，适应变化，抓住机会，从而实现自己的市场营销目标。此外，营销管理者的任务不但在于合理安排营销组合，使之与外部不断变化的营销环境相适应，而且要积极创造性地改变环境，创造或改变目标顾客的需求。

3.1.1 调查与分析企业市场营销微观环境

市场营销微观环境包括企业内部微观环境和企业外部微观环境。企业内部微观环境由企业领导层、企业财务部门、生产制造部门及采购部门等构成；企业外部微观环境由供应商、中介机构、竞争者、顾客和公众等构成。市场营销微观环境对企业的营销活动影响最直接，作用也最大。

1. 企业内部环境分析

这是市场营销微观环境中的首要因素。

（1）企业内部资源的支撑　企业内部资源对企业的发展有极其重要的影响，主要是指人力资源、资金资源、物质资源等。其中，人力资源是企业营销策略的确定者与执行者，是企业最重要的资源；资金资源、物质资源都是企业进行一切营销活动的基础，决定了企业营销活动的规模。目前，我国已经拥有一大批熟悉农机制造工艺和具有一定技术能力的科学家、工程师和工程技术人员，但与国外农机先进国家相比仍然存在很大差距。为了提高企业人员的科研实力，诸多农机集团公司先后成立了自己的农机研究所。

（2）各职能部门科学分工、协作配合　每个企业都有其营销目标，为了实现该目标，企业市场营销部负责制订现有各个产品、各个品牌及新产品、新品牌研究开发的营销计划。但是，这并不意味着企业市场营销的效果只是营销部门自身努力的结果。企业作为一个系统，营销活动不是某个部门的孤立行为，而是企业整体能力与实力的体现，是企业内部各部门科学分工与协作的结果。

为使企业的营销业务有效开展，营销部门在制订营销计划时，必须考虑到与公司其他部门的协调，如与高层管理部门、财务部门、研究开发部门、采购部门、生产技术部门等协调一致，密切配合，共同完成企业的目标和任务。因此，搞好企业内部工作是搞好企业营销活动的关键。

2. 供应商分析

供应商是指向企业及其竞争者提供生产产品和服务所需的各种生产要素的企业和组织。供应商供货的保证是企业连续稳定生产的前提条件，其供货的数量和质量水平将直接影响企业向市场提供产品和服务的数量和质量，而价格变动也直接影响企业的产品成本、价格和利润。

（1）供应商的分类管理　农机是比较复杂的特殊机械，任何农机制造企业都不可能自行制造全部零部件，必须由为数众多的零部件企业提供配套。现在，我国的零部件企业已经围绕主机厂建立了较为完善的、有一定创新能力的外购、外协配套供应体系。我国农机零部件企业，多数是先从主机厂获得生产订单、协作生产，得以创业和起步；在企业产能扩大后，再向更多的主机厂转移技术和配套产品；进一步发展后才开始研发新的农机零部件，又反哺和助推主机厂的产品升级。所以，农机零部件企业既受益于主机厂的快速发展，又为主机厂的发展做出了贡献。农机零部件企业都是农机制造商最重要的供应商。

每个农机企业都会有许多的供应商，在供应商管理中，必须将这些供应商关系分为不同的类别，根据各供应商对本企业经营影响的大小设定优先次序，区别对待，以利于集中精力重点改进并发展最重要的供应商。供应商关系的基础是供应商分类，最简单的方法是将它们分为重点供应商和普通供应商，通常可采用ABC分类法。其中：A类供应商占供应商总数量的10%左右，但其供应的物资价值占企业采购物资总价值的60%～70%，一般提供生产农机产品所需的关键零部件；B类供应商占供应商总数量的20%左右，其供应的物资价值占企业采购物资总价值的20%左右，一般提供生产农机产品所需的总零部件；C类供应商占供应商总数量的60%～70%，但其供应的物资价值仅占企业采购物资总价值的10%～20%，提供生产农机产品所需的标准件。

（2）加强与供应商的协作关系　在与供应商的合作中，要注意两点：①选择信得过的供应商，企业必须充分考虑供应商的资信状况，选择那些能够提供品质优良、价格合理的资源，交货及时，有良好信用，在质量和效率方面都信得过的供应商；②与主要供应商建立长期稳定的合作关系，能够保证企业生产资源供应的稳定性，提升整个农机产品供应链的竞争力。

3. 中介机构分析

中介机构是协助企业推广、销售和配销产品给最终消费者的企业和个人，包括中间商、实体分配企业、市场营销服务机构及金融机构等。

（1）中间商　中间商是协助企业寻找顾客或直接与顾客进行交易的商业企业，它帮助企业完成产品从生产者到顾客的转移，对企业产品从生产领域流向消费领域的运转起着极其重要的影响。中间商按照对产品有无所有权分为代理商和经销商。

1）代理商——代理人、经纪人、制造高级代表。专门介绍客户或与客户磋商交易合同，但并不拥有产品的所有权，只是通过收取佣金赚取利润。

2）经销商——批发商、零售商和其他再售商。从事产品购销活动，通过买卖产品的差价赚取利润。

我国大多数农机制造企业实行的是以经销商经销为主、代理商代理及厂内直接销售等多渠道并存的产品营销体制。在这种体制下，几乎每个企业都是由各个业务板块乃至所属专业分厂为主体，自建网络渠道，自设销售系统，销售终端数量从数十家到数百家甚至上千家不等。经销商在我国农机产品流通中充当着重要的角色。

（2）实体分配企业　实体分配企业是指协助企业将储存产品或刚出厂的产品从原产地运往销售目的地的专业机构，也称为物流企业。在农机制造企业生产的农机产品下生产线后，与企业合作的物流企业则负责将新下线产品直接运送至各地区农机产品销售商。由于物流企业的出现，社会分工更趋专业化，促进了农机产品的流通。每个物流企业也需要在自建、租用、数量、地点库存控制等方面做出决策。

（3）市场营销服务机构　市场营销服务机构主要是指市场调查公司、广告公司、各种广告媒体及市场营销咨询公司，它们协助企业选择最恰当的市场，并帮助企业向选定的市场推销产品。许多大型农机企业有自己的广告代理人和市场调查部门，负责开展新产品上市、大型农机展及主题促销等诸多活动，而大多数农机企业则是与专业公司签订合同委托其办理这些事务。

（4）金融机构　金融机构包括商业银行、信托公司、保险公司及其他对货物购销提供融资或保险的各种公司，为企业营销提供资金融通。在现代经济生产中，企业与金融机构有着不可分割的联系。

近年来，随着我国农机化水平进一步提高，农机流通市场也得到了前所未有的发展。从目前的农机流通市场看，在农机连锁、4S店等形式进一步完善和发展的同时，农机金融租赁市场也在悄然兴起。按照过去的习惯，从银行直接贷款、几家农机户合伙出资或者直接从亲戚朋友处筹款，是农机户为购买大型农机具而进行筹资的主要渠道。尽管农机购置补贴政策在很大程度上缓解了农民购机资金的压力，但由于大型农机具单台价格高，银行因风险控制问题贷款门槛较高，筹资压力仍然对大型农机具走进寻常百姓家形成一定的限制。目前，已有部分农机公司与金融机构合作，开展了形式多样的农机金融租赁服务，帮助农机户解决了筹资难的问题。

4. 竞争者分析

竞争是商品经济的基本特征，只要存在商品生产和商品交换，就必然存在竞争。近些年来，我国经济快速且稳定地发展，为农业发展创造了条件，再加上国家的一系列惠农政策，造成了对农机的巨大需求，不仅国内的农机企业在快速发展，国际上的一些跨国公司也纷纷抢占我国的农机市场，这就使得我国的农机市场竞争变得越来越激烈。

一般来说，在任何行业，为某一顾客群服务的企业都不止一个，企业的营销系统总会受到一群竞争对手的包围和影响。企业要想在市场竞争中获得成功，就必须能比竞争者更有效地满足消费者的需要与欲望。因此，企业所要做的并非仅仅是迎合目标顾客的需要，而是要通过有效的产品定位，使得企业的产品与竞争者的产品在顾客心目中形成明显差异，从而取得竞争优势。

企业在营销活动中，一般面临着4种不同类型的竞争力量：①愿望竞争者，是指提供不同产品以满足顾客不同需求的竞争者，竞争者的产品与企业产品是非相关品；②类别竞争者，是指能够提供满足同一种需求的不同种类产品的竞争者；③形式竞争者，是指生产同种产品，但规格、型号或款式不同的竞争者；④品牌竞争者，是指提供规格与型号相同、价格相近的产品，但品牌不同的竞争者。在4种不同类型的竞争力量中，品牌竞争者是最常见和最明显的，其他的则比较隐蔽。

5. 顾客分析

顾客是企业产品或服务的购买者，也被称为目标市场。美国营销学专家詹姆斯·穆尔（James Moore）说过："现代企业的命运掌握在顾客手中，顾客是企业利润的最终决定者。"因此企业的一切营销活动都是以满足顾客的需要为中心的。顾客组成的市场可分为4类：消费者市场、生产者市场、转卖者市场和政府市场。企业的目标市场可以是上述其中一种或者几种，每种类型的市场都有各自的特点。

随着我国农机产业的发展，市场规则不断完善，竞争不断加剧，加之农机购买者因为所处地域不同，必定导致对产品的需求不同，农机企业营销人员必须认真研究目标顾客的所处环境、购买能力、购买方式及购买欲望，并对目标顾客进行细分，在细分的基础上制定企业的营销方式和策略。因此，对农机购买者的研究在农机营销管理中显得越来越重要。

6. 公众分析

公众是指对企业实现其市场营销目标的能力有着实际或潜在兴趣或影响的群体或团体。公众与企业的营销活动有直接或间接的关系，公众的态度会协助或妨碍企业实现营销目标。企业要高度重视公众的利益，了解公众的需求和意见，实施有效的措施满足公众的合理要求，开展一些力所能及的公益活动，努力塑造并保持企业良好的信誉和公众形象，为企业营销活动创造良好的环境。每个企业的周围都有7类公众：

（1）金融公众　金融公众对企业的融资能力有重要的影响，主要包括银行、投资公司、证券经纪行、股东等。

（2）媒体公众　媒体公众是指那些联系企业和公众的大众媒介，包括报纸、杂志、广播、电视、互联网等。

（3）政府公众　政府公众是指与企业营销活动有关的各级政府机构部门，它们所制定的方针、政策、措施对企业营销活动进行指导或制约。企业管理部门在制订营销计划时，必须认真研究并考虑政府政策与措施的发展变化。

（4）公民行动团体　公民行动团体是指各种保护消费者权益组织、环境保护组织、少数民族团体等组织。这种团体可以通过宣传诉讼和联合抵制等手段来控制企业的营销活动。

（5）地方公众　地方公众是指企业所在地附近的居民和社区组织。企业在营销活动中要避免与周围公众发生利益冲突，要与地方公众维持良好的关系，使企业拥有良好的地方公众形象。

（6）一般公众　一般公众是指除公民行动团体和地方公众以外的居民、员工或组织团体。企业需要关注一般公众对企业产品及经营活动的态度。一般公众并不是有组织地对企业采取行动，但其对企业的印象却影响着消费者对该企业及其产品的看法。

（7）内部公众　企业的内部公众包括蓝领工人、白领工人、经理和董事会。大企业常采用业务通信和其他信息沟通方法，向内部公众通报信息，并建设具有特色的企业文化，激励企业员工的积极性。当内部公众对自己的企业感到满意的时候，他们的态度也会感染企业以外的公众。

3.1.2　调查与分析企业市场营销宏观环境

1. 人口环境分析

人作为消费者，是构成市场的直接要素。人的需求正是企业营销活动的基础，对市场与企业发展具有现实和长远性的影响。所以，对人口环境的考察是企业把握市场需求的关键，分析时要着眼于下述几个方面：

（1）世界人口增长　一方面，人口的增长即意味着人们需求的增长。如果人们有足够的购买力，则人口的增长意味着市场的扩大，诸如房地产、教育、交通、穿着、饮食、娱乐等方面。世界性人口的持续增长，对食物的需求也成倍增长。农业这一基础产业将不得不承担起更加艰巨的使命。农机作为现代科技在农业生产中的重要载体，不但能够大幅提高生产效率，而且可以为人们提供产量更多和品质更高的食物，这必然为全球的农机商业孕育巨大的商机。另一方面，人口的增长将进一步扩大能源供需矛盾。人口每增加1倍，能源消耗要增加7倍，我国能源人均拥有量在全世界属低水平，能源短缺一直是制约我国经济发展的重要因素。

例如，德国联邦统计局公布的统计数字显示，2009年全球人口总数约为68亿，2011年10月31日凌晨前2分钟，作为全球第70亿名人口象征性成员的丹妮卡·卡马乔（Danica Camacho）在菲律宾降生。截至2021年3月31日，全球人口总数约为75.85亿。据推测，全球每年增加人口数量将保持在8600万以上，到2025年将超过80亿，到2050年将达到94亿。据科学家的分析，到2080年全球人口将达到顶峰，为106亿，此后将逐渐下降，到21世纪末降至103.5亿。

统计显示，尽管全球人口增长率出现了下降趋势，但不同地区经济发展不平衡导致了全球人口增长速度的不平衡，全球人口总数仍将缓慢增长。预计到2050年，非洲人口将增加到20亿，几乎是现在非洲人口数量的2倍。在亚洲方面，到2025年，印度总人口将会超过中国，成为世界第一人口大国；到2050年，印度总人口数将由2008年的11.4亿增加到约16.1亿。

（2）人口趋于老龄化　随着世界科学技术进步、生产力发展和人们生活条件的改善，世界人口平均寿命延长，死亡率下降，不仅全球人口总数持续增长，与之而来的人口老龄化问题也越来越明显，尤其是在发达国家。我国也呈现出人口老龄化趋势。

我国人口老龄化具有以下3个特点：一是老年人口数量大，二是人口老龄化的速度快、来势猛，三是人口老龄化超前于经济发展。针对大量农村青壮年劳动力流入城镇，人口老龄化正成为农业发展的隐忧，许多地方尝试开展了“土地托管”服务。所谓“土地托管”，就是不改变土地承包经营权，农户只是把土地的管理权委托给合作社进行管理，合作社收取一定的管理费用。合作社对粮食作物推出了“全托”和“半托”两种服务模式。“全托”就是指农户将土地委托给合作社全权管理，由合作社统一种子、农药、肥料，统一耕地、播种、收割，统一田间管理的全过程委托管理服务；“半托”则是指农户根据自己的需要选择服务项目。农机合作社拥有丰富的作业机械，当出现劳动力老龄化问题的时候，很多家庭会考虑进行“土地托管”。此项目的开展也为农机产品的推广提供了一个新的商机。

（3）人口性别的影响明显　人口的性别构成在相当大的程度上影响着市场需求，男性和女性在生理、心理和社会角色上的差异决定了他们不同的消费内容和特点。例如，在对汽车的外观要求上，男性消费者要求车型大一些、粗犷一些，女性消费者则偏爱端庄或华丽或时尚一些的汽车；在选购的重点考虑因素上，男性消费者普遍更加重视性能，喜欢动力性强的汽车，而女性消费者则首选舒适度。

(4) 家庭结构的影响显著　家庭是社会的基本单位，也是产品购买和消费的基本单位。统计数据常常以百户家庭对某产品的拥有量来表示，标志着该项消费的普及程度。第六次全国人口普查数据显示，我国（不含港、澳、台）共有家庭约4.015亿户，农村家庭约1.71亿户。

20世纪80年代初期，我国农村就推行了一项重要的改革，即家庭联产承包责任制，这是农村土地制度的重要转折，也是我国农村现行的一项基本经济制度。家庭联产承包责任制是指农户以家庭为单位向集体组织承包土地等生产资料和生产任务的农业生产责任制形式。而农机化事业在经历了改革初期的阵痛之后，也走上了一条适应家庭承包经营的发展道路。实行以家庭承包经营和统分结合的双层经营体制，是我国农村的一项基本经济制度。实践证明，这一体制可以充分调动农民自己购买、自己经营农业机械的积极性，加速实现农业机械化的进程。在农业生产的各个环节采用机械操作，可以提高农田作业质量，提高劳动生产率，促使农业增效、农民增收和农村稳定。

相关调查表明，在家庭购买中，户主的年龄、性别、文化程度，家庭人口和劳动力数量等因素对农机的使用影响显著。

2. 经济环境分析

市场不仅需要消费者，而且还需要购买力。人的需求只有在具备经济能力时才是现实的市场需求。经济环境是指企业营销活动所面临的社会经济状况和国家经济政策，其运行状况及发展趋势会直接或间接地对企业营销活动产生影响。在人口因素既定的情况下，市场需求规模与社会购买力水平成正比。所以，企业必须密切注意其经济环境的动向，尤其要着重分析影响社会购买力及其支出结构变化的各种因素。

(1) 经济全球化　过去20多年里，世界经济经历了一个重要的转变。由于飞机、电话、传真、移动通信、计算机网络和卫星电视等技术设备的快速发展和使用，不同国家的地理距离和文化差距变得越来越小，对我国农机工业产生并将继续产生巨大冲击。21世纪，经济全球化格局使各国经济依存度不断提高，我国在涉及国家经济安全和国防安全的关键性、战略性工业领域，不能完全依赖国外，应将关键技术及关键领域的控制力掌握在自己手中。对于关键技术不要求一定是自力更生研究开发，可以通过引进国外先进技术经过消化吸收而掌握，构建开放式的现代农机工业。在“引进来”的同时要“走出去”，我国农机企业要打入国际市场，要走国际化与自主发展相结合的道路。

20世纪80～90年代，我国对外开放实际上走的是一条“引进来”的道路，今后要特别强调“走出去”，使“引进来”和“走出去”在数量上保持一个“适度”的比例关系。所谓国际化，就是指企业从事跨国经营，从间接出口到直接出口，再到在境外建立公司，直到完全跨国经营，是企业国际化的4种典型方式，也是企业国际化经营的4个阶段。农机企业国际化也要经历这4个阶段。

农机企业实现国际化的道路可在企业总体战略的指引下，通过出口产品的实践，逐渐熟悉国际商务活动的情况和规则，然后在目标国家中建立办事处，进一步加深对当地环境、文化及法律的了解，并建立起较好的公共关系；注意寻求投资设厂、建立联盟或并购的机会，以便为采取后续的行动做好准备；当情况已经熟悉且条件基本成熟时，就应果断地采取行动，真正实现“走出去”的战略目标。

我国农机产品具有较高的性价比，在国外发展中国家市场拥有广阔的空间。发达国家中高端农机产品研发模式、核心备件技术等对我国农机具有一定的引进、消化、吸收等合作价值。利用“一带一路”倡议机遇，促进农机企业资源互补，实现发展目标是一项多赢的选择。我国农机企业作为“一带一路”的建设主体之一，正进入结构转型、品质提升、阶段调整的关键阶段。企业应自觉把产业发展融入“一带一路”倡议之中，把企业自身优势、能力与沿线国家的发展需求有机结合，积极推进与沿线国家农机产业发展战略的对接与耦合，努力实现新的发展目标。

（2）消费者收入差距　消费者收入的高低直接影响着购买力的大小，从而决定了市场容量和消费者支出模式。但是并非其全部收入都可用于购买产品和劳务。在分析消费者收入进而预测某一产品的市场容量时，必须注意区分消费者的个人可支配收入和个人可任意支配收入。个人可支配收入是指在个人总收入中扣除应缴纳的各种税款后余下的部分；个人可任意支配收入是指从个人可支配收入中扣除必不可少的生活必需开支（如食品支出、水电费、燃料煤气费、交通费、房租、分期付款等）以后余下的部分。西方国家家庭的个人可任意支配收入一般都用来购买奢侈品、旅游度假等，我国沿海地区少数先富起来的人中，个人可任意支配收入大体上也花在这些方面。因此，个人可任意支配收入是影响奢侈品、别墅、旅游及高档娱乐消费的主要因素。

农民收入差距过大，成为影响农民增收的主要因素。另外，实证研究还发现，农机购置补贴将使持有农机的农民和雇佣农机耕作的农民收入增加，单纯依靠农业劳动获得收入的农民收入下降。

（3）消费者储蓄和信贷　社会购买力、消费者支出还直接受消费者储蓄和信贷的影响。消费者储蓄的最终目的还是消费，实际是一种推迟了的购买力，但在一定时期内消费者实际收入不变的情况下，如果储蓄增加，购买力和消费者支出便减少。

在现代市场经济发达的国家，消费者不仅以其货币收入购买他们所需要的产品，而且可以用贷款来购买产品和服务，这就是消费者信贷，即消费者可以凭借信用预支未来的购买力，预先取得产品的使用权，然后按期归还贷款，这是一种超前的消费方式。我国主要的农机企业已经与金融界联手展开工作，部分企业还自行推广信贷业务，这种消费形式的规范化将大大加快农机消费的进程。

3. 自然环境分析

自然环境是指影响企业营销的自然资源、气候、地理位置、交通条件、环境污染等情况。自然环境的发展变化也会给企业带来某些市场机会或环境威胁。所以企业还要分析、研究自然环境的发展变化趋势。目前，尽管现代化、大规模、集约式的农业生产在保障粮食数量安全方面做出了巨大贡献，但以高消耗、单品种为特征的现代农业也带来了自然资源短缺、环境污染严重、生态系统退化等一系列生态环境问题和粮食质量安全问题，生态承载能力显著下降。此时需要人们更加正视现代农业发展中的问题，全面认识传统农业的价值，不能遗忘我国传统农耕文化的精髓，而应在发展现代农业过程中加以继承、弘扬和创新。

（1）自然资源日趋短缺　由于人类生产的不断发展，一些有限的资源越来越短缺，如森林、矿产、石油等，这使得一些企业陷入困境。由于世界各主要大国经济的发展带动能源需求的迅速增长，作为主要能源之一的石油供不应求，导致国际市场石油价格也不断攀升，这也增加了航空业、公共交通业等产业的成本。但是自然资源的短缺也促使企业寻找替代品，降低原材料消耗。

我国是土地资源和水资源都严重缺乏的国家，也是农业自然灾害多发的国家，而我国的传统农业之所以能够在自然资源禀赋很差的条件下实现几千年的持续发展，就是由于我们的祖先在农业生产实践中摆正了人与自然、经济规律和生态规律的关系，以及发挥主观能动性和尊重自然规律的关系，强调在农业生产中做到“顺天时，量地利，用力少而成功多”，并一直秉承协调和谐的三才观、趋时避害的农时观、辨土肥田的地力观、种养三宜（物宜、时宜、地宜）的物性观、变废为宝的循环观和御欲尚俭的节用观，这其中的思想原则和技术取向，特别值得人们在当今的现代农业建设中加以总结和借鉴。

（2）环境保护意识增强　在人类的现代化进程中，大量的经济建设活动造成了环境的污染和破坏，其后果不仅危害人类的身体健康，还使大量的动植物灭绝。为此，在社会营销观念的指导下，越来越多的国家和公众开始关注环保。一些国家也加强了环保方面的立法，强调经济发展和自然环境的和谐，强调可持续发展的观念。这些动向必然要求企业减少污染，提倡绿色营销观念，强调企业在生产销售过程中做到环保无公害。

环境的污染与保护，一方面限制了某些行业的发展，另一方面也为企业带来了新的营销机会：一是为治理污染的技术和设备提供了一个大市场，二是为不破坏生态环境的新的生产技术和包装方法创造了营销机会。因此，企业经营者要了解政府对资源使用的限制和对污染治理的措施，力争做到既能减少环境污染，又能保证企业发展，提高经济效益。

4. 技术环境分析

科学技术是第一生产力，人类社会的进步，归根到底是技术的进步。科学技术一旦与生产结合起来就会对企业的经营活动产生巨大的影响，伴随而来的是新兴产业的出现、传统产业的被改造和落后产业的被淘汰。

（1）新技术引起企业营销策略的变化　作为营销环境的一部分，科技环境不仅直接影响企业内部的生产和经营，同时还与其他环境因素互相依赖、相互作用，特别是与经济环境、文化环境的关系更紧密。一方面，技术的发展不断提供满足人类社会需要的新方法和新手段，给企业市场营销带来了机会；另一方面，技术的发展也对那些不能适应新技术，仅依靠现存技术生存的企业造成根本性威胁。例如，晶体管和集成电路的出现打击了真空管工业，复印机的出现打击了复写纸工业，数码相机的出现打击了胶卷相机产业等。此外，新技术的出现使产品更新换代加速，分销方式更加丰富，产品生产成本得以降低，促销方式更加多样化。企业应及时了解技术环境的发展变化，并了解这种变化对企业市场营销的影响。

目前，信息技术已形成产业，渗透到各个行业中，并使应用信息技术的行业产品得到了高度的发展。在农机行业中，原材料采购、企业管理、产品开发、高技术配置、营销活动、成本控制、售后服务等都广泛应用了信息技术。

（2）新技术对零售业和消费者的购物习惯产生了重大影响　科学技术的创新和发展改变了人们的生活方式、消费需求和消费模式，同时也改变了人们的工作方式和生产方式。例如，由于条码和销售终端（POS）机的使用，超级市场成为零售业的主导形式，销售效率极高；由于电话、电视、计算机和互联网的普及，出现了电话购物、电视直销、网上购物等新的购物方式。农机企业可以利用丰富的新媒体方式进行广告宣传、营销调研，甚至可以推销农机具。在如今新型的、开放的购买环境中，尤其是小型农机具，消费者能够接受网络购物。

5. 政治法律环境分析

政治法律环境的改变会显著影响企业的营销活动和利益，企业的一切营销活动都应遵守国家的法律和政府的方针、政策、法令。

（1）政治环境的影响　政治环境是指企业市场营销活动的外部政治局势、国家方针政策的变化及国际关系对市场营销活动带来的或可能带来的影响。一个国家的政局会给企业营销活动带来重大的影响。如果政局稳定，就会对企业形成良好的营销环境；社会是否安定对企业的市场营销关系极大，特别是在对外营销活动中，一定要考虑东道主国家政局变动和社会稳定情况可能造成的影响。

各个国家在不同时期、根据不同需要所颁布的一些经济政策及所制定的经济发展方针，不仅影响本国企业的营销活动，而且还影响外国企业在本国市场的营销活动。诸如人口政策、能源政策、物价政策、财政政策、金融与货币政策等，都给企业研究调整自身的营销目标和产品构成提供了依据。

为引导我国农机产业实现快速、协调发展，解决农机与能源、农机与环境等日益突出的矛盾，国家相继出台了农机补贴、农机免税等政策法规，以进一步推进农机产业的大力发展。

（2）法律环境的影响　法律环境是指国家或地方政府所颁布的各项法规、法令和条例等，是企业营销活动的准则。一般来说，经济立法的目的有 3 个方面：一是为了保护公平竞争；二是为了保护广大消费者的利益；三是为了防止环境污染，保护社会整体利益等。企业只有依法进行营销活动，才能受到国家法律的有效保护。因此，企业开展市场营销活动时，必须了解并遵守国家或政府颁布的有关经营、贸易、投资等方面的法律法规。如果从事国际营销活动，企业既要遵守本国的法律制度，还要了解和遵守市场国的法律制度，以及有关的国际法规、国际惯例和准则。在遵纪守法的基础上，企业可以充分利用法律、法令、规则中有利于企业发展的因素，规避或控制其不利因素，从而能在其保障下取得发展。

我国主要的农机法律法规有《中华人民共和国农民专业合作社法》《中华人民共和国道路交通安全法》《农业机械安全监督管理条例》《中华人民共和国农业机械化促进法》《农用拖拉机及驾驶员安全监理规定》《联合收割机及驾驶员安全监理规定》等。这些法规条例规定了一系列保障农机安全生产的政策措施，规定了对农机安全管理的政策。

6. 社会文化环境分析

人们在某种社会环境中生活久了，就必然会形成某种特定的文化，包括一定的态度和看法、价值观念、道德规范及世代相传的风俗习惯等，所有这一切就构成了所谓的社会文化环境。任何企业都处于一定的社会文化环境中，企业营销活动必然受到所在社会文化环境的影响和制约。为此，企业应了解和分析社会文化环境，针对不同的文化环境制定不同的营销策略，组织不同的营销活动。

（1）价值观念的影响　价值观念是指人们对社会生活中各种事物的态度和看法。不同文化背景下，人们的价值观念往往有着很大的差异，消费者对产品的色彩、标识、式样及促销方式都有不同的意见和态度。

（2）风俗习惯的影响　不同文化环境中的人们，自然环境和生活方式迥异，世代相传形成了人们的行为和思维习惯的不成文规范，主要是在饮食、服饰、居住、婚丧、信仰等方面形成独特的心理特征、道德规范、行为方式和生活习惯。企业应充分了解目标市场上消费者的习俗、禁忌、避讳、喜好、礼仪，如美国通用汽车公司曾生产Nova这一命名的汽车，含义为“神枪手”，但在西班牙的语言里其意为“跑不动”，所以该车型很难在西班牙寻得销路。

实战借鉴

中小农机企业网络营销策略分析

网络营销的兴起，使中小农机企业的营销策略也发生了根本的变化，无论是在理论上，还是在实践中，都有很大的区别。中小农机企业的网络营销相比大企业的更注重与实践相结合，其操作方法和技巧往往比纯粹的理论更重要，但它并不仅仅是一些操作方法的罗列，也不是企业只要建个网站进行宣传、发电子邮件就可以做生意这么简单，而是需要一个完整的网上经营体系。所以要求中小农机企业在网络基础设施完备后，要对网络营销环境进行分析，进而明白实行网络营销的意义，以便制定出应对网络这种综合市场环境的策略。

中小农机企业网络营销环境是指对企业的生存和发展产生影响的各种外部条件，包括宏观环境和微观环境。

一、中小农机企业面临的宏观环境和微观环境

我国的农业与发达国家相比，还处于比较落后的阶段，所以农业机械也相对比较落后，中小农机企业应该通过营销环境的分析对营销环境的发展趋势和变化进行预测和事先判断。中小农机企业的网络营销理论与传统的营销理论基本相同，而企业的营销观念、消费者需求和购买行为，也是在一定的经济社会环境中形成并发生变化的。

（一）中小农机企业面临的宏观环境

中小农机企业面临的宏观环境是广大农民和与农业机械有关的企业及国家对农业的政策。影响中小农机企业网络营销的宏观环境主要有网上人口环境、经济环境、技术环境、政治法律环境和社会文化环境，在这些环境中网上人口环境和网络技术

环境对农机企业网络营销的影响较大。

1. 中小农机企业面临的网上人口环境

中小农机企业面临的网上人口环境是由那些想买产品并且有购买力的人，即通常所说的潜在客户构成的，这种人越多，市场的潜力就越大，相应市场的规模也就越大。我国是农业大国，农机企业的网上人口中潜在的客户也就相对较多，所以中小农机企业必须时刻关注网上人口的变化。

调查表明，近几年互联网用户数量保持大幅增长态势，从全球互联网用户数量增长状况来看，北美网民人数占人口总数的比例最高，这对那些想要把产品出口到北美的企业是个好机会。但也说明这个地区市场已接近饱和，发展空间在逐渐减小。

此外，欧洲网民人数处于全球第二位，亚太地区用户数量发展速度最快、发展潜力也最大。日本、韩国都是近两年增长速度较快的国家，但增长速度仍然远落后于中国。因此，中国是亚太地区最有潜力、最具发展前途的国家之一，其中华东地区和西北地区的网民状况有着相对明显的差别。总体而言，华东地区网民的特征结构要比西北地区的相对合理，而华东地区网民对互联网的使用相对西北地区网民而言也显得更频繁、更日常化。

展望未来，在综合考虑宏观政策、经济发展、互联网产业自身等因素的基础上，网民对互联网的使用程度和依赖性将更强，网民的特征结构也将继续向合理化方向发展。所以国内发展中的中小农机企业一定要抓住机遇，根据自身的条件制定适合自己的营销策略，从而实现企业的目标。

2. 中小农机企业面临的网络技术环境

中小农机企业面临的网络技术环境是目前的高速度和高频率的宽带技术。但是网络技术在不断进步，也在不断改变着网络用户的结构。这些技术在给消费者提供更多便利的同时也给企业带来了更多的机会。中小农机企业必须密切注意网络技术环境的发展变化对企业网络营销的影响，以便及时采取适当的对策。

此外，经济环境、政治法律环境和社会文化环境，对于中小农业机械企业来说都是不可控制的，可以采用传统的营销策略。

（二）中小农机企业面临的微观环境

中小农机企业面临的微观环境对企业为其目标市场的服务能力起着举足轻重的作用，对企业网络营销的成败同样起着至关重要的作用。这些微观环境包括企业的内部环境、网络顾客市场状况和网上竞争者等。

1. 中小农机企业的内部环境

中小农机企业的内部环境是指企业内部各部门的关系及协调合作。企业内部环境包括市场营销部门之外的某些部门，如企业最高管理层、财务、研究与开发、采购、生产、销售等部门都必须具备。这些部门与市场营销部门密切配合、协调，构成了企业市场营销的完整过程。市场营销部门根据企业的最高决策层规定的企业任务、目标、战略和政策，做出各项营销决策，并在得到上级领导的批准后执行。研究与开发、采购、生产、销售、财务部门相互联系，为生产提供充足的原材料和能源供应，并对企业建立考核和激励机制，协调营销部门与其他各部门的关系，以保证企业营销活动的顺利开展。

2. 中小农机企业的网络顾客市场状况

网络技术的发展极大地消除了企业与顾客之间地理位置的限制，这给中小农机企业创造了一个与顾客更容易接近和交流信息的平台，同时也给中小农机企业提供了广阔的市场营销空间，并增强了顾客选择产品的广泛性和可比性。顾客也可以通过网络得到更多的需求信息，使自己的购买行为更加理性化。虽然在营销活动中，中小农机企业不能控制顾客的购买行为，但它可以通过有效的营销活动，给顾客留下良好的印象，处理好与顾客和用户的关系，促进产品的销售。

3. 中小农机企业的网上竞争者

中小农机企业在进行网上营销的过程中，会遇到各种规模的竞争对手，研究对手，取长补短，是克敌制胜的好方法，可以利用搜索网站查询竞争对手的基本情况。一般来说，企业会将自己的服务、业务和产品等方面的信息展示在主页上进行宣传。总之，中小农机企业要掌握、了解目标市场上自己的竞争者及其策略，做到知己知彼，就能扬长避短，发挥优势，抓住有利时机，开辟新的市场。

二、中小农机企业面临的机遇与挑战

互联网的快速发展给中小农机企业的网络营销带来了机遇，同时也带来了种种挑战。

（一）中小农机企业面临的机遇

1）根据CNNIC（中国互联网络信息中心）第47次《中国互联网络发展状况统计报告》显示，截至2020年12月，我国网民数量已经达到9.89亿，互联网普及率为70.4%。如此众多的网民，同时也是消费者，更确切地讲，他们中的相当一部分是我国中高收入层次的消费者。但还有资料表明，我国农民的上网人数也增长迅速，且潜力巨大。国家也加大了对农业的物质支配能力，所以中小农机企业的网络营销

商机无限。

2）网络媒体宣传力量日渐加强，网络广告业不断发展。网络作为独立于报刊、广播、电视之外的第四媒体，已经被大众所接受，网络的发展、网民的增多势必对网络广告业产生非常大的影响。现在各大网站纷纷推出各种形式的活动，大大吸引了网民的注意力，这时中小农机企业必须即时改变广告策略，把广告投向网络，以提高企业的知名度。

（二）中小农机企业面临的挑战

中小农机企业网络营销所面临的挑战，是对网络营销本身的挑战，是自我完善的过程。

1. 中小农业机械企业面临的网络信用挑战

近年来互联网的确给新经济带来了无限希望，但无限商机并没有像人们想象的那样如期而至。从中分析原因，与网络缺乏普遍的信任密切有关，这是因为：

（1）网络技术本身具有不安全因素　网络病毒、黑客及黑客行为、网络犯罪等，对网络安全构成威胁，加上网络安全技术日新月异，网络服务商的服务有待进一步完善，使人们对网络技术安全缺乏必要的信任，中小农机企业的最终用户主要是农民，他们中的部分人对网络技术不是很懂，所以特别敏感，甚至把网络技术视为不安全技术的代表。

（2）网络公司信誉和网络营销体系的信誉尚未确立　网络公司是一种新型公司，网络交易体系采用的也是一种全新的模式。由于在网上接触的次数不够，或由于一开始人们就有上当受骗的经历，产品质量、商家信誉和售后服务的良好形象尚未确立起来，有些人对这种新型的网络营销体系缺乏起码的信任，甚至有人极端地认为网络公司就是“皮包公司”。

（3）网民诚实信用的形象尚未树立起来　由于网络中的大部分行为具有虚拟性，道德在网民行为中的自我监督作用减弱，使网络行为难以保证确定性，从而导致网民互相之间缺乏足够的信任。

2. 中小农机企业面临的物流配送挑战

网络只能解决产品在交易过程中的信息流、商流，如何做到把产品送到网络顾客手中呢？这要从销售产品本身进行分析，如果销售产品的本身不需要物流，如软件、服务等，这是进行网络营销的最佳方式；然而，更多的产品需要物流，物流也决定着网络营销的成本，好的物流方案会使公司节约一大笔开支，同时也对公司树立快捷、高效的服务形象非常有帮助，如何做到合适的物流配送，这对于网络企业管理来说也是一个挑战。

中小农机企业规模小，实力相对较弱，必须增强抓住机遇的能力，同时要有避免风险的本领，企业才能在网络营销中达到目的。

中小农机企业进行网络营销意义深远，在实施网络营销时首先要根据本企业的自身特点，决策出合理的网络营销策略，这样企业才能在网络营销这种新的营销形式竞争下站稳脚跟。

3.2 设计农机市场调查活动

企业营销活动成败的关键就在于企业能否适应不断变化着的市场营销环境。这些营销环境对企业的营销管理来说是不可控制的变数，营销管理者的任务就在于适当安排营销组合，使之与不断变化着的营销环境相适应。许多企业的发展壮大，就是因为善于变化而适应市场；但在市场经济发展中，也有部分企业往往对市场环境变化的预测不及时，或者预测到而没有对策，结果造成企业极大的被动，重者破产倒闭，轻者经济受损。那如何对企业所处的营销环境进行了解呢？需要借助的一项重要的活动就是市场调查。营销管理者必须及时和注意市场营销环境的调查、预测和分析，然后根据各数据确定营销组合和策略，相应地调整企业的组织结构和管理体制，使之与变化的环境相适应。

市场调查就是指通过科学的方法，有目的、有计划地搜集、记录、整理和分析产品供求情况及与之相关的资料，为市场经营预测提供可靠依据的一项工作。

任何正式的市场调查活动都是一项系统工程，为了在调查过程中统一认识、统一内容、统一方法、统一步调，圆满完成调查任务，在具体开展调查工作之前，应该根据调查研究的目的对调查活动进行合理、完整的设计，最主要的设计内容包括调查方案的制定和调查问卷的设计。

3.2.1 制定市场调查方案

市场调查方案是指在进行市场调查活动之前，对于市场调查的课题对象、内容、方法、要求、经费预算和组织结构等所做的统一安排和规划而形成的文字材料。调查工作的成败，在很大程度上取决于所制定调查方案的科学、系统、可行与否。调查方案的作用主要有两点：一是能够提供给调查委托方审议之用，以作为双方的执行协议；二是调查方案是市场调查者实施执行的纲领和依据，体现了对调查工作的管理和监督。

1. 确定调查目的

确定调查目的是调查方案设计的首要问题，只有明确了调查目的，才能确定调查的范围、内容和方法，否则就会列入一些无关紧要的调查项目，而漏掉一些重要的，无法满足调查的要求。例如，1990 年我国第四次人口普查的目的就规定得十分明确，即“准确地查清第三次人口普查以来我国人口在数量、地区分布、结构和素质方面的变化，为科学地制定国民经济和社会发展战略与规划，统筹安排人民的物质和文化生活，检查人口政策执行情况提供可靠的依据”。可见，确定调查目的，就是明确在调查中要解决哪些问题，通过调查要取得什么样的资料，取得这些资料有什么用途等问题。衡量一个调查方案是否科学的标准，主要就是看方案的设计是否体现调查目的的要求，是否符合客观实际。

2. 确定调查对象

明确了调查目的之后，就要确定调查对象，这主要是为了解决向谁调查和由谁来具体提供资料的问题。

调查对象就是根据调查目的、任务确定的调查范围及所要调查的总体。根据调查的需要，调查对象有时候是人，有时候是物。

在确定调查对象时，应该注意以下 4 个问题：

（1）调查对象的复杂性　由于市场现象具有复杂多变的特点，因此，在许多情况下，调查对象也是比较复杂的，必须以科学的理论为指导，严格规定调查对象的含义，并指出它与其他有关现象的界限，以免造成调查登记时由于界限不清而发生的差错。例如，以农机购买者为调查对象，就应明确农机的范畴和如何找到农机购买者的相关问题。

（2）调查对象的确定取决于调查目的　调查目的变化了，调查对象也要随之改变。例如，要调查农机企业职工的基本情况，这时的调查单位就不再是每户职工家庭，而是每个职工了。

（3）调查单位与填报单位是有区别的　调查单位是调查项目的承担者，而填报单位是调查中填报调查资料的单位。例如，对某地区工业企业设备进行普查，调查单位为该地区工业企业的每台设备，而填报单位是该地区每个工业企业。但在有的情况下，两者又是一致的，例如，在进行职工基本情况调查时，调查单位和填报单位都是每个职工。在调查方案设计中，当两者不一致时，应当明确从何处取得资料并防止调查单位重复和遗漏。

（4）不同的调查方式会产生不同的调查单位　如果采取普查方式，调查总体内所包括的全部单位都是调查单位；如果采取重点调查方式，只有选定的少数重点单位是调查单位；如果采取典型调查方式，只有选出的有代表性的单位是调查单位；如果采取抽样调查方式，则用各种抽样方法抽出的样本单位是调查单位。

3. 确定调查项目和具体内容

调查项目是指对调查对象所要调查的主要内容，确定调查项目和具体内容就是要明确向被调查者了解些什么问题。

农机市场调查的主要项目和内容包括：①农机市场基本环境的调查，包括宏观环境调查和微观环境调查；②农机市场需求的调查，包括人口数量调查、购买力调查、消费者结构调查、购买动机与行为调查等；③农机市场供给调查，包括产品供给来源调查、产品供应能力调查和产品供应范围调查等；④农机市场营销活动调查，包括产品调查、价格调查、分销调查和促销调查；⑤竞争对手调查，包括竞争对手经营状况调查、营销策略调查等。

在确定调查项目时，除要考虑调查目的和调查对象的特点外，还要注意这几个问题：①确定的调查项目应当既是调查任务所需，又是能够取得答案的，凡是调查目的需要又可以取得的调查项目要充分选取，否则不应列入；②项目的表达必须明确，要使答案具有确定的表示形式，如数字式、是否式或文字式等，否则会使被调查者产生不同理解而做出不同的答案，造成汇总时的困难；③确定调查项目应尽可能做到项目之间相互关联，使取得的资料相互对照，以便了解现象发生变化的原因、条件和后果，便于检查答案的准确性；④调查项目的含义要明确、肯定，必要时可附以调查项目解释。

4. 确定调查方法

在调查方案中，还要规定采用什么组织方式和方法取得调查资料。

（1）确定调查基本方式　搜集调查资料的基本方式有普查、抽样调查、重点调查、典型调查等。其中，普查属于全面调查，其他三种属于非全面调查。具体来说，普查是指对被调查对象中所有的单位进行调查；抽样调查是指随机从总体中抽选部分单位进行调查；重点调查是指只选择一部分重点单位而进行的非全面调查；典型调查是指有意识地选择少数具有典型性的单位进行深入调查。

相较而言，全面调查是对需要调查的总体进行逐个调查，虽然获得的资料较为全面、可靠，但调查花费的人力、财力、物力较多，故只在十分特殊的情况下使用。非全面调查是在需要调查的总体中，选择一部分进行调查，并根据样本的调查来推断总体的特征，因而在商业活动中运用较普遍。

(2) 选择具体调查方法　根据信息的来源不同，市场调查资料可以分为两大类。一是第一手资料，是指通过调查者本人直接实地调查所获得的原始资料，如通过实地采访、与客户交谈、参加交易会等活动获得的一系列情报资料。第一手资料具有很强的针对性、时效性，并且生动、可靠、直观。二是第二手资料，是指由他人搜集并整理的现场资料，一般是通过文献检索和委托咨询获取的。搜集第二手资料最主要的优点是能够节省时间，并且调查成本低、简便、快捷。但也存在一些缺点，如资料适用性不强，可能与调查目的有差距；资料的真实性和可靠性需进一步审查和评估，有错误的可能性。在搜集第二手资料时，尤其要注意资料的来源。

因此，市场调查的具体方法可以分为两种：一种是收集第一手资料的方法，称为实地调查法；另一种是收集第二手资料的方法，称为文献调查法。在调查时，采用何种方式、方法不是固定和统一的，而是取决于调查对象和调查任务。在市场经济条件下，为准确、及时、全面地获取市场信息，应注意多种调查方式的结合运用。

1）实地调查法。

①询问调查法。询问调查法又称为直接调查法，是调查人员以询问为手段，从调查对象的回答中获得信息资料的一种方法，是市场调查中最常用的方法之一。询问调查法在实际应用中，按传递询问内容的方式及调查者与被调查者接触的方式不同，可分为面谈调查、电话调查、邮寄调查和留置问卷调查等方法。

a. 面谈调查法。面谈调查法是指派调查员当面访问被调查者，询问与营销活动有关问题的方法，是访问法中的一种常用方法。面谈调查可分为个人面谈和小组面谈两种方式。个人面谈时调查员到消费者家中、办公室或在街头进行一对一面谈；小组面谈是邀请6~10名消费者，由有经验的调查者组织对方讨论某一产品、服务或营销措施，从中获得更有深度的市场信息。小组面谈是设计大规模市场调查前的一个重要步骤，它可以预知消费者的感觉、态度和行为，明确调查所要了解的资料和解决的问题。

面谈调查法的优点有：能当面听取被调查者的意见，并观察其反应；回收率高，可以提高调查结果的代表性和准确度；可以从被调查者的个人条件推测其经济状况，进而判断对方回答问题的真实程度；对于被调查者不愿意回答或回答困难的问题，可以详细解释，启发和激励对方合作，以顺利完成调查任务。

面谈调查法的缺点有：调查费用支出大，特别是对于复杂的、大规模的市场调查，人力、财力和物力消耗很大；很难对调查员的工作进行监督和控制，如有的调查员为尽早完成调查任务，不按照样本的随机原则抽样，有的调查员在调查了部分样本后即终止调查并做出结论，有的调查员甚至不进行实地调查，随意编造调查结果；调查结果易受调查员的工作态度和技术熟练程度的影响。对于这些问题，调查组织者应采用必要的约束制度和相应的监控手段，加强对调查员的管理，提高调查员的素质。

根据市场调查的目的、调查的时间、调查的费用情况不同，可以采用个人面谈，也可以采用小组面谈或集体座谈的形式，可以安排一次面谈，也可以进行多次面谈。

b. 电话调查法。电话调查法是指市场调查相关工作人员通过电话向被调查者进行问询，了解市场情况的一种调查方法，是访问法中的一种调查方法。由于彼此不直接接触，而是借助于电话这一中介工具进行，因而是一种间接的调查方法。电话调查分为传统电话调查和计算机辅助电话调查。

电话调查法的优点有：取得市场信息资料的速度最快；节省调查时间和经费；覆盖面广，可以对任何有电话的地区、单位和个人进行调查；被调查者没有调查者在场的心理压力，因而能畅所欲言，回答率高；对于那些不易见到面的被调查者，如某些名人，采用此方法有可能取得成功；采取计算机辅助电话调查系统，更有利于访问质量的监控；访问人员的管理更为系统规范，能收到管理集中、反馈及时之效。

电话调查法的缺点有：由于电话调查的项目过于简单明确，而且受通话时间的限制，调查内容的深度远不及其他调查方法；电话调查的结果只能推论到有电话的对象这一群体，因而存在着对象群体不完整的缺陷，不利于资料收集的全面性和完整性；电话调查是通过电话进行的，调查者不在现场，因而很难判断所获信息的准确性和有效性等。

②观察法。观察法是指调查者根据一定的调查目的、调查提纲或观察表，用自己的感官和辅助工具去直接观察被调查对象，从而获得资料的一种方法。科学的观察具有目的性、计划性、系统性和可重复性。常见的观察方法有核对清单法、级别量表法和记叙性描述。观察一般利用眼睛、耳朵等感觉器官去感知调查对象，由于人的感觉器官具有一定的局限性，调查者往往要借助各种现代化的仪器和手段，如照相机、录音机、显微录像机等来辅助观察。

③实验法。实验法也称为试验调查法，就是实验者按照一定的实验假设、通过改变某些实验环境的时间活动来认识实验对象的本质及其发展规律的调查。实验法的一般程序是，以实验假设为起点设计实验方案→选择实验对象和实验环境→对实验对象前检测→通过实验激发改变实验对象所处的社会环境→对实验对象后检测→通过进行前检测和后检测的对比对实验效果做出评价。

2）文献调查法。文献调查法也称为历史文献法，是搜集和分析研究各种现存的有关文献资料，从中选取信息，以达到某种调查研究目的的方法。

文献资料即第二手资料，具体来说，包括企业内部资料和外部资料。内部资料是企业内部的各种记录、统计表、报告、用户来函和订货单等，包括产量、销量、利润、成本、库存、工资、运费、财务报告、广告、产品设计及技术资料等信息。这些资料可由企业内部各部门的人员提供，可能是书面的或口头的。

企业外部资料的来源主要有：①政府部门的定期出版物，如各种统计年鉴、统计报告、调查报告等；②各类报纸和专业刊物；③各行业协会的报告和定期出版物；④专业的市场咨询公司的研究报告；⑤互联网也是个巨大的信息库，可以通过搜索引擎，也可直接登录政府机构的网站、专业网站等搜集相关资料。

文献调查法的具体方法有：检索、直接查阅、索取、交换、购买、咨询该领域的专家，以及通过情报网搜集和复制等。

5. 确定调查时间和调查期限

调查时间是指调查资料所属的时间。如果所要调查的是时期现象，就要明确规定资料所反映的是调查对象从何时起到何时止的资料；如果所要调查的是时点现象，就要明确规定统一的调查时点。

调查期限是规定调查工作的开始时间和结束时间，包括从调查方案设计到提交调查报告的整个工作时间，也包括各个阶段的起始时间，其目的是使调查工作能及时开展、按时完成。为了提高信息资料的时效性，在可能的情况下，调查期限应适当缩短。

通常在安排各个阶段的工作时，还要具体、详细地安排需做哪些事项，由何人负责，并提出注意事项。所以，可以制作进度表来规划具体的工作时间，一般格式见表 3－1。

表 3－1　市场调查进度表

工作内容	工作时间	负责人	备注
调查方案、问卷的设计			
调查方案、问卷的修改及确认			
项目准备阶段（人员选择、培训）			
实地访问阶段			
数据预处理阶段			
数据统计分析阶段			
调查报告撰写阶段			
论证阶段			

6. 确定调查资料整理和分析的方法

采用实地调查法搜集的原始资料大多是零散的、不系统的，只能反映事物的表象，无法深入研究事物的本质和规律性，这就要求对大量原始资料进行加工汇总，使之系统化、条理化。目前这种资料处理工作一般由计算机进行，这在设计中也应予以考虑，包括采用何种操作程序以保证必要的运算速度、计算精度及特殊目的。

具体来说，一般包括以下几个步骤：

1）确认数据资料。登记问卷，审核问卷，对问卷进行分组。

2）编码和录入资料。运用计算机进行数据处理，首先需要对资料进行编码，然后将数据录入计算机，选择计算机软件（SPSS、SAS 等）或自编程序计算分析。

3）列示市场调查资料。通过统计表和统计图显示资料数据。

7. 说明经费预算开支情况

调查费用根据调查工作的种类、范围不同而不同，即使是同一种类，也会因质量要求差异而不同，不能一概而论。但经费预算基本上遵循一定的原则，费用项目具体如下：

1）资料收集、复印费。

2）问卷设计、印刷费。

3）实地调查劳务费。

4）数据输入、统计劳务费。

5）计算机数据处理费。

6）报告撰稿费。

7）打印装订费。

8）组织管理费。

9）税收。

10）利润。

一般的经费预算比例为：策划费（20%）、访问费（40%）、统计费（30%）、报告费（10%）。若委托代理公司进行市场调查，则需要在一般经费预算基础上再加20% ~30%的服务费，作为税款、营业开支及代理公司应得的利润。

调查费用的估算对市场调查效果的影响很大。对市场调查部门或单独的市场调查机构而言，每次调查所估算的费用当然是越高越好，但是费用开支数目要实事求是，不能过高也不能过低。合理的支出是保证调查顺利进行的重要条件，在这个问题上应避免两种情况：一是调查时间的拖延，这样必然会造成费用开支的加大；二是缩减必要的调查费用。调查活动必须有一定的费用开支来维持，减少必要的开支只会导致调查的不彻底或无法进行。

8. 确定市场调查结果的表达形式

确定市场调查结果的表达形式，即确定最终报告是书面报告还是口头报告，是否有阶段性报告等。例如，调查的成果形式为调查书面报告，其具体内容将包括前言、摘要、研究目的、研究方法、调查结果、结论与建议、附录7个部分，上交两份书面材料。

9. 整理附录部分

在此部分中，主要列出课题负责人及主要参加者的名单，可扼要介绍一下团队成员的专长和分工情况。此外，可说明调查问卷设计中有关的技术参数、数据处理方法及所采用的软件等。

3.2.2 设计市场调查问卷

市场调查问卷是调查者事先根据调查的目的和要求所设计的，由一系列问题、说明及备选答案组成的调查项目表格，所以又称为调查表。问卷调查就是调查者依据心理学原理，将精心设计的各种问题全部以询问的形式在问卷中列出来，许多问题还给出了多种可能的答案，提供给被调查者进行选择。调查问卷是收集市场信息、进行数据分析处理的基本思路和重要载体，说它是决定调查的一切也不过分。在实施问卷调查时，在问卷的设计、问题的提问等环节必须充分运用一定的技能。问卷是收集第一手资料最重要的工具。

1. 设计问卷的问题与答案

根据调查活动的目的及调查方案中的调查内容，调查活动的设计者需要对调查问卷的题目进行设计，包括设计具体的问题及备选答案。

(1) 设计封闭式问题　封闭式问题是事先设计好问题的答案，被调查者只能从设计的答案中选择。这种问题便于统计，但答案的伸缩性较小。

封闭式问题的形式主要有下列几种：

1) 是非题。是非题是指一个问题给出两个答案，由被调查者选择其中一个答案，如是与非、有与无、大与小等。

例如：

您在填写志愿时是否填写了农业机械应用技术专业？(　　)

A. 是　　　　　　　　　　　　B. 否

再如：

您近期有购买农机设备的打算吗？（　　）

A. 有　　　　　　　　　　　　B. 没有

这种提问方式简单明了，便于统计，但由于备选答案较极端，不能反映被调查者意见的程度，所获得的信息量较小。

2）单项选择题。单项选择题是指一个问题中给出多个答案，请被调查者从中选择一个答案的提问形式。

单项选择题对于了解被调查者较关注的问题、调查产品属性权重问题等都有很好的效果，但要注意的是，首选答案不宜过多，应把回答概率比较高的答案尽可能地列于选项中，其余被选概率较低的则都放在“其他”中。

例如：

贵单位是否考虑过建立高校订单班来培养并招收企业需要的高素质人才？（　　）

A. 暂未考虑　　　　　　　　　B. 认为此方法较好，可以考虑

C. 曾经开设过，但效果不够理想　D. 近几年均采取此种方式，效果较好

3）多项选择题。多项选择题是指一个问题可以有两个或两个以上的答案，特别适用于对消费者购买动机的调查。

例如：

本专业毕业生可在贵单位哪些工作岗位就职？（可多选）（　　）

A. 产品售后服务　　　　B. 产品营销　　　　C. 产品维修

D. 产品装调（管理）　　E. 产品检验　　　　F. 产品测试返修

G. 配件（仓储）管理　　H. 其他________

4）顺序题。顺序题是指由被调查者根据自己的观点和看法，对所列的事项定出先后顺序。

例如：

您认为农机营销人员应具备的基本素质有（请按重要程度排序，您认为最重要的排在第1位，从1到10，请在□处填写相应序号）：

A. □吃苦耐劳　　B. □随机应变　　C. □勇于创新　　D. □团队精神

E. □忠诚度　　　F. □遵纪守法　　G. □主动性　　　H. □责任心

I. □良好的职业操守　J. □其他________

5）态度评比测量题。这类问题要求被调查者表明对某个问题的态度，一般用于对同质问题的程度研究。

例如：

贵单位对本专业毕业生的满意度如何？（请在对应的空格内打“√”；若某一项无要求，请在备注栏内打“×”）

序号	评价项目	很满意	较满意	满意	较不满意	很不满意	备注
1	职业道德						
2	敬业精神						
3	专业理论知识						
4	专业实践技能						
5	英语能力						

（2）设计开放式问题　开放式问题是指在所提出的问题后并不列出可能的答案供被调查者选择，而是让被调查者用自己的话来回答。在一份调查表中，开放式问题不宜过多，因为其回答的难度大，也不易统计。

开放式问题的形式为完全自由的，由被调查者用不受任何限制的方法回答问题，因而易于获得可靠而有价值的信息。为了在调查时顺利获得想要搜集的信息，在用开放式问题提问时，可适当提供小礼品，以激励被调查者积极提供信息。

例如：

你对农机购置补贴和农机推广有何建议？

____

____

____

2. 设计问卷的结构

一份正式的调查问卷一般包括以下3个组成部分：

（1）前言　前言主要说明调查的主题、调查的目的、调查的意义及向被调查者表示的感谢。

（2）正文　这是调查问卷的主体部分，一般要求被调查者回答所设计的若干问题。

（3）附录　这一部分可以将被调查者的有关情况加以登记，为进一步的统计分析收集资料。

3. 对问卷进行整体组织与编排

问卷在数据收集方面有不可替代的作用，其设计工作自然也非常重要，可以说，问卷设计与编排的好坏直接关系到调查结论的客观性与科学性。问卷设计并不仅仅是设计几个问题和答案那么简单。为了实现调查的目标，在设计问卷时，需要对问卷进行整体性的组织与编排，可按照下述步骤进行，以保证问卷的系统性：

（1）透彻了解调查的主题　首先必须充分了解委托人的意图和要求，明确调查的主题，在问卷设计之前对这些问题必须准确把握。

另外，必须明确需要收集哪些方面的材料。在拟定问卷以前，调查者往往首先着手于比较容易的第二手资料的收集，而第一手资料是用于弥补第二手资料的不足和检验其准确性的。

（2）根据调查内容，广泛命题　根据调查方案中调查内容的设置，对问卷中的问题进行广泛命题，并根据命题特点，决定提问的方式，即哪些题采用封闭式提问，哪些题采用开放式提问，哪些题需要做解释和说明。

（3）确定问题的排列次序　按照一般人的逻辑思维习惯，确定问题的排列次序。问题的排序可呈现漏斗型的思路，即由浅入深，由一般到专业。过滤性的问题放在前面，先提问一般的、易于回答的问题和有利于调动被调查者兴趣的问题，特殊问题、开放式问题放在最后。

（4）审查问题，规范排版　审查提出的各个问题，去掉含有肯定性、引导性、模糊性和敏感性语句的问题。

（5）小规模的预先试答　问卷设计好以后，还有必要将问卷进行小范围的试验。可以在同事中或经挑选的普通用户当中进行试答，或者请少数被调查者对调查问卷进行小规模的预先试答。

（6）修正并打印　根据试答中反映出的问题，对调查表进一步修正补充，重新设计出正式的调查问卷，并打印出来。

打印调查问卷前还要注意其外观造型和印刷质量。外观庄重而考究，这有助于引起被调查者的重视；纸张宜小不宜大，可有助于减轻被调查者的心理压力；调查问卷最好单面印刷，印刷字体要体现美感；还应留有足够的空白，让被调查者自由回答问题。

实战借鉴

××学院农业机械应用技术专业
毕业生跟踪调查表

亲爱的同学：

您好！祝贺您通过不懈的努力，顺利完成学业，并在人生的道路上开始了新的征程！为了使本专业培养的学生能更好地适应现代社会和行业的发展与变化，我们特进行本专业毕业生跟踪问卷调查。恳请您在百忙之中抽出时间完成下面的调查。

祝您工作顺利、事业有成！

××学院××系

姓　名		性　别		调查时间	
班　级		工作单位			
联系电话		工作岗位			

请您将所选选项的字母填写在括号内或根据实际情况填写：

1. 您目前从事的工作与所学专业（　　）。

A. 相关　　B. 基本相关　　C. 不相关（主要原因是：＿＿＿＿＿＿）

2. 您目前的年收入（　　）。

A. 3 万元以下　B. 3 万～4 万元　C. 4 万～5 万元

D. 5 万～6 万元　E. 6 万元以上

3. 您对现在的工作（　　）。

A. 很满意　　B. 满意　　C. 不满意

4. 您认为自己是否胜任目前的工作？（　　）

A. 胜任　　B. 基本胜任　　C. 不胜任

5. 您目前是第几次择业？（　　）

A. 第 1 次　　B. 第 2 次　　C. 第 3 次　　D. 3 次以上

6. 您目前从事的工作需要的职业技能等级证书有哪些？（可多选）（　　）

A. 农机修理工　B. 农机营销员　C. 拖拉机驾驶员

D. 农机装配工　E. 其他＿＿＿＿＿

7. 请针对您目前所从事的岗位，选择本岗位需要的工作能力？（可多选）（　　）

A. 识图、制图能力　　B. 农机产品维修能力

C. 农机产品销售能力　　D. 沟通协调能力

E. 组织管理能力　　　　F. 售后服务能力

G. 其他________

8. 您认为本专业教学过程中需要改进的地方有哪些?(可多选)(　　)

A. 教学内容不实用或陈旧　　　　B. 实习实践课安排得少

C. 课堂上师生互动不够　　　　D. 考核方式不合理

E. 教师不够敬业　　　　F. 教师专业能力差

G. 其他________

9. 请根据您在校学习期间的实际感受做出判断(请在相应栏内打"√")

评价项目		满意程度		
		很满意	满意	不满意
本专业校企合作共同培养人才的形式				
本专业"农闲进厂、农忙下乡"培养人才的形式				
本专业顶岗实习教学	任务安排			
	管理方式			
	考核方式			

10. 请您针对所从事的岗位,对本专业核心课程的重要程度做出评价(请在相应栏内打"√")

序号	课程	重要程度		
		很重要	重要	不重要
1	农业机械基础			
2	拖拉机构造与维修			
3	联合收割机构造与维修			
4	插秧机构造与维修			
5	农用发动机构造与维修			
6	农用电器构造与维修			
7	农机调研与营销			

11. 请结合您现在的工作和生活,对学校的教育工作给予评价(请在相应栏内打"√")

序号	教育内容	满意程度		
		很满意	满意	不满意
1	专业知识的传授			
2	基本技能、动手能力培养			
3	知识面的拓展教育			
4	分析和解决问题能力培养			
5	创造性思维能力培养			
6	世界观、人生观形成教育			
7	沟通交流能力培养			
8	组织协调能力培养			

12. 本专业的教学内容安排，您认为有哪些需要精简、整合或完善？

承蒙您对这次调查的大力协助，再次表示衷心感谢！

3.3 实施农机市场调查活动

3.3.1 选择市场调查人员

1. 选择市场调查人员的基本条件

一个市场调查机构一般不可能拥有太多的专职调查人员，而兼职的调查人员队伍又不太稳定。因此，调研机构常常要进行招聘调查人员的工作。招聘市场调查人员，可以采取书面的形式，也可以采取面试形式。

在招聘过程中，对调查人员主要考虑的基本条件如下：

(1) 责任感　责任感在市场调查中显得尤其重要。缺乏责任感的人，即使工作能力很强、专业水平很高，也很难把事情做好。

(2) 普通话　普通话一般人都听得懂，所以在一般情况下，尽量选择普通话标准的人作为市场调查人员，但也要具体情况具体分析。例如，我国方言很多，许多地方平时习惯使用当地的方言，如果调查人员能够使用方言和被调查者交谈，则容易得到被调查者的认同，降低被调查者的心理防御，提高访问的成功率。

2. 明确市场调查人员的素质要求

市场调查活动是一项科学细致的工作，作为一个优秀的调查人员，必须具有相应的知识和技能。

（1）思想品德素质要求　思想品德素质是决定调查人员成长方向的关键性因素，也是影响市场调查效果的一个重要因素。一个具有良好的思想品德素质的调查人员，应该做到以下几点：

1）政治素质。熟悉国家现行的有关方针、政策、法规，具有强烈的社会责任感和事业心。

2）道德修养。具有较高的职业道德修养，表现在调查工作中就是既能够实事求是、公正无私，决不能满足于完成任务而敷衍塞责，也不能迫于压力屈从或迎合委托单位和委托单位决策层的意志。

3）敬业精神。要热爱市场调查工作，在调查工作中要认真、细致，具有敏锐的观察力，不放过任何有价值的资料数据，也不错拿一些虚假的资料。凭自身业务素质，判断哪些资料存在问题，能够不怕辛苦，反复核实，做到万无一失。

4）谦虚谨慎、平易近人。调查人员最主要的工作是与人打交道。谦逊平和、时刻为对方着想的调查人员，往往容易得到被调查者的配合，从而能够获得真实的信息；而脾气暴躁、盛气凌人、处处只想到自己的调查人员，容易遭到拒答或得到不真实的信息。

（2）业务素质要求　业务素质的高低是衡量市场调查人员的首要条件之一。市场调查工作不仅需要一定的理论基础，还需要具备较强的实际经验。

1）具有市场调查的一些基础知识。由于调查人员不是专业的研究人员，所以并不要求他们具有高深的专业知识，但至少应该做到：了解自己的作用及对整个市场调查工作成效的影响；在访谈中要保持中立；了解调查计划的有关信息；掌握访谈过程中的技巧；熟知询问问题的正确顺序；熟悉记录答案的方法。

2）具有一定的业务能力。调查人员的业务能力从以下方面体现：①阅读能力，理解问卷的意思，能够没有停顿地传达问卷中的提问项目和回答项目；②表达能力，要求调查人员在调查过程中能够将要询问的问题表达清楚；③观察能力，具有敏锐的观察力，能判断被调查者回答的真实性；④书写能力，能够准确、快速地将被调查者的回答原原本本地记录下来；⑤独立外出能力，调查人员能够独自到达指定地点，寻找指定的被调查者并进行访问；⑥随机应变能力，在调查过程中会遇到各种各样的人，所以调查人员要能够随机应变，适应不同类型的人的特点。

（3）身体素质要求　身体素质包括两个基本方面：体力和性格。市场调查是一项非常艰苦的工作，特别是入户访谈和拦截调查，对调查人员的体力要求较高。同时，市场调查人员的性格最好属于外向型，会交际、善谈吐、会倾听，善于提出问题、分析问题和解决问题，谨慎而又机敏。

在实际调查过程中，调查工作是通过一支良好的调查队伍来实现的。调查人员的思想道德素质是必需的、是前提条件，而业务素质和身体素质则可以随着调查的方法不同而有所不同。

3.3.2 培训市场调查人员

1. 组织培训工作

（1）进行理论与实践结合的培训　要想获得合格、称职的调查人员并非易事，因此对调查人员的培训是非常重要的，这种培训必须把理论和实践相结合，从而使调查人员在调查过程中用理论来指导实际，并在实践中积累经验，充实理论。

（2）进行有针对性的培训　培训工作应针对本次调查的某些特点，或者针对某些方面的弱点，进行强化训练。对于从事督导或负责工作的人员，应当要求其具有实际市场调查的经验，如参加过“工商普查”“人口普查”“民意普查”等调查工作，这对于市场调查工作的顺利展开同样是很重要的。

2. 选择适当的培训方式

（1）书面训练　书面训练的基本要点在于要求调查人员牢记调查项目的重要性、目的、任务，并通过训练手册，熟悉各项任务要求，主要包括以下几个方面：

1）市场调查项目的内容和目的。

2）按计划选择被调查者。

3）选择恰当的时机、地点和被调查者的方法。

4）获得被调查者合作的有关访谈技巧。

5）关于调查询问的技术。

6）关于如何鉴定调查形式、检查调查问卷的指示说明，以及如何处理访谈中发生的特殊情况的说明。

（2）口头训练　口头训练的目的是消除被调查者的担心和疑虑，使调查人员灵活运用口头访谈技巧。为此，调查人员需要经常进行练习，而且要参加多次访谈的演练，从而能够具备下列素质：

1）访谈态度和蔼、友好。

2）提出的问题能抓住重点，简单明了，并给被调查者充分的回答余地。

3）善于选择访谈时机。

4）有较强的判断能力，善于明辨是非。

5）善于完整、清楚地记录，忠实地反映被调查者的本意。

在人员培训过程中，应该注意的问题有两点：一是人与人之间成功的沟通技巧；二是可采用模拟训练方式，以增加调查人员的应对技巧，使被调查者愿意配合并表达真实想法。

3. 进行有效培训

根据项目需要，对调查人员的培训一般包括以下内容：

（1）市场调查人员的责任培训　责任的培训旨在让新招聘的调查人员明白合格的调查人员应具有哪些责任，使他们在今后的调查工作中能够更好地完成调查任务。

合格的市场调查人员应具备的基本责任包括：保密、按要求提问、记录准确、系统审查、及时发送礼品礼金等。

（2）项目操作培训　不同的市场调查项目，在访问方法、内容上都是不同的。所以，在调查实施前的培训阶段，调研机构要对调查人员进行项目操作的指导和培训。项目操作培训的主要内容有：向调查人员解释问卷问题，统一问卷填写方法，分派任务，做好访问准备，向调查人员说明会有一定的监督措施来检查调查人员的调查质量。

（3）访谈技巧培训　访谈技巧是指调查人员为了获得准确、可靠的调查资料，运用科学的访问方法，引导被调查者提供所需情况的各种方法和策略。根据调查方案的要求，调查人员可能是入户访问，也可能是街上拦截访问。为了保证调查过程的质量，提高调查人员的工作效率，对调查人员进行培训是非常必要的。例如，通常在入户访问调查中，训练有素的调查人员，其入户成功率可达到90%，没有技巧的调查人员则只能达到10%，而后者所完成的访问也很难促成有效的调查。访谈技巧培训的主要内容有：如何避免访谈开始就拒访，如何避免访谈中途拒访，如何合理控制环境，如何保持中立，如何提问与追问，如何结束访谈。

3.3.3 管理与控制市场调查

市场调查活动的管理与控制包括市场调查项目的控制和市场调查人员的控制。

1. 控制市场调查项目

（1）监督调查计划的执行　调查计划是为确保调查的顺利实施而拟定的具体工作安排，包括调查人员安排和培训、调查经费预算、调查进度日程等。在调查过程中，应有效监督调查人员按调查计划执行调查任务。

（2）审核调查问卷　在问卷的初稿完成后，调查者应该在小范围内进行试验性调查，了解问卷初稿中存在哪些问题，以便对问卷的内容、问题和答案、问题的次序进行检测和修正。

（3）审核抽样方法　抽样方法的选择取决于调查研究的目的、调查问题的性质，以及调查经费和允许花费的时间等客观条件。调查人员应该在掌握各种类型和各种具体抽样方法的基础上，对拟选择的抽样方法进行验证。只有这样才能在各种环境特征和具体条件下及时选择最为合适的抽样方法，以确定每个具体的调查对象，从而保证数据采集的科学性。

2. 控制市场调查人员

市场调查人员所收集的被调查者的问卷是研究者重要的信息来源，但在实际调查中，由于各种原因，调查人员的问卷来源不一定真实可靠。所以，必须对调查人员进行适当的监控，以保证调查问卷的质量。

一般利用下列 4 种手段来判断调查人员访问的真实性，然后再根据每个调查人员的任务完成质量，从经济上给予相应的奖励或惩罚。

（1）现场监督　在调查人员进行现场调查时，有督导跟随，以便随时进行监督并对不符合规定的行为进行指正。这种方法对于电话访谈、拦截访问、整群抽样调查比较适合。

（2）审查问卷　对调查人员收集来的问卷进行检查，看问卷是否有质量问题、是否有遗漏、答案之间是否前后矛盾、笔迹是否一样等。

（3）电话回访　根据调查人员提供的电话号码，由督导或专职访问员进行电话回访。

（4）实地复访　如果电话回访找不到有关的被调查者，根据调查人员提供的真实地址，由督导或专职访问员进行实地复访。这种方法比电话回访真实可靠，但需要花很多的时间和精力。

实战借鉴

辽宁省锦州市完成农用燃油供应情况调查工作

农用燃油直接关系到农业生产成本支出和农民收益，对农用燃油实行补贴，其目的是降低农机作业成本，减轻农民使用农机的负担，调动农民使用农机的积极性，促进农机化发展。为全面了解辽宁省锦州市农用燃油供应现状及油价上涨对全市农业生产造成的各种影响，锦州市农机质监站按照省站《关于开展2012 年农用燃油供应情况调查工作的通知》［辽农机（管函）字〔2012〕9 号］的文件要求和精神，在全市范围内开展农用燃油供应情况调查工作。

锦州市农机质监站成立了专项调查组，由质监站站长亲任组长，联合各县（市）区农机质监站，采取深入农机专业合作社了解调查和电话调查、问卷调查相结合的方式，了解近几年燃油价格上涨对农机化生产带来的影响，广泛听取群众意见的同时，向市农委相关部门、市农机局管理处等部门进一步了解全市农用燃油补贴的情况和发放形式等。

调查结果显示，2012 年 0 号柴油价格为 7.36 元/升左右，锦州市因柴油上涨而造成的农机作业成本增加4000 余万元。农机专业合作社的农机作业收入均因燃油价格的上涨而受到影响。在 2012 年的农机作业中，在市农机局管理处的积极联系下，农用燃油供应得到了保障，供应充足，燃油质量好，可以满足当前农业生产需要，被调查的农机大户和农机专业合作社强烈希望国家尽快出台补贴政策直补作业机组。

3.4 整理与分析市场调查资料

市场调查资料的整理与分析是指将收集到的各类信息资料，按照一定的程序和方法，进行分类计算、分析和选择等，使之成为适用的信息资料。通过加工，使收集的信息资料统一化、系统化、适用化；通过分析，去粗存精、去伪存真、由此及彼、由表及里、综合提高；使已有的信息发生交合作用，从而可能产生一些新的信息。

3.4.1 整理市场调查资料

文献调查和实地调查工作全部结束之后，无疑会搜集到大量的资料。这些资料如果未经整理，是不能用以说明任何问题的。因此，有必要对全部资料进行系统的整理，以便为下一步的资料分析工作做好准备。

市场调查资料的整理，一般包括下列工作程序：编辑、分组、汇总和制表(图)。

1. 编辑调查资料

编辑工作的任务，是将收集到的资料加以审核、选择、剔除和调整。应先对调查资料进行审核，以确保调查资料的合理性和准确性，如实反映客观情况，具体来说包括完整性审核、准确性审核、时效性审核和一致性审核。然后对调查资料进行选择、剔除和调整，从市场调查资料中选取一切有关的、重要的参考资料，剔除无关紧要的、没有参考价值的资料，再将挑选出来的全部资料按照一定的逻辑顺序排列，使之前后连贯、一致，并且根据实际需要，将其中某些数据进行换算或调整，以便进行比较。

2. 分组和汇总调查资料

对审核后的资料进行分组和汇总，才能为市场调查分析提供系统化和条理化的综合指标数据，这也是保证资料客观、准确的重要条件。分组就是指根据事物内在的特点和调查研究的任务，按某种标志将所研究的现象的总体划分为若干组成部分或组别，使同一组内的各个主体单位保持同质性，而组与组之间具有差别性的一种分析整理方法。汇总是分组之后的一个重要步骤，是根据研究目的，将分组后的各种数据汇集到有关的表格中，并进行计算和加总，以集中、系统地反映调查对象总体的数量情况。

一般来说，汇总主要有手工汇总和计算机汇总两种方法。手工汇总主要采取的方式是划记法，这是在没有计算机时使用的方法，即每找到 1 个数据分布在对应组的，就在该组的分布表栏内画 1 笔，每 5 笔为 1 组，前面 4 笔是水平线段，第 5 笔的时候画一斜杠，按垂直方向堆积，也可用画“正”字的方法汇总。用计算机汇总进行数据处理，首先需要对资料进行编码，然后将数据录入计算机，选择计算机软件（如 SPSS、SAS 等）或自编程序进行计算。计算机汇总大致分 4 个步骤：登录、编码、录入和程序编制。

3. 制表（图）列示统计数据

汇总的数据资料，一般通过表格或图形表现出来，为此，就要制作统计表或统计图。

统计表是指记载汇总结果和公布统计资料的表式，具有系统、完整、简明、集中的特点，而且便于计算、查找和进行对比研究。从形式上看，由总标题、横行标题、纵栏标题和指标数值 4 个部分构成。市场调查资料的指标列示方式主要有单栏统计表（图 3 - 2）和多栏统计表（图 3 - 3）。最简单的表就是对单一问题按回答项目制作的表格，叫作单栏统计表，也叫作单向频次（频率）表；对两种或两种以上的调查项目指标制作的表格，叫作多栏统计表，又称为交叉表。交叉制表的价值在于它提供了项目变量之间关系的内涵，其优点有 4 个方面：①使统计资料条理化、清晰化；②简明易懂、节省篇幅；③便于比较（项目、指标）、计算（直接通过表格计算）；④方便检查、核对数字的完整性和准确性。

门店营业员人数

营业员人数分组	户数	百分比(%)	有效百分比(%)
1人	31	26.1	29.0
2人	60	50.4	56.1
3人	6	5.0	5.6
4人	6	5.0	5.6
5人	1	0.8	0.9
6人	2	1.7	1.9
10人	1	0.8	0.9
合计	107	89.9	100
缺失	12	10.1	
全部	119	100	

图3-2 单栏统计表示例

××人群玩游戏频率与时长统计表

时长	频率		
	每天都玩(%)	每周2次(%)	每周1次(%)
1小时以下	2.5	5.1	13.0
1～3小时	45.0	65.5	55.4
3～5小时	28.8	22.9	21.0
5小时以上	23.7	6.5	10.7
合计	100	100	100

图3-3 多栏统计表示例

统计图是表现数字资料的一种重要形式，具有形象生动、直观、概括、活泼和醒目等特点，可以使读者一目了然，具有较大的吸引力和说服力。统计图可以揭示现象的内部结构和依存关系，显示现象的发展趋势和分布状况，有利于进行统计分析与研究。统计图的代表类型如图3-4～图3-7所示。

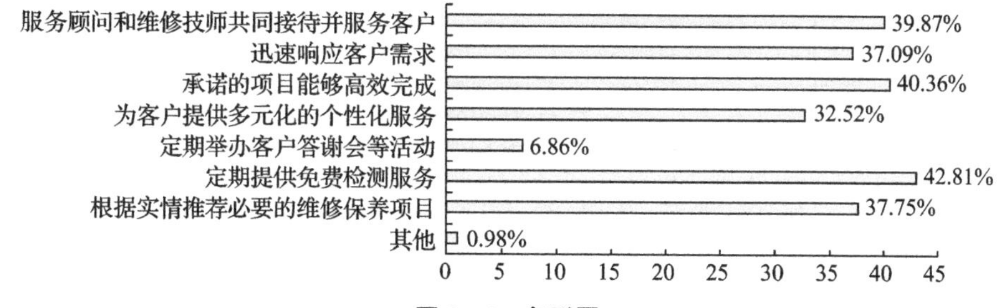

图3-4 条形图

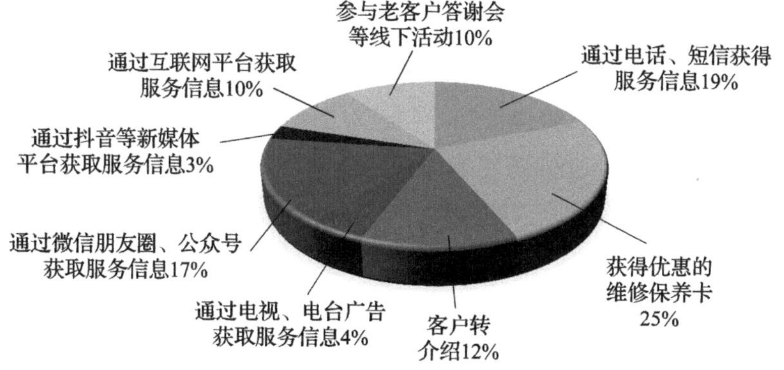

图3-5 饼状图

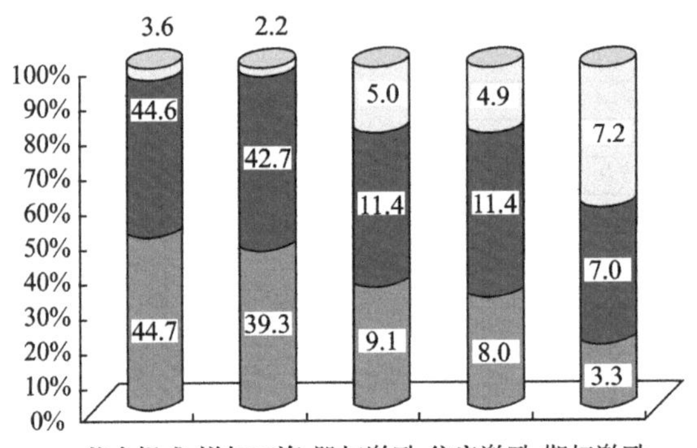

图 3-6 柱形图

媒体信任度

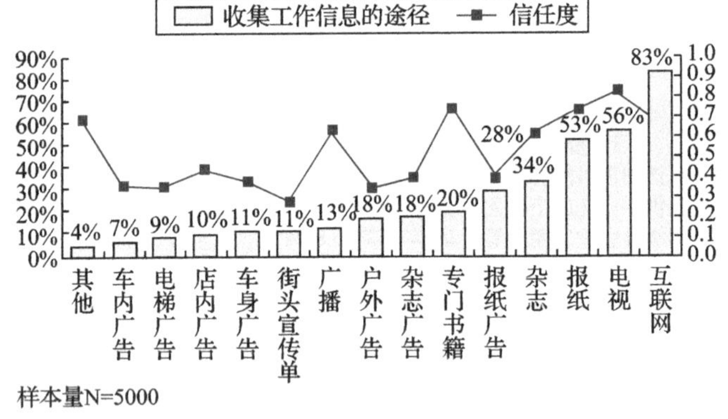

图 3-7 折线图

绘制统计图，应注意从以下方面着手：①明确制图目的；②精选符合制图目的的准确的统计资料，以使图示内容正确而又简明扼要；③选择合适的图式，力求图形的科学性和艺术性；④认真设计和绘制，对图形的布局、形态、线条、字体和色彩都要认真选择和处理；⑤标题明确而鲜明，能够清楚地知道图形所表示的信息；⑥必要时可附加统计表和文字说明。

3.4.2 分析市场调查资料

市场调查所获得的全部原始资料经过编辑、分组、汇总和制表（图）等阶段后，就可以转入下一步的工作——资料分析。这是整个市场调查资料分析工作的最后阶段。资料分析的主要任务是利用经过调查得来的全部情况和数据，验证各种因素的相互关系和变化趋势，即将全部资料适当组合为足以揭示其所包含着某种意义的模式，以明确、具体地说明调查结果。

1. 明确调查资料分析的意义

在市场调查的全过程中，市场调查资料分析是最关键的阶段。市场调查资料分析的本质是对已整理的数据和资料进行深加工，从数据导向结论，从结论导向对策，使调查者从定量认识过渡到更高的定性认识，从感性认识上升到理性认识，从而有效地回答和解释原来定义的市场调查的问题，实现市场调查的目的和要求，满足管理决策的信息需求。

2. 按程序进行调查资料的分析

在分析市场调查资料之前需要明确分析的程序（图3-8），以便更好地开展调查资料分析工作。

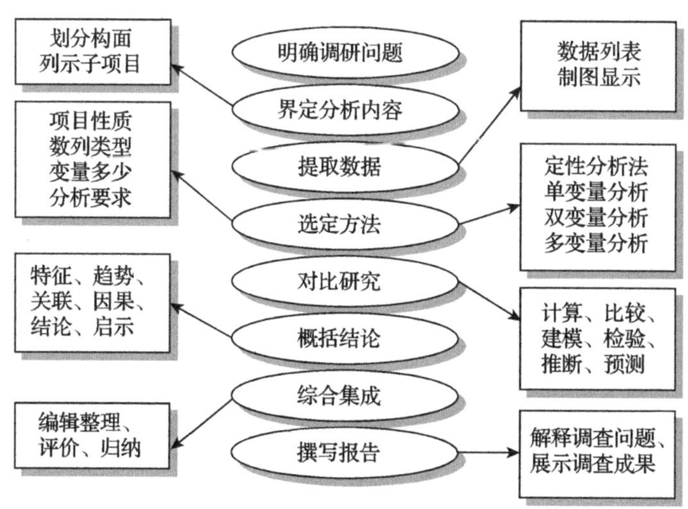

图3-8 市场调查资料分析的程序

（1）明确调查问题　在对市场调查资料进行分析之前，调查者或分析员首先应回顾和明确市场调查的课题是什么，调查的目的和任务是什么，需要通过市场调查解决什么问题。

（2）界定分析内容　分析内容的界定应根据市场调查的内容来。应先划分分析研究的构面，然后对每个构面下应分析研究的子项目（小问题）进行区分，从而构成一个分析的内容体系。

（3）提取数据　将整理后的统计表、统计图中的数据进行提取。

（4）选定方法　即根据分析项目的性质、数列的类型、变量的多少和分析研究的要求，选择合适的分析方法。

（5）对比研究　即对数据资料进行分析处理。

（6）概括结论　即对事物的本质属性和规律性做出界定。

（7）综合集成　主要包括分析过程的质量评审、分析图表的编辑整理、各个子项目分析结论的评价、调查问题的总结论（总观点）的归纳与概括等。

（8）撰写报告　用书面报告的方式解释调查问题。

实战借鉴

我国农业机械化情况分析

农业是我国经济发展的根本，一直以来都受到国家和政府的重视。农业的根本出路在于机械化，大力推进农业机械化、智能化是农业现代化的必然道路。根据前瞻网的资料分析显示，我国农业机械化水平逐年提升。

在农业劳动力大量转移的情况下，全国农作物耕种收综合机械化率由 2015 年的 63.82% 提高到 2019 年的 70%（图 3－9）。

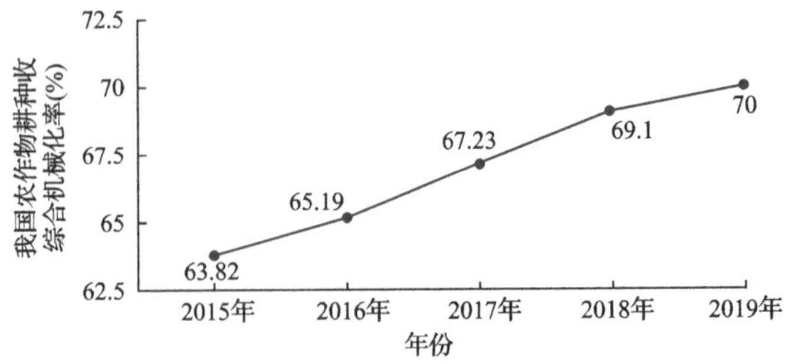

图 3－9　2015—2019 年我国农作物耕种收综合机械化率变化情况

注：本图数据由前瞻产业研究院整理。

农业机械包括农用动力机械、土壤耕作机械、种植与植物保护机械、农田排灌机械、作物收获机械、农产品加工机械、畜牧业机械和农业运输机械等。2019 年主要用于农、林、牧、渔业的各种动力机械的农业机械总动力达到 10.27 亿千瓦，同比增长 2.33%（图 3-10）。

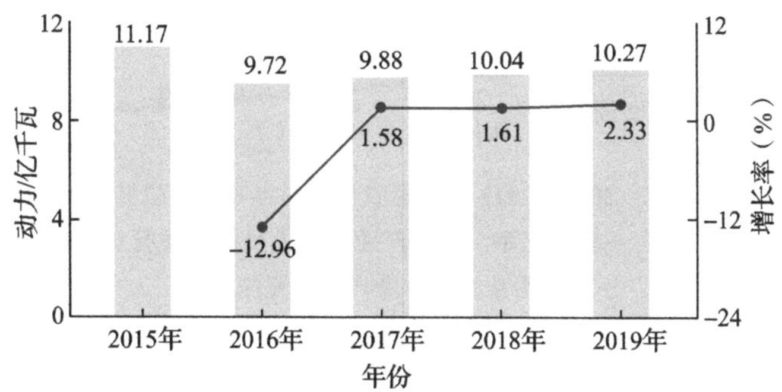

图 3-10 2015—2019 年我国农业机械总动力统计及增长情况

注：本图数据由前瞻产业研究院整理。

在农业机械化的不断发展下，我国粮食年总产量由 2015 年的 6.215 亿吨提高到 2019 年的 6.64 亿吨（图 3-11）。

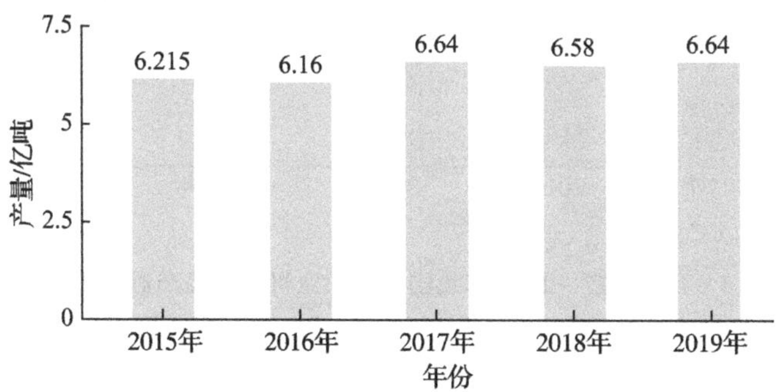

图 3-11 2015—2019 年我国粮食年总产量统计情况

注：本图数据由前瞻产业研究院整理。

农业机械化不断发展，不仅推动我国粮食产量不断增加，满足不断增长的粮食需求，同时进一步推动城市化的发展。全国农作物耕种收综合机械化水平每提高 1%，城市化率提高 0.53%，第一产业从业人员占全社会从业人员比重降低 0.64%（图 3-12）。

农业机械化的发展使更多的人从事其他重要工作，促进了社会生产的大分工，推动了工业和第三产业的发展，促进了国家经济繁荣。

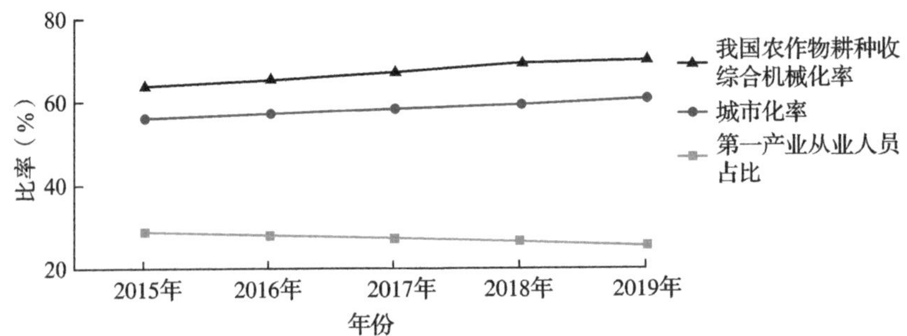

图 3-12　2015—2019 年我国农作物耕种收综合机械化率、城市化率、第一产业从业人员占比情况

注：本图数据由前瞻产业研究院整理。

根据国家统计局统计数据显示，2019 年中小型拖拉机产量有所上升，在主要农业机械产品产量中，收获机械减产程度较高，产量同比下降53%；2020 年大型拖拉机产量达 7.04 万台（图 3-13）。

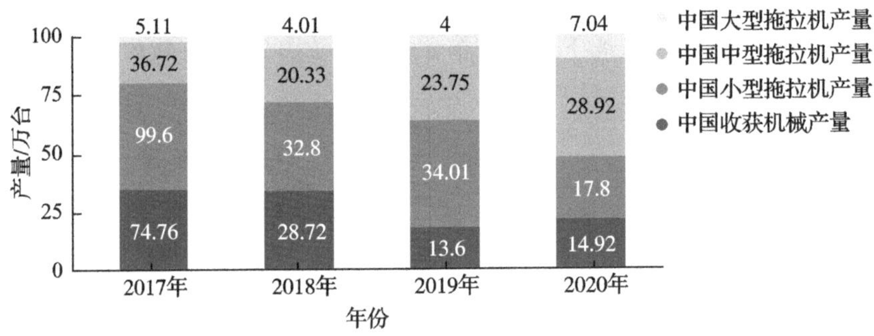

图 3-13　2017—2020 年我国主要农业机械产品产量变化情况

注：本图数据由前瞻产业研究院整理。

3.5 / 编写完成市场调查报告

调查报告是整个调查任务活动的结果体现，是衡量调查任务活动质量水平的重要标志。实践证明，无论调查设计多么科学，调查问卷多么周密，样本多么具有代表性，数据收集、质量控制多么严格，数据整理和分析多么恰当，如果调查者不能把诸多的调查资料组织成一份清晰的、高质量的总结报告，就不能与决策者或客户进行有效的信息沟通，决策者就不能有效地采取行动以进一步提高经营效益。

市场调查报告是通过文字、图表等形式将调查的结果表现出来，以使人们对所调查的市场现象或问题有一个全面、系统的了解和认识。

市场调查报告撰写的意义归纳起来有以下3个方面：

1）市场调查报告是调查与分析结果的有形产品，是市场调查结果的集中体现，并可用作市场调查结果的历史记录。

2）通过市场调查分析，透过数据现象分析数据之间隐含的关系，使调查者对事物的认识能从感性认识上升到理性认识，更好地开展实践活动。市场调查报告比起调查资料来，更便于阅读和理解，它能把死数字变成活情况，起到透过现象看本质的作用，有利于产品生产者和经营者了解、掌握市场行情，为确定市场经营目标、工作计划奠定基础。

3）市场调查报告是为社会、企业、各管理部门服务的一种重要形式。市场调查的最终目的是完成市场调查报告并呈报给企业的有关决策者，以便他们在决策时参考。一个好的调查报告能对企业的市场活动提供有效的导向作用。

3.5.1 准备市场调查报告

为了撰写出高质量的能够反映调查实际情况的调查报告，在撰写之前，做好充分的准备工作是非常必要的。市场调查报告的准备工作主要有以下4方面：

1. 明确调查主题

明确调查主题是撰写市场调查报告的基本准备工作。每个市场调查报告都有明确的撰写目的和针对性，即反映情况、指出原因、提出建议，从而为社会或企业的决策部门制定或调整某项决策服务。

2. 确定报告类型

调查报告有多种类型，如一般性报告、专题报告、研究性报告和说明性报告等。一般性报告就是对一般调查所写的报告，要求内容简单明了，对调查方法、资料分析整理过程、资料目录等进行简单说明，结论和建议可适当多一些。专题性报告是为特定目的调查后写的报告，要求报告详细明确、中心突出，对调查任务中所提出的问题做出回答。为企业所做的调查，在一般情况下用的是一般性报告和说明性报告。

3. 构思调查报告

撰写市场调查报告与写其他报告或写作一样，在动笔前必须有一个构思过程，也就是凭借调查所收集的资料，初步认识调查对象，经过判断推理，提炼出报告主题。在此基础上，确立观点，列出论点和论据，考虑报告的内容与结构层次，拟定提纲。构思过程的各个环节所要实现的基本目标分别如下：

（1）凭借调查所收集的资料，初步认识调查对象　通过调查所获得的来自客观的数据信息及其他相关材料，初步认识调查对象。在此基础上经过对调查对象多侧面、多层次的深入研究，把握调查对象的一般性规律。

（2）提炼报告主题　在认识调查对象的前提下，确立主题，即报告的主基调。主题的提炼是构思阶段异常重要的一环，其准确与否直接关系到最终报告的方向性。因此，主题的提炼应力求准确，在此基础上还应该深刻、富有创见性。

（3）确立观点，列出论点和论据　在确立主题后，对收集到的大量资料进行分析研究，逐渐消化、吸收，形成概念，再通过判断、推理，把感性认识提高到理性认识，然后列出论点、论据，得出结论。

（4）考虑报告的内容与结构层次　在以上环节完成之后，构思基本上就有了框架。在此基础上，考虑报告正文的大致结构与内容。一般来说，应考虑的基本内容包括：调查出的及所要解决的问题；调查采用的方法与技术；调查所获得的主要数据或信息及其说明的问题，理由是什么；解决问题的建议及理由。与此相对应的便是报告的结构层次。通常而言，报告一般分为 3 个层次，即基本情况介绍、综合分析、结论与建议。

4. 取舍数据材料

市场调查报告的材料，可分为两种：一种是从调查中得来但还未经整理、鉴别、筛选的材料，这是素材；另一种是通过整理、鉴别、筛选后写进报告的材料，这是题材。

应当指出的是，市场调查报告的材料同一般文章尤其是文学作品的材料不同。一是取得的方法不同，一般文章的材料，是作者本人从生活中积累和搜集的，而市场调查报告的材料，主要是调查人员通过调查得来的；二是由素材变成题材的方法不同，一般文章的题材是作者对素材进行选择、加工、提炼而成的，而市场调查报告的题材是对素材进行审核鉴定、整理统计、分析综合而成，绝不允许进行“艺术加工”。市场调查报告材料的选择，应十分严格，特别要注意以下几点：

（1）材料的真实性　对写进调查报告的材料，必须进行去粗取精、去伪存真的选择。

（2）数据的准确性和精确性　市场调查报告往往是从数据中得出观点，由数据来证实观点，因此数据的差错或不精确，必然影响到观点的正确性。

（3）材料要有个性　写进调查报告的材料，应当是这个项目在这次调查中发现的有价值的材料。如果材料缺乏个性，那么调查报告的价值也将大打折扣。

3.5.2 撰写市场调查报告

1. 确定市场调查报告的结构

市场调查报告是调查工作成果展示的重要材料，其质量直接反映了调查工作的效果。调查报告的形式没有统一规范，不同的人对此有不同的设计。但调查报告也有不可缺少的组成部分，不管怎样设计都应当包括这些部分。

（1）介绍部分　介绍部分是向读者说明报告主要内容的部分，对于不需要深入阅读调查报告的人员来说，看介绍部分即可了解到调查的概况。同时介绍的部分也提供了深入阅读全文的检索方法和主要提示。调查报告的介绍部分应至少包括 3 个方面的内容：封面、目录、摘要。

（2）正文部分　正文是调查报告的核心内容，一般由开头、主体、结束语 3 个部分组成。

（3）附录部分　附录是指调查报告正文包含不了或没有提及，但与正文有关而必须附加说明的部分。它是对正文报告的补充或更详尽的说明。附录主要包括调查方案、抽样技术方案、调查问卷、数据整理表格、数据分析表格和其他支持型材料。

2. 撰写市场调查报告的内容

由于市场调查课题、调查人员的差异，市场调查报告的撰写也有所不同，但规范的市场调查报告，一般包括以下几个部分：

（1）界定报告标题　标题要简单明了，高度概括，具有强烈的吸引力。好的标题应该准确揭示报告的主题思想，做到题文相符，让报告的使用者通过题目就能对报告想要表达的内容一目了然。标题应与调查内容相关，不必标新立异，一般有以下两种构成形式：

1）公文式标题。由调查对象、内容和文种名称组成，如《关于 2020 年全省农业机械销售情况调查报告》，这是一种直叙式的写法，简明扼要，比较直观，但略显呆板。值得注意的是，在实践中，将市场调查报告简化为“调查”也是可以的。

2）文章式标题。用概括的语言形式直接交代调查的内容或主题，如《全省城镇居民潜在购买力动向》。在实践中，这种类型的标题多采用双题（正副题）的结构形式，更为引人注目，富有吸引力，如《竞争在今天，希望在明天——全国洗衣机用户问卷调查分析报告》《市场在哪里——天津地区三峰轻型客车用户调查》等。此类标题有直接表明观点的，也有通过提出设问句或反问句来引出观点的，都具有较大的吸引力，但要注意的是，通常还要加副标题才能将调查对象和内容表达清楚。

（2）设计报告封面　封面包括报告的题目、报告的使用者、报告的编写者及提交报告的日期等内容。

作为一种习惯做法，调查报告题目的下方应注明报告人或单位（调查单位）、通信地址、电话和报告日期，然后另起一行注明报告呈交的对象，如图 3－14 所示。

2020年全省农业机械销售
情况调查报告

调查单位：
通信地址：
电话：
报告日期：
报告主送单位：

图 3－14　调查报告封面示意图

（3）制作报告目录　如果调查报告的内容、页数较多，为了方便使用者阅读，应当使用目录或索引形式列出报告的主要章节和附录，并注明标题、有关章节号码及页码。一般来说，目录的篇幅不宜超过一页。目录是整个报告的检索部分，能够便于使用者了解报告结构，阅读某一部分的内容。

（4）撰写报告摘要　摘要又称为概要、内容提要。调查报告的摘要是指以提供报告内容梗概为目的，不加评论和补充解释，简明、确切地记述报告重要内容的短文。其基本要素包括研究目的、方法、结果和结论。具体地讲，就是调查工作的主要对象和范围、采用的手段和方法、得出的结果和重要的结论，有时也包括具有情报价值的其他重要信息。

摘要应拥有与文献同等量的主要信息，即不阅读全文就能获得必要的信息。摘要不容赘言，故需逐字推敲，使内容完整、具体，让人一目了然。此外，摘要是为那些没有大量时间阅读整个报告的使用者服务，还为那些不具备太多的专业知识，只想尽快得到调查报告的主要结论及进行怎样的市场操作的使用者而准备。

报告的摘要应包括以下 3 个方面的内容：

1）简要说明调查目的，即简要说明调查的由来和委托调查的原因。

2）简要介绍调查概况，包括调查时间、方法、地点、对象、范围、调查要点及所要解答的问题。

3）简要介绍调查结论和建议，即通过调查分析所得到的收获。

摘要是市场调查报告中相当重要的内容，但经常被忽略。无论什么原因，忽略摘要部分都有损调查报告的价值。

（5）撰写报告正文　正文是市场调查报告的主体部分，一般由开头、主体、结束语 3 个部分组成。正文包括整个市场调查的详细内容，如调查使用方法、调查程序、调查结果等所有内容。这部分必须准确阐明全部有关论据，包括问题的提出、引出的结论、论证的全部过程和分析研究问题的方法，还应当有可供市场活动的决策者进行独立思考的全部调查结果和必要的市场信息，以及对这些情况和内容的分析评论。

1）开头部分。开头即调查报告的引言，好的开头既可使报告顺利展开，又能吸引读者。开头的形式有开门见山式，直接交代调查的目的或动机，揭示报告的主题；也有先将调查结论写出来，然后再逐步论证的；还有先介绍背景，交代调查时间、地点、对象、范围等情况，然后逐层分析的。在实际撰写过程中，可根据情况适当选择不同的方式，但是不管怎样，开头部分应围绕为什么进行调查、是怎样进行调查的、得出了哪些调查结论几个部分进行。其主要作用就是向报告使用者提供进行市场调查的背景资料及其相关信息，以便于大致了解进行该项市场调查的原因和需要解决的问题，以及必要性和重要性。

2）主体部分。主体部分一般应包括对调查方法的说明、调查结果的介绍、结论与建议的提出3个部分。

①调查方法。对调查方法的说明应该包括以下内容：a. 调查地区，说明调查是在哪个区域内进行的，以及选择该区域的理由。b. 调查对象，说明是从什么样的对象中抽取样本进行调查，通常是指产品的销售对象或潜在的目标市场。c. 样本容量，即选取的样本总数，以及确定样本容量时考虑的因素。d. 样本的结构，即根据什么样的抽样方法抽取样本，以及抽取后样本结构如何，是否具有代表性。e. 资料收集的方法，是拦截访问还是电话访问，是观察法还是实验法等。f. 实施过程及问题处理，即调查如何实施、遇到什么问题、如何处理等。g. 调查人员介绍，即对调查人员的资格、条件及训练情况进行简略介绍。h. 资料处理方法及工具，即用什么样的工具、方法对资料进行分析和统计处理。i. 访问完成情况，应介绍访问完成率，说明未完成部分及访问无效的原因。

②调查结果。调查结果是将调查所得及经过统计分析的数据报告出来，要与预定的调查目的相一致。调查结果大致可分为基本情况和分析两部分内容。基本情况部分需要真实地反映客观事实，对调查资料和数据进行客观的介绍说明及描述，调查结果的描述形式通常是表格或图形；分析部分是核心，需要调查者对图表中的数据资料所隐含的趋势、关系或规律加以客观分析，即在对调查所获基本情况进行分析的基础上对市场发展趋势做出预测。调查结果直接影响有关部门和企业领导的决策行为，因而必须着力写好。要采用议论的手法，对调查所获得的资料条分缕析，进行科学的研究和推断，并据以形成符合事物发展变化规律的结论性意见。用语要富于论断性和针对性，做到析理入微、言简意赅，切忌脱离调查所获资料而随意发挥。

③结论与建议。结论是用简洁明了的语言对调查前所提出的问题做明确的答复。建议则是针对调查获得的结论对该企业产品及其营销方式提出具体的要求和应该采取的改进措施。另外，应提出多种方案供有关人员选择。同时，最好说明可能需要支付的费用，并对未来市场的变化和该企业产品的销售做出合理的预测。

结论与建议部分有时可与调查结果合并，这要视调查规模的大小而定。一般而言，如果调查规模小，内容也比较简单，就可以将结论和调查结果合并在一起；如果规模比较大，内容多，则应分开写。

建议最好是正面的、肯定的，即说明应采取哪些具体的措施以获得成功，或者要处理哪些已经存在的问题。

3）结束语。结束语是调查报告的结尾部分。从内容上看，结束语主要的写法有以下几种：

①概括全文，深化主题。即根据调查的情况，概括出主要观点，进一步深化主题，增强调查报告的说服力和感染力。

②说明危害，引起重视。即根据调查的情况，说明问题的严重性、危害性，以便引起有关方面的重视，有的还提出对策性的具体意见。

③展望未来，指明意义。即根据调查的情况，由点到面、由此及彼，开阔视野、展望未来，指出有关问题的重要意义。

调查报告的结束语，应根据写作目的、内容的需要采取灵活多样的写法，要简明扼要、意尽即止。

（6）完成报告附录　附录是指调查报告正文包含不了或没有提及，但与正文有关而必须附加说明的部分，是对正文的补充或更详尽的说明。每份附录都应该按顺序标上编号。附录中一般包括以下内容：

1）调查计划或方案。

2）抽样方案。

3）问卷样卷。

4）收集的原始资料。

5）其他资料。

附录是与调查过程有关的各种资料的综合，在阅读正文时或者检验调查结果的有效性时需要参考这些资料。因此，与调查全过程相关的各种资料都不应随意舍弃，而应在调查结束后进行合理的整理及取舍。

3.5.3 修改市场调查报告

在初稿完成后，调查小组人员可以针对初稿的内容、结构、用词等方面进行多次审核和修改，确认报告言之有理、持之有据、观点明确、表达准确、逻辑合理。在定稿前也可以以会议的形式，将整个报告或报告的若干部分拿出来与有关方面进行沟通，从中得到有用信息，提高报告的质量。

1. 调整报告结构

这个过程主要是对报告中正文部分的相关内容进行结构上的调整。报告的顺序一般可采用两种形式：一是纵式结构，即按照调查对象发生、发展的先后顺序或调查对象的演变过程安排材料；另一个是横式结构，即按照材料的性质和逻辑关系归类，从不同的侧面、不同的角度，并列地将材料组成几个问题或几个方面，还可以加上小标题，逐一地报告各方面的情况。具体采取哪种结构形式、是否需要对现有顺序进行修改，则应根据报告的实际情况来决定。报告结构的安排应该能够使重点突出，达到最初的调查目的。

2. 修改报告语句

语言严谨体现在选词造句要精确、分寸感强，报告撰写者需要对报告进行反复阅读，修改报告中不恰当的语句。

在报告中不能使用如可能、也许、大概等含糊的词语，而且还要注意在选择使用表示强度的副词或形容词时，要把握词语的差异程度，如“有所反应”与“有反应”、“较大反响”与“反应强烈”、“显著变化”与“很大变化”之间的差别。在叙述事实情况时，力争以较少的文字清楚地表达较多的内容，要毫不犹豫地删除一些不必要的词句。能用一句话说明的，不用两句话；能用一个字说明的，不用两个字。调查报告的行文要求自然流畅，尽量选用常见的词句，避免使用晦涩难懂、专业技术性强的术语。

还应注意的是，市场调查报告以陈述句为主，陈述调查的过程和市场情况，表示肯定或否定的判断，在建议部分可使用祈使句表示某种愿望。未能按要求撰写的语句，就需要进行合理的修改与完善。

3. 布局报告格式

市场调查报告文稿一般用 Word 进行编辑排版，在对报告的结构及内容进行完善后，还需要对报告的格式进行修改及调整，包括字体、字号、颜色、字间距，以及每一部分的格式和版面安排等，都要求按次序编排。图、表、附注、参考文献、公式、算式等，一律用阿拉伯数字分别依序连续编排序号。报告段落清晰、层次分明、重点突出，文章的整体编排要求大方、美观、有助于阅读。

3.5.4 提交市场调查报告

1. 撰写报告提交函

市场调查报告征得各方意见并进行修改后就可以定稿并提交。提交报告前，调查人员需将定稿后的调查报告打印为正式文稿，并且应使用质地较好的纸张打印、装订，封面应选择专门的封面用纸，封面上的字体大小、空白位置应精心设计。粗糙的外观或一些小的失误和遗漏都会严重地影响报告使用者的兴趣，甚至信任感。

如果市场调查项目是由客户委托的，则往往会在报告的目录前面附上提交函(即一封致客户的提交函）和委托书（即在项目正式开始之前客户写给调查者的委托函)。

提交函的内容主要是大概阐述一下调查者承担并实施项目的大致过程和体会(但不提及调查的结果)，也可确认委托方未来需要采用的行动（如需要注意的问题或需要进一步做的调查工作等)。有时候，提交函还会说明委托情况。

提交函的示例：

尊敬的张总裁，您好：

按照您在2020年6月8日委托书中的要求，我们完成了对2020年12月A型数码相机市场销售情况的调查分析。现提交标题为《中洲公司A型数码相机目标市场销售调查》的报告。该报告的基础是目标市场上1200位已经成为中洲公司顾客或对数码相机感兴趣的人的现场访问和问卷调查，在报告中我们进行了详细的描述。本次调查采用了市场营销调查的惯例，相信该报告符合贵公司的限制条件，其结果是可靠且有效的。希望您对本次调查的结果（结论和建议）感到满意，也希望该结果能对贵公司A型数码相机在未来的销售情况有所帮助。如您有什么问题，请立即与我们联系。

致礼！

××公司×××

2. 制作报告幻灯片

最近几年，为寻求沟通调查结果的更有效方式，市场调查人员纷纷使用演示软件来进行调查报告的提交和汇报。微软公司PowerPoint软件可方便地让调查人员进行下述工作：

1）利用多种字体和字号创建项目图表，并且可以进行字体加粗、变斜体、添加下划线等。

2）可以创建多种不同类型的、用于展示特定调查发现的图形（饼状图、柱形图、折线图等），而且只需单击鼠标就可以对这些图形进行修改和测试。

3）在演示及切换幻灯片时，有多种动画效果，还可以在幻灯片中插入声音、视频（项目组分析的现场录像）。

事实上，使用图表展示信息比用文字显得更有效、更具说服力，而且调查委托方一般都指明报告应以图表为基础，尽量少地使用文字。

因此，在调查报告定稿之后，调查小组成员应制作调查报告的汇报演示文稿，将调查活动实际开展的情况、调查结果的分析、提出的结论及建议等，通过合适的文字、图表等进行展示。

3. 解释调查报告

解释调查报告即口头报告，这是一种直接沟通方式，更能突出强调市场调查的结论，使相关人员对市场调查的主题意义、论证过程有一个清晰的认识。口头报告的优点有 3 个方面：一是时间短，见效快，节省决策者的时间与精力；二是听众对报告的印象深刻；三是可以直接进行沟通和交流，提出疑问，并做出解答等。事实上，对于一项重要的市场调查报告，口头报告是一种必需的交流途径。

在进行调查报告解释之前，调查组成员还需要做以下准备工作：

（1）列出汇报提要　为每位听众提供一份关于汇报流程和主要结论的提要。提要应留出足够的空白，以利于听众做临时记录或评述。但在汇报提要中最好不出现统计资料和图表。

（2）准备视觉辅助设备　使用笔记本计算机、投影设备展示演示稿，内容包括摘要、调查方案、调查结果和建议的概要性内容。视觉辅助是指依靠现代化的手段，如投影仪、幻灯机等。调查者能根据听众所提出的问题，展示出“如果……那么……”的假设情况。摘要、结论和建议也应制作成可视材料。

（3）打印好调查报告　报告是调查结果的一种实物凭证，鉴于调查者在介绍中省略了报告中的许多细节，为委托者及感兴趣者准备报告复印件，使其在听取介绍前就能思考所要提出的问题，并就感兴趣的环节进行仔细阅读等。

（4）把握介绍的技巧

1）注意对介绍现场的选择、布置。

2）语言要生动，注意语调、语速等。

3）注意表情和肢体语言的使用。

不管如何安排，有效的口头报告均应以听众为中心，充分了解听众的身份、教育背景和时间等，精心安排口头陈述的内容，将其写成书面形式，也可以使用各种综合说明情况的图表协助表达，尽可能直观地向全体目标听众传达，以求收到良好的效果。

实战借鉴

农机营销岗位需求状况调查报告

一、调查概况

2020 南京国际农业机械暨零部件展览会于2020 年7 月25 日至26 日在南京国际会展中心召开。此次展览会共有来自美国、日本、德国等国家和地区的300 多家企业参展。2020 年7 月25 日，农业装备应用技术专业大二学生前往南京参观了此次农机展，并在此过程中进行了抽样问卷调查，以了解各农机企业对营销人才的需求状况。

此次调查共重点调查了江苏省内外典型农机制造企业39 家，其中有14 家民营企业、14 家外资企业、7 家股份制企业、1 家国有企业，还有3 家其他性质的企业。在这些被调查的企业中，有13 家企业规模达到1000 人以上、10 家规模为500 ~ 1000 人、8 家规模为100 ~500 人，调查样本具有一定的代表性。

二、调查目的

1）了解典型农机制造企业对营销人才需求量的变化情况，并了解企业对营销人才的需求类型，以帮助课程体系的调整，使课程体系更全面。

2）了解典型农机制造企业对营销人才基本素质的要求，以指导农机营销类的课程在教学中更有针对性地培养学生具备相应的素质。

3）了解典型农机制造企业营销类岗位的设置情况和各岗位的工作内容，以使农机营销类课程内容的设置与企业的实际需求更吻合。

三、调查内容分析

1. 近3 年企业对营销人才的需求量

鉴于我国正处于经济飞速发展时期及市场竞争的加剧，各行各业对市场营销专业人才均有需求，农机行业也不例外，农机产品的研发、生产固然重要，但是也离不开营销工作的推动。此次调查是在农机展上开展的，很显然，农机展本身就是营销工作中的一种，在现实的角度呈现了营销工作在农机推广活动中的重要性。

当被问到近3 年企业对营销人才的需求量会有何变化时，各企业给出了各自的看法，如图3 -15 所示。

数据显示，87%的企业对营销人才的需求会上升，13%的企业暂时无变化，无一家企业表示对营销人才的需求会下降。可见，各农机企业在未来的发展中，对营销人才在企业推广产品赢得市场过程中的作用非常看重。

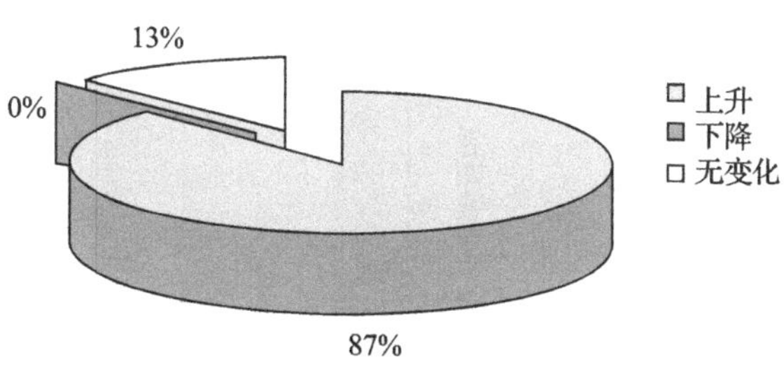

图3－15 近3年对营销人才的需求情况

2. 企业急需的营销人才类型

产品的营销不仅仅是产品的推销或者产品的销售，它所涵盖的是整个营销工作领域，包括产品推销、服务营销、营销管理、营销策划、市场开发和市场调查等。营销人才的类型非常丰富，同时对企业的发展也有异常重要的意义。各企业对营销人才类型的需求状况如图3－16所示。

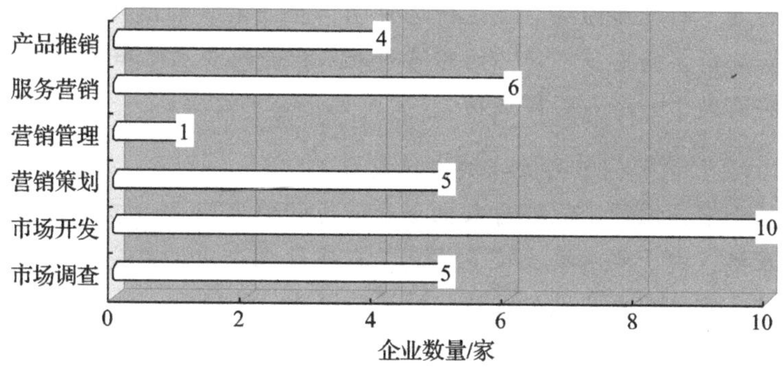

图3－16 企业急需的营销人才类型

据数据显示，在被调查的企业中，有10家企业表示目前急需的营销人才是从事市场开发的人才，即能够运用合理的方式、方法开发新的区域市场，以及突破进入新的市场并维持此市场中的业务增长的人才。此外，由于农机行业的特殊性，能够及时地为客户提供服务对于促成交易及维持交易有极其重要的意义。因此，有6家企业表示他们急需的人才是服务营销人才。另外，营销策划和市场调查人才也成为农机企业比较看重的人才，这也显示了企业目前的市场营销工作并不是单纯推销，而是看重用更合适的方式了解市场需求、满足市场需求。

3. 企业最看重的营销人才的基本素质

作为一个合格的营销人才，应该具备的素质既要包括内在的心理方面、态度方面的素质，还要包括外在的语言表达方面、职业操守方面的素质。关于基本素质的调查，主要呈现出图3－17所示的情况。

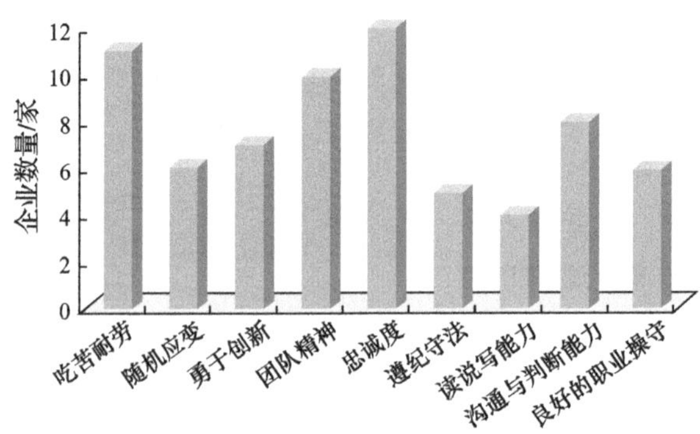

图 3-17　企业最看重的营销人才的基本素质

图 3-17 显示，被调查的农机企业最看重的营销人才应具备的基本素质是忠诚，其次是吃苦耐劳、团队精神。此外，沟通与谈判能力、勇于创新和良好的职业操守也是企业较为看重的素质组成。上述情况说明：企业看重的这几项素质体现出农机企业对营销人才情商的看重程度，因为随着未来社会的多元化和融合度的日益提高，较高的情商将有助于一个人获得成功。

4. 农机企业营销部门核心工作的岗位设置

在本次调查中，设计了能够对农机企业现有营销部门核心工作的岗位设置情况进行了解的表格，由于要求填入较多信息，在实际调查中，部分企业未能较好地配合，对填写信息完整的企业进行统计，结果如图 3-18 所示。

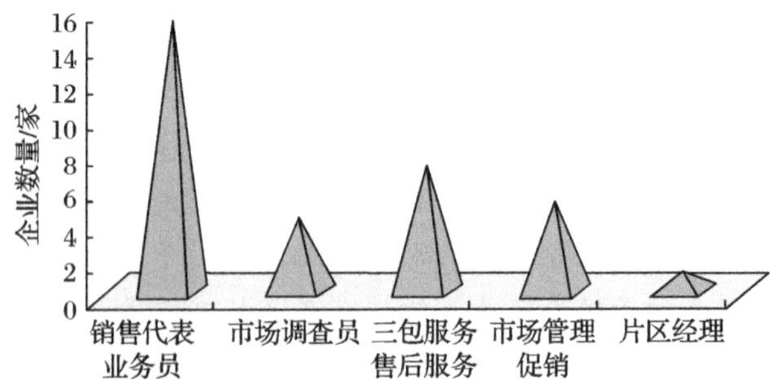

图 3-18　企业营销部门核心工作的岗位设置

在被调查的企业中，销售代表、业务员的岗位是企业设置最多的，其次是三包服务、售后服务岗位，再次是市场管理、促销岗位，部分企业还设置了市场调查员、片区经理等。诸多岗位的设置体现了目前的农机企业对营销工作的重视程度，既包括对市场需求的调查分析，也包括产品的销售、市场的开发，还包括售前、售中、售后服务，较全面地涵盖了营销各方面的工作。

四、调查结论

1. 营销人才在农机企业中的作用举足轻重

营销人才是企业的“金山”，有人用“三分天下有其二”来形容营销队伍的重要性。这无不说明营销队伍是企业获取利润的直接工作者，本次调查的结果也说明了这一事实。

自2004年国家颁布《中华人民共和国农业机械化促进法》并实施“农机具购置补贴”政策和“三农”政策以来，我国农机工业和农机化迅猛发展。近几年农机制造产业出现的“复兴”的迹象在短期内持续升温，这也导致了对农机营销人才需求的持续强劲。面向“十四五”，全国各级农业农村部门需认真贯彻落实党的十九届五中全会精神，坚持“服务发展、人才优先、以用为本、创新机制、高端引领、整体开发”的基本原则，把“人才强机”作为农机化发展的重大战略，全方位做好农机化各类人才队伍建设工作。

2. 合格的营销人才应该具备较高的情商

随着我国经济的快速发展，市场营销涵盖的领域日益广泛，企业对营销人才的要求越来越高，农机行业更不例外。尽管企业对营销人才的需求量较大，但是毕业生们的素质却和企业的要求及期望仍存在着较大的差距。本次调查中也显示出此问题，企业对所招收学生的忠诚度、吃苦耐劳精神、团队合作精神、沟通能力等都存在较高的期望。

在买方市场条件下，营销决定成败，一支高素质的营销队伍是企业营销力的核心。

3. 农机制造企业的营销人才是多元化的

市场营销的专业内涵非常丰富，一个普通高校的市场营销专业会培养学生具备市场调查、广告策划、营销策划、市场开发、产品推销、售后服务等多方面的能力，而作为企业，也不乏对这些人才的需求。

本次调查也显示出，农机制造企业岗位设置的多元化，说明了企业对营销人才需求的多元化。农机企业需要的不仅是产品销售、市场开发的人才，也需要市场调查与分析、活动策划与实施等方面的人才。

五、建议

1. 加大营销类课程在课程体系中所占的比例

农业装备应用技术专业的培养目标是培养能够在各类农机企业从事农业装备制

造、技术服务、维修、销售和技术管理等工作的人才，根据此培养目标及本次调查的分析，本专业需加大营销类课程的开设，建议增加开设“市场调查与预测”及“农机销售实务”两门课程。通过“市场调查与预测”“农机市场营销”“农机销售实务”三门课程，让农机专业的学生能够基本拥有从事农机企业各类营销工作的能力。若不能增加此类课程，建议增加“农机市场营销”课程的课时数，以使该课程的教学内容能够充分展开。

2. 教学中应重视学生的情商教育

营销工作的性质也决定了情商教育的必要性。营销工作是一个充满着挑战、激情的职业，不仅要具备一定的产品知识和市场运作的能力，还要了解和开发客户的各种需求，如果没有一定的情商能力，营销工作者要取得好的业绩几乎是不可能的，农机产品的营销过程更是充满了挑战。

因此，在农机专业营销课程的教学中，更需要创新教学手段，将情商内容融入教学过程中，如将案例教学、分组讨论、模拟实践、心理测试、团队游戏等方式引进课堂，营造良好的情感环境和人际环境，以此来增强师生之间的互动和情感的交流，让学生更好地体会并获取情商教育。

3. “农机市场营销”课程内容需进行创新整合

目前，在国内的市场营销或农业机械应用技术专业课程体系中，具有农机行业特征的市场营销课程尚属空白。部分院校的农业机械应用技术专业在培养农机营销人才时更多的是开设“市场营销实务”“市场调查与预测”等一般市场营销类课程，教学针对性差、无农机特色、理论性太强、概念抽象。

本专业开发的全新的“农机市场营销”课程需要进行创新整合，教学内容应该能够涵盖产品销售、市场调查、营销策划的范畴，通过此课程的开展，旨在培养学生在掌握农机企业营销环境的基础上，开展农机营销调查工作、营销策划活动及销售管理工作的能力，最终使学生具备综合的职业行动能力，从而对农业机械应用技术专业培养合格的农机装调、农机营销、农机售后服务等方面的高端技能型专门人才有较大的推动作用。

六、结束语

通过更深层次、更广范围的农机企业市场调查，农机企业对营销人才的需求特点更加一目了然，这些意见和建议给农业机械应用技术专业核心课程之一“农机市场营销”的课程开发提供了更明确的指引，帮助课程开发者更系统地构建“农机市场营销”课程，从而更好地服务于农业机械应用技术专业的人才培养目标。

第 4 章 Chapter Four

农机市场营销策划

4.1 明确营销策划的目标和程序

在实践中，我们常常看到一个好的策划可以使企业的营销活动事半功倍。营销策划是企业营销活动不可缺少的环节，具有无限的实践魅力，是企业的策划人员根据企业现有的资源状况，在充分调查、分析市场营销环境的基础上，激发创意，制订出有目标、可能实现的解决问题的一套策略规划。农机企业营销策划的本质在于：经过对竞争对手营销策略的分析，做出有别于竞争对手的方案，出奇制胜，进而指导企业的农机销售活动，为企业创名牌、争效益。

对于农机企业来说，营销策划就是在市场营销中为企业自身或是为某一农机产品或某一次活动所做的策略谋划和计划安排。在理解市场营销策划含义时应该注意：营销策划的对象可以是一个企业整体，也可以是一种产品或服务，还可以是一次活动；营销策划需要设计和运用一系列策略，这是营销策划的核心和关键；营销策划需要制订周密的计划并做出精心的安排，以保证一系列策略运用的成功。

4.1.1 明确营销策划的目标

确定目标是企业营销策划的首要步骤，是营销策划工作的起始点，其具体内容如下：

1. 提出问题

人们往往重视问题的解决，对问题的设定却掉以轻心。其实，只有能提出问题，才能切中要害，只要把握住设定的问题，把问题简单化、明确化和重要化，那么事情就解决了一半。在提出问题的过程中，要注意选择最重要的问题进行设定，如果觉得每件事情都重要，结果会是每件事都不重要。正如要在同一时间内实现多个目标，其结果往往是一事无成。

世界知名的管理学大师彼得·德鲁克（Peter Drucker）在从事诊断顾问工作时，对问题的设定总是慎之又慎，当客户提出一大堆的难题向德鲁克请教时，德鲁克却避而不答，反而向客户说：“你最想做的事是什么呢?”“你为什么要去做呢?”“你现在正要做什么呢?”“你为什么这样做呢?”德鲁克不替客户“解决问题”，而是替客户“设定问题”。他从不同的角度改变客户所提的问题，而后提出一连串问题反问客户，其目的是要引导客户理清思路，找出问题，能自己动手去解决那个最需要处理的问题。

2. 确立目标

明确问题后，就要确立策划目标。目标有以下几种：

（1）维持生存　企业的生存危机表现为：资金无法周转、产品大量积压、职工情绪低落。此时与利润、市场占有率相比，生存是第一目标。只有渡过难关之后才能考虑其他问题。

（2）获取当前最高利润　许多企业都把获得当前最高利润作为第一目标。例如，如果某企业在推出某一产品时，就计划在将来另一时间推出另一种替代品，那么，该企业就应把获得当前最高利润作为第一目标。

（3）提高市场占有率　提高市场占有率是增加企业利润的重要方式，也是战胜竞争对手的重要标志。为提高市场占有率，有的企业采用低价策略，待竞争对手节节败退之后，再提升价格，获取可观利润。

（4）获取优异的质量　质量是企业的生命。把生产最优质的产品作为主要目标是许多企业的常用策略，可以树立企业市场领导者的形象，保持长久的竞争实力。

3. 量化目标

目标的量化处理，可以使策划方案的实施有数量标准衡量，为许多企业所采用。例如，把“尽可能大量地降低成本”作为策划目标，这里的所谓“尽可能”是降低10%的成本还是降低30%的成本？这种表述则有可能导致对策划内容的不同理解，难以达成共识。由于策划主题的不同，也有不少目标很难直接量化表示。但是，如果加以某种处理，往往还是可以达到量化目的的。例如，希望某产品获得30%的投资利润，那么，该产品的销售利润必须达到26%，市场占有率由13%提高到20%，销售网点扩大10%，企业及品牌的知名度由15%提高到30%等。

4.1.2　明确营销策划的程序

营销策划具有一个通用的程序，大部分的营销策划都会遵循这一步骤，这也是营销策划科学性的体现，如图4-1所示。

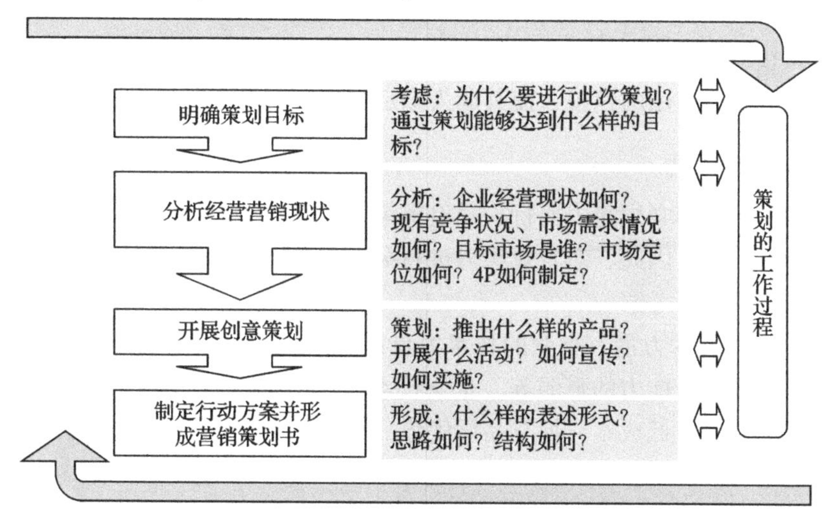

图4-1 营销策划的程序

4.1.3 分析营销现状

为了能做出符合实际的策划，在拟定策划方案之前，还应围绕目标有针对性地了解营销现状，这就要采用市场调查的方法。

1. 收集市场信息

收集间接资料（又称为二手资料），可以查阅以下资料：

（1）书籍与报纸杂志　查阅书籍与报纸杂志时，应特别注意刊物的出版日期和资质，以保证所收集信息的时效性和可信性。

（2）企业内部资料　例如，从企业各部门可查阅客户的名称、地址、订货日期、订货项目、订货数量和价格等资料；从生产部门可查阅各生产部门的作业流程、生产能力、产品检验、机器设备和使用率等资料；从其他部门如财务、人事、总务部门的资料，可以获得薪金、资产负债表、利润率、设备折旧率和客户状况等方面的信息。

（3）政府部门资料　如政府统计年鉴、各部委的统计资料、各政策研究部门的报告和政府年度报告等。

（4）登记资料　如出生与死亡登记、新公司的工商登记、交通机动车登记和特种营业登记等。

2. 分析市场

要把直接或间接收集到的信息变成有用的情报，就需要对这些信息加以整理分析，从而变成活的有用的情报，使其成为拟定策划方案的重要参考依据。

3. 分析企业实力

企业的营销策划必须量力而行，只追求策划方案本身的“亮丽”而忽视企业的实力，将导致失败。因此，对企业实力进行分析是不可或缺的重要一环。企业实力可从以下诸方面进行考察：

（1）企业的技术力量　企业的技术力量即技术人员的多少与技术水平的高低，以及技术开发和创新能力的强弱等。企业技术力量强，可以提高生产效率，提高产品的性能、档次，降低成本，拥有品质优势，开发创新产品，获取独占利润，使企业处于领先地位。

（2）企业的资金　企业的财务状况和筹资能力反映了企业的经营状况和对环境的应变能力。资金雄厚、财务状况良好，有利于企业同各方的经济合作、新产品的开发及改善经营。筹资能力强，使企业易于应付外部风险，抓住发展机遇。

（3）企业的设备条件　良好的设备条件是保证产品高质量、适应新产品开发的必要条件，这对企业经营跃上新台阶作用重大。

（4）企业的管理能力　企业强而有力的管理能力，是产生好的经营方略并顺利实施，以获取大量利润的根本保证。管理人员的高素质和管理的规范有序可以保证工作的高效率，可以提高对外界变化的应变能力和反应速度，捕捉到其他企业难以把握的机会。

（5）企业内外部支持能力　企业竞争能力来源于企业的生机与活力，而这种生机与活力则来源于企业精神，以及企业内外部的各种支持。企业的内部支持主要是企业员工的凝聚力和向心力；企业的外部支持，是企业的外部环境，良好的外部环境使企业的经营更富活力，从而能大大增强企业的竞争能力。

4.1.4 开展创意策划

营销策划目标的确定、营销现状的分析，是进行创意策划的依据。在创意策划环节，如何激发创意成为关键。好的创意通常是由创意的灵感产生的，这种灵感通常被称为创意暗示、创意联想、模糊印象或灵机闪现等。丰富的创意灵感，必须纳入实际策划方案中，只有化为可能实现的创意时，才有实际意义。有能力的策划者能够根据策划目标，适时激发出非常出色的创意。创意的灵感还必须逐渐成熟，并整理成可能实现的构想，然后组合进策划方案中，成为策划方案的灵魂。开展创意策划的一般步骤如下：

1. 探求策划线索

策划线索的寻找大致可从两个方面进行：

（1）从现有的知识、情报中获得　报纸、杂志、书籍中的知识或信息能够启发策划者，给他们以暗示或启迪。策划者运用智慧对这些信息进行选择、加工、整理和组合，可以获得策划线索。

（2）通过个人或集体的智慧产生　每个人的先天智商与后天积累合成一定的智慧。思维火花的激发，凭借个人的智慧，可能产生新奇的“点子”，或者依靠众人产生“真知灼见”，最后成为策划的线索。

2. 形成策划创意

策划创意是将暗示、灵感、突发念头等初级层次的“想法”，经过整理、琢磨而形成有结构层次的可能实现的“构思”。换句话说，单纯的念头，只能算一种“想法”，而不能当作策划创意。在诸多“想法”中，实际能发展成策划创意的，只不过几分之一而已。在各种策划线索的基础上形成策划创意是一个再创造的过程。如果把书报、杂志中的知识，或在研讨会、演讲会中获得的情报等公开信息，稍加修改就“拿来使用”，那未免太缺乏“创新”了。只有对已知情报进行增减、重新塑造，改变若干的切入口，加上新的灵感或新的构思，才能用在本企业策划上，才有希望获得成功。

4.1.5 制定行动方案

有了好的策划创意，还要将其具体化，形成可开展的行动方案。其具体步骤如下：

1. 使方案具体化

这是营销策划中最重要的一步，也是整个策划过程中最困难、最有意义的环节。方案具体化，主要是对以下各项内容加以明确：营销目标、实现营销目标所需要的条件、营销战略与战术、营销方案策划的步骤与时间、营销方案策划的人员与经费、营销策划方案的效果与评估、营销策划方案实施的附加条件。

在营销策划方案具体化的过程中，其可行性问题将更加明显地显现出来。任何一个方案均受人力、财力、时间等的限制，一个创意若不可实现，那么就是毫无价值的空想。

在制定行动方案时，还要十分重视上层主管的态度。策划方案是否能顺利推行并执行到底，与主管的信任与支持程度密切相关。如果上层主管的意志游移，对策划方案的信心不足，该策划方案的行动计划就难以实施到底。

同时，还要注意各部门的全力配合。策划方案倘若得不到相关部门的参与、支持和认同，在实际执行时，往往会左右受牵制，时时受阻。因此，策划方案必须与有关部门沟通、协调，请各部门的主管共同参与，尽量得到各方认可，这样才会得到各部门的全力支持，收到事半功倍的效果。

2. 设计行动日程表

行动方案应注意时间性。各项任务何时开始、何时结束，都要十分具体，应有行动日程表。

有时策划创意修改意见不断出现，决策层不断有新的指示，而频繁修改策划方案将会使方案迟迟无法确定，实施也将遥遥无期，最终可能导致策划的失败。因此，创意、策划方案制作、方案实施不能无限期地拖延。每个步骤的开始与结束均要有时间界限，只有这样才能保证策划方案的实施按时、按质、按量地进行，预期效果才能按时达到。

4.1.6 撰写营销策划书

策划书的撰写是十分重要的环节。当策划方案确定后，就要将其撰写成书面材料，以供决策层审批和实施人员依照方案操作。因此，策划书应该做到简明、清晰、具体，具有较强的可操作性（将在本章最后一节中详细介绍）。

实战借鉴

“农机地头展”行业公共品牌崛起

长期以来，随着农机行业的快速发展，农机企业和产品的营销传播方式正在发生深刻变化。农业机械的现场演示、展示模式不断创新，各种现场推介会、观摩会、演示会和品鉴会成为重要的下沉传播方式。但是，上述活动没有形成统一的内涵和形象，行业难以有效感知和快速识别。同时，处在信息爆炸时代的受众更加无所适从，面对行业相似的多种宣传口号、广告资料、活动组织而更加难以决策。用户需要更加快捷便利的信息沟通渠道、更加求真务实的产品讲解演示；行业需要更加有效传播的方式方法、更加具备内容内涵的品牌活动。

中国农业机械流通协会创新思路、整合资源，着力培养农机地头展品牌，历经沧州谷子、石家庄小麦机收及农机具、济南章丘葱姜蒜辣椒等现场活动不断试验，经保定苹果、渝北果茶桑麻、庞口配件大会等活动不断总结，在河北、山东、重庆、广西、广东、辽宁等地不断进化，获得行业广泛赞誉。在2019年全国农机流通工作会议中，中国农业机械流通协会正式发布行业公用品牌——农机地头展。

农机地头展，即遴选先进技术与装备在田间地头进行演示与展示，组织现场观摩，整合专家授课、企业推介、用户交流、产业互动资源，对接管理部门、科研单位、生产企业、流通企业、用户群体，是农机行业交流技术、开拓市场、宣传品牌、检验产品的重要方式，是行业地头营销、服务主义的重要体现，是行业迎战转型的必备战略能力。

自品牌发布以来，中国农业机械流通协会已经围绕小麦、花生、蔬菜、水果、水产等多种产业举办活动，深孚众望。

4.2 制定STP营销策略

无论是全球范围还是一个地区范围，任何一种产品或服务的市场都包含着不可胜数的购买者，他们不仅分布非常分散，而且由于影响消费需求的因素错综复杂，购买者之间的购买需求差异也很大，使得每个企业在开展营销活动时都会意识到：在市场上购买者对产品（或服务）的需求是多方面的。因此，不论一个企业的经营规模有多么大，都不可能满足顾客的所有需求，而是只能满足市场上某一部分顾客的某些需求。所以，为了充分利用本身可获得的有限资金和资源，充分发挥自己的优势，提供适合购买者需要的产品和服务，大多数企业都实行目标市场营销策略，即选择与本企业营销宗旨最相适应、销售潜力最大、获利最丰厚的那一部分市场作为自己争取的目标，然后采取相应的市场手段，打入或占领这个市场。

为有效地实行目标市场营销策略，企业必须采取以下5个重要的步骤：

第一步：企业情况分析。即弄清企业现时的地位、能力、目标和制约因素，以作为市场细分、目标市场选择和市场定位这三大后续行动的根据。

第二步：市场细分（Segmenting）。即确定市场细分的各种变数和细分市场，并描绘各个细分市场的轮廓，衡量每个市场对企业的吸引力。

第三步：目标市场选择（Targeting）。即评估各个细分市场的潜力和吸引力，选出一个或几个细分的小市场，作为企业进军的目标。

第四步：市场定位（Positioning）。即确定各个目标市场的定位概念，为该企业的产品确定一个有利的竞争位置和制定一套详细的市场营销策略。

第五步：市场营销组合策略制定。即通过设计产品、分销渠道、价格、促销策略以突出产品差异化，强化产品的独特形象。

以上5个步骤中，目标市场营销策略的核心是市场细分、目标市场选择和市场定位，第一步和第五步是这些核心活动的必要前提和支持。在西方市场营销中，把目标市场营销称为STP营销策略，是策略性营销的灵魂。STP营销策略图如图4－2所示。

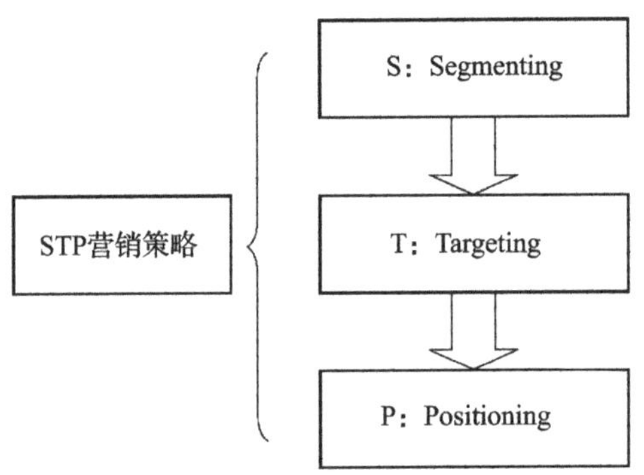

图4－2　STP营销策略图

4.2.1　市场细分

1. 认识市场细分

(1) 了解市场细分的由来　市场细分是美国市场营销学家温德尔·史密斯(Wendell Smith) 于20世纪50年代提出的一个概念，它的出现有着一定的历史条件。

在市场竞争不断激烈的形势下，企业营销的指导思想是以生产为中心，从产品出发，把消费者看作具有同样需求的整体市场，所以大量生产单一品种的产品，采用普遍广泛的分销方式和同样的广告宣传方式，消费者不得不购买品种单调的产品。这时候，不同企业之间的竞争主要是价格竞争，市场区分也停留在初级阶段。

随着商品经济高度发展，卖方竞争日益激烈，许多企业以现代营销观点作为经营管理的指导思想，从满足消费者的不同需求出发，有针对性地提供不同的产品，并且运用不同的销售渠道和广告宣传方式来争取市场占有率的扩大。温德尔·史密斯总结一些企业的实践经验，提出了“市场细分”这一概念。这个概念一提出，就受到广大企业管理者的重视，并迅速利用。近年来，计算机和数理统计广泛应用于市场细分化，为企业储存市场资料和处理较为复杂的相关因素提供了科学的手段，大大提高了市场细分化的及时性和有效性。

（2）认识市场细分的内涵　所谓市场细分，是指根据整体市场上顾客需求的差异性，以影响顾客需求和期望的某些因素为依据，将一个整体市场划分为两个或两个以上的顾客群的过程。简而言之，就是先调查分析不同的顾客在需求、资源、地理位置、购买习惯和行为等方面的差别，然后将上述要求基本相同的顾客群分别收并为一类，形成整体市场中的若干“子市场”或“分市场”。不同的细分市场之间，需求差别比较明显；而在每个细分市场内部，需求差别则比较细微。

市场细分的客观依据有两点：一是顾客需求和行为的差异性。无论是消费者市场还是组织机构市场，购买者之间的需求都存在着广泛的差异，这些差异又是由购买者所处的不同地理环境及购买者千差万别的文化、社会、个人和心理特征所影响而形成的，他们对产品的需求千差万别。因此，市场上任何一项产品或服务，如果含有两个以上的顾客，这个市场便可加以细分，即可以划分为具有不同需求、不同购买行为的购买者群体。二是顾客需求和行动的可归类性。虽然顾客对产品的需求千差万别，但是其中总有一部分需求是类似和可以归类的。市场细分就是建立在这种差异性和可归类性的基础上。

（3）体会市场细分的意义

1）有利于企业分析市场机会，开拓新市场。机不可失，时不再来。通过市场细分，可以及时发现那些需求尚未得到满足或者是满足的程度还不够的顾客。这些顾客，往往就是企业极好的市场机会，是企业待开拓的新市场，企业可以根据这个新市场的需求，有计划地发展新产品。

2）有利于企业有效制定最优市场营销策略，以适应顾客需求的变化。市场细分是目标市场选择和市场定位的前提。市场细分后，每个市场小而具体，细分市场消费需求明确并且很具体，企业较容易了解顾客需求，可以根据不同的产品制定不同的市场营销策略。市场细分后信息反馈也快，企业随时从细分市场上获得反馈信息，了解市场的变化，从而迅速调整营销策略，以适应消费者变化的需求。

3）有利于企业集中资源，开发适销对路的产品。一个企业的人力、物力、财力和技术等资源是有限的，只有把有限的力量用于明确的目标市场，才能取得较好的经济效益。企业在进行市场细分并选择目标市场的过程中，可以更加深入、细致地分析研究需求的特点，及时、准确地调整产品结构，推出更适合消费者需求的产品，把竞争对手的原有顾客和潜在顾客转变为本企业的顾客，增强竞争力和应变力。

2. 把握市场细分的标准

市场细分是建立在市场需求差异性基础上的，因而形成消费者市场需求差异性的因素就可以作为消费者市场细分的标准。影响消费者需求的差异性因素是多种多样和不断变化的，因此市场细分的标准又叫市场细分变数。目前普遍认同的市场细分的标准包括人口因素、地理因素、行为因素和心理因素。

(1) 人口因素细分　人口因素细分是按年龄、性别、家庭人数、家庭生命周期、收入、职业、文化程度、宗教信仰、民族、国籍和社会阶层等人口统计因素，将目标人群划分为不同的消费者群。长期以来，人口因素一直是消费者市场最主要的细分标准，这是因为消费者的欲望、偏好和使用率往往和人口因素有因果关系，人口因素比其他因素也更容易衡量。

1) 年龄与性别。不同年龄的消费者对产品有不同的需求特点，男性与女性在产品需求与偏好上也有很大的不同。在对农机产品的选择上，年龄与性别的影响较弱。

2) 收入。高收入消费者与低收入消费者在产品选择、休闲时间的安排、社会交际与交往等方面都会有所不同。对于农机产品的需求，收入的影响较大，收入的高低会影响是否购买农机产品、购买多大马力的农机产品等。

3) 职业与教育。即按消费者职业的不同、所受教育程度的不同及由此引起的需求差别来细分市场。农民受教育程度的不同会带来个人消费观念、产品选择、信贷方式等方面的不同。

4) 家庭生命周期。家庭生命周期是指一个以家长为代表的家庭生活的全过程。一个家庭，按年龄、婚姻和子女状况，可划分为6个阶段：单身期、新婚期、满巢期Ⅰ、满巢期Ⅱ、空巢期及鳏寡期。在不同的阶段，家庭购买力、家庭人员对农机产品的兴趣和偏好会有较大差别。

(2) 地理因素细分　按地理因素细分市场就是把市场分为不同的地理区域，如国家、地区、省市、南方、北方、城市、农村等。以地理因素作为市场细分的基础，是因为地理因素影响消费者的需求和反应。各地区由于自然气候、传统文化和经济发展水平等因素的影响，便形成了不同的消费习惯和偏好，并有不同的需求特点，因此，有些产品只行销于少数地区，有些则行销于全国各地，但各地区侧重不同。按照地理因素来细分市场，主要细分因素包括国家、地区、城市规模、气候和人口密度等。

在我国，地理因素对农业发展的影响很大，农民生产也要根据地理特点选择适合使用的农机产品。随着我国城市化进程加快，丘陵山区适龄劳动力季节性短缺矛盾日益突出，劳动力成本迅速上升，农民对适宜丘陵山地作业的小型农机具需求日趋迫切。北方平原地带农机化发展迅速，如小麦生产在耕、种、收环节已基本实现机械化，玉米机收正加速推进；相比之下，南方丘陵山区农机化发展相对滞后，很多关键环节水平还有待提高，如水稻机插、小田块稻麦收获等。

丘陵地区农机需按照轻简、便捷的机械化设计原则进行设计，引导丘陵山地农机化生产向省力、高效、有序的方向发展。研制和发展各种中小型、多功能的农机具是农机科研发展的主攻方向。久保田公司根据这一市场需求，研制生产了 PR0208 收割机和 SPW-28C 手扶插秧机，市场反应良好。

（3）行为因素细分　所谓行为因素细分，是指企业按照消费者购买或使用某种产品的时机、消费者所追求的利益、使用者情况、消费者对某种产品的使用率、消费者对品牌的忠诚程度、消费者对产品的态度等行为变数来细分消费者市场。

1）按购买时机细分。消费者购买和使用某种产品往往有其特定的时机。例如，生产农药化肥产品的企业可根据农民一年四季对农药化肥需求的不同，划分为不同的子市场。又如，每年 6 月正值夏粮收割季节，联合收割机经销商可以抓住这个有利时机找准市场，采取有效措施加大对产品的宣传，达到抓住市场的根本目的。

2）按寻求利益细分。根据消费者从产品中追求的不同利益分类，是一种很有效的细分方法。运用利益细分法，首先必须了解消费者购买某种产品所寻求的主要利益是什么；其次要了解寻求某种利益的消费者是哪些人，例如，久保田公司生产的玉米收割机就是为了满足农民用户高效收割玉米的需求而研制成的，是一款粮仓容量大、作业稳定性高、动力充足的收割机；最后要调查市场上的竞争品牌各自适合哪些利益，以及哪些利益还没有得到满足。

3）按使用者状况细分。根据消费者是否使用和使用程度细分市场，许多产品可按使用状况将消费者分为“从未用过”“曾经用过”“准备使用”“初次使用”“经常使用” 5 种类型，即 5 个细分市场。通常大公司对潜在使用者感兴趣，而一些小企业只能以经常使用者为服务对象。对使用状况不同的消费者，在广告宣传及推销方式方面都有所不同。

（4）心理因素细分　在市场营销活动中，经常产生这种情况，即在人口因素相同的消费者中间，对同一产品的爱好和态度截然不同，这主要就是由于心理因素的影响。消费者心理因素很复杂，下面就其主要方面加以说明。

1）生活方式。生活方式是指个人或集团对消费、工作和娱乐的特定习惯。人们形成和追求的生活方式不同，消费倾向也不同，需要的产品也不一样。

2）社会阶层。社会阶层是细分消费者市场的标准，不同阶层的消费者在消费行为上具有很大的差异。一般以职业分类为基础，以组织资源、经济资源和文化资源的占有状况为标准来划分社会阶层。

3）个性。国外很多企业的营销人员都已使用个性变数来细分市场，他们赋予产品厂牌个性，以迎合相应的消费者个性。

4）偏好。这是指消费者对某种牌号的产品所持的喜爱程度。在市场中，这种喜爱程度是不同的，有的消费者对其有特殊的偏好，有的消费者对其有中等程度的偏好，有的消费者对其无所谓。因此，许多企业为了维持和扩大经营，努力寻找忠诚拥护者，并掌握其需求特征，以便从产品形式、销售方式及广告宣传等方面去满足他们的需要。

心理因素是市场细分中比较复杂的一个标准，企业必须根据消费者的不同心理，进行市场调查研究，从而获得可靠的数据，用来确定自己的目标市场。

以上所述细分的变量，农机产品主要以其功能性和实用性为市场营销的重点，因而商家在细分市场时往往更注重行为因素与地理因素。

3. 遵循市场细分的原则

进行市场细分的目的是通过消费者需求差异进行定位，以取得较大的经济效益。产品的差异化导致生产成本和营销费用的相应增长，故而应在市场细分所得收益与市场细分所增成本之间做出权衡。有效细分市场应遵循以下原则：

（1）细分市场应具备可区分性　各个细分市场要有明显的差异性，企业必须能对购买者的特点和需求予以衡量。

（2）细分市场应具备可进入性　企业对细分出来的市场能进行有效促销和分销，可利用现有的人力、物力、财力去占领。

（3）细分市场应具备可盈利性　划分出来的细分市场必须能使企业获得一定的利润。

4. 进行市场细分

（1）依据需求选定产品市场范围　每个企业都有自己的任务和追求的目标，作为制定发展战略的依据，一旦决定进入哪个行业，接着便要考虑选定可能的产品市场范围。产品市场范围应以市场的需求而不是产品特性来定。例如，一家住宅出租公司，打算建造一幢简朴的小公寓。从产品特性如房间大小、装修样式等出发，它可能认为这幢小公寓是以低收入家庭为对象的，但从市场需求的角度来分析，便可看到许多并非低收入的家庭也是潜在顾客。举例来说，有的人收入并不低，市区已有宽敞舒适的居室，但又希望在宁静的乡间再有一套住房，作为周末生活的去处，所以，公司要把这幢普通的小公寓看作整个住宅出租业的一部分，而不应孤立看成只是提供低收入家庭居住的房子。

（2）列举潜在顾客的基本需求　选定产品市场范围以后，公司的市场营销专家们可以通过“头脑风暴法”，从地理因素、行为因素和心理因素几个方面，大致估算一下潜在的顾客有哪些需求，这一步能掌握的情况有可能不那么全面，但却为以后的深入分析提供了基本资料。例如，这家住宅出租公司会发现，人们希望小公寓住房满足的基本需求可能有：遮蔽风雨，能停放车辆，安全又经济，设计良好，方便工作、学习与生活，不受外来干扰，有足够的起居空间，有满意的内部装修、公寓管理和维护等。

（3）分析潜在顾客的不同需求　公司再依据人口因素进行抽样调查，向不同的潜在顾客了解上述需求哪些对他们更为重要。例如，在校外租房住宿的大学生，可能认为最重要的需求是遮蔽风雨、能停放车辆、经济、方便上课和学习等；新婚夫妇的希望是遮蔽风雨、能停放车辆、不受外来干扰、有满意的公寓管理等；较大的家庭则要求遮蔽风雨、能停放车辆、经济、有足够的儿童活动空间等。这一步至少应进行到有 3 个分市场出现。

（4）移去潜在顾客的共同需求　现在公司需要移去各分市场或各顾客群的共同需求。这些共同需求固然很重要，但只能作为设计市场营销组合的参考，不能作为市场细分的基础。例如，遮蔽风雨、停放车辆和安全等项，几乎是每个潜在顾客都希望的。公司可以把它们用作产品决策的重要依据，但在细分市场时则要移去。

（5）为分市场暂时取名　公司对其他市场剩下的需求，要进一步分析，并结合各分市场的顾客特点，暂时安排一个名称。

（6）进一步认识各分市场的特点　现在，公司还要对每个分市场的顾客需求及其行为，进行更深入的考察，看看已掌握了各分市场的哪些特点，还要了解哪些，以便进一步明确各分市场有没有必要再细分或重新合并。例如，经过这一步骤可以看出，新婚夫妻与老夫妻的需求差异很大，应当作为两个分市场。同样的公寓设计，也许能同时迎合这两类顾客，但对他们的广告宣传和人员销售的方式都可能不同。公司要善于发现这些差异。如果他们原来被归属于同一个分市场，现在就要把他们区分开来。

（7）测量各分市场的大小　以上步骤决定了各分市场的类型，公司紧接着应把每个分市场同人口因素结合起来分析，以测量各分市场潜在顾客的数量。

4.2.2 目标市场选择

1. 认识目标市场

目标市场是指企业在市场细分的基础上，依据自身的经营条件而选定或开拓的特定需要的市场。简而言之，目标市场就是企业产品和劳务的消费对象。

企业进行市场细分的目的就是选择目标市场，即分析和评估对企业有吸引力的、有可能成为企业目标市场的细分市场，然后根据企业的市场营销战略目标和资源条件，选择企业最佳的细分市场。要充分理解目标市场的含义，明确市场细分与目标市场的关系。

2. 评估细分市场

对于企业来说，并不是每个细分市场都可以去占领或值得去占领。在市场细分的基础上，企业无论采取什么策略，也无论选择几个细分市场，所确定、选择的目标市场必须具有最大潜力，能为自己带来最大利润。只有既能提供足够的获利机会又能发挥企业优势的市场，才值得企业去占领。因此，企业必须对每个细分市场的获利性进行评估。企业评估细分市场可从以下3个方面考虑：

（1）市场规模和发展潜力　细分市场的规模衡量指标是细分市场上某一时期内现实购买某种产品的数量总额。细分市场的发展潜力的衡量指标是细分市场上在某一时期内，全部潜在消费者对某种产品的需求总量。这就要求企业先调查细分市场的现实消费者数量及购买力水平，然后调查细分市场潜在消费者数量及购买力水平。所确定的目标市场必须足够大或正在扩大，以保证企业获得足够的经济效益，因为消费者的数量是企业利润的来源之一。

随着果蔬种植面积的不断扩大，采用机械收获也是当务之急。果蔬行业对农机的需求量较大，像马铃薯、油菜、花生等农作物的收获机械有较大的需求缺口。目前，蔬菜、苗木等农作物的田间管理机械总量相对较少，特别是温室大棚的种植管理，大部分依靠人工，效率低，费时、费工。因此，发展优质、高产、生态安全农业，调整农业种植结构，实现设施农业生产机械化是当务之急。例如，使用方便的大棚多功能作业机，为设施农业带来了新的需求。目前，虽然此类机械种类较多，但还是不能满足广大农民的需求。因此，研制开发出适合果蔬行业的农机，并以此为目标市场，是农机企业目前面临的机遇。

（2）市场的吸引力　细分市场可能具有适度规模和成长潜力，然而从长期盈利的观点来看，细分市场未必具有长期吸引力。一个市场是否具有长期吸引力主要取决于5种力量，即现实竞争者、潜在竞争者、替代者、购买者和供应者，企业必须充分估计这5种力量对长期获利率的影响。

（3）企业的市场营销战略目标和资源　有的细分市场可能既具有适度规模和成长潜力，又具有长期吸引力，企业必须结合其市场营销战略目标和资源来综合评估。某些细分市场虽然有较大的吸引力，但不符合企业长远的市场营销战略目标，不能推动企业实现市场营销战略目标，甚至会分散企业的精力，产生阻碍，因此，企业不得不放弃。某些细分市场可能符合企业长远的市场营销战略目标，这时需要企业对自身的资源条件进行评估，必须考虑企业是否具备在细分市场所必需的资源条件，如果缺乏，并且无获得必要资源的能力，企业就要放弃这个细分市场。如果企业确实能在该细分市场取得成功，它也需要发挥其经营优势，以压倒竞争者。如果企业无法在该细分市场创造某种形势的优势地位，它就不该贸然进入。

3. 选择目标市场营销策略

企业在进行将为多少个子市场服务的决策时，有3种营销策略可供选择，即无差异性营销策略、差异性营销策略及集中性营销策略。选择哪一种策略，明确企业应为哪一类用户服务，满足他们的哪一种需求，是企业在营销活动中的一项重要策略。

（1）无差异性营销策略　无差异性营销策略就是指企业把整个市场作为自己的目标市场，只考虑市场需求的共性，而不考虑其差异，运用一种产品、一种价格、一种推销方法，吸引尽可能多的消费者。采用无差别市场策略，产品在内在质量和外在形体上必须有独特风格，才能得到多数消费者的认可，从而保持相对的稳定性。

这种策略的优点是产品单一，容易保证质量，能大批量生产，降低生产和销售成本。但如果同类企业也采用这种策略，则必然形成激烈竞争。

（2）差异性营销策略　差异性营销策略就是指企业把整个市场细分为若干子市场，针对不同的子市场，设计不同的产品，制定不同的营销策略，满足不同的消费需求。

这种策略的优点是能满足不同消费者的不同要求，有利于扩大销售、占领市场、提高企业声誉。其缺点是由于产品差异化、促销方式差异化，增加了管理难度，提高了生产和销售费用。目前只有力量雄厚的大企业采用这种策略。

（3）集中性营销策略　集中性营销策略就是指企业在细分后的市场上选择两个或少数几个细分市场作为目标市场，实行专业化生产和销售。在少数市场上发挥优势，提高市场占有率。采用这种策略的企业对目标市场有较深的了解，这是大部分中小企业应当采用的策略。

采用集中性营销策略，能集中优势力量，有利于产品适销对路，降低成本，提高企业和产品的知名度。但有较大的经营风险，因为它的目标市场范围小，品种单一。如果目标市场的消费者需求和爱好发生变化，企业就可能因应变不及时而陷入困境。同时，当强有力的竞争者打入目标市场时，企业就要受到严重影响。因此，许多中小企业为了分散风险，仍应选择一定数量的细分市场作为自己的目标市场。

三种目标市场营销策略各有利弊，选择适合本企业的目标市场营销策略是一个复杂多变的工作。企业内部条件和外部环境在不断发展变化，经营者要不断通过市场调查和预测，掌握和分析市场变化趋势与竞争对手的条件，扬长避短，发挥优势，把握时机，采取灵活的适应市场态势的策略，去争取较大的利益。

例如，太原橡胶厂是一个有1800多名职工，以生产汽车、拖拉机轮胎为主的中型企业，曾一度因产品难于销售而处于困境。后来，企业进行市场细分后，根据企业优势，选择了省内十大运输公司作为自己的目标市场，生产适合晋煤外运的高吨位汽车载重轮胎，打开了销路。随着实力的增强，企业又选择了两用拖拉机制造厂为目标市场。1992年与香港中策投资有限公司合资经营，成立了“双喜轮胎股份有限公司”；1993年，在全国轮胎普遍滞销的情况下，该公司敲开了第一汽车制造集团的大门，为之提供高吨位配套轮胎。正确选择目标市场是太原橡胶厂跨入全国500家优秀企业的有效策略之一。

4. 分析影响目标市场营销策略的因素

企业在进行决策时要具体分析产品和市场状况，以及企业本身的特点。影响企业目标市场营销策略的因素主要有企业资源特点、产品特点、市场特点、产品生命周期和竞争者的策略五类。

（1）企业资源特点　资源雄厚的企业，如果拥有大规模的生产能力、广泛的分销渠道、产品标准化程度很高、好的内在质量和品牌信誉等，可以考虑实行无差异性营销策略；如果企业拥有雄厚的设计能力和优秀的管理素质，则可以考虑实行差异性营销策略；而对实力较弱的中小企业来说，适于集中力量实行集中性营销策略。企业初次进入市场时，往往采用集中性营销策略，在积累了一定的成功经验后再采用差异性营销策略或无差异性营销策略，扩大市场份额。

（2）产品特点　主要考虑产品之间的同质性。产品的同质性表明了产品在性能、特点等方面的差异性的大小，是企业选择目标市场时不可不考虑的因素之一。一般对于同质性高的产品，如食盐等，宜实行无差异性营销策略；对于同质性低或异质性产品，差异性营销策略或集中性营销策略则是恰当选择。

（3）市场特点　供与求是市场中的两大基本力量，它们的变化趋势往往是决定市场发展方向的根本原因。供不应求时，企业重在扩大供给，无暇考虑需求差异，所以采用无差异性营销策略；供过于求时，企业为刺激需求、扩大市场份额殚精竭虑，多采用差异性营销策略或集中性营销策略。

从市场需求的角度来看，如果消费者对某产品的需求偏好、购买行为相似，则称之为同质市场，可采用无差异性营销策略；反之则为异质市场，差异性营销策略和集中性营销策略更合适。

（4）产品生命周期　产品因所处的生命周期阶段不同，而表现出的不同特点也不容忽视。产品处于投入期和成长初期，消费者刚刚接触新产品，对它的了解还停留在较粗浅的层次，竞争尚不激烈，企业这时的营销重点是挖掘市场对产品的基本需求，可以采用无差异性营销策略；等产品进入成长后期和成熟期时，消费者已经熟悉产品的特性，需求向深层次发展，表现出多样性和不同的个性来，竞争空前激烈，企业应适时地转变策略为差异性营销策略；当产品进入衰退期后，应采用集中性营销策略，以维持和延长产品的生命周期，避免或减少企业损失。

（5）竞争者的策略　企业可与竞争者选择不同的目标市场覆盖策略。当一个强大的竞争者采用无差异性营销策略时，企业一般不适宜采用无差异性营销策略，可采用差异性营销策略或集中性营销策略；当这个强大的竞争者采用差异性营销策略时，企业就应当采用更深一层次的差异性营销策略或集中性营销策略；若竞争者力量较弱，则可采用无差异性营销策略或差异性营销策略。

由于不同的目标市场营销策略各有利弊，因此，企业在选择时就必须考虑到上述各种影响因素。企业的目标市场营销策略应慎重选择，一旦确定，应该相对稳定，不能朝令夕改。但灵活性也不容忽视，没有永远正确的策略，一定要密切注意市场需求的变化和竞争动态。

4.2.3　市场定位

1. 认识市场定位

企业选择了目标市场，还需要决策如何进入市场。有几种情况是企业进入市场时必须清楚的：该细分市场有无竞争者？如果竞争者已捷足先登，并占据了有利的市场位置，必须着手进行竞争分析，辨明该市场竞争者处于什么地位，其特点如何，实力如何，在分析的基础上对本企业的产品进行市场定位。

市场定位是由美国营销学家艾·里斯（Ai Ries）和杰克·特劳特（Jack Trout）在 1972 年提出的，通常又称为产品市场定位，其实质是取得目标市场的竞争优势，确定产品在顾客心目中的适当位置，并留下深刻印象。作为市场营销理论的重要概念和方法，市场定位是根据竞争者现有产品在市场上所处的地位和消费者或用户对产品某一特征或属性的重视程度，努力塑造出本企业产品与众不同的、令人印象深刻的个性或形象，并把这种形象和个性特征生动、有力地传递给目标顾客，使该产品在市场上确定强有力的竞争位置。也就是说，市场定位是塑造一种产品在市场上的位置，这种位置取决于消费者或用户怎样认识这种产品。

这表明，市场定位是通过为自己的产品创立鲜明的特色或个性，从而塑造出独特的产品市场形象来实现的。产品的特色或个性，可以从产品实体上反映出来，如豪华、朴素、时髦、典雅等；还可以表现为价格水平、质量水准等。

企业在进行市场定位时，一方面要了解竞争对手的产品具有何种特色，另一方面要研究目标顾客对该产品的各种属性的重视程度（包括对实物属性的要求和心理上的要求），在对以上两方面进行深入研究后，再选定本企业产品的特色和独特形象。至此，就可以塑造出一种消费者或用户将之与其他同类产品联系起来、按一定方式去看待的产品，从而完成产品的市场定位。

2. 确定市场定位的实质

如何在激烈的竞争中脱颖而出？只有不同于竞争对手，找出与竞争对手的差异并利用这种差异吸引顾客。因此，市场定位的实质即差异化。

例如，久保田公司生产的系列联合收割机就各有差异。PRO208 是大马力、宽割幅、丘陵山地首选机型，PRO488 是中国半喂入收割机市场的开创产品，PRO588i 是损失少、高效率、强劲耐久、跨区作业首选机型，PRO688Q 是油菜、水稻、小麦兼收的机型，PRO888GM 是更大马力、更高效率、专业收割的选择。

具体来说，差异化因素可以体现在以下 4 个方面：

（1）产品差异化　产品差异化是指某一企业生产的产品，在质量、性能上明显优于同类产品的生产厂家，从而形成独自的市场。产品差异化是最常见的差异化方式，相对而言也是较容易实现的。产品实体差异化的潜力是不同的，一种极端的情况是产品之间几乎没有任何差异，如鸡肉、钢材、阿司匹林。但是，即使对于这些非常相似的产品，也可以发现一些差异，如宝洁公司提供几种洗衣粉品牌，每个品牌都是独立的。另一种极端的情况是产品高度差异化，如汽车等。农机企业可以通过以下途径对产品进行差异化：样式、属性、一致性、耐久性、可靠性、可维修性、风格、设计和品质等。

（2）服务差异化　当产品实体进行差异化的难度很大时，要获得竞争的胜利就要做到提供有价值的服务，并提高服务质量。产品服务差异化是指向目标市场提供与竞争者不同的优质的服务。尤其在难以突出有形产品的差别时，竞争的成功关键常取决于服务的数量和质量。在日益激烈的市场竞争中，服务已成为全部经营活动的出发点和归宿。如今，产品的价格和技术差别正在逐步缩小，影响消费者购买的因素除产品的质量和公司的形象外，最关键的还是服务的品质。服务能够主导产品销售的趋势，其最终目的是提高消费者的回头率，扩大市场占有率，而只有差异化的服务才能使企业和产品在消费者心中永远占有“一席之地”。例如，久保田公司的服务方针就是确立中国农业机械行业第一地位的久保田服务品牌，服务理念是让每位用户安心使用久保田产品。久保田非常重视对服务网络的建设及服务人员的培养，在全国26个省份设立了久保田一级服务网点，依靠优质周到的服务取得了广大用户的信赖。我国的海尔集团以“为顾客提供尽善尽美的服务”作为企业的成功信条，海尔的“通过努力尽量使用户的烦恼趋于零”“用户永远是对的”“星级服务思想”“是销售信用，不是销售产品”“优质的服务是公司持续发展的基础”“交付优质的服务能够为公司带来更多的销售”等服务观念，真正地把用户摆在了“上帝”的位置，使用户在使用海尔产品时得到了全方位的满足。自然，海尔的品牌形象在消费者心目中也就越来越高。

因此，农机企业可以选择的主要的服务差异有：订购的难易程度、产品投递方式、安装、顾客培训、顾客咨询、维护和修理等。

（3）形象差异化　消费者对不同的公司和品牌形象有不同的反应。品牌识别是指公司用来区别或者定位自身或其产品的方法，而形象是指消费者对公司或其产品的感知。有效的形象能够体现产品的特点和价值主张，能够以显著的方式传达这种特点，并且能够在心理形象的基础上，传递情感力量。要树立有效的形象，农机企业必须通过所有有效的沟通工具和品牌接触并传递一致的信息，包括标识、媒体和特殊事件等。例如，在四川雅安芦山县发生7.0级地震时，久保田集团为支援灾区救援及灾后重建，向灾区捐款总计1000万日元（约64万元人民币）。

（4）员工差异化　农机企业也可以通过训练有素的员工来获得竞争优势。例如，常发农装秉承“用户至上、顾客满意”的理念，建立了一套完整的销售服务网络体系，在全国各大中型城市建立600多个一级经销机构、2000多个二级经销机构，有1500多名经过严格培训的专职、兼职服务人员在全国各地负责售后服务工作。训练有素的员工具有能力（知识和技能）、礼貌（尊重和体贴）、可信（值得信赖）、可靠（一贯性和准确的表现），响应能力强（行动迅速），沟通能力良好（愿意了解消费者并能清楚地沟通）。

综上所述，4个差异化因素的变量可整理为表4-1。

表4-1　4个差异化因素的变量

产品	服务	形象	员工
样式	订购的难易程度	符号、颜色、标语	能力
属性	产品投递方式	氛围	礼貌
一致性	安装	特殊事件	可信
耐久性	顾客培训	品牌接触	可靠
可靠性	顾客咨询		响应能力

（续）

产品	服务	形象	员工
可维修性	维护和修理		沟通能力
风格			
设计			
品质			

3. 明确市场定位策略

市场定位作为一种竞争战略，显示了一种产品或一家企业与类似的产品或企业之间的竞争关系。定位方式不同，竞争态势也不同。下面分析 3 种主要的定位策略。

（1）避强定位　避强定位是指企业力图避免与实力最强的或较强的其他企业直接发生竞争，而将自己的产品定位于另一市场区域内，使自己的产品在某些特征或属性方面与最强或较强的对手有比较显著的区别。

避强定位的优点是能够迅速在市场上站稳脚跟，并能在消费者或用户心目中迅速树立起一种形象。由于这种定位方式的市场风险较少，成功率较高，因此常常为多数企业所采用。其主要缺点是，避强往往意味着企业必须放弃某个最佳的市场位置，很可能使企业处于较差的市场位置。

（2）迎头定位　迎头定位是一种与市场上占据支配地位的、亦即最强的竞争对手“对着干”的定位方式。企业为占据较佳的市场位置，不惜与市场上占支配地位的、实力最强或较强的竞争对手发生正面竞争，而使自己的产品进入与对手相同的市场位置。显然迎头定位有时会是一种危险的战术，但不少企业认为这是一种更能激励自己奋发上进的可行的定位尝试，一旦成功就会取得巨大的市场优势。在国外，这类事例屡见不鲜，如可口可乐与百事可乐、肯德基与麦当劳的竞争等。实行迎头定位，必须知己知彼，尤其应清醒估计自己的实力；不一定试图压垮对方，只要能够平分秋色就已是巨大的成功。

迎头定位的优点是竞争过程往往相当惹人注目，甚至产生所谓的轰动效应，企业及其产品可以较快地为消费者或用户所了解，易于达到树立市场形象的目的。其主要缺点是具有较大的风险性。

（3）重新定位　企业的产品在市场上定位即使很恰当，但在下列情况下，还应考虑重新定位：一是竞争者推出的新产品定位于本企业产品附近，侵占了本企业产品的部分市场，使本企业产品的市场占有率下降；二是消费者的需求或偏好发生了变化，使本企业产品销售量骤减。

重新定位通常是指对销路少、市场反应差的产品进行二次定位。很明显，这种重新定位旨在摆脱困境，重新获得增长与活力。这种困境可能是企业决策失误引起的，也可能是对手有力反击或出现新的强有力竞争对手造成的。不过，也有的重新定位并非因为企业已经陷入困境，而是因为产品意外地扩大了销售范围而引起的。例如，专为青年人设计的某种款式的服装在中老年消费者中流行开来，该服饰就会因此而重新定位。

企业在重新定位前必须慎重考虑两个方面的问题：一是企业将自己的品牌定位从一个子市场转移到另一个子市场时所付出的全部成本有多大？二是企业将自己的品牌定在新位置上的营业额究竟有多大？这又要取决于该子市场的购买者和竞争状况，以及在该子市场上销售价格能定多高等。

经过慎重考虑后，重新定位的基本条件是：至少能确保企业有一定量的总利润。

4. 进行市场定位

实现产品市场定位，需要通过以下 3 个步骤实现：

（1）确认本企业的竞争优势　这一步骤的中心任务是要回答以下 3 个问题：一是竞争对手产品定位如何？二是目标市场上消费者欲望的满足程度如何及确实还需要什么？三是针对竞争对手的市场定位和潜在消费者真正需要的利益要求企业应该及能够做什么？

要回答这 3 个问题，企业市场营销人员必须通过一切调研手段，系统地设计、搜索、分析并报告有关上述问题的资料和研究结果，也就能从中把握和确定自己的潜在竞争优势在哪里。

（2）准确地选择相对竞争优势　相对竞争优势表明企业能够胜过竞争对手的能力。这种能力既可以是现有的，也可以是潜在的。实际上，选择竞争优势就是一个企业与竞争者各方面实力相比较的过程。比较的指标应是一个完整的体系，只有这样才能准确地选择相对竞争优势。通常的方法是分析、比较企业与竞争者在经营管理、技术开发、采购、生产、市场营销、财务和产品 7 个方面究竟哪些是强项，哪些是弱项。借此选出最适合本企业的优势项目，以初步确定企业在目标市场上所处的位置。

（3）显示独特的竞争优势　这一步骤的主要任务是企业要通过一系列的宣传促销活动，将其独特的竞争优势准确传播给目标消费者，并在消费者心目中留下深刻印象。

首先，应使目标消费者了解、知道、熟悉、认同、喜欢和偏爱本企业的市场定位，在心目中建立与该定位一致的形象。

其次，通过各种努力强化企业在目标消费者心目中的形象，保持目标消费者对企业的了解，稳定目标消费者对企业的态度，加深目标消费者对企业的感情，以此来巩固企业与市场定位一致的形象。

最后，企业应注意目标消费者对其市场定位理解出现的偏差或由于企业市场定位宣传上的失误而造成目标消费者产生模糊、混乱和误会，及时纠正与市场定位不一致的形象。

总之，企业在市场细分和目标市场选择的基础上，明确了竞争对手、确定市场定位之后，下一步骤就是制定具体的营销组合策略了。

实战借鉴

久保田 PRO688Q 的市场定位策略

久保田履带式全喂入式联合收割机型，是一款定位于“专用于中国市场、油菜水稻小麦兼收”的联合收割机。它的最大特点是一机多用、超高的作业效率、出色的脱粒清选能力、操作简单、维护简便，致力于满足客户利益最大化追求。

特点一：一机多用

PRO688Q 可称得上是一台多用途的联合收割机。它不但能收割油菜、水稻、小麦 3 种作物，还能对已经人工割倒的油菜进行捡拾作业。由于在不同季节、不同地区，可收割不同的作物，因此实现了一机多用、一机多能，最终实现了一机多收、一机多转。

特点二：超高的作业效率

PRO688Q 最基本的使用要求是为高效率作业而设计，使作业效率实现最大化，其最快工作速度为 1.8 米/秒，最高作业能力达 7.5 亩/小时以上。它配备了久保田牌立式水冷四缸四冲程直喷式涡轮增压柴油发动机，最高输出动力为 68 马力，这确保了机器的高速运行，保证了超高的收割效率，这款小巧紧凑型的柴油发动机，在同类产品中占全球市场份额第一位，它不但低噪声、低振动、马力强劲，而且具有出色的燃油经济性和持久的可靠耐久性，使得该款产品拥有卓越的市场表现。

特点三：出色的脱粒清选能力

PRO688Q 具有最小谷物损失和收获干净的能力，尤其在谷物价格持续上涨的今天，更凸显了这一优势。这款产品以它独特的脱粒和清选系统，获得了优异的谷物加工处理能力。首先，直径 620 毫米、长度 1615 毫米的轴流型脱粒滚筒，保证了它的脱粒能力，即使在收割高产量谷物的时候，也能以最少的谷粒损失和对谷粒的最小破坏进行脱粒。其次，以各种式样的条栅组成的内凹的半圆形格栅，获得了很好的清选效率，即使是潮湿的谷物，通过机器在分离时也能把谷物损失降为最低，这就保证了机器有稳定的脱粒清选能力。最后，采用三向气流排出系统，帮助秸秆从排出口排出，避免堵塞。

特点四：突出的作物适应能力

PRO688Q 能有效收割低矮、倒伏，甚至是湿烂泥土里的谷物，可调节的拨禾轮使 PRO688Q 收割自如，即使是倒伏的谷物也能得到有效的收割。此外，该产品以轻便的机身和高离地间隙的履带设置，把对地表的碾压作用降到最低。

特点五：操作简便

由于 PRO688Q 结构紧凑、重量低，使得田间运输、长途转移非常方便，使用一辆轻型货车或者拖车就可以做到。低重心设计，保证了它在田间优良的移动通过性能，座椅和收割台的短距离使操作者对周围环境有着良好的视野，操作杆和控制仪表都按照人体工程学布局，使操作更方便、更舒服，即使长时间操作也是如此。右侧的操纵杆可以控制转向和调整收割高度，左侧的液压传动操纵杆可以进行任意的行进速度调节，能随时适应不同的作业条件。如此完善的操纵系统使得操作者在任何条件下都可以进行稳定、舒适的作业。

特点六：维修简便

PRO688Q 的维护保养非常容易、方便，这大大降低了机器在停机时的作业成本，并且增加了收割能力。免工具拆卸，检查脱粒滚筒时非常简单，把脱粒滚筒的顶盖打开到最大，在需要的时间检修变得很方便；螺旋推进板、导向板和前框也由耐磨材料制造而成，内凹的半圆形格栅很容易被卸掉，以便检查和清洁；脱粒滚筒侧面也可以无工具打开，清洁筛子表面更方便，筛盒也方便取下和安装，因此可以在开阔的地方清洁其内部；灰尘防护盖可以免工具随时打开，因此清洁过滤网一点也不麻烦。PRO688Q 独特的反向处理装置只要求简单的操作就可以反转以去除缠绕物。当遇到作物在输送喂入口堵塞时，拨禾轮可以进行反转，“吐”出堵塞作物，能很快恢复作业，轻松排除作物堵塞的烦恼。

4.3 分析并制定产品策略

营销组合是企业市场营销战略的一个重要组成部分，是指企业在选定的目标市场上，综合考虑环境、能力、竞争状况对企业自身可以控制的因素，加以最佳组合和运用，以完成企业的目的与任务。市场营销的主要目的是满足消费者的需要，而消费者的需要有很多，要满足这些需要所应采取的措施也很多。因此，企业在开展市场营销活动时，就必须把握住那些基本性措施，合理组合，并充分发挥整体优势和效果。

1960 年，麦卡锡提出了著名的4P 组合。麦卡锡认为，企业从事市场营销活动，一方面要考虑企业的各种外部环境，另一方面要制定市场营销组合策略，通过策略的实施，适应环境，满足目标市场的需要，实现企业的目标。

麦卡锡绘制了一幅市场营销组合模式图（图 4－3），图的中心是某个消费群，即目标市场，周围是 4 个可控要素：产品（Product）、价格（Price）、地点（Place）、促销（Promotion），即 4P 组合。在这里，产品就是考虑为目标市场开发适当的产品，选择产品线、品牌和包装等；价格就是考虑制定适当的价格；地点就是要通过适当的渠道安排运输、储藏等把产品送到目标市场；促销就是考虑如何将适当的产品，按适当的价格，在适当的地点通知目标市场，包括销售推广、广告、培养推销员等。

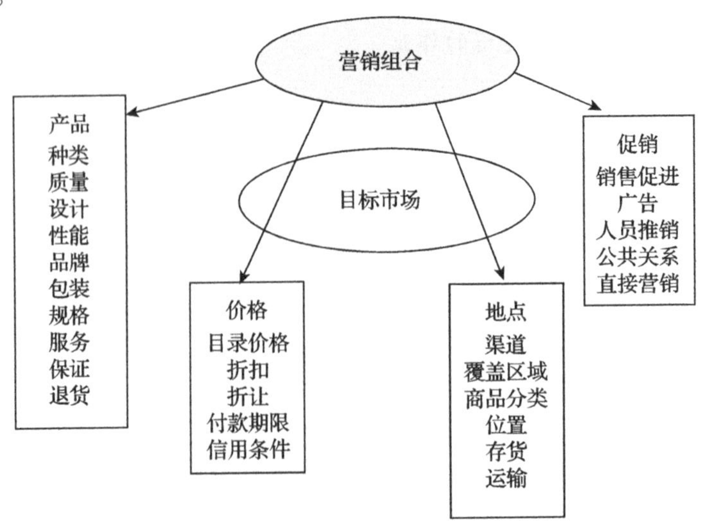

图 4－3　市场营销组合模式图

市场营销组合这一概念的提出，主要包括3个思想：

1）它是若干变量的集合，而这些变量应如何集合，是由企业自己确定的，即企业可以控制。

2）这些变量组合的意义在于，企业面临的外部市场环境是企业所不能控制的。因此，企业必须利用可控制的营销变量来调整企业的经营活动方式，才能适应外部环境的变化。

3）企业在选择营销组合策略使产品进入新的组合时，有多个变量可以选择，这些变量一经选定，就构成企业在某一市场内特定的经营方式。这也是实现差异化的基础。

一个伟大品牌的核心是伟大的产品，产品是市场供应中最重要的元素，一般来说，市场领袖往往会提供良好的产品和优质的服务。菲利普·科特勒在其《营销管理：分析、计划、执行和控制》中提到："产品是指为留意、获取、使用或消费以满足某种欲望和需要而提供给市场的一切东西。"随着社会经济的发展，人们对产品有了更多的认识，同时也提出了许多新的要求，从关注价格、质量、式样等有形产品，到关注服务、环保、体验等附加产品，使产品开发和生产面临新的挑战，这就要求企业从设计到生产，从市场营销到售后服务必须适应新的需求。因此，重新审视产品的真正内涵，就具有特别重要的意义。

4.3.1 分析产品整体概念及产品组合策略

1. 分析产品整体概念

现代市场营销学中，产品概念具有极其宽广的外延和深刻而丰富的内涵，它是指通过交换而满足人们需要和欲望的任何事物，包括提供给市场、能够满足消费者或用户某一需求和欲望的任何有形物品和无形产品。

在产品的整体性概念中，包括核心产品、形式产品、期望产品、延伸产品和潜在产品5个层次（图4-4）。

（1）核心产品　核心产品是指向消费者提供的产品的基本效用或利益，是消费者购买该产品的出发点和归宿点。消费者购买产品，目的不是为了获得或占有产品本身，而是追求产品的使用价值。以联合收割机为例，该类产品向用户提供的基本效用或利益是收割农作物。

（2）形式产品　形式产品是指核心产品借以实现的形式或目标市场对某一需求的特定满足形式。因为核心产品只是一个抽象的概念，产品设计者必须把它转化为具体形式的产品，包括品种、式样、品质、商标及包装等。例如，联合收割机的形式产品层即该产品在市场上出现的物质形态，包括收割机的外观、质量品质、特色、商标和品牌等。

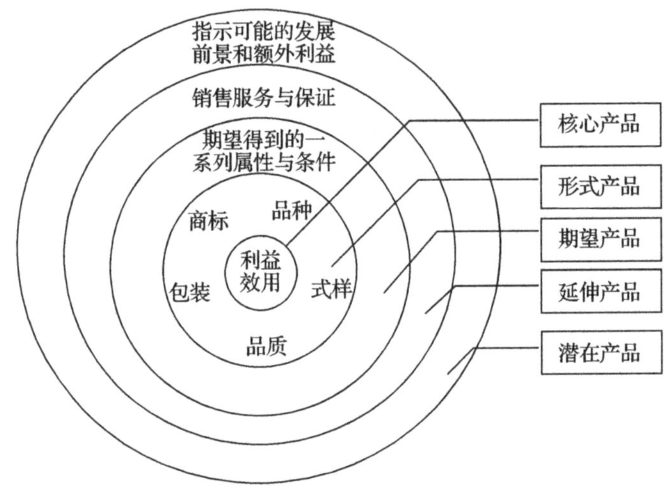

图4－4　产品的整体性概念

（3）期望产品　期望产品是指消费者购买产品时期望得到的与产品密切相关的一整套属性和条件。期望产品实际上是指一系列属性和条件。例如，用户在购买一台联合收割机时，期望得到的东西包括高工作效率、操作简单、安全保障，具体表现为期望收割作业高效精确、适用范围广、损失小、操作简单、易于维护，并且使用安全等。

（4）延伸产品　延伸产品是指消费者购买形式产品和期望产品时所能得到的附加服务和利益，包括提供信贷、免费送货、产品安装调试和售后服务等。

（5）潜在产品　潜在产品是指包括现有产品的所有延伸和演进部分在内，最终可能发展成为未来产品的潜在状况的产品，即该产品最终可能会实现的全部附加部分和将来会转换的部分。也就是说，公司用新的方法满足顾客和区分它们的产品。例如，联合收割机可能的发展前景是一台既可以收割农作物还可以在农村道路上行驶、载人的多用车辆。

作为现代的营销人员，应该明确产品整体概念是市场营销学中最基本的一个概念，是市场营销理论的重大发展。它强调企业在实现核心产品的同时，也要重视形式产品、期望产品、延伸产品和潜在产品的研究与开发，强化产品在竞争中的动态作用，以全方位地满足消费者的需要。可见，市场营销学中的整体产品概念，是以满足消费者的需要为核心的，即衡量产品的价值是由消费者决定的，而不是由生产者来决定的。

2. 分析产品组合策略

产品组合是企业营销工作中一个重要问题，是实现经营目标和经营战略的具体规划。为了更好地满足消费者的需要，不仅要求企业所提供的产品在品种选择上要做到适销对路，而且还要求有利于充分利用企业生产条件和提高经济效益。为此，必须合理确定产品组合。

（1）产品组合的概念

1）产品组合。即一个特定销售者授予消费者的一组产品，它包括所有的产品线和产品项目。

2）产品线。产品线也称为产品系列，是指企业经营的产品核心内容相同的一组密切相关的产品。密切相关是指产品都是针对具有同质需求的消费者，通过同一种渠道被销售出去。例如，一个家用电器公司既生产电视机、录音机，又生产洗衣机、吸尘器，还生产电冰箱、空调机等。电视机、录音机、洗衣机、吸尘器、电冰箱及空调机组成了这家企业的6条产品线，而每条产品线中的产品的核心内容是相同的。

3）产品项目。产品项目是产品组合的基本单位，是产品线中的一个明确的产品单位。它可以依尺寸、价格、外形等属性来区分，也可以依品牌来区分，因此，有时一个产品项目就是一个品牌。

4）公司的产品线还具有一定的宽度、长度、深度、黏度，如图4－5所示。

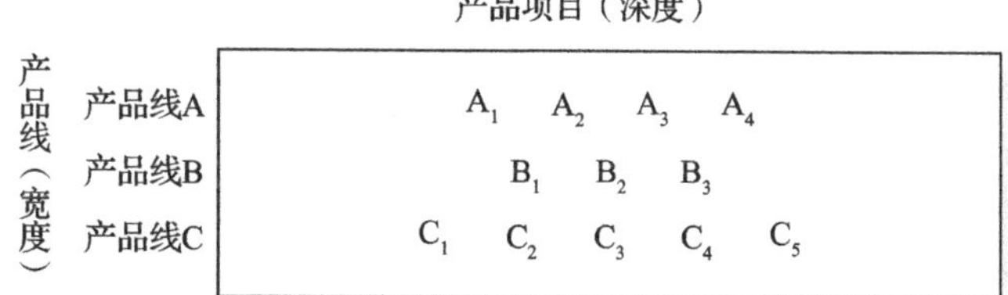

图4－5 产品组合的宽度和深度

①宽度。即一个企业所拥有产品线的数量。如图4－5中，产品组合宽度为3条产品线。

②长度。即企业各条产品线所包含的产品项目的总数。如图4－5中，产品组合长度为12。一般情况下，产品组合的长度越长，说明企业的产品品种、规格越多，由于有时候一个产品项目就是一个品牌，因此，产品组合的长度越长，企业所拥有的产品品牌也可能越多。

③深度。即企业平均各条产品线所含项目的多少，用平均数表示。如图 4 - 5 中，产品组合的深度为 4。

④黏度。黏度也称为关联度，是指各产品线的产品在最终用途、生产条件、销售渠道或其他地方相互关系的紧密程度。例如，宝洁公司产品的最终用途是消费品，又通过同一销售渠道进入市场，因此该公司产品间的黏度较大。

（2）产品组合策略　从动态的角度看，常见的产品组合策略如下：

1）扩大产品组合策略。扩大产品组合策略是指扩展产品组合的长度和宽度，增加产品系列和项目，扩大生产经营，以满足更多消费者的需要。扩大产品组合有利于企业充分利用现有资源，挖掘生产力，提升竞争力，更广泛地满足各种需要，占有更宽的市场面。

扩大产品组合的方式有：①增加同一产品的款式和规格；②同类产品扩展不同质量与不同价格；③增加相关的产品；④增加与现有产品使用同一原材料或相同技术的其他产品；⑤增加可以获得高利润而与现有产品完全无关的产品。例如，主要生产联合收割机的企业，在联合收割机的产品线上增加不同型号、不同适用范围的产品的研发；此外，除了拥有联合收割机的产品线外，还增加拖拉机、插秧机的产品线。

2）缩减产品组合策略。缩减产品组合策略是指降低产品组合的宽度或深度，减少一些产品系列或产品项目，集中力量与优势生产经营一个或少数几个系列的产品或项目。缩减产品组合便于企业集中力量，实施专门化生产，更深入地满足某一类需求。较短的产品线有利于大批量生产和销售，避免脱销。

缩减产品组合的方式有：①缩减产品线，只生产经营某一个或少数几个产品系列；②缩减产品项目，在一个产品系列内取消一些低利润产品，尽量生产利润较高的少数几个产品系列。例如，一家既生产拖拉机、收割机、插秧机等整机产品的企业，之前还生产单缸机、多缸机等农机配件，后因企业发展需要，缩减产品组合，取消了农机配件的生产，从而使企业进一步实施专业化生产。

3）产品线延伸策略。每个企业的产品都有特定的市场地位，产品线延伸策略是指企业全部或部分地改变原有产品的市场地位。产品线延伸有向上延伸、向下延伸和双向延伸 3 种方式。

①向上延伸。在市场上定位于低档产品的企业可能会打算进入高档产品市场。它们也许被高档产品较高的增长率和较高的利润率所吸引；或是为了能有机会把自己定位成完整产品线的制造商。

向上延伸的决策可能有些风险：市场上高档产品的竞争对手不仅会固守阵地，而且还会反过来进入低档产品市场进行反击；潜在消费者也许不相信低档品企业能生产优质产品。此外，企业的销售代表和分销商可能会因为缺乏才能和培训，不能很好地为较高档的产品市场服务。

②向下延伸。许多企业最初位于高档市场，随后将产品线向下延伸。企业可能出于以下原因而延伸其产品线：企业在高档产品市场上受到攻击，决定以拓展低档产品市场作为反击；企业发现高档产品市场增长缓慢；企业最初步入高档市场是为了树立质量形象，然后再向下延伸；企业增加低档的产品项目，是为了填补市场空隙，否则，其竞争对手会乘虚而入。

采取向下延伸的策略时，企业会有一些风险：新的低档产品项目也许会蚕食掉较高档的产品项目。

③双向延伸。定位于市场中端的企业可能会决定朝上下两个方向延伸其产品线，一方面增加高档产品，另一方面增加低档产品，力求全方位占领某一市场。采取这一策略的主要问题是，随着产品项目的增加，企业的营销费用和管理费用会相应增加。因此，要求企业对高、低档产品的市场需要有准确的预测，以使企业产品的销售在抵补费用的增加后还能有利可图。风险是有些消费者认为在两种型号之间差别不大，因而会选择较低档的品种。

4）调整产品线之间的相关程度策略。即提高或降低产品组合的黏度。黏度较大，则有利于巩固企业在行业中的地位，有利于利用现有的生产条件、市场营销条件，产品组合相对较好管理，并能降低单位成本；黏度较小，产品线之间的相关程度较低，则企业涉及的生产领域或行业较小，市场就会呈现出多元化。

4.3.2 运用产品生命周期理论

任何产品都存在着一个市场生命周期，一个产品的生命期间内，企业需要多次修订其营销策略。这不仅仅是因为产品经济环境的变化和竞争者在不断发动新进攻，还因为产品在不断经历消费者兴趣与要求的新阶段。因此，企业必须制定一系列战略以适应产品生命周期的各阶段。虽然任何企业都知道许多产品是不可能永远延续下去的，但它们都希望能延长产品的生命周期和增加盈利能力。

1. 确定产品生命周期的理论实质

产品生命周期的理论研究，其实质在于揭示产品在其生命周期中的销售规律，也就是从产品进入市场开始，到最后退出市场为止这一过程中销售数量及其利润的变化规律。这种规律是通过产品生命周期曲线显示出来的，是企业进行营销管理、制定营销策略的重要依据。

产品生命周期理论是美国哈佛大学教授费农（Raymond Vernon）于1966年首次

提出的。费农认为：产品生命是指市场上的营销生命，产品和人一样，要经历形成、成长、成熟、衰退这样的周期，而这个周期在不同技术水平的国家里，发生的时间和过程是不一样的。产品从进入市场到退出市场所经历的市场生命循环过程一般分为4个阶段，即投入期、成长期、成熟期和衰退期。虽然不同的产品在市场上的销售状况千差万别，但其变化却大体上是按一定规律进行的，其中典型和常见的是“S”形曲线形式，如图4－6所示。

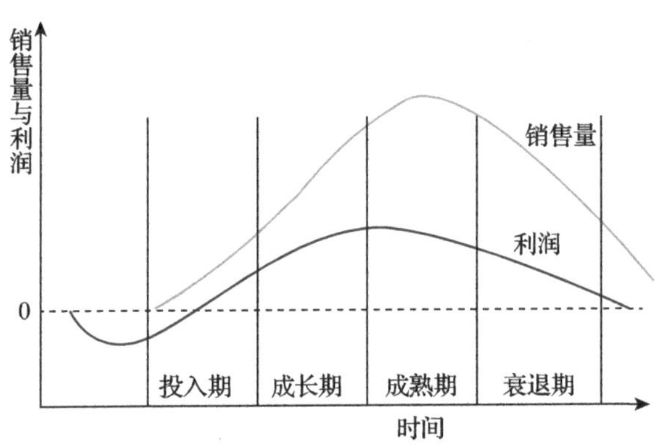

图4－6 典型的产品生命周期图

2. 分析产品生命周期策略

研究产品生命周期的理论，是为了使企业更好地了解本企业产品的发展趋势，熟知各个阶段的市场特点，并适时地调整营销策略和推出新产品，从而使企业能够在动态的市场环境中生存和发展，顺利取得有利的市场地位。

(1) 投入期　投入期是指产品试制成功后刚投入市场销售的阶段。这一阶段的市场特点主要是：消费者对产品和工艺还不太了解和熟悉，大部分不愿放弃或改变自己以往的消费行为；产品质量不稳定，销售渠道和服务不适应消费者的需要；生产批量少，成本高，销量少，促销费用高，企业处于微利或者是亏损的状态。

这个时期的营销突出一个“快”字。企业应充分注意收集消费者意见，不断改进产品性能，大力加强推销宣传，注意选择分销渠道，为产品打入市场、提高竞争力、缩短投入期创造条件。本时期适合采用的营销策略如图4－7所示。

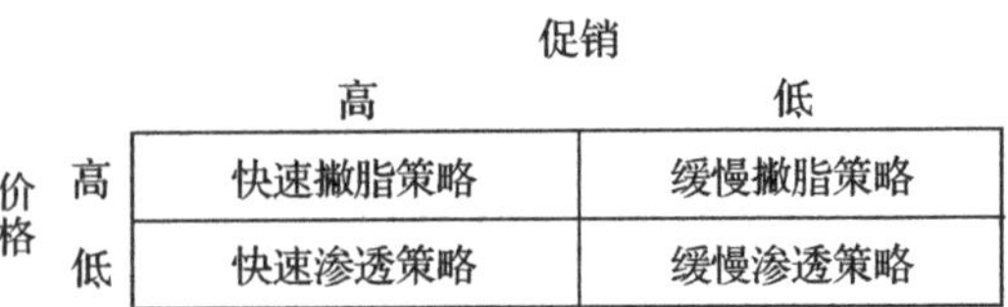

价格 \ 促销	高	低
高	快速撇脂策略	缓慢撇脂策略
低	快速渗透策略	缓慢渗透策略

图4－7 投入期营销策略

1）快速撇脂策略。采用高价格、高促销费用，以求迅速扩大销售量，取得较高的市场占有率。

采用这种策略的适用条件是：潜在市场中大多数消费者对新产品缺乏了解；了解了新产品后，消费者能够并且愿意出高价购买，企业面临潜在竞争者的威胁，急需大造声势，赢得消费者。

2）缓慢撇脂策略。采用高价格、低促销费用的形式，以求得到更多的利润。

这种策略的适用条件是：市场容量相对有限，消费者相对稳定；产品知名度高，消费者愿意出高价购买；竞争威胁小。

3）快速渗透策略。采用低价格、高促销费用，迅速打入市场，取得尽可能高的市场占有率。

这种策略的适用条件是：市场容量大；潜在消费者对新产品不熟悉；消费者对新产品价格十分敏感；竞争威胁大；企业可以通过大批量销售降低单位产品成本。

4）缓慢渗透策略。即以低价格、低促销费用推出。

这种策略的适用条件是：市场容量大；产品知名度高，消费者熟悉；多数消费者对价格十分敏感；竞争威胁大；企业可以通过该策略加速提高产品的市场占有率，也可以通过促销成本的降低相应提高企业的净利润回报。

（2）成长期　成长期是指产品试销成功后批量生产、销售扩大、在市场上快速被消费者所接受的阶段。这一阶段市场的特点主要是：销售量激增，成本下降，企业利润迅速增长。

这个阶段的营销重点突出“好”字，企业应采取扩张性策略和渗透性策略，使产品迅速得到普及，扩大市场占有率，并持续保持销售量增长的好势头。本阶段适合采用的营销策略如下：

1）改善产品品质，提高产品的竞争能力，满足消费者更广泛的需要，吸引更多的消费者。

2）寻找新的细分市场。

3）改变广告宣传的重点。从介绍产品转到建立产品形象上来，树立产品名牌，维系老顾客，吸引新的消费者，使产品形象深入消费者心中。

4）在适当的时机，可以采取降价策略，以激发那些对价格比较敏感的消费者购买。

（3）成熟期　成熟期是市场已进入一个相对成熟的阶段。这一阶段市场的特点主要是：产品的销售量增长缓慢，逐步达到最高峰，然后缓慢下降；销售利润也从成长期的最高点开始下降；市场竞争非常激烈，各种品牌、各种款式的同类产品不断出现。

成熟期营销的重点突出一个“长”字，企业应努力延长成熟期，在竞争中确保市场占有率。这个时期主要考虑的营销策略如下：

1）市场改进。发现产品的新用途或改变推销方式等，以使产品销售量得以扩大。

2）产品改进。以产品自身的改变来满足消费者的不同需要，吸引有不同需要的消费者。

3）市场营销组合改进。通过对4个市场营销组合因素加以综合改革，刺激销售量的回升。

在产品的成熟期，消费者对产品功能品牌价值已经完全认可，对产品的消费因素中的理性因素在减弱，感性因素在加强，消费者更加关注的是消费产品所带来的感受，如有没有更温馨的服务、能不能更显身份等。这个时候，企业广告或促销的目的是要加强消费者对产品的依赖和对品牌的忠诚度，这样既可以迅速扩大市场份额，又能树立品牌形象，为企业更多的产品上市打下坚实的基础。

（4）衰退期　衰退期是指产品已老化、逐渐被市场淘汰的阶段。这一阶段市场的特点主要是：产品销售量急剧下降；利润很低甚至为零；大量的竞争者退出市场；消费者的消费习惯已发生转变等。

衰退期的营销重点突出一个“转”字，企业既不能简单地一弃了之，也不应恋恋不舍，一味维护原有的生产和销售规模。企业必须认真研究产品在市场的真实地位，然后决定是继续经营下去还是放弃经营。企业还应当有计划、稳步地撤退老产品，有目的地开发新产品。这个时期主要考虑的营销策略如下：

1）继续策略。继续沿用过去的策略，直到这种产品完全退出市场为止。

2）集中策略。把企业能力和资源集中在最有利的细分市场和销售渠道上，从中获取利润。

3）收缩策略。大幅度降低促销费用，增加目前的利润。

4）放弃策略。当机立断退出市场，把资源转向其他获利产品。

可将产品生命周期4个阶段的特征总结为表4-2。

表4-2　产品生命周期4个阶段的特征

	投入期	成长期	成熟期	衰退期
产品状态	销量低，成本高，利润少	销售量急剧增加，成本下降，利润提高	销量稳定，利润最高	销售量急剧下降，成本增加，微利或亏损
竞争状态	竞争少	竞争白热化	竞争格局一定，非价格竞争	竞争对手转移

（续）

	投入期	成长期	成熟期	衰退期
消费者行为	好奇者购买	消费者开始增加	消费者迅速增加	消费者开始转移
营销策略	宣传、促销 “快”	改进、差别化、促销 “好”	非价格竞争，开发新用途 “活”	延长、更换、转移“转”
销售增长率	有正有负	>10%	0～10%	<0
普及率	1%～15%	15%～50%	50%～80%	>80%

4.3.3 运用品牌策略

营销者常说：品牌工作是一门艺术和营销的奠基石。在产品趋于同质化的今天，如何使企业的产品区别于其他同类产品呢？产品的品牌化是一种行之有效的方法，但在品牌的营销和管理中，机会与风险共存。企业要想经营好品牌，就必须了解和掌握品牌的相关知识，才能使品牌的作用发挥出来，收到“四两拨千斤”的效果。

1. 塑造品牌理念

品牌（Brand）一词来源于古挪威文字brandr，意思是“烙印”，它非常形象地表达出了品牌的含义“如何在消费者心中刻下烙印？”品牌是制造商或经销商加在产品（或者组织）上的标志，是一种可以触发受众心理活动的产品（或者组织）的标识。具体来说，品牌是指一种名称、术语、标记、符号或图案，或由它们组合，用以识别某个销售者或某群销售者的产品或服务，并使之与竞争对手的产品或服务相区别。品牌是一个集合概念，包括品牌名称（Bran Name）和品牌标志（Brand Mark）两部分。

品牌名称是指品牌中用语言便可以完全和清楚地表达出来的部分，即名称或字词。例如，“东风农机”（DFAM）“常发集团”（CHANGFA GROUP）“久保田”（KUBOTA）“约翰迪尔”（JOHN DEERE）“纽荷兰”（NEW HOLLAND）“洋马”（YANMAR）等的名称和字词可以通过口语明确地表达出来。

品牌标志是品牌中不能用言语清楚和完整地传递的部分，是一种标志、符号和图案，消费者只有通过视觉才能完整地了解它。

在现实经营活动中，品牌和商标既有密切联系，又有一定的区别，商标是专门的法律术语，品牌是一种商业称谓。品牌或品牌的一个部分经过政府有关部门（如我国的工商行政管理局）依法注册后，即成为企业所拥有的注册商标。注册企业享有使用该商标的专用权，具有独占的作用。

2. 品牌策略

企业制定产品的品牌策略，需要决定是否使用品牌、是否让产品使用中间商品牌、使用什么品牌、使用多少品牌、品牌之间有什么关系等问题。

（1）品牌建立策略　即企业决定是否要使用品牌。企业营销人员在进行品牌化策略的时候，首先要决定是否使用品牌。一般企业都会倾向于使用品牌。但是，有些不会因为制造商不同而不同的、特殊的产品，如电、煤炭等，有些消费者不习惯凭商标购买的产品，如肉、小麦等，还有些质量水平不高的产品，为了节省广告、包装费用，降低成本和销售价格，增强产品的竞争力，往往会选择不使用品牌。

（2）家族品牌策略　当企业决定使用品牌后，必须考虑企业的大部分或全部产品是使用一个品牌还是使用多个品牌，各种产品应该分别使用怎样的品牌。

1）统一品牌策略。即企业将自己所生产的全部产品都使用同一个品牌。统一品牌适用于质量水平、价格和目标市场相似的产品。其优点是：能帮助企业尽快建立品牌信誉，有利于新产品开拓市场。其缺点是：当一种产品出现问题时，会影响消费者对其他产品的信心和偏好。大多数农机企业采取的都是统一品牌策略。

2）个别品牌策略。即一个企业的各种产品或产品线分别采用不同的品牌，从而将特定规格、品种或档次的产品与企业产品区分开来，多种品牌共存于一个企业。这种策略的优点是：企业的整体声誉不会受某种产品的影响，有利于满足不同细分市场的特定需求，提高市场占有率。其缺点是：广告宣传费用高，同时品牌过于繁多，不利于企业创立名牌，企业内部各种品牌之间也可能产生竞争。

3）企业名称加个别名称策略。即企业的名称和单个产品的名称相结合，在每个品牌之前冠以企业的名称，以企业的名称表示产品的出处，以品牌名称表示产品的特点。

4）分类品牌策略。即对企业的各类产品分别命名，每一类产品使用一个品牌。企业生产和销售不同类型的产品时，如果统一使用一个品牌，这些不同类的产品就容易混淆；而使用分类策略，就可以对产品进行较好的区分，使消费者能容易识别产品。例如，奇瑞—谷王收割机，奇瑞—耕王收割机，奇瑞—迪凯挖掘机。

（3）品牌延伸策略　品牌延伸策略是指运用某一成功品牌名称的声誉以推出新产品，改良产品或新产品线，使成功品牌在整个产品线上扩展或延伸。品牌延伸的最大优点是可以节省介绍宣传新产品的费用，使新产品能迅速、顺利地打入市场。以美国市场而言，每年在超级市场新出现的产品有 120 ~ 175 种，其中 40% 为品牌延伸。

使用品牌延伸策略应注意，好的品牌延伸会使人产生品牌联想、质量联想、品牌知觉，从而鼓励消费者尝试购买，强化了品牌的核心利益。但品牌延伸也会带来负面影响，如品牌名称无法提供附加值、使消费者产生负面联想、新旧产品间缺乏联想的一致性、品牌形象受到影响、放弃品牌建立的机会等。

实战借鉴

久保田典型产品策略

1. 创新技术研发

在 2019 年召开的第七届中国农机高端论坛中，久保田农业机械（苏州）有限公司在本届农机年度 TOP50 + 中斩获了技术创新金奖和市场领先奖两项奖项。其中，荣获技术创新金奖的 MX1304 型拖拉机，是苏州久保田全新导入中国市场的一款高性能、高智能化的产品。这款拖拉机配套了倍速转向功能，可以以更快的速度、更小的转弯半径进行转弯，提高作业效率，减少对田块的碾压。而获得市场领先奖的 2ZGQ－8D5（SPV－8C25）型乘坐式插秧机则以其性能优越、保养方便、操控方便等特性赢得了市场的认可。

2. 产品品牌建设

在 2020 年第十二届全国农机用户满意度颁奖仪式上，久保田农业机械（苏州）有限公司的水稻插秧机、履带收割机、拖拉机再次荣耀上榜，均获得“第十二届全国农机用户满意品牌”。苏州久保田一直坚持“顾客第一、以人为本、贡献社会”的企业理念，不断为中国农业现代化做贡献，为成为“在中国农业市场上被热爱的品牌”而不懈努力。

4.4 分析并制定价格策略

企业开发出新产品，完成品牌、包装设计之后，就需要给这个产品制定出合适的价格。在营销组合中，价格是唯一能产生收入的因素，价格制定是否合适，直接关系到销量和利润的多少，与企业营销活动的成败息息相关。企业的定价策略就是把产品定价与企业市场营销组合的其他因素巧妙地结合起来，从消费者的角度精确地衡量一个产品价值的完整过程。企业需要系统理解价格，以便更好地设置、调整和改进价格。企业的定价决策是一个复杂的过程，涉及多方面问题，经营者必须先明确目标市场消费者的需要及收入状况，对不同的目标市场，包括定价在内的各种营销策略都有所不同。为了使定价工作有条不紊地进行，企业应遵循一定的定价程序。本部分内容以定价程序为脉络进行介绍。

4.4.1 分析影响产品定价的因素

产品价格的上限取决于产品的市场需求水平，产品价格的下限取决于产品的成本费用，在最高价格和最低价格的范围内，企业能把产品价格定多高，则取决于竞争对手同种产品的价格水平、买卖双方的议价能力等因素。影响企业定价的因素是多方面的，主要如下：

1. 产品成本

价值通常以产品的生产成本为主要依据。因此，企业的产品生产成本是影响企业定价的重要因素，也是产品价格的最低经济界限。产品成本是企业核算盈亏的临界点，产品售价大于产品成本时企业才有可能盈利，反之则亏本。

在一般情况下，企业产品成本越高，其价格也越高，成本越低，价格也越低。企业产品的总成本除生产成本外，还包括产品在流通环节中的流通费用。工商企业都不是以个别成本去决定企业产品的价格，而是以社会平均成本为依据制定自己产品的价格，所以企业应努力降低其个别成本。如果企业个别成本低于社会平均成本，则可获得高额利润，并有充分的调价余地，企业的市场竞争力也随之增强。

2. 需求因素

考虑需求因素对定价的影响时，应建立在对以下几点理论的理解基础之上：

(1) 产品供求关系　通常，当某个产品供小于求时，产品价格上涨，形成卖方市场，价格可定得较高；当产品供大于求时，形成买方市场，价格定得较低。

(2) 需求弹性　需求弹性是指因价格和收入等因素变动而引起的需求量的相应变动率，反映需求变动对收入变动、价格变动的敏感程度。

1) 需求收入弹性。即因收入变动而引起需求相应的变动率。

需求收入弹性大的产品，一般包括耐用消费品、高档食品、娱乐支出等，这类产品在消费者货币收入增加时会导致对它们需求量的大幅度增加。

需求收入弹性小的产品，一般包括生活必需品，这类产品在消费者货币收入增加时会导致对它们需求量的增加幅度比较小。

需求收入弹性为负值的产品，意味着消费者货币收入的增加将导致对该产品需求量的下降，如一些低档食品、低档服装等。

2）需求价格弹性。即因价格变动而引起需求相应的变动率。

需求价格弹性用弹性系数 E 表示，该系数是需求量变动的百分比与价格变动的百分比的比值：

$$E = \frac{\Delta Q/Q}{\Delta P/P}$$

式中 E——需求价格弹性系数；
P——原价格；
Q——原需求量；
ΔP——价格的变动量；
ΔQ——需求的变动量。

有的产品价格稍微变动，就会引起需求量很大变化。价格从10元降到9元，价格降低10%，可需求量就增加100%，需求量的变动是价格变动的10倍。而有的产品大幅度变动价格，但需求量变动很小。价格从10元降到5元，价格降低50%，需求量只增加25%，需求量的变动只是价格变动的1/2倍。一般来说，需求价格弹性可分为以下几种：

① $E>1$，则弹性充足，即需求量的相应变化大于价格自身变动，价格的升降与总收入的增减成反比，应采取降价策略。定价时，应通过降低价格、薄利多销达到增加盈利的目的。

② $E<1$，则弹性不足，即需求量的相应变化小于价格自身变动，价格的升降与总收入的增减成正比，应采取提价策略。定价时，较高水平的价格往往会增加盈利，低价对需求量刺激效果不大，薄利不能多销，反而会降低收入水平。基本生活用品、生产资料产品多属于这种情况。例如：

售价1000元的小机械，成本750元，毛利率为25%；

降价10%后售价900元，毛利率150元÷900元=16.67%；

要弥补利润损失，即使25%×原销售额=16.67%×新销售额；

新销售额/原销售额=25%÷16.67%=1.5；

即（新销售量×900元）÷（原销售量×1000元）=1.5，则新销售量÷原销售量=166.7%；

销售量要上升66.7%才能弥补降价10%带来的利润损失。

③ $E=1$，则弹性不变，即需求量与价格等比例变化，是弹性大和弹性小的分界点。定价时，可选择实现预期盈利率的价格或选择通行的市场价格，同时把其他市场营销策略作为提高盈利的手段。

3. 市场竞争因素

企业必须考虑竞争对手的价格情况，力求定出对竞争更有利且受欢迎的价格。市场竞争一般分为完全竞争、不完全竞争、寡头竞争和完全垄断4种情形。

如果出现完全竞争，企业可采取随行就市的定价策略。例如，一些生产简单、供应来源便捷的日用小商品，对于这类产品，任何企业都不可能通过加强营销措施来提高价格，只能接受市场竞争中形成的价格。

如果出现不完全竞争，企业在制定价格时，应当认真、周密地分析、研究竞争对手的价格和价格策略，制定针锋相对的价格措施，力争竞争的主动性。

如果出现寡头竞争，企业不能随意改变价格，只能相互依存，彼此价格接近。例如，西方国家的汽车、飞机制造业、钢铁业等都是寡头竞争。

如果出现完全垄断，垄断企业可以控制市场价格。比如拥有资源垄断、专卖、专利产品的企业，像电信、电力、自来水等都处于垄断地位。非垄断性企业定价应十分谨慎，以防垄断者的价格报复。

4. 消费者行为

由于消费者在消费过程中会产生复杂的心理活动，并支配消费者的消费过程，因此，企业制定产品价格时，不仅应迎合不同消费者的心理，还应促使或改变消费者的行为，使其向有利于自己营销的方向转化。例如，冲动型和情感型的消费者，对产品价格不是十分重视，主要注重产品的质量、花色、式样等，对这类目标顾客，可视市场状况略调高价格；习惯型消费者对零售商或品牌等产生了信任或偏爱，企业定价可略高；对理智型和经济型的消费者，企业应依质定价。

除了上述主要因素外，企业定价还必须考虑企业实力的强弱、公司经营政策、国家政策、分销渠道和营销组合等其他因素。企业在制定价格策略时，必须综合地、充分地研究影响价格的多种因素，制定出最合理的产品价格。

4.4.2 明确定价目标

定价目标是企业制定价格时首先考虑的因素。不同的企业会有不同的定价目标，这些目标可以分为5种类型。

1. 生存导向定价目标

生存目标是企业处于不利环境中实行的一种特殊的过渡性目标。如果企业遇上生产能力过剩、激烈竞争或者消费者的需要改变时，为避免倒闭、渡过难关，它们要把维持企业生存而不是追求利润作为其主要目标。在这种情况下，定价应尽量压低，以能够迅速出清存货、收回资金、克服财务困难为准则。有时，为了及时处理积压产品，避免更大损失，或为了不错过有利的市场机会，定价可低于成本。这种定价目标只能作为特定时期内的过渡性目标，一旦企业出现转机，则必须以其他的定价目标取而代之。

2. 市场份额导向定价目标

市场占有率是衡量企业营销绩效和市场竞争态势的重要指标，用来表示企业的经营状况，往往比资金利润率更为合适。因为赢得最高的市场占有率之后，企业将享有最低的成本和最高的长期利润。所以，企业制定尽可能低的价格来追求市场占有率的领先地位。

如果具有下述条件之一，企业就可考虑通过低价来实现市场占有率的提高：市场对价格高度敏感；生产与分销的单位成本会随着生产经验的积累而下降；低价能排斥现有的和潜在的竞争者。

3. 利润导向定价目标

追求最大利润，几乎是所有企业的共同目标。最大利润目标就是企业在一定时期内可能并准备迅速获取最大利润的定价目标，即在一定时期内，要求企业全部产品线的各种价格总体最优。但利润最大化并不等于制定最高价格。定价偏高，消费者不能接受，产品销售不畅，反而难以实现利润目标。同时，高价刺激竞争者介入和仿冒品增加，更有损于企业产品市场地位与形象。一般而言，需求价格弹性较大的产品能够做到薄利多销，所以希望实现利润最大化也可以制定低廉的价格。利润导向定价目标主要有3种形式：以实现预期利润为定价目标、以追求盈利最大化为定价目标和以赚取合理利润为定价目标。

4. 产品质量导向定价目标

企业也可以考虑在市场上用产品质量领先这样的目标，并在生产和市场营销过程中始终贯彻产品质量最优化的指导思想。不过，如果一个企业想树立在市场上成为产品质量领先地位的目标，就要求用高价格来弥补高质量和研究开发的高成本。因此，采用这一目标时，企业应更多考虑综合营销效果。此外，产品优质优价的同时，还应辅以相应的优质服务。

5. 竞争导向定价目标

这种定价目标是指企业按照竞争需要来制定价格。一般说来，企业对竞争者的行为都十分敏感，尤其是价格的状况。事实上，在市场竞争日趋激烈的形势下，企业在定价前都会仔细研究竞争对手的产品和价格情况。企业通常把对产品价格有决定影响力的竞争者和领导者的价格作为基础，并与自己的产品进行谨慎比较、权衡，然后根据企业自身的经营实力来制定产品价格。

企业从有利于竞争的目标出发选择定价目标，一般有以下几种：

（1）高于竞争者的价格　企业经营实力雄厚，拥有特殊技术，产品质量好，是名、优、特产品，或服务信誉好，顾客愿意高价购买时，便可做出这种抉择。

（2）采用与竞争者相同的价格　这是一种随行就市、避免由于价格竞争所带来的两败俱伤后果的定价抉择。往往在竞争双方实力相等、市场容量宽松的条件下使用。在存在着“领袖价格”时，新加入的竞争者也可采用。

（3）低于竞争者的价格　经济实力较小的企业，其营销费用较少，往往定价时低于“领袖价格”。

4.4.3　选择定价方法

企业产品价格的高低要受市场需求、成本费用和竞争状况等因素的影响和制约，而在实际定价工作中往往只侧重某一个方面的因素。因此，依照不同的价格制定依据，大体上可把定价方法分为三大类。

1. 成本导向定价法

成本导向定价法就是以产品的成本为中心来制定价格的。主要有以下 3 种：

（1）成本加成定价法　成本加成定价法即在单位产品成本基础上加上一定比例的预期利润和税金构成价格。其基本计算公式为：

$$\text{单位产品价格}=(\text{单位产品的固定成本}+\text{单位产品的变动成本})\times(1+\text{成本加成率})$$

这种方法是成本导向定价法的基本形式，曾是我国最基本、最普遍的定价方法，也是较为简便的定价方法。

如果某品牌的价格弹性低，加成率则应相对高些；如果其价格弹性高，加成率则应相对低些；如果其价格弹性不变，加成率也应保持相对稳定。

（2）边际成本定价法　边际成本定价法，也叫边际贡献定价法，即在定价时只计算变动成本，不计算固定成本，只要定价高于变动成本，就可获得边际收益。此方法重点是在考虑变动成本的回收后尽量补偿固定成本。其计算公式为：

$$\text{单位产品价格}=\frac{\text{总的变动成本}+\text{边际贡献}}{\text{预计销售量}}$$

边际成本定价的意义在于，帮助企业分析成本、利润和销量处于动态变化的情况下，制定不同的定价策略。这种定价方法可以分析：①不同销售量条件下的成本基础，为企业提供一定利润的最低价格；②在一定成本、利润基础上，确定产品价格水平；③结合不同销量、利润和价格变化情况，确定最佳价格。

（3）盈亏平衡点定价法　这种方法是运用盈亏平衡点的原理，在已知一定产量或销售量的条件下，求得保本或取得一定利润的定价方法。其计算公式如下：

$$价格=单位变动成本+\frac{固定成本}{产量（或销售量）}$$

$$价格=单位变动成本+\frac{固定成本+目标利润}{产量（或销售量）}$$

前一个计算公式是确定保本价格的公式，表示在一定产量下不亏不盈的价格。一般来说，如果实际产量（销售量）超过原定产量或实际价格高于该价格就可获得利润；反之，低于该产量或低于该价格就会亏本。

后一个计算公式是在企业保证目标利润实现的条件下所确定的价格。

盈亏平衡点定价法侧重于总成本的补偿，这对于经营多种产品的企业而言比较重要，在某种产品预期销售量难以实现时，可相应提高其他的产量或价格，从而保证企业预期利润或经营目标的实现。但这种方法在成本无法控制或波动甚大时，运用较困难。

2. 需求导向定价法

需求导向定价法是依据买方对产品价值的理解和需求差别来定价，而不是依据卖方的成本定价。需求导向定价法主要分为认知定价法和需求差异定价法。

（1）认知定价法　认知定价法就是指企业根据消费者对产品的认知价值来制定价格的一种方法。定价的关键，不是卖方的成本，而是买方对价值的认知。

消费者对产品价值的认知价值，是消费者根据自己对产品的功能、效用、质量、档次等多方面的印象，综合购物经验、对市场行情和同类产品的了解而对价格做出的评判，其实质是产品的效用价格比，其关键是消费者对价值的理解和认可。因此，认知定价法的关键有两点：一是充分运用各种营销策略影响，来提高消费者对产品同竞争对手的同类产品相比较而言的认知价值；二是尽量准确估测消费者对产品的认知价值。估测过高，会造成定价过高而使消费者感到企业漫天要价从而抑制购买；估测过低又会造成定价太低而使消费者怀疑产品的质量而不愿购买。

（2）需求差异定价法　需求差异定价法是指对同一种产品，根据销售时间、销售地点、销售对象的不同而制定不同的价格。

1）因时而异。例如，月饼的销售价格在农历八月十五日前可定得相对较高，但中秋节一过，只能大幅度降价甚至低于成本销售；节假日和旅游旺季车船票定价比平时高；夏季销售毛皮大衣价格较低；情人节的玫瑰花价格较高；枯水期的电费价格比丰水期的价格高等。

2）因人而异。对老客户和新客户、长期客户和短期客户、商业客户和居民客户、男性客户和女性客户等，一种产品实行不同的价格。火车票对学生、军人与普通顾客的价格就不一样。男人购物往往重质量，只要符合自己需求即可；女人购物往往更重视价格、外形而忽略用途。

3）因地而异。同样的饮料，酒吧和舞厅中的售价比一般的零售商店高几倍；同一产品，城市和农村价格有所不同，国内和国外价格有所不同等；同一场演唱会门票，因座位区域不同，价格差异会比较大。

实行需求差异定价法的前提是：①市场必须是可以细分的，且各个细分市场的需求强度不同；②产品不可能从低价市场流向高价市场；③高价市场上不可能有竞争者削价竞销；④不至违法（有些国家法律禁止“价格歧视”），或因此引起消费者的不满。

3. 竞争导向定价法

竞争导向定价法主要以竞争对手的价格为基础，同竞争者同类产品价格保持一定比例，这种定价方法的特点是：价格与成本和需求不发生直接关系，产品成本或市场需求变动了，由于竞争者价格未变，就应维持原价；反之，成本与需求未变，但竞争者价格变动，也应相应调整价格，否则，就可能被竞争对手击败。竞争导向定价通常有两种定价方法，即随行就市定价法和投标定价法。

（1）随行就市定价法　随行就市定价法是指企业按照行业的平均现行价格水平来定价。随行就市定价法有利于与竞争者和平相处，避免因价格竞争带来的风险，保证企业获得恰当的利润。同时，市场通行价格也易于为消费者所接受，从而保证产品销路。

（2）密封投标定价法　密封投标定价法即由密封投标竞争的方式确定产品价格的方法。该定价法通常用于建筑工程包工、大型设备制造和政府大宗采购等。一般由买方公开招标，卖方竞争投标，参加投标企业把握投标公告内容，密封报价，参加比价。企业定价的基点主要是以预期竞争者的价格为基础来决定产品价格。投标竞争的过程中如果报价高，则利润大，但中标机会小，失标利润为零；如果报价低，则中标机会大，但利润低。因此企业为了中标，会将价格定得低于其他投标者，但一般不得低于边际成本，否则会亏损。即报价时既要考虑成本大小和利润水平高低，更要结合竞争者的状况和中标概率的大小，正确处理好利润与失标风险之间的关系。

以上这些定价方法不仅各自有其特点和要求，而且相互补充，在实际营销活动中，企业要全面考虑成本、需求及竞争状况而选择适宜的定价方法。

4.4.4 确定最终价格

运用一定的方法定出基本价格后，还需要考虑其他各种有关情况，这就需要运用一定的定价策略，确定最终价格，以取得最佳效果。

相比较而言，定价方法着重于确定产品的基础价格，而定价策略则是根据市场中不同变化因素对产品价格的影响程度，运用不同的定价艺术与技巧，制定出适合市场变化的灵活机动的产品价格，从而实现定价目标的企业营销战略。定价策略的宗旨在于使产品的价格既能为顾客乐意接受，又能为企业带来较多的利润。因此，定价不仅是一门科学，更是一门艺术。

确定最终价格时，需要考虑以下几方面的定价策略：

1. 新产品定价策略

新产品的定价是企业经营决策中极为重要的问题，关系到新产品能否顺利进入市场，能否站得住脚，能否给企业带来预期效益。新产品定价策略主要有以下几种：

（1）撇脂定价策略　撇脂定价策略即在新产品上市之初，把价格尽可能定得很高，就像从牛奶中撇取油脂一样，从市场内不在乎价格的消费者中，提走精华部分，以期在短时间内获得最大利润，尽快收回投资。

新产品只要质量过硬，便能奇货可居，第一个推出，先入为主，捷足先登。同时，高的价格又满足了消费者求新、求异和求声望的心理。采用撇脂定价策略在国际、国内都是相当普遍的。

因此，撇脂定价策略作为一种短期价格策略，适用于具有独特的技术、不易仿制、有专利保护、生产能力不太可能迅速扩大等特点的新产品，同时市场上要存在高消费或时尚性需求。

（2）渗透定价策略　渗透定价策略即在新产品投入市场时，以较低的价格吸引消费者，从而很快打开市场，就像倒入泥土的水一样，从缝隙里很快渗透到底，从而获得最大的市场份额。

在市场竞争激烈的环境下，采用此策略有积极的作用。同时，因为定价低，在市场潜力大、竞争者容易渗入的情况下，给予竞争者一个价低利少、无利可图的印象和感觉，从而抑制了竞争者的渗入。

因此，渗透定价策略作为一种长期价格策略，适用于能尽快大批量生产、产品差异小、特点不突出、易仿制、技术简单、消费者对价格敏感性强的新产品。

（3）满意定价策略　对于一般产品来说，价格定得过高，不利于打开市场；价格定得太低，则可能出现亏损。因此，最稳妥可靠的是将产品的价格定得比较适中。满意定价策略被称为安全定价策略，它吸取上述两种定价策略的长处，采取比撇脂定价低、比渗透定价高的适中价格，消费者有能力购买，推销商也便于推销。满意定价通常是由成本加正常利润构成的。

2. 心理定价策略

心理定价策略即根据消费者的不同心理，采取不同定价技巧的策略。常见的心理定价策略有以下 4 种：

（1）整数定价　整数定价是将产品价格采取合零凑整的办法。企业有意将产品价格定为整数，以显示产品具有一定质量，给人以高档的感觉。整数定价多用于价格较贵的耐用品或礼品，以及消费者不太了解的产品。对于价格较贵的高档产品，消费者对质量较为重视，往往把价格高低当作衡量产品质量的标准之一，即产生所谓“一分价钱一分货”的感觉，从而有利于销售。

（2）尾数定价　尾数定价也称为奇数定价法。该方法利用消费者数字认知的某种心理，尽可能在价格数字上不进位，而保留零头，消费者会认为这种价格经过精确计算，购买不会吃亏，从而产生信任感。同时，价格虽离整数仅相差几分或几角钱，但给人一种低一位的感觉，符合消费者求廉的心理愿望。这种策略通常适用于基本生活用品。

（3）声望定价　市场上有不少高级名牌产品，经销多年，在消费者心目中有极高的声望，这些产品的消费者一般不在乎钱的多少，而在乎产品能否显示其身份和地位，产品的商标、品牌及价格上能否炫耀其豪华，这类产品一般称为豪华产品。声望定价是利用消费者仰慕豪华产品或豪华商店的声望所产生的某种心理，制定高于其他同类产品的价格。

消费者购买名牌产品不仅仅是为了消费，还要显示他们的身份和地位。因此，豪华轿车、高档手表、名牌时装、名人字画、珠宝古董等，在消费者心目中享有极高的声望和地位，价格越高，心理满足的程度也越高，价格定得如果低，反而不能满足消费者心理的需要。

（4）招徕定价　招徕定价是指零售商利用部分消费者的求廉心理，特意将几种产品的价格定得较低，以吸引消费者到商店来，借机带动其他产品的销售，以扩大销售业绩。采用此策略的关键是“特价品”必须是大多数消费者熟悉且日常生活必需、购买频率较高的产品，“特价品”的数量也要适宜，既不可太多，也不可太少。

3. 折扣定价策略

企业为了鼓励消费者及早付清货款、大量购买、淡季购买，或配合促销，常常给予消费者一定的价格折扣和折让。折扣定价的形式有以下5种：

（1）现金折扣　这是企业给那些在规定时间期限内付清货款的消费者的一种减价方式。例如，消费者在30天内必须付清货款，如果10天内付清货款，则给以2%的折扣；20天内付清货款，给予1%的折扣。采用现金折扣可以减少企业的收账费用，使消费者及时付款，加速资金周转，避免坏账、呆账。

（2）数量折扣　这种折扣是企业给那些大量购买某种产品的消费者的一种减价方式，以鼓励消费者购买更多的产品。例如，消费者购买某种产品100单位以下，每单位10元；购买100单位以上，每单位9元。这是鼓励和吸引消费者长期大量购买的一种定价策略。

（3）季节折扣　这种价格折扣是企业给那些购买过季产品的消费者的一种减价方式，以鼓励消费者提前购买或在淡季购买，使企业的生产和销售在一年四季保持相对稳定。例如，啤酒生产企业对在冬季进货的客户给予大幅度让利，羽绒服生产企业则为夏季购买其产品的客户提供较大折扣。

（4）功能折扣　功能折扣又叫交易折扣。功能折扣是制造商给某些批发商或零售商的一种额外折扣，促使它们执行某种市场交易功能（如推销、储存、服务）。

（5）价格折让　价格折让分为以旧换新折让和促销折让两种。例如，一个新热水器标价为350元，商家允许消费者以旧热水器折价80元购买，只需支付270元，这叫作以旧换新折让。如果经销商同意参加制造商的促销活动，则制造商卖给经销商的物品可以打折扣，这叫作促销折让。

4. 地理定价策略

考虑产品运费负担问题的定价策略称为地理定价，特别是当运输费用占变动成本比例较大的时候，更不能忽视。一般考虑运输的地理定价策略有以下几种：

（1）FOB原产地定价　FOB原产地定价即卖方负责在约定的地点（如车站、码头、机场等）将货物运到买方指定的运输工具上（如货车、火车、船舶、飞机等）交货，并承担此前的一切风险和费用。交货后的一切风险和费用包括运费则由买方承担。这一价格在国际贸易中称为离岸价格，简称FOB。

（2）统一定价　这种定价法与原产地定价相反，完全没有地区差价。企业对不同地区消费者实行统一价格，按照相同的厂价加上相同的运费即平均运费计算，实际上是让近处的消费者承担了部分远方消费者的运费，对近处的消费者不利，但很受远方消费者的欢迎，并且便于计算，如我国邮资定价，因此这种策略又被称为“邮票定价策略”。

(3) 分区定价　这种形式介于前二者之间，是企业把全国（或某些地区）分为若干价格区，对于卖给不同价格区消费者的某种产品，分别制定不同的地区价格。距离企业远的价格区，价格定得较高；距离企业近的价格区，价格定得较低；在各个价格区范围内实行一个价。

(4) 基点定价　基点定价即企业选定某些城市作为定价基点，然后按一定的厂价加上从基点城市到消费者所在地的运费来定价。有些企业为了提高灵活性，选定多个基点城市，按照最近的基点计算运费，这样有利于生产企业市场的扩大。

5. 产品组合定价策略

当企业同时经营多种产品时，定价需着眼于整个产品组合的利润实现最大化，而不是单个产品。具体的做法有以下几种：

(1) 产品线定价法　产品线定价是指企业对属于同一产品线的某一大类产品进行定价。在进行产品线定价时，要区分两种情况。一种情况是同一产品线中的各个产品有大致相同的目标市场，这样它们之间的价格就应当有较大的关联性；另一种情况是相同产品线中的各项产品有不同的目标市场，这时各产品间价格的关联性相对较弱，企业只要针对不同目标市场的情况及产品的成本情况对相应的产品进行定价，而无须过多考虑各产品之间的价格差异。

(2) 任选品定价　任选品即与企业生产或经销的主要产品密切关联的产品。企业既可以把任选品的价格定得较高，靠它来赚钱；也可以把任选品的价格定得较低，利用它来招徕消费者。

(3) 互补品定价　当企业同时生产与主要产品一起使用的附属或补充产品时，可以有意识降低弹性大、购买频率低的产品价格，同时提高弹性小、购买频率高的产品价格。

(4) 分部定价　企业经常将原本可以以整体形式销售的产品分拆开来出售，并对不同的产品组件单独定价，这些分拆开来的产品组件在功能上往往具有一定的互补性。

分部定价在服务行业也得到了较为广泛的运用。服务性企业经常收取一笔固定费用，再加上可变的使用费用。

(5) 副产品定价　在生产加工食用肉类、石油产品和其他化学产品中，常常有副产品。如果这些副产品对某些消费者群具有价值，必须根据其价值定价。副产品的收入多，都将使公司更易于为其主要产品制定较低价格，以便在市场上增加竞争力。

（6）组合产品定价　企业经常以某一价格出售一组产品，如化妆品、计算机、家具、厨具等公司，它们为消费者提供一系列活动方案。这一组产品的价格低于单独购买其中每一产品的费用的总和。因为消费者可能并不打算购买其中所有的产品，所以这一组合的价格必须有较大的降幅，以此来推动消费者购买。

实战借鉴

经典定价策略案例——诺基亚N8定价策略分析

一、定价的影响因素分析

1. 成本

成本对价格的影响在手机产品中体现得最明显。手机是技术更新换代非常快的行业，因此任何一次技术的更新换代或者某种关键器件的普及化都会造成价格的波动。我们发现自己购买的手机很少有涨价的，只有降价的，无论消费者何时购买手机，事后来看肯定是“吃亏”的，隔一段时间保证降价。这种更新换代给产品定价带来的影响无疑是相当重大的。

2. 消费者价值

成本的确非常重要，但消费者的购买期望更加重要，无论产品如何定价，对于消费者而言会有自己购买产品的最低容忍价格，经济学家称之为消费者价值(Customer Value)，就是产品值多少钱。

市场导向是市场经济的基本游戏规则，而以人为本是现代企业的生存法则。再好的产品，如果不能为市场所接受，也注定要以失败而告终。因此，定价之前，企业需要制定STP基本策略。定价时企业需要识别消费者类型、价格敏感性、用途及使用方法等基本要素，制定人性化的价格策略。

3. 竞争产品

竞争产品的成本是我们理解竞争产品定价的重要途径，因为通过这些产品的成本就基本能看清楚它们的利润。与N8相比，其最大的竞争对手当属苹果公司的iPhone。

4. 企业战略目标

诺基亚在市场的营销战略目标主要有两个方面：一方面，与Apple公司和Google公司竞争中高端手机市场，通过推出的N8，我们可以更加肯定这一点；另一方面，面向我国广大的农村市场，靠平价机型及各种增值服务占领大片中低端市场。

二、确定定价目标

诺基亚 N8 的定价目标主要有：

1. 实现预期利润

这又有两种情况：①追求利润最大化。对于诺基亚公司而言，由于它已具备了较好的市场竞争力和影响力，属于具有较高实力的公司，因而，实现利润最大化可以作为其短期目标来制定。②实现预期的投资收益率。以此为定价目标，要求定价时在成本之外加上一定的预期利润。综合这两种情况，实现预期利润是其最基本的定价目标。

2. 提高或维持市场占有率

市场占有率是反映企业竞争能力的指标，它的高低反映着企业的经营状况、市场地位和收益。一般说来，紧随着高市场占有率的往往是高利润率。因而，提高或维持市场占有率也是诺基亚的定价目标之一。

3. 适应竞争

随着人们生活水平的日益提高，各类电子产品尤其是手机市场的竞争日益激烈。处于激烈竞争环境中的诺基亚 N8，不得不通过制定有效的价格来和竞争对手争夺市场，借以提高市场占有率。

三、制定定价策略

诺基亚 N8 定位于高端商务机，信息的安全要求很高，在商务的同时更加突出娱乐性能，它延续了 N 系列特色，更加个性、时尚，因此是年轻达人和高级白领的理想选择。因为高级白领和年轻达人对价格不太敏感，随着人均收入的提高，其他对价格敏感的消费者伴随着价格的降低，也会产生一定的需求，所以阶段性撇脂定价是理想定价模式。

1. 成本调研

成本调研主要是关注诺基亚 N8 的固定成本、可变成本及机会成本。产品零部件主要由三星、东芝和德州仪器提供。由三星提供的显示器和触摸屏，其成本达到了 39.25 美元。N8 使用的芯片组成本为 22 美元，承担着系统和应用运行的任务，它包括一个德州仪器提供的处理器，还有一个博通公司（Broadcom Corp）提供的数模转换器，可以用于支持 HDMI 端口输出高清视频。包括 16GB 存储空间在内的所有存储芯片的成本为 37.12 美元，1200 万像素摄像头的成本也高达 31.08 美元。总的生产成本为187.47美元，但是并不包括专利许可费用、劳动力、广告和软件的成本，加上上述几项生产成本大概在230美元左右。下面最重要的就是运输和销售成本了，诺基亚在我国有自己的制造工厂和良好的物流能力，使其在运输成本上大大降低。诺基亚在全球范围内，不论是供应商还是诺基亚跨国公司内部间的物流运输，都是谁收货谁付费，并严格按照全球统一的FCA条款进行。国际FCA条款中规定，作为收货方有权选择和指定物流服务公司，因为这些公司最清楚当地的海关、商检和其他政府部门的规定及政策，从而便于提供“门到门”的物流服务。

2. 确定目标价格

诺基亚不是一味地压低运价，而是与物流服务商共同研究如何整合资源来降低生产成本和运输成本。例如，通过改变产品包装模数与包装方式，提高包装内的货物量，降低了单位产品的运输成本。又如，根据国内业务发展的需要，改变运输方式。以前送往上海的货物，一般采取空运方式，现在由于高速公路的发展相对比较完善，因此在满足时限和保证服务的前提下改为公路运输。手机充电器、主板等零部件的供应商多数在南方地区，这些产品对运输条件要求不太严格，通常采用铁路运输，从而有效地降低了运输成本。另外，随着我国社会、经济的发展，货源比较充足。销售成本主要是零售商的利润，由于诺基亚已经形成完善的销售网络，使其在销售成本上趋于固定并且在同行业中处于较低水平。

综上所知N8的成本约合人民币2000元。为了争取最大的利润，初步的目标价格为4389元。

四、最终定价

通过对消费者价值和消费者敏感度进行分析后，发现采用阶段性撇脂定价对于N8来说是最好的定价方法，因为：

第一，市场上存在一批购买力很强并且对价格不敏感的消费者。

第二，这样一批消费者的数量足够多，企业有厚利可图。

第三，当有竞争对手加入时，本企业有能力转换定价方法，通过提高性价比来提高竞争力。

第四，本企业的品牌在市场上有传统的影响力。

阶段性撇脂定价即从一个较高的价格开始，首先吸引对价格最不敏感的消费者；随着时间的推移最不敏感消费者渐渐减少，为了维持销量，把价格降低到一定水平，来吸引对价格不太敏感的消费者；将这个过程持续下去，直至试尽所有的撇脂机会。最后通过与竞争对手同类产品的价格和消费者价值分析来确定产品的最终价格。2010年，N8最主要的竞争对手有苹果iPhone 4代16GB（4500元）、苹果iPhone 4

代 32GB（4650 元）、三星 1909（4888 元）等，上述机型无论在功能和质量上都与 N8 类同但又具有各自的特性。

因此，我们认为 N8 在上市第一个阶段价格应该定在 4599 元，这样既有一定的销量又能具有较可观的利润。

当最不敏感消费者购买后，第二个阶段价格应该降 500 元，也就是 4099 元，这样有利于吸引对价格不太敏感的消费者，在拥有销量的同时利润也很可观。

在前两个阶段过后，对价格不敏感的消费者基本已经购买了本产品，为了争取对价格敏感的消费者，第三个阶段应把价格定在 3599 元，并保持这个价格，充分发挥撇脂定价的效果。

五、结束语

略。

4.5 分析并制定分销渠道策略

人走路需要人行道，汽车行驶需要公路，飞机飞行需要航线；同样，产品要从生产者手中到消费者手中，也需要“道”，在营销中称为“分销渠道”或“分销渠道”。没有这个“道”，就没有销售。分销渠道是产品实现其价值过程中的一个重要环节。提高销售量是企业创造利润的直接手段，而渠道策略则是间接手段。因此，很有必要学习分销渠道管理的方法和技巧。

分销渠道也称分销通道、销售通路或流通渠道，是指产品从生产者向消费者或用户转移过程中，即产品或服务从制造商向消费者转移过程的通道或路径。分销渠道可直接可间接，可长可短，可宽可窄，视具体企业、具体产品的不同而不同。分销渠道涉及若干个中间环节，通常包括制造商、批发商、零售商及其他辅助机构，渠道的起点是制造商或服务提供者，终点是消费者或用户。在进行分销渠道决策时既要考虑到市场分销渠道的共性，又要考虑到其特殊性。整个分销渠道中分销活动主要有商流、物流、资金流、信息流和促销流。

4.5.1 分销渠道设计

分销渠道设计是指渠道管理者在分析渠道环境因素的基础上，以消费者需求为导向，为实现分销目标，在对各种备选渠道结构进行评估和选择，从而创建全新的分销渠道或改进现有分销渠道的过程中所做出的决策。虽然对于每个企业来说，其分销渠道的实际情况不尽相同，但就大多数企业而言，渠道设计的流程基本相似，大致可分为5个阶段。

1. 分析消费者的服务需求

分销渠道的设计始于消费者。分销渠道可以被认为是一个消费者价值的传递系统，在这个系统里，每个渠道成员都要为消费者增加价值。一家企业的成功不仅依赖于它自己的行动，而且依赖于它的整个分销渠道与其他竞争对手的分销渠道进行竞争的状况。

一般来说，分销渠道可提供5种服务产出：

（1）批量大小　批量是分销渠道在购买过程中提供给典型客户的单位数量。不同的目标客户需要建立不同的渠道。批量越小，由渠道所提供的服务产出水平越高。

（2）等候时间　等候时间即渠道的消费者等待收到货物的平均时间。消费者一般喜欢快速交货渠道。快速服务要求一个高的服务产出水平。

（3）空间便利　空间便利是分销渠道为消费者购买产品所提供的方便程度。

（4）产品品种　产品品种是分销渠道提供的产品花色品种的宽度。一般来说，消费者喜欢较宽的花色品种，因为这会使得实际上满足消费者需要的机会更多。

（5）服务支持　服务支持是渠道提供的附加的服务（信贷、交货、安装、修理），服务支持越强，渠道提供的服务工作越多。

分销渠道的设计者必须了解目标客户的服务产出需要，提高服务产出的水平意味着渠道成本的增加和对消费者的高价。

2. 确定分销渠道的目标

渠道目标是营销总目标的组成部分，它必须与营销总目标保持一致，为实现营销总目标服务。一般来说，渠道设计的目标主要有以下几种：

（1）分销顺畅目标　这是分销渠道设计最基本的要求，为了实现这一目标，一般应使渠道扁平化、沟通便利化。

（2）分销流量最大化目标　通过广布网点、提高铺货率，可最大化地增加流量。

（3）分销便利目标　为了使消费者感到便利，企业应使市场分散化，节约消费者的运输成本；同时，提供完备的售后服务，及时为消费者解决问题。

（4）拓展市场目标　一般情况下，在进行市场开拓时，大部分企业更侧重于依赖中间商，待拥有一定的市场份额和自己的消费者群后，再建立自己的分销网络。

（5）提高市场占有率目标　在建立起合适的分销渠道后，应特别注重分销渠道的维护与保养，从而逐步扩大市场份额。

(6) 扩大品牌知名度目标　在维护老客户对品牌忠诚度的同时，进一步争取新客户。

(7) 分销成本最低化目标　在设计与选择分销渠道时，要考虑到渠道的建设成本、维护成本、改进成本及最终收益。

(8) 提高市场覆盖面积和密度的目标　企业为了实现这一目标，大多采用多家分销和密集分销形式。

(9) 控制渠道的目标　制造商可以通过提高自身的管理能力、融资能力，掌握一定的销售经验，建立品牌优势来掌握渠道主动权。

(10) 渠道服务创新目标　如延长营业时间、提供主动上门服务、开展网上分销等。

在确定渠道目标时值得注意的是，所制定的渠道目标应该明确而又具体，既可以清晰描述，也可以操作。

3. 明确影响渠道设计的主要因素

在确定具体的分销渠道结构之前，首先要弄清影响渠道结构的各种因素。通常，制造商在建立分销渠道模式时通常会考虑以下几个因素：

(1) 企业特性　企业自身的特性在渠道选择中起着重要作用。企业的规模决定了它的市场规模及其得到所需的经销商的能力；企业的财务资源决定了它能够承担何种营销职能及中介机构承担哪些营销职能；企业的产品组合影响它的渠道模式。

不同的企业在规模、声誉、经济实力和产品特点等方面存在差异，即企业特性不一，这对中间商具有不同的吸引力和凝聚力，因而企业在设计分销渠道时，应结合企业特性选择中间商的类型和数量，对企业分销渠道模式进行决策。

(2) 产品特性　产品的价值、数量、体积与重量、技术含量、时尚性、对售后服务的要求及产品所处的生命周期阶段是渠道管理者在设计渠道结构时必须考虑的因素。

产品由于体积大、重量大、价值大、运输不便、储运费用高、技术服务专业性强等原因，对中间商的设施条件、技术服务能力和管理水平要求较高，宜采取短而宽的分销渠道类型，并宜以自建分销渠道为主。但不同企业的产品特性不一，不能生硬套用，各企业在组建分销渠道系统时应充分考虑本企业的产品特性。

(3) 市场特性　市场特性也是影响分销渠道的一项重要因素，它是分销体系发挥作用的外部环境，要求企业了解市场需求状况、消费者集中程度、消费者购买习惯、市场潜力、市场竞争性和市场景气状况等。不同企业的不同产品，其市场特性也是不一样的，而且产品品牌丰富、品种繁多，企业设计分销渠道时，还应充分研究竞争对手的渠道状况，分析本企业的分销渠道是否比竞争对手更具活力。否则，应对渠道做出调整。

（4）中间商因素　在分销渠道中，中间商占有特别重要的地位，它在产品由生产领域到消费领域的转移过程中，起着桥梁和纽带的作用。由于中间商的存在，不仅简化了销售手续，节约了销售费用，而且扩大了销售范围，提高了效率。企业可从中间商的可得性、使用成本和服务质量3个方面考虑，其中可得性是指在选定的市场区域内能否选到有效的中间商，使用成本是考虑中间商的成本差异以决定是否选择中间商和中间商的层次，服务质量是指企业应评估中间商向顾客提供服务的能力。

（5）竞争对手因素　企业主要通过各地的销售总公司推销其产品，使用同一分销渠道。但当近年来市场竞争日趋激烈时，各大企业都纷纷发展自己独有的分销渠道，大量的品牌专营店涌现出来。在西方国家，由于市场竞争的压力，各大制造商都主要采用自己的分销渠道，避开竞争对手的锋芒。

（6）政府有关立法及政策规定　如专卖制规定、《中华人民共和国反垄断法》、进出口规定、税法等。另外税收政策、价格政策等因素都影响制造商对分销渠道的选择。

4. 规划分销渠道的架构

为了实现分销目标，渠道管理人员需要考虑应怎样设计渠道结构。设计可能的渠道结构，应从以下3个方面着手：

（1）规划渠道长度结构　分销渠道的长度结构又称为层级结构，是指按照其包含的渠道中间商（购销环节），即渠道层级数量的多少来定义的一种渠道结构。通常情况下，根据包含渠道层级的多少，可以将一条分销渠道分为零级、一级、二级和三级渠道等。零级渠道也称为直接渠道或短渠道，一级、二级、三级渠道都属于间接渠道，也称为长渠道。一般分销渠道的环节越多，对渠道的管理控制就越困难，所以对渠道环节多少的选择，其关键就在于是否方便消费者或用户购买。

1）生产企业直售型。即零级渠道，是指没有渠道中间商参与的一种渠道结构。零级渠道也可以理解为一种分销渠道结构的特殊情况。在零级渠道中，产品或服务直接由生产者销售给消费者，产销直接见面，环节少。零级渠道是大型或贵重产品及技术复杂、需要提供专门服务的产品销售所采取的主要渠道，是一种最简单、最直接、最短的分销渠道。

2）生产企业→经销商直售型。即一级渠道，包括1个渠道中间商，是由制造商通过零售商到消费者，中间环节少，渠道短，有利于生产企业充分利用经销商的力量扩大产品销路，提高经济效益。采取此种渠道结构的生产企业先将产品卖给经销商，再由经销商直接销售给消费者。

3）生产企业→批发商（代理商）→经销商。即二级渠道，包括 2 个渠道中间商。在工业品市场上，这两个渠道中间商通常是代理商及批发商，而在消费品市场上则通常是批发商和零售商。采取此种渠道结构的生产企业的分销途径有两种：一是先将产品批发销售给批发商（或地区分销商），再由其转卖给经销商，最后由经销商将产品直接销售给消费者；二是先委托并把产品提供给总经销商（或总代理商），由其销售给经销商，最后由经销商直接销售给消费者。

4）生产企业→代理商→批发商→经销商。即三级渠道，包括 3 个渠道中间商，制造商通过三级中间商将产品转移至消费者或用户手中，这三级中间商通常是代理商、批发商和零售商。采取此种渠道结构的生产企业一般先委托并把产品提供给总经销商（或总代理商），由其向批发商（或地区分销商）销售，批发商（或地区分销商）再专卖给经销商，最后由经销商直接销售给消费者。其特点是总经销商（或总代理商）为生产企业销售，有利于了解市场环境，打开销路，降低费用，增加效益；缺点是中间环节多，流通时间长。

（2）规划渠道宽度结构　渠道的宽度结构是根据每一层级渠道中间商的数量的多少来定义的一种渠道结构。渠道的宽度结构受产品的性质、市场特征、用户分布及企业分销战略等因素的影响。渠道的宽度结构分成密集型分销渠道、独家型分销渠道和选择型分销渠道 3 种类型。

1）密集型分销渠道。密集型分销又称为广泛型或普通型分销。采用这种策略的具体表现是，企业选用尽可能多的中间商经销自己的产品，使产品在目标市场有“铺天盖地而来”之势，达到使自己产品品牌充分显露——“路人皆知”和随处可买，最广泛地占领目标市场的目的。

2）独家型分销渠道。这是一种最为极端的常见专营型分销策略。由于产品本身技术性强，使用复杂而独特，所以需要一系列的售后服务和特殊的推销措施相配套，使国际企业在一个目标市场只选择一个中间商来经销或代销它的产品。

3）选择型分销渠道。这是介于密集型和独家型之间的一种分销策略。如果说密集分销策略是一种追求短期效益的急功近利的行为的话，那选择型分销策略则是基于企业的长远利益的一种分销策略。所谓选择型分销策略，是指企业在市场范围内，在同一渠道环节层次上仅选择少数几家经过审查最符合条件的批发商和零售商来销售其产品。

5. 选择分销渠道设计方案

当制造商识别了几种渠道方案或渠道结构之后，就要确定哪一个最能满足企业的长期目标。每个渠道方案都需要以经济标准、控制标准和适应性标准进行评估，并最终选择分销渠道的设计方案。

（1）经济标准　每种渠道方案都将产生不同水平的销售量和成本。第一个问题：是使用企业的推销队伍销售量大呢，还是使用经销商销售量大？大多数营销经理认为使用企业的推销队伍销售量大。企业推销代表完全致力于本企业的产品；他们在推销本企业的产品方面受过较好的训练；他们更富有进取性，因为他们的未来与企业密切相关；他们更可能获得成功，因为消费者喜欢直接与企业打交道。然而，经销商也可能比企业推销队伍的销售量大。第一，经销商有更多的销售代表；第二，经销商的推销员可能和直接推销员同样积极（这取决于同其他产品相比，推销该产品的佣金是多少）；第三，有些消费者喜欢和代表几家厂商的经销商打交道，而不喜欢与某一个企业的推销员来往；第四，经销商与市场有广泛的联系，而企业的推销队伍必须从头做起，这就意味着要付出大量人力成本和时间成本。

下一步是估计每个渠道不同销售量的成本。利用经销商的固定成本，比企业组建自己的推销办公室成本低。但是利用经销商的费用增长很快，因为经销商的佣金比企业的推销员高。

（2）控制标准　评价必须进一步扩大到要考虑两种渠道的控制问题。使用经销商意味着会产生更多有关控制的问题。经销商是一个独立的公司，它关心的是本公司的利润最大化。经销商可能关注那些从其所购买的产品组合角度上而言的最重要的消费者，而不是从对某个特定制造商产品感兴趣的程度方面考虑的；此外，经销商的推销人员可能没有掌握有关公司产品的技术细节，或者不能有效运用他的技术材料。

（3）适应性标准　评估各渠道备选方案时，还要考虑自身是否具有适应环境变化的能力。每个渠道方案都会有规定期限，某一农机制造商决定利用销售代理商推销产品时，可能要签5年乃至更长时期的合同。在这段时间内，即使采用其他销售方式会更有效，制造商也不得任意取消销售代理商。所以，制造商不签订时间过长的合约，一个涉及长期承诺的渠道方案，除非是在经济性或控制性方面很优越的条件下才可予以考虑。因此，在迅速变化、非持久和不确定的产品市场上，生产商需要寻求能获得最大控制的渠道结构和政策，以适应不断变化的营销战略。

4.5.2 分销渠道管理

企业在确定了渠道方案后，还要决策如何管理渠道，加强渠道内部各成员之间的协调与合作。具体来说即对中间商进行选择、激励和评价，此外随着时间的变化，渠道安排必须调整。

1. 选择分销渠道成员

生产企业在为其所选中的渠道吸引合格的中间商方面的能力是不同的，必须了解中间商的优劣特性。一般来说，生产企业要评估中间商经营时间的长短及其成长记录、清偿能力、合作态度、声望等。当中间商是销售代理商时，生产企业还须评估其经销的其他产品大类的数量与性质、推销人员的素质与数量。当中间商打算授予某家公司独家分销资格时，生产企业尚需评估产品的位置、未来的发展潜力及经常光顾的消费者类型。有些生产企业能轻而易举地招到中间商。有时，独家经销或者有选择分销的许诺会引来大批的申请人。

2. 激励分销渠道成员

激励渠道成员可减少生产企业与中间商的矛盾，使其出色地完成销售任务。生产企业对中间商应以利益均沾、风险分担的原则，密切双方的合作关系，共同搞好营销。有必要制定一些考核和奖惩办法，对经营效果好的，给予奖励或优惠待遇，建立长期合作关系。要激励渠道成员，必须先了解中间商的需要与愿望，同时要处理好与渠道成员之间的关系。生产企业必须不断地激励中间商，促使其做好工作，促使它们参加渠道体系的条件固然已提供了若干激励因素，但是这些因素还必须通过生产企业经常的监督管理和再鼓励得到补充。

（1）激励力量　在处理与其经销商的关系时，生产企业所采用的方式有很大的不同，在本质上讲，它们可以应用下述类型的力量形式以获取合作：

1）强制力量。当中间商不合作时，生产企业就向其施加压力，如停止某些资源或终止关系。在中间商紧密依赖生产企业的情况下，这种方法是相当有效的。但施加压力会使中间商产生不满和迫使它们组织抵抗力量。

2）报酬力量。中间商执行特定活动时，生产企业可给予附加利益。报酬力量通常比压力有效果，但开支过高。中间商的工作要被生产企业视为应做工作以外的行为。但当生产企业有一定要求时，中间商有可能越来越多地、不断地要求报酬。如果报酬被取消的话，中间商就会感到受骗了。

3）法律力量。法律力量被广泛地应用于生产企业依据合同所载明的规定或从属关系，要求中间商有所行动。生产企业认为这是自己的权利，也是中间商的义务。一旦中间商认为生产企业在法律方面占主导地位，法律力量就起作用了。

（2）激励方式

1）直接激励。直接激励是指通过给予中间商物质、金钱的奖励来激发中间商的积极性，从而实现生产企业的销售目标。直接激励的主要形式有以下3种：

①返利。运用返利进行激励，要考虑返利的标准、形式、时间和附带条件等因素。

②价格折扣。根据不同情况，给予中间商一定的价格折扣，以鼓励中间商更多地销售产品。价格折扣包括数量折扣、现金折扣、季节折扣等。

③提供促销费用。由生产企业提供促销费用，开展促销活动，往往很受中间商的欢迎。但生产企业开展促销活动，要考虑是否能调动和刺激中间商的积极性，同时要测算促销成本能否承受。

2）间接激励。间接激励是指通过帮助中间商获得更好的管理、销售的方法，从而提高销售绩效。间接激励通常的做法有以下4种：

①帮助经销商建立进销存报表，设定安全库存数，进行先进先出库存管理。

②帮助零售商进行零售终端管理，包括铺货、产品陈列等。

③通过帮助经销商管理其客户网来加强经销商的销售管理工作。帮助经销商建立客户档案，从而更好地服务于不同性质的客户，提高客户的忠诚度。

④实施伙伴关系管理，风险同当，利益共享。

3. 评价分销渠道成员

生产企业必须定期按一定的标准衡量中间商的表现，如销售配额完成情况、平均存货水平、向顾客交货的时间、与公司促销和培训计划的合作情况、向顾客提供的服务如何，以及货款的支付是否及时等。如果某一中间商的经销状况不能令人满意或者明显低于事先规定的标准线，则有必要帮助其分析原因，并采取改进的措施。

评价分销渠道成员，主要有两种做法。其一，将每个中间商的销售额与上期销售额进行比较，并以整个群体的升降百分比作为评价标准。对于低于群体平均水平的中间商，则应加强评估和采取激励措施。如果是由于客观环境变化引起销售量的下降，也是可以谅解的。其二，把每个中间商的实际销售额和事先规定的某一地区的销售配额进行比较，看其是否达到或者超过该配额。

通过对分销渠道成员的评估，可以及时发现渠道中存在的问题，并适时加以修正和调整。

4. 调整渠道成员

生产企业的任务不能仅限于设计良好的渠道系统并推动其运转，还要根据产品生命周期的不同阶段对渠道系统进行改进，以适应新的市场动态。当消费者的购买方式发生变化、市场扩大、新的竞争者兴起、创新的分销战略出现及产品进入产品生命周期的后一阶段时，便有必要对渠道进行改进。在产品生命周期的整个过程中始终都保持竞争优势的分销渠道是没有的。早期消费者可能愿意通过增值高的渠道来购买，但后来的消费者更倾向于通过低成本的渠道购买。例如，办公室小型复印机起初是经由生产企业的直接销售人员销售，后来经由办公设备经销商，再后来通过大型综合商场，而现在经由网络进行推销。那些坚持利用独立代理商的企业和利用独立经销商的企业正在面临来自新的低成本渠道的竞争，如果它们不愿意改变渠道，那么在激烈的市场竞争中必定失败。

企业对分销渠道调整的做法主要有以下几个方面：

（1）分销渠道成员功能调整　即重新分配渠道成员所应执行的功能，部分渠道成员功能增加了，部分渠道成员功能有所减少，总之要都能最大限度地发挥自身潜力，达到整个分销渠道效率的提高。

（2）分销渠道成员素质调整　即通过提高分销渠道成员的素质和能力来提高分销渠道的效率。

（3）分销渠道成员数量调整　即通过增减分销渠道成员的数量来提高分销渠道的效率。

（4）个别分销渠道调整　即通过增加或减少某些分销渠道，来提高整个分销系统的效率，这是分销渠道调整的较高层次。

5. 分销渠道的冲突管理

分销渠道冲突是指分销渠道中的一方成员将另一方成员视为对手，且对其进行伤害、设法阻挠或在损害该成员的基础上获得稀缺资源的活动。企业必须对渠道冲突加以重视，防止渠道关系恶化，甚至整个渠道体系的崩溃。

（1）渠道冲突的类型

1）水平渠道冲突。水平渠道冲突是指存在于渠道同一层次的成员公司之间的冲突，如同一城市的不同经销商的广告力度、价格、服务质量不同等。为此渠道领头人必须建立明确的、可实行的政策，迅速采取行动控制冲突的发生。

2）垂直渠道冲突。垂直渠道冲突是指同一条渠道中不同层次之间的冲突。例如，制造商与分销商之间、总代理与批发商之间、批发商与零售商之间的冲突。

3）多渠道冲突。多渠道冲突产生于制造商已经建立了两个或更多的渠道，并且在它们相互推销给同一市场时产生竞争的情况下。当一个渠道成员降低价格（在大量购买的基础上），或者降低毛利时，多渠道冲突会变得特别强烈。

（2）解决渠道冲突的对策　渠道冲突的存在是一个客观事实，不能消灭，不能根除，只能辩证分析，区别对待。主要对策如下：

1）树立超级目标法。当企业面临对手竞争时，树立超级目标是团结渠道各成员的根本。超级目标是指渠道成员共同努力，以达到单个所不能实现的目标。渠道成员有时会以某种方式签订一个它们共同寻找的基本目标的协议，其内容包括渠道生存、市场份额、高品质和消费者满意。从根本上讲，超级目标是单个公司不能承担，只能通过合作实现的目标。一般只有当渠道一直受到威胁时，共同实现超级目标才会有助于冲突的解决，才有建立超级目标的必要。

对于垂直渠道冲突，一种有效的处理方法是在两个或两个以上的渠道层次上实行人员互换。比如，让生产企业的一些销售主管去部分经销商处工作一段时间，有些经销商负责人可以在生产企业制定有关经销商政策的领域内工作。经过互换人员，可以提供一个设身处地为对方考虑问题的位置，便于在确定共同目标的基础上处理一些冲突。

2）协商谈判。协商谈判是实现解决冲突目标进行的讨论沟通。成功的、富有艺术的协商谈判能够将原本可能中断的渠道关系引向新的成功之路。其实，谈判是渠道成员讨价还价的一个方法。在谈判过程中，每个成员都会放弃一些东西，从而避免冲突发生，但如何利用谈判或劝说要看成员的沟通能力。事实上，用上述方法解决冲突时，需要每位成员形成一个独立的战略方法以确保能解决问题。有效的谈判技巧是非常有用的，它是渠道成员自我保护和提高自己地位的手段。如果掌握了这一技巧，在面临冲突时保持良好关系的可能性就会大大增加，甚至许多对手也会因一次成功的谈判而成为长久的合作伙伴。

3）清理渠道成员。对于不遵守市场规则、屡犯不改的渠道成员，有可能是当初对其考察不慎，而该成员的人格、资信、规模和经营手法都未达到成员的资格和标准。此时就应该重新审查，将不合格的成员清除出联盟。例如，对那些肆意跨地区销售、打压价格进行恶性竞争的分销商，或长时间未实现规定销售目标的分销商，都可以采取清理的方法。

4）使用法律手段。法律手段是指在渠道系统中冲突存在时，一方成员按照合同或协议的规定要求另一方成员行使既定行为的法律仲裁手段。比如在特许经营体系中，被特许人如果认为特许总部新添的加盟商侵蚀了它们的利益，违反了加盟合同中的地理区域限定，就可以采用法律手段来解决这一问题。

法律手段应当只能是解决冲突的最后选择。因为一旦采用了法律手段，另一方可能会完全遵守诉讼方意愿改变其行为，但是会对诉讼方产生不满，这样的结果是双方的冲突可能会增加而非减少，且从长远看来，双方可能会不断卷入法律的纠纷问题而使渠道关系不断恶化。

实战借鉴

中收农机股份有限公司联合收割机流通渠道分析

一、农机流通体系的特点

联合收割机的分销基本上是通过农机流通体系完成的，目前的农机流通体系有以下3个特点：

（一）渠道体系基本建立

1. 网络密集

由于历史原因，我国县级以上国有农机公司销售网点、农机推广站有2600多个，县级以下农机销售网点有9000多个，再加上兼营农机产品的国有流通企业和集体、私营、个体农机户，已形成遍布全国城乡的农机流通网络，可以满足用户就地就近购买农机的需要。

2. 服务体系还不完善

经过长期建设，已形成了比较健全的集农机销售、维修、培训、推广和组织机械化作业于一体的农机化服务体系，但是目前这个体系的结构布局、运行机制和服务水平还不太适应市场经济的要求。随着市场经济的发展，农机流通服务体系将向着更加社会化、市场化和规范化的方向发展完善。

（二）渠道整体上实力较弱

1. 传统国有农机销售主渠道没落

目前全国的农机公司很多处于亏损状态，其原因一是我国经济仍处在市场经济的初级阶段，一些国有企业体制陈旧，机制不灵，经营不善；二是随着集体和私营企业的逐步进入，农机流通领域的竞争更加激烈；三是农机产品薄利，整个农机流通行业利润率很低。

2. 新兴的个体、私营流通渠道实力有限

新兴的个体、私营流通渠道在规模上、资金上、技术上、管理上，尤其在营销上及地方政府的支持上仍然处于弱势。

（三）生产企业行使着相当一部分的渠道功能

正是由于农机流通渠道整体上的实力较弱，使得联合收割机企业在建立销售渠道时不得不考虑更多的因素，赋予其更多的营销内涵。也就是说，联合收割机的渠道建设被更多地赋予了生产企业的意志。

联合收割机生产企业在市场研究、收集信息、客户信用评价、营销推广和售后服务等方面往往要依赖企业自身的力量。比如大部分联合收割机企业的零售主要依靠企业在经销商处的驻点销售人员来完成，而很少完全依靠经销商的销售人员，而北汽福田联合收割机的零售更是完全依靠其自身的销售人员。

二、中收分销渠道的组建方式设计

（一）批发渠道——应以自建为主

1. 自建原因

(1) 农机流通系统实力弱　对于批发渠道来说，由于目前农机流通系统经济效益普遍不好、资金紧张、实力有限，并且不规范行为时有发生，因此不宜以其他公司为主建立批发渠道。

(2) 中收具有自建批发渠道的能力　中收经过多年的市场开拓，积累了一大批具有丰富经验的市场营销管理人员及品牌、与当地政府及社区的关系、资金等资源，具有自建批发渠道的能力。

(3) 自建批发渠道符合中收的利益　自建批发渠道可以更好地发展及控制渠道，执行公司的各项营销政策，完成渠道的各项功能。

2. 自建方式——在成熟的市场成立大区销售公司

在市场发展较为完善的地区，应自建批发渠道，采取成立中收控股的销售公司的形式。西安、郑州分厂的销售部可划分出来，成立销售公司。

3. 在新兴或衰退的市场也可采取他建的形式

在市场发展潜力不大或市场规模较小的地区，可交由当地规模较大、实力较强的农机企业作为批发商，或由其他大区的销售公司代管。

（二）零售商层次——应以他建为主

中收的零售系统仍然采用他建的方式，即利用各地的经销商（农机企业、农机推广站等）来向最终用户销售，这是最为切合中收目前实际情况的做法。

三、中收分销渠道设计

（一）中收股份分销渠道的长度选择

像其他农机企业一样，中收采用的也是两层渠道。这种短的渠道层次具有以下优点：

1. 对市场的需求做出快速反应

激烈的竞争环境要求企业对消费者的需求做出迅速的反应。短的渠道层次缩短了企业与消费者的距离，使企业能对消费者的需求做出迅捷的反应。只有这样，中收“以客户为中心”的企业理念才能得以落实。

2. 利于控制网络

采用短的渠道，中收各销售公司直接面对广大经销商，可以更加有效地控制整个营销网络，降低营销网络失控的威胁。

3. 适合收割机产品的功能特点

联合收割机产品由于体积大、重量大、价值高、运输不便、储运费用高和技术服务专业性强等特点，要求中间商的设施条件、销售人员数量和质量、技术服务能力和管理水平较高，也要求企业对中间商提供专业化的快捷服务。采用短的渠道层次可以更好地满足这些要求。

4. 满足用户的需要

用户要求适中的价格、快速的服务。减少中介机构的层次可以较好地满足用户的要求。

（二）中收零售渠道宽度的设计

1. 采取选择性分销策略

中收零售系统的渠道宽度过宽，已经对中收的营销造成负面影响。建议采取选择性分销的策略：中收营销中心及各销售公司对企业的经销商进行评估、分级，选择其中的优秀者作为企业重点支持的渠道成员。

2. 实行选择性分销策略的优点

(1) 中收集中精力开拓市场　企业既可保留原有的经销网络广的优势，又不必再为众多的中间商，特别是无利可图的中间商花费精力。营销工作重心从渠道的广度铺点转向市场的深度挖掘，带动经销商开拓市场。

(2) 经销商集中精力服务客户　经销商之间矛盾减少，可集中精力服务客户。

(3) 中收与选中的经销商形成良好的协作关系　由于经销商整体数量减少，企业可对选中的经销商提供更良好的服务，与它们形成良好的协作关系，并期望得到高于平均水平的推销努力。

(4) 中收对渠道的控制力加强　中收可以对选中的经销商的营销进行更有效的控制。

3. 实施选择性分销策略的具体措施

(1) 对全国经销商分级认证　对全国经销商按照一级、二级或者黄金、白银两个级别进行统一认证。视市场、竞争及经销商的情况一般一个地区设一至两个一级经销商；一些有实力、有兴趣但销售业绩不佳的经销商可定为二级。对一些业绩极差的经销商则可采取辞退或自动退出的方式。一级经销商必须具备整机销售、零配件供应、维修服务、信息传递、风险承担和融资“六位一体”的功能。二级网络成员以零配件供应、维修服务和信息传递这三样功能为主。

(2) 根据经销商的不同认证级别实施不同的分销策略 根据经销商的不同认证级别提供不同的支持、服务与返利销售奖励政策。对一级经销商予以重点支持，比如在信息网络的建设、分销规划、技术服务、培训、配件供应、广告与促销等方面。对于二级经销商，鼓励它们向一级的标准看齐。

四、中收股份分销渠道创新

(一) 免费电话营销

随着电话在农村的普及，可以考虑设立免费电话热线，用户可通过电话咨询产品性能、价格、经销商、促销和服务等信息，开辟电话分销渠道。

福田公司于2000年11月1日起在营销公司总部（北京）开通了“800福田服务”免费咨询、救援、投诉电话。

(二) 互联网营销

随着信息时代的来临，应设立专门的网站，介绍相关的营销信息及开展网上订购业务，开辟互联网分销渠道。

(三) 用户俱乐部营销

通过老用户介绍新用户是一种成本低而见效快的营销方式。中收可通过用户俱乐部的形式，经常举办各种讲座、培训或联谊活动，鼓励老用户来发展新用户。

虽然中收的用户俱乐部目前还没有办起来，但并不代表这种方式没有生命力。中收应对用户俱乐部的使命、作用和运作方式等重新加以考虑。

(四) 开辟租赁渠道

除了销售收割机之外，中收可以再开辟租赁渠道。中收可以和一些专业的租赁公司合作，在麦收期间将收割机租给农民使用，解决部分农民筹集购机款难的问题，以更大程度地占领市场。

(五) 国际市场营销

加入世界贸易组织（WTO），为我国农机行业打进国际市场创造了有利条件。中收也应积极参与国际市场的竞争，争取占领国外收割机的一部分市场。

4.6 分析并制定促销策略

现代市场营销要求企业研制、开发和生产出适销对路的产品，制定科学、合理和具有吸引力的价格，建立快捷、便利和规范的产品流通渠道，运用恰当、可行和有效的促销方式实现销售企业与客户之间的信息沟通，激发消费者的购买欲望，满足客户的需求，实现产品的销售。促销策略是销售企业营销策略中重要的环节。

从市场营销角度看，产品促销是指企业通过人员与非人员方式沟通企业与消费者之间的信息，引发、刺激消费者的消费欲望和兴趣，使其产生购买行为的活动。其核心工作是企业和用户之间的信息沟通。如果农机企业未将自己生产或经营的产品和劳务等有关信息传递给消费者，消费者就不会认购农机。只有将企业提供的产品或劳务等信息传递给消费者，才能引起消费者的注意，并有可能产生购买欲望，进而发生购买行为。所以，要根据消费者的特点有针对性地进行促销，刺激消费者购买产品。

由于促销方式均有各自的优缺点，所以在促销过程中，农机企业应将多种促销方式同时并用，采取促销组合策略。所谓促销组合，是一种组织促销活动的策略思路，主张农机企业运用广告、人员推销、公共关系和营业推广 4 种基本促销方式组合成一个策略系统，使农机企业的全部促销活动互相配合、协调一致，最大限度地发挥整体效果，从而顺利实现农机企业目标。这 4 种基本促销方式组合成一个策略系统，使农机企业的全部促销活动互相配合、协调一致，最大限度地发挥整体效果，从而顺利实现农机企业目标。

促销组合体现了现代市场营销理论的核心思想——整体营销。促销组合是一种系统化的整体策略，4 种基本促销方式则构成了这一整体策略的 4 个子系统。每个子系统都包括了一些可变因素，即具体的促销手段或工具，某一因素的改变意味着组合关系的变化，也就意味着一个新的促销策略。

4.6.1 运用营业推广策略

1. 认识营业推广

营业推广又称为销售促进（Sales Promotion），是指除人员推销、广告和公共关系之外的其他促销形式，是在短期内刺激消费者或中间商迅速和大量地购买某种特定产品或服务的促销活动。营业推广是一种适宜于短期推销的促销方法，主要用于刺激消费者试用，或者鼓励消费者或商业用户更快、更多地购买特定的产品或服务。营业推广具有以下明显的特点：

（1）营业推广促销效果显著　在开展营业推广活动中，可选用的方式多种多样。一般说来，只要能选择合理的营业推广方式，就会很快地收到明显的增销效果，而不像广告和公共关系那样需要一个较长的时期才能见效。因此，营业推广适合于在一定时期、一定任务的短期性的促销活动中使用。

（2）营业推广是一种辅助性促销方式　人员推销、广告和公共关系都是常规性的促销方式，而多数营业推广方式是非正规性和非经常性的，只能是它们的补充方式。亦即，使用营业推广方式开展促销活动，虽能在短期内取得明显的效果，但它一般不能单独使用，而是配合其他促销方式使用。营业推广方式的运用能使与其配合的促销方式更好地发挥作用。

2. 确定营业推广目标

促销组合目标决定了营业推广的目标，而促销组合目标又源自于企业营销的总体目标。具体地说，营业推广目标就是要明确营业推广的对象、推广什么内容及达到什么目的。

针对最终消费者的营业推广，是鼓励老顾客重复购买、更多地使用产品和大量地购买，同时吸引新的消费者开始试用，争夺同类竞争者产品品牌的使用者。

对中间商而言，其目标包括：吸引中间商经营新的产品品目并维持较高水平的存货；鼓励它们经销趋淡的产品，或鼓励它们在淡季进货；抵消竞争对手营业推广活动的影响；建立并巩固中间商的品牌忠诚度，并力求获得进入新的销售网点的机会。

对推销人员而言，营业推广的目标包括鼓励他们推销某种新产品或新型号；激励他们开拓新的市场、寻找更多的潜在消费者，促使他们扩大在营业淡季的销售成果。

3. 选择营业推广方式

选择产品营业推广的工具时，要综合考虑市场营销环境、目标市场的特征、竞争者状况、营业推广的对象与目标、每种工具的成本效益预测等因素，还要注意将营业推广同其他促销工具如广告、公共关系、人员促销等互补配合。营业推广的方式多种多样，分类的标准也不尽相同，最常用的分类方法，即按营业推广的对象不同大致分为3类，见表4-3。

表 4-3 营业推广方式

营业推广对象	营业推广工具
消费者	样品、赠品、折扣优惠、赠券、有奖销售、特价包装、购买点陈列与展示、免费使用、产品保证、抽奖及游戏等
中间商	折扣鼓励、现金折扣、免费赠品、合作广告、经销津贴和经销商销售竞赛等
推销人员	红利提成、特殊推销奖金、推销竞赛等

具体来讲，适合于农机产品的营业推广方式有以下几种：

(1) 用于消费者市场的方式

1）分期付款。由于农机价格一般比较高，普通消费者一次付款较难接受，因此大部分农机企业都有分期付款业务。分期付款通过“首期付款”的方式，把价格“降”下来，实现了较低消费层次的现实购买力，并以余款延期交纳的方式，解决了购销双方资金和资源的双重闲置。但对农机生产企业来说，分期付款占用资金大，周转回收慢，企业承担了较高的风险。因此，需要制定分期付款的法规，明确各方的权利和责任，建立信用评估机构，推进“分期付款购农机产品”的健康发展。

2）农机租赁销售。农机租赁销售是指承租方向出租方定期交纳一定的租金，以获得农机使用权的一种消费方式。农机专业租赁公司是继出租用车市场后的又一大主体市场，是农机生产企业长期、稳定的用户之一。租赁销售是刺激潜在需求向现实需求转化的有效手段。

租赁销售促进了农机销售，使农机工业获得了自我发展的资金来源，为农机生产企业技术更新提供了资金保证。租赁销售促使经销商不断改进服务，大大提高了消费者满意度。

3）农机置换业务。置换业务包括以旧换新、二手农机产品寄卖、二手农机再销售等项目的一系列业务组合。农机置换业务加速了农机产品的更新改造，投资回报很快，加速折旧及置换还可使企业在税赋方面享有实惠。

4）赠品。购买农机产品附带赠送某些礼品，如印有产品标识的打火机、手表、笔记本、服饰、伞、烟灰缸等小型纪念品，不同年限的产品维修卡，不同价值的保险费，不同里程的农机免费保养卡，免费代办农机牌照等。对农机这样的产品来说，尽管一般的小礼品对营业推广的影响不大，但可以提高消费者满意度，在一定程度上刺激消费者的购买欲望，使某些农机产品品种特别是经济型农机产品在局部地区的销售上升。例如，在汽车市场中，北京某汽车店推出了“购车送 VCD + 抽奖”行动，即每购 1 辆车送 1 台 VCD，还有机会抽取电视、手机、电烤箱等奖品，使销车数量大增，全年销车达 8000 辆，收得了较好的效果。对于农机产品来说赠品也会有同样的效果。

5）免费试用农机产品。邀请潜在消费者免费试用农机产品，刺激其购买兴趣。免费试用为消费者提供亲身体验，有利于进一步加强消费者的购买欲望，最终达成交易。

6）售点陈列和产品示范。在农机产品展厅通过布置统一标准的室内装饰画、广告陈列架等结合农机产品的陈列，向消费者进行展示。

7）使用奖励。企业为了促进农机产品销售，对使用该企业产品的优秀用户给予精神和物质上的奖励。例如，一汽—大众对哈尔滨地区在 30 万 ~ 40 万千米的里程内无重大修理的用户给予在德国参观学习的重奖；东风汽车公司对使用本企业汽车里程达到数万千米，且从未出过事故的用户给予物质奖励，举行庆功表彰大会等。农机产品的销售同样适用。

（2）用于经销商的方式

1）价格折扣。对经销商购买农机产品给予低于定价的直接折扣。例如，鼓励其购买一般情况下不愿购买的农机型号；增加其进货的数量；如果经销商提前付款，还可以给予一定的现金折扣等，从而刺激其销售的积极性。

2）折让。生产企业的折让用以作为经销商宣传其产品特点的补偿。广告折让用以补偿为该产品做广告宣传的经销商，陈列折让用以补偿对该产品进行特别陈列的经销商。例如，一汽—大众对其产品的专营公司免费提供广告宣传资料、以成本价提供捷达工作用车、优先培训等。

3）免费产品。对销售特定的农机产品或销售达到一定数量的经销商，额外赠送一定数量的农机产品，也可赠送促销资金，如现金或礼品等。

（3）用于推销人员的方式　该方式主要是针对企业内部的推销人员，鼓励他们热情推销产品或处理某些老产品，或促使他们积极开拓新市场。一般可采用的方法有：对业绩优秀的推销人员给予奖金鼓励；农机生产企业出资赞助经销商和推销人员的年度竞赛，对完成销售目标的中间商给予一定的奖励，刺激其增加销量；免费提供推销人员的国内外培训等。

4. 制定营业推广方案

制定产品营业推广方案可以按以下过程来进行：

（1）确定产品促销所提供优惠的大小　一般来说，优惠越高，产生的销售反应越明显，但是销售反应的增加要大于优惠的增加。同时，促销优惠的作用还受到需求弹性的影响。

（2）确定产品促销的对象　促销的优惠只向符合特定条件的个人或团体提供，

如促销资金对某些区域的消费者、公司的家属等不予提供。

（3）决定产品促销持续的时间　一般情况下，理想的促销持续时间约为每季度使用3周左右，其时间长度即是平均购买周期的长度。当然，合理的产品促销周期长度还要根据不同类型的产品来确定，以发挥促销策略的最佳效力。

（4）选择促销时机　应当制定出全年促销活动的日程安排，有计划、有准备地进行，以配合产品的生产、销售和分销。有时需要安排临时的产品促销活动，这就需要做好短期内的组织协作。

（5）确定促销预算　确定促销预算有两种方法：一种是根据所选用的各种促销办法来估计它们的总费用；另一种是按习惯比例来确定各促销预算费用占总促销预算费用的百分比，并计算总促销预算费用。

5. 实施营业推广方案

产品营业推广方案制定后，必须经过试用，再向市场投放。可以邀请消费者对备选的几种不同的优惠办法做出评价和打分等，也可以在有限的地区范围内进行试用性测试，以此明确促销工具的选用是否适当，刺激效果是否最佳等。

产品营业推广方案的实施必须包括销售准备阶段和销售延续阶段。销售准备阶段的工作包括：最初的计划工作、设计工作、配合广告的准备工作和销售点的材料准备，通知现场促销人员，为个别的分销网点建立分配额，购买或印刷特别赠品或包装材料并存放在中间商处，以备在特定日期发放等。销售延续阶段是指从开始实施优惠办法起，到大约95%的采取此优惠办法的产品已在消费者手里为止的这一段时间。

6. 评价营业推广效果

一般用两种方法对营业推广的效果进行评价：销售数据和消费者调查。

（1）销售数据　通过销售数据可以对比出消费者在促销前后的购买行为，分析出各种类型的消费者对促销的态度，以及购买促销产品的消费者后来对该品牌或其他品牌的行为。企业在促销前后其品牌的产品在市场上的份额有显著变化。促销吸引了新的消费者，长期市场份额效果表明这个促销活动为企业赢得了新的消费者。

（2）消费者调查　通过这种调查可以了解有多少人记得这次促销，他们的看法如何，以及这次促销对于他们随后选择品牌行为的影响程度。

在评估促销结果时，决策层还要注意一些可能的成本和问题。例如，促销活动可能会降低消费者对品牌的长期忠诚度，因为消费者会形成重视优惠的倾向而不是重视广告的倾向；某些促销方式还可能刺激经销商，使它们要求额外的折让；促销费用可能比计划的更昂贵等。

4.6.2 运用公共关系策略

1. 认识公共关系

企业不仅要保持与消费者、供应商和经销商的关系，而且需要处理好与利益相关的公众的关系。公众（Public）是指与企业实现目标的能力存在实际或者潜在的利益关系，或者能够影响企业实现目标能力的任何群体。公共关系（Public Relations，PR）是指用于宣传或者保护企业形象或产品形象的一系列活动。与广告和营业推广一样，公共关系是一个重要的产品营销工具，它是企业在个人、公司、政府机构或其他组织间传递信息，以改善公众态度的政策和活动。

公关关系包括以下含义：

1）公共关系不仅在于产品的公共宣传，而且在于树立企业的形象、产品的品牌形象。

2）公共关系有助于妥善处理与公众的关系，为企业的发展创造一个良好的外部环境。

3）公共关系通过媒体或直接传播的方式传播信息。

2. 把握公共关系的作用

公共关系传播是一种有组织、有计划、有一定规模的资讯交流活动。它的目的是沟通传播者与公众之间的资讯联系，使组织在公众中树立良好的形象。

（1）建立知晓度　公共关系利用媒体来说明事件的情节，吸引公众对产品的兴趣。例如，在 2011 年度中国机械工业百强企业、汽车工业三十强企业的评选中，常州东风农机集团有限公司自 2003 年中国机械工业联合会发布中国机械工业百强企业、汽车工业三十强企业信息以来，首次列入中国机械工业百强企业。通过媒体报道，提升了东风农机的知名度。

（2）树立可信性　公共关系通过社论性的报道来传播信息以增加可信度。例如，媒体报道，近 3 年来，每年奇瑞重工都会组织公司党员干部参观瞻仰焦裕禄纪念馆，通过参观让员工接受深刻的精神洗礼，对焦裕禄精神有了更深刻的认识，从而也使得员工努力去发扬艰苦奋斗的精神，做好岗位工作。此外，这样的报道也更深层次地传达了企业传统理念，进一步树立了企业的良好形象。

（3）刺激促销人员和经销商　公共关系有助于提高销售公司和促销人员的积极性。新产品投放市场之前先以公共宣传的方式向社会和公众进行宣传，披露新产品的相关信息，便于销售公司和促销人员有目的、有计划、有节奏地将新产品促销给目标消费者。例如，据媒体报道，久保田为庆祝其诞生 130 周年发布了一款叫作 Dreame Tractor（或叫 X Tractor）的拖拉机产品。据悉，这款拖拉机无须人类驾驶、全电动，拖拉机上的人工智能通过读取当天的天气等信息来决定适当的行动。四轮履带式的设计能使其在复杂的地形和潮湿的区域如稻田里行驶。而实际上该产品尚未投入生产，但是久保田充分利用媒体宣传，从而早早吸引了目标消费者对该款产品的注意力。

（4）降低促销成本　公共关系的成本比广告的成本要低得多，运用公共关系促销，可以降低促销预算，具有良好的信息传递方式，同时收到很好的宣传效果。

3. 选择公共关系的工具

越来越多的生产企业、销售企业应用市场营销公关来支持其营销部门树立和推广品牌形象，接近和影响目标市场。

（1）宣传材料　宣传材料包括产品年度报告、小册子、文章、视听材料，以及企业的商业信件和产品杂志等。例如，美国克莱斯勒公司的年度报告几乎就是一份促销小册子，向其股东推销每一种新车。小册子能在向目标消费者介绍产品的性能、使用、配备等方面起到很重要的作用。企业领导人撰写的文章能引起人们对企业及其产品的注意。企业的商业信件和杂志可以树立企业形象，向目标市场传递重要新闻。视听材料的成本高于印刷材料，但是电影、幻灯片、录像等形象、生动，能给消费者留下很深的印象。

（2）事件　企业通过安排一些特殊的事件来吸引人们的注意力，使人们对该企业的新产品和企业其他事件感兴趣。这些事件包括记者招待会、讨论会、展览会、竞赛、周年庆祝会、运动会和各类赞助活动。例如，2012 年“三夏”农机技能竞赛在河南省驻马店市遂平县和兴镇吴岗村的“高产创建示范田”隆重举行，经过激烈角逐，驾驶着奇瑞“谷王”4LZ-3 型小麦收割机的驻马店市机手宋站立，从 14 个地市选送的联合收割机精英机手中脱颖而出，赢得“最佳收割标兵”称号。获得大奖后的冠军选手表示，这次参赛的都是老机手，在驾驶技术上自己并没有优势，能得冠军，还多亏了奇瑞“谷王”收割机。通过此次事件的宣传，使“谷王”收割机的知名度得到了进一步提升。

（3）新闻　公关人员发展或创造对企业及其产品有利的新闻，并争取传媒录用新闻稿和参加记者招待会。例如，春节前，当很多在外忙碌的人还在忙着抢票、买票，想尽一切办法为一张回家过年的车票而绞尽脑汁的时候，奇瑞重工的员工们无疑是幸运的，因为企业为他们安排的“幸福专车”让他们远离“一票难求”，可以安心、安全、幸福地回家与亲人团聚。到 2014 年春节，奇瑞重工已连续第三年在春节前用专车送员工返乡，并从路线设计、服务细节等方面做了周到的准备工作，让员工在不断成长、收获业绩的同时，也更多地感受到奇瑞重工大家庭的温暖。

（4）演讲　公关人员和企业领导人鼓动性的演讲能创造企业和产品的知名度，大大推动产品的销售。企业负责人应经常通过宣传工具圆满地回答各种问题，并在销售会议上演说，树立企业良好的品牌形象。例如，在2014年的“两会”中，作为来自国内机械装备领域特别是农业装备领域的代表，奇瑞重工总经理王金富深知目前国内机械制造业的发展“痛点”，他在座谈会现场大力呼吁推进农机产业转型升级，在场的代表感受到了他的观点既体现了作为农机人对行业问题的洞察，也体现了他作为全国人大代表的责任担当。

（5）公益服务活动　企业可以通过向某些公益事业捐赠一定的款项和实物，以提高企业信誉。例如，2013年4月，四川省雅安市芦山县发生7.0级地震。获悉地震消息后，福田雷沃重工心系雅安，积极响应，与四川代理商联动，迅速成立了一只由雷沃装载机、雷沃挖掘机、救灾服务车辆和20名曾经参与过汶川、玉树抗震救灾的优秀机手和服务队员组成的“福田雷沃重工抗震救灾服务队”，并与雅安救援指挥中心联系，奔赴灾区参加由政府组织的抗震救灾活动。此举更进一步扩大了企业在这些地区的影响，更提高了企业美誉度。

（6）贸易展览会和集会　组织年度展览会，在大型展览会上租用摊位，展示新产品的优点和性能。这是一种典型的综合运用多种传播手段的方式，主要通过实物、文字、图表来展现企业的成效、风貌和特征。该种方式能以讲解、交谈、宣传手册、介绍材料、照片、录像、幻灯片和广播等不同形式吸引公众，达到与公众的双向沟通。例如，由中国农业机械流通协会主办的中国国际农业机械展览会已有60余年历史，是亚洲第一规模的世界级年度农业机械专业大展，被誉为国际化、全球性的农机商贸与品牌传播平台、农机信息集聚与交互平台、产业政策与学术交流平台、现代农业科技与装备集成示范平台。2020国际农机展以“农业机械化·乡村振兴·脱贫攻坚”为主题，展览面积超过22万米^2，中外展商近2000家，高端论坛及专题活动30余场次，专业观众达13.5万人次。

4. 明确公共关系的工作程序

开展产品公共关系活动，其基本程序包括调查、计划、实施和检测4个步骤。

（1）公共关系调查　公共关系调查是指公共关系工作人员对自己或所服务的组织（指公共关系专业公司受特定组织的委托为其进行公共关系调查）的公共关系状态进行的情报搜集与研究工作。公共关系调查是全部公共关系工作的起始点，它为公共关系目标的确立和公共关系计划的制订提供了基本依据，也为公共关系方案的实施提供了根本保证。它是社会调查的一种表现形式，是社会组织通过运用科学方法，搜集公众对组织主体的评价资料，进而对主体公共关系状态进行客观分析的一种公共关系实务活动。

（2）公共关系计划的制订　公共关系是一项长期性工作，合理的计划是公关工作持续高效的重要保证。制订公关计划，要以公关调查为前提，依据一定的原则，来确定公关工作的目标，并制定科学、合理而可行的工作方案，如具体的公关项目、公关策略等。

（3）公共关系计划的实施　公关计划的实施是整个公关活动的“高潮”。为确保公共关系实施的效果最佳，正确地选择公共关系媒体和确定公共关系的活动方式是十分必要的。公共媒介应依据公共关系工作的目标、要求、对象、传播内容及经济条件来选择，公关的活动方式宜根据企业的自身特点、不同发展阶段、不同的公众对象和不同的公关任务来选择。

（4）公共关系计划实施效果检测　公关计划实施效果的检测，主要依据社会公众的评价。通过检测，能衡量和评估公关活动的效果，在肯定成绩的同时，发现新问题，为制定和不断调整企业的公关目标、公关策略提供重要依据，使企业的公共关系为有计划的持续性工作提供必要的保证。

5. 明确公共关系的内容

公共关系的主要任务是沟通和协调企业与社会公众的关系，以争取公众的理解、支持、信任和合作，从而扩大产品销售。根据企业公共关系的对象和企业的发展过程，公共关系的内容主要包括以下 5 个方面：

（1）企业与消费者的关系　在市场经济体制下，“顾客就是上帝”。企业要加强与消费者的沟通，促使其对企业及其品牌产品产生良好的印象，提高企业和产品在社会公众中的知名度与美誉度。

（2）企业与相关企业的关系　农机作为一种集机械、电子、化工等产品于一体的商品，企业是不可能独立完成从自然原料到产品销售的整个过程的，它无时无刻不与中间商、供应商及竞争企业发生着各种各样的关系。

（3）企业与政府及社区的关系　企业必须处理好与政府相关职能部门的关系，赢得政府的信赖和支持；必须建立起融洽的社区关系，树立起企业在社区居民中的良好形象，为企业发展创造良好的周围环境。

（4）企业与新闻界的关系　在现代社会中，新闻媒体和新闻工作者的作用日益突出。它不仅可以创造出社会舆论，而且会引导消费，从而间接调整企业行为。产品作为一种耐用消费品，公众在购买时是很谨慎的，企业要想争取社会公众，必须处理好与媒体的关系。

（5）企业内部公共关系　通过完善企业的规章制度，加强企业文化建设，满足员工的物质和精神要求，加强企业内部团结，协调好企业、员工及投资者的关系，生产出优质的产品，实现企业的经营目标。

6. 执行与评价公共关系计划

（1）执行公共关系计划　执行公共关系计划时要求态度认真谨慎，当公共宣传包括了各种层次的特别事件时，如纪念性宴会、记者招待会、全国性竞赛等，就需要格外认真。公共宣传人员需要有细致认真的态度和灵活处理各种可能情况的能力。

（2）评价公共关系计划　由于公共关系常与其他促销工具一起使用，故其使用效果很难衡量。市场营销公关的效果常通过展露度、公众理解和态度情况、销售额和利润贡献3个方面来衡量。

1）展露度。展露度是计算出现在媒体上的展露次数。这种方法简单易行，但无法真正衡量出到底有多少人接受了这一信息及对他们购买行为的影响。

2）公众理解和态度情况。这是指由于公共宣传活动而引起公众对产品的品牌理解、态度方面的前后变化水平。

3）销售额和利润贡献。公共关系通过刺激市场、同消费者建立联系，把满意的消费者转变成品牌忠诚者，提高了销售额和利润。计算销售额和利润贡献率，是衡量公共关系效果的最科学的方法。

4.6.3 运用广告策略

1. 认识广告

广告（Advertising）作为一种传递信息的活动，是由广告主支付一定的费用，有计划地通过一定的媒介和形式，直接或间接宣传自己的产品或服务，并说服消费者购买的信息传播活动。它以促进销售为目的，通过一定形式的媒体，并消耗一定的费用，公开而广泛地向公众传递有关产品或劳务等有关经济信息。广告的作用如下：

（1）建立知名度　广告可以告知公众生产企业、品牌及销售公司，通过各种媒介的组合，向消费者传达新产品上市的信息，吸引目标消费者的注意；广告宣传可减少促销人员向潜在消费者描述新产品所花费的大量时间，快速建立品牌产品知名度，迅速占领市场。

（2）有效提醒　如果潜在消费者已了解了这款新的产品，但还未准备购买，广告能不断地唤醒和提醒消费者，刺激其购买兴趣，强化其购买欲望，加快销售的实现，这种方式较其他促销方式更为有效。广告既要引起无意受众的注意，又调动其记忆细胞，甚至诱导受众广为传播。

（3）再保证　广告能提醒消费者如何使用、维修、保养产品，为消费者今后使用做好指导业务，属于销售服务的必备内容，为消费者再度购买提供充分的保证。

（4）促进沟通　通过广告，可以向目标消费者有效地传递新产品上市信息，让消费者获悉新产品的基本特点，如新产品的款型、技术、配置、外观、性能、价格和使用等方面的信息，引发消费者对新产品的好感和信任，激发其进一步了解新产品的兴趣，实现广告信息传播与沟通的快速与便捷。这就要求广告创意与众不同。

（5）树立企业形象　消费者在购买时，十分重视企业形象，会考虑生产企业与销售企业的信誉、名称、商标等因素，广告可以提高生产企业和销售企业的知名度和美誉度，提高其品牌价值和可信度，可以不断扩大其市场占有率。

2. 确定广告目标

制定产品广告策略的第一步是确定产品广告目标。广告目标是指在一个特定时期内，对某个特定的公众所要完成的特定传播任务。这些目标必须服从所制定的有关产品目标市场、市场定位和营销组合等决策。广告按其目标可分为通知性、说服性和提醒性广告3种。

（1）通知性广告　通知性广告主要用于新产品上市时的开拓阶段，旨在为产品建立市场需求传播信息，沟通消费者。

（2）说服性广告　说服性广告主要用于竞争阶段，目的在于建立对于某一特定产品品牌的选择性需求的市场份额的增大和扩展。旨在建立品牌偏好，说服消费者马上购买。在使用这类广告时，应确信能证明自己处于优势的宣传，并且不会遭到更强大的其他品牌产品的反击。

（3）提醒性广告　提醒性广告用于产品的成熟期，目的是保持消费者对该产品的记忆。

3. 制定广告预算

产品广告具有维持一段时期的延期效应。虽然产品广告被当作当期开支来处理，但其中一部分实际上是用来逐渐建立品牌与产品商誉这类无形价值的投资。因此，制定产品广告预算时要根据企业实际需要和实际财务状况，同时还应考虑以下因素：

（1）产品的生命周期　产品的生命周期是指产品从上市到衰退的整个过程。大多数产品在市场上都要经过投入期、成长期、成熟期和衰退期4个阶段。产品的生命周期是由市场需求的变化趋势所决定的。在产品生命周期的不同阶段，企业经营者采取不同的经营策略，以取得最佳的收益。

1）投入期。投入期的广告宣传是一种典型的“信息型广告”，主要是针对产品的基本情况向目标市场“广而告之”。例如，将产品的价格、功能、品牌、产地和售后承诺等情况告诉媒体受众。

2）成长期。在这一阶段，产品在目标市场上已有一定的知名度，一些消费者对产品已建立了初步的品牌认知；产品的销售网络已基本建成，销售利润逐步增加，市场上出现了竞争对手；一部分消费者由于产品的质量而成了企业的回头客，他们已形成了一定的品牌忠诚感。企业在这一阶段的广告宣传，已由信息型转向“个性诉求型”。广告规模较投入期有所缩小，广告内容侧重于突出产品的特征，增加了广告的艺术含量，以求通过良好的视听形式来促使媒体受众产生固定的品牌联想。

3）成熟期。在这一阶段，企业进行广告宣传的目的主要有两个：

①维持市场份额，通过各种形式的促销活动诱使媒体受众购买本品牌产品。

②扩大产品的市场占有率，主要通过两种方法：a. 开发产品的新用途，例如，杜邦公司尼龙每一新用途的出现，都为公司开拓了一个新市场。b. 增加产品的使用量。消费者使用产品的次数增加了，产品的销售量也就扩大了。同样，每次使用产品的数量增加了，也会扩大产品的销售规模。

4）衰退期。在衰退期，企业如果进行广告宣传，其规模也一定非常小，属于“提醒性”广告。企业只是提醒媒体受众注意该产品的存在，某品牌产品依然是消费者忠实的朋友。提醒性广告主要突出产品的品牌，以唤起媒体受众对产品的回忆，同时也使对本品牌产品持有忠诚感的消费者感到欣慰。

产品的生命周期与广告费支出的关系可用图4－8表示。

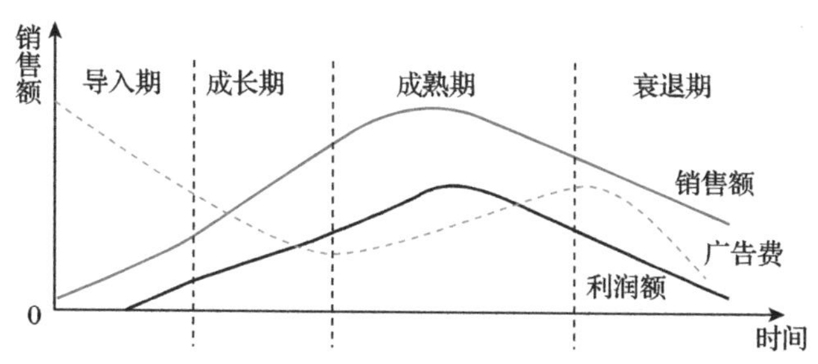

图4－8 产品的生命周期与广告费支出的关系

（2）市场竞争状况 市场竞争状况也是影响广告费用开支的一个主要因素，同类产品竞争对手的数量与实力也影响企业的广告预算。如果竞争对手进行大规模的广告宣传，本企业必然要扩大广告宣传的规模，广告预算也随之增加。否则本企业的广告活动就收效甚微，达不到预期的目标。

目标市场上的“广告拥挤度”的大小也影响企业的广告预算规模。广告拥挤度是指单位时间内，某一特定媒体刊播的广告数量。如果广告拥挤度非常大，较小的广告预算无法与竞争企业抗衡。只有企业的广告是众多广告中最“响亮”的一支的情况下，才有可能引起媒体受众的注意，诱使他们产生购买欲望。

(3) 品牌的市场地位　产品品牌的市场地位也影响企业的广告预算。一般而言，保持现有的市场占有率的广告费用远远低于扩大市场占有率的广告费用。如果品牌属于领导型品牌，由于它有成熟的销售网络，有较高的品牌知名度和美誉度，老顾客对产品品牌的忠诚是领导型产品独具的一份经营优势，其广告宣传活动的目的只是为了维持老顾客的重复购买，这就决定企业没有必要进行大规模的广告推广。

如果品牌处于挑战型的市场地位，不太高的知名度与不太成熟的销售网络都迫使企业进行大规模的广告宣传，以提高目标市场上媒体受众对产品品牌的认同意识。据研究，如果维持一名老顾客需要花费 1 元，那么吸引一名新顾客则需要花费 6 元。对挑战型品牌的经营者来说，进行广告宣传是企业将挑战型品牌发展成为领导型品牌的主要手段之一，在这一发展过程中，较大规模的广告预算是不可避免的。

(4) 广告频次　广告频次是指在一段时间内，某一广告在特定媒体上出现的次数。次数越多，其广告支出也就越大。广告频次与广告预算额成正比关系，较大的广告频次需要较多的广告费用，因为广告需要购买广告时间。广告重复出现的次数越多，广告占用的时间也就越多，就需要花费较多费用。

(5) 品牌的替代性　产品的替代品牌越多，就越需要进行较多的广告宣传来突出产品的个性，树立品牌形象。有些产品之间的同质性使消费者很难将它们区分开来，广告策划者必须通过艺术化的广告促销，将品牌中的文化附加值突出出来，使该品牌显得与其他品牌不同，为媒体受众识别产品创造条件。这一形象塑造过程需要大量的广告投入，否则，产品品牌的个性不足以成为媒体受众辨别不同品牌产品的标志。

4. 选择广告媒体

(1) 了解广告媒体的分类和特性　随着经济的发展和科技的进步，广告媒体日趋复杂。按媒体的物质自然属性可分为：印刷品媒体（报纸、杂志、书籍、传单等）、电子媒体（电视、广播、国际互联网等）、邮政媒体（通过邮寄方式送达消费者的产品目录、价目表、说明书等）、销售现场媒体（店头广告、实物演示、店内灯箱等）、纪念品媒体（年历、手册、小工艺品等）。按接受者感受角度分为：视觉广告媒体、听觉广告媒体、视听觉媒体。这里仅说明下面几种主要媒体的特性：

1）报纸。报纸是应用最广泛，也是最早发布广告的媒体。它有很多优点：传播面广、覆盖率高；传播速度快、及时；信息量大，读者不受时间限制；制作方便、费用低廉、刊出日程选择自由度大；在一定程度上可以借助报纸本身的威信。它的局限性是：时效短；印刷不够精美，表现力有限；接触时间相对较短，需多次刊登。

2）杂志。杂志是仅次于报纸而较早出现的广告媒体，它分类明确，作为媒体的优点有：读者稳定，可以存留翻阅，反复接触机会多；信息量大，印刷精美；可利用专业刊物声望，尤其对行业内广告针对性强。它的局限性是：发行周期长，时效性差，专业杂志广告接触不广泛。

3）广播。广播作为广告媒体的优点有：传播速度快，听众广泛，内容易变更，可多次播出；制作简单，费用低廉。它的局限性是：有声无形，只刺激听觉，遗忘率高，难以记忆，无法存查，难以把握收听率。

4）电视。电视是广告信息传播的理想工具，它的优点是：集声、形、色于一体，形象生动，有极强的吸引力；能综合利用各种艺术形式，表现力强；覆盖面广，注目率高。它的局限性是制作复杂，费用高；时效短，难以记忆。

5）户外媒体。户外媒体是指在露天或针对户外行动中的人传播广告信息的工具。它包括销售现场广告媒体（如橱窗、灯箱、现场演示）和非销售现场广告媒体（如路牌、计算机显示牌、气球、招贴画等）。这种媒体的优点是：长期固定在一定场所，反复诉求效果好；可以做到色彩鲜艳，图文醒目，媒体费用弹性大；可根据传播对象的特点和风俗习惯设置。它的局限性是宣传区域小，变更成本高。

（2）对广告媒体进行选择　一般来讲，选择广告媒体要从企业或产品特点和促销目标出发，选择覆盖面广、传播速度快、直接接触目标市场、节省广告成本、能获得最佳促销效益的广告媒体。不同的广告媒体有不同特点，运用时要考虑以下几点：

1）外部因素。这主要是指媒体之外影响制定媒体计划的诸多因素，侧重考虑以下方面：

①产品的特点。产品的特点即各种产品有什么特性、处于生命周期的哪个阶段、是名牌还是大路货等。比如新开发的产品、新上市的产品，就要考虑选择能够扩大认知的媒体；如农机产品是技术复杂、性能难于理解的产品，则要选择有利于受众理解的媒体；名贵产品，所选择的媒体其权威性就应该高一些，应该是受众心目中的主流媒体。

②目标市场的特点。主要是根据目标市场的各种状况，如人文因素、受众的需求状况、生活习惯和媒体接触方式等，对目标消费者进行分类，为确定广告的推出方式提供依据。

③经销系统的特点。经销系统的特点即企业和产品的销售方式、销售范围、各销售环节的配合等，应该了解农机企业的经销方式，使媒体能与营销方式相互配合，保证目标对象能够接触到广告信息。

④竞争对手的特点。要摸清竞争对手各方面的情况，特别是运用媒体的情况，知己知彼，发挥优势，提高竞争能力。

⑤广告文本的特点。所选择的媒体要能够体现广告作品的创作特色，有利于表现广告主题，有利于和目标受众沟通。当然，创作广告作品时就应该考虑到媒体选择的情况。

⑥广告预算的内容。对媒体的选择和组合，应该在广告预算允许的范围内进行。要注意购买媒体时间和空间的费用总额，不能超过广告预算费用。

2）内部因素。这主要是指媒体自身因素对制订媒体计划的各种影响。

①购买费用。购买媒体的费用必须符合预算要求。总体上看，可能很多媒体都是适用的、非常需要的，但因为费用关系，就必须有所取舍。在具体媒体上，要与收视（听）率、阅读率及与广告文本的适应性等因素来综合考虑。

②传播效益。选择媒体时，应把效益作为重要标准，争取最好的传播效果。这实际上也是对媒体业绩的考察，对其发行量、收视（听）率、到达率和每千人成本等各项指标的综合评估。另外，也要注意有效频度的问题，即消费者通过媒体，接触多少次广告信息，效果才为最大化。

③可行性。各种媒体都有自身的传播特点，都有优势和不足。因此，要看媒体对广告文本和推出方式的适用程度。例如，电视能够促进认知，对影视广告有较好的表现力；广播适于向消费者告知产品的销售地点等信息，传递信息快；报刊能加深理解，能提供较为详细的信息内容，更适于推广一些理智型消费者购买的产品。

④寿命。媒体的寿命是指媒体推出广告后持续影响受众的时间。不同类型的传播媒体，其寿命长短不一。电子类媒体的寿命最短，如广播、电视播出的信息瞬间即逝；印刷类媒体的寿命有长有短，报纸可能达两三天，杂志有可能达一两个月，而像电话号码簿上的广告（黄页广告），其寿命可能长达一两年。要了解各类媒体传播广告影响的寿命，安排广告投放的次数，保证广告作用的持续影响。

⑤灵活性。媒体的灵活性是指在媒体上推出广告的可以修正调整的程度。不同媒体的灵活性不同，电视的灵活性最低，广播的灵活性较高。要从企业的广告目标对灵活性的要求来考虑媒体的适用性。

⑥协调性。主要是看媒体同其他营销环节相互配合的程度。从整体营销传播的角度，看媒体是否能与营销方法有效配合，是否符合企业进行整体营销传播的要求。例如，利用电视推出广告，能与企业开展较大范围的公共关系活动相呼应；在报纸

上做赠品广告，可与推销员上门推销产品相配合。

5. 评价广告效果

评价广告效果包括广告传播效果评估、广告销售效果评估和广告效果综合统计分析。

（1）广告传播效果评估　这实质上是广告制作本身的评估。根据赖氏层级效果模式，可把广告传播效果分为4个等级，反映传播效果由低到高的发展，即知名度了解、记忆、态度和偏好。通常采用询问法、回忆法、问卷调查法、消费追踪调查法和统计测算法等。常用指标有：

$$\text{知名度发展速度}=\frac{\text{广告后单位人数中知晓某产品人数/单位人数}}{\text{广告前单位人数中知晓某产品人数/单位人数}}\times100\%$$

$$\text{记忆度}=\frac{\text{对广告有一定记忆的人数}}{\text{接触广告媒体总人数}}\times100\%$$

$$\text{读者率}=\frac{\text{读者广告人数}}{\text{读报刊总人数}}\times100\%$$

$$\text{视听率}=\frac{\text{视听过广告的人数}}{\text{所有视听人数}}\times100\%$$

（2）广告销售效果评估　产品销售情况受多种因素的影响，虽然有许多数字指标和方法，但很难分离出广告单独作用的结果。这里只介绍广告效果指数和广告产品购买率的计算。这两个指标几乎可以看成全部是广告因素的作用。

表4－4中，A是看过广告并具有购买行为的人数，B是未看过广告并具有购买行为的人数，C是看过广告并没有购买行为的人数，D是未看过广告并没有购买行为的人数。由此求得：

$$\text{广告效果指数(AEI)}=\frac{1}{N}\left[A-(A+C)\frac{D}{B+D}\right]\times100\%$$

$$\text{广告产品购买率}=\frac{1}{A+B}\left[A-(A+C)\frac{B}{B+D}\right]\times100\%$$

表4－4　广告销售效果

项　　目	看过广告的人数	未看过广告的人数	总　　计
具有购买行为的人数	A	B	$A+B$
没有购买行为的人数	C	D	$C+D$
合　　计	$A+C$	$B+D$	N

(3) 广告效果综合统计分析　对广告效果总体评估，可以把广告各环节、各测评方向一一列出，列出聘请专家，应用德尔菲法得出结论。此外，还有市场占有率指标和广告投入产出指标等。这里只简单列举：

$$市场占有率变化=\frac{广告后销售量(额)-广告前销售量(额)}{同行业同类产品销售量(额)}\times 100\%$$

$$广告费用率=\frac{广告费用额}{销售额}\times 100\%$$

$$单位费用销售率=\frac{销售总额}{广告费用额}\times 100\%$$

4.6.4　运用人员推销策略

1. 认识人员推销

人员推销是指企业的推销人员利用各种技巧和方法，帮助或劝说消费者购买该品牌产品的促销活动。推销人员、推销对象和推销品构成人员推销的 3 个基本要素。其中前两者是推销活动的主体，后者是推销活动的客体。

由于具有技术含量高、价值较大等特点，人员推销在销售中占有很重要的位置。与其他的促销方式相比，人员推销有以下几个特点：

(1) 推销人员具有很大的灵活性　在推销过程中，买卖双方当面洽谈，易于形成一种直接而友好的相互关系。通过交谈和观察，推销人员可以掌握消费者的购买动机，有针对性地从某个侧面介绍产品特点和功能，抓住有利时机促成交易；可以根据消费者的态度和特点，有针对性地采取必要的协调行动，满足消费者需要；还可以及时发现问题，进行解释，解除消费者疑虑，使之产生信任感。

(2) 人员推销具有选择性和针对性　在每次推销之前，可以选好具有较大购买可能的消费者，并有针对性地对未来消费者做一番研究，拟定具体的推销方案、策略、技巧等，以提高推销成功率。这是广告所不及的，广告促销往往包括许多非可能消费者在内。

(3) 人员推销具有完整性　推销人员的工作从寻找消费者开始，到接触、洽谈，最后达成交易，除此以外，推销人员还可以担负其他营销任务，如安装、维修、了解消费者使用后的反应等，而广告不具有这种完整性。

(4) 人员推销具有公共关系的作用　一个有经验的推销人员为了达到促进销售的目的，可以使买卖双方从单纯的买卖关系发展到建立深厚的友谊，彼此信任，彼此谅解，这种感情增进有助于推销工作的开展，实际上起到了公共关系的作用。

2. 明确推销人员应具备的素质

推销人员在企业的生产经营中起着重要的作用。正因为如此，一个优秀的农机推销人员应具备以下素质：

（1）丰富的产品知识，娴熟的谈话技巧　农机推销人员必须掌握自己所推销农机产品的性能、规格、特点等，要熟悉同本产品类似产品的情况，运用自己娴熟的谈话技巧，把它介绍给对方，使对方对自己的介绍发生兴趣。

（2）较强的文字表达能力和丰富的法律知识　现在是法制建设的年代，一切活动都需要在法律规定范围内进行，供销双方之间签订经济合同也就成为经济活动中的重要组成部分。如果一个推销人员不具备较强的文字表达能力和一定的法律知识，那么签订的经济合同就可能出现词不达意、条款不全、责任不明的问题，以致引起纠纷。

（3）灵敏的市场嗅觉　把握农机市场行情，重视搜集、整理经济信息，分析经济动态和产品淡、旺季周期，从而有针对性地进行采购和推销。

（4）恪守职业道德　坚持实事求是，介绍产品必须诚心诚意，不可欺瞒哄骗。

（5）精力异常充沛，充满自信　精力旺盛，勤奋努力，有一种把各种异议阻力或障碍看成是挑战的心理状态。

3. 甄选与培训推销人员

（1）甄选推销人员　推销人员的来源有二：一是企业内部遴选；二是企业外部招聘。

（2）培训推销人员

1）培训内容。包括企业知识、产品知识、市场知识、心理学知识和政策法规知识等。

2）培训方法。主要有讲授培训、模拟培训和实践培训（岗位练兵）。

4. 合理地应用人员推销

人员推销具有能有效地发现并接近消费者、推销宣传产品、针对性强、推销策略灵活机动、信息交流双向性、便于密切企业与用户的关系等优点。但它也具有传播范围小、对推销人员的素质要求高、管理难度大等缺陷。因此人员推销必须考虑产品的特点和用户消费群。农业机械厂商和经销商在对人员推销进行选择时，应考虑以下因素：

（1）市场的集中程度　人员推销对产品市场的消费群体相对集中的地区很有效，而对于消费群体相对分散的市场，它的作用就很有限。例如，在经济比较富裕的平原农村，采用人员推销产品就可能取得良好的效益。

(2) 市场用户类型　农机产品，如农机配件、半成品的产业用户，一般购买量大，并具有行为的连续性，因而广泛应用人员推销；而对于普通农机用户，虽然整个市场对配件的需求量很大，但单位数量用户的购买量却很少，这时宜采用广告向普通用户宣传介绍产品，可辅之以人员推销方法。

(3) 产品的技术含量　农机产品技术含量很高，消费者很难全面了解产品的性能及特点，单凭广告不易使其产生购买欲望，在这种情况下，应用人员推销就非常必要。

(4) 产品的价格　农机产品的高价格易使消费者产生压力感，利用人员推销可以及时解除这种心理压力，坚定消费者的购买信心，以促进产品销售。

5. 掌握人员推销的基本形式

(1) 上门推销　它是指由推销人员携带产品的说明书、广告传单和订单等走访消费者，推销产品。这种形式是一种积极主动的、名副其实的“正宗”推销形式。

(2) 展厅推销　展厅推销又称门市推销，是指企业在适当地点设置固定的门市、专卖店等，由营业员接待进入门市的消费者，推销产品。门市的营业员是广义的推销人员。展厅推销与上门推销正好相反，它是等客上门式的推销方式。因为农机产品是贵重、大件商品，这种方式是推销中的必备方式，农机销售企业无一例外都在选用。

(3) 会议推销　它是指销售人员利用各种会议向与会人员宣传和介绍产品，开展推销活动，比如在订货会、交易会、展览会上推销农机产品。这种推销形式接触面广，推销集中，可以同时向多个推销对象推销产品，成交额较大，推销效果较好。近年来国内各大城市竞相推出的博览会就属这种推销方式。博览会现在已不仅是推销产品的极好形式，而且已成为各大城市提高城市知名度、带动消费和吸引商机的极好形式。

6. 明确和把握人员推销的任务和程序

(1) 明确人员推销的任务

1) 开拓市场。开拓市场是推销人员担负的重要任务，推销人员不仅要千方百计巩固和老顾客的关系，还要善于发现和培养潜在顾客，使企业的新顾客能够源源不断地增加。

2) 传递信息。推销人员要把企业和产品等各方面的信息及时传达给顾客，与他们保持经常的联系，为推销产品打下基础。

3）推销产品。这是推销人员的最基本职责。推销人员要善于接触顾客，运用灵活的推销技巧，向顾客推荐产品，解答顾客的问题，以促成交易的实现。

4）提供服务。向顾客提供各方面的服务也是推销人员义不容辞的责任。例如，向农机用户提供咨询和技术协助，帮助解决财务问题，并及时办理交货等。

5）协调分配。推销人员要协调好供需关系，特别是在货源不足的情况下，要尽可能合理安排有限的货源，并向顾客做好解释工作，以巩固同顾客的业务往来和友好关系。

6）搜集信息。推销人员要及时了解市场的变化和顾客对产品的反应，为管理者决策提供有价值的信息。因此，搜集情报、信息反馈也是推销人员的一项重要任务。有些企业还要求推销人员定期写出市场情况报告书。

（2）把握人员推销的程序

1）寻找顾客。寻找顾客，是产品推销工作的第一步。推销人员首先要善于寻找产品的购买者，包括有支付能力的现实购买者及未来可能成为企业产品购买者的潜在消费者及用户，以减少推销的盲目性，提高成交率。推销人员可以采用的寻找顾客的方法有逐户访问法、连锁介绍法、中心开花法、个人观察法、委托助手法、广告开拓法、竞争插足法、资料查阅法、参加会议法和市场咨询法等。

2）分析顾客。发现潜在顾客后，推销人员还要进行初步的顾客分析，分析的主要目的就是，进一步确认潜在顾客成为现实顾客、实施购买行为的可能性有多大。MAN法则认为，作为顾客的人（Man）是由金钱（Money）、权力（Authority）和需要（Need）这3个要素构成的，即只有同时具备购买力、购买决策权和购买需要这3个要素的才是合格的顾客，这种分析就是顾客资格鉴定。

3）接近准备。推销人员在确定推销对象、着手进行推销工作之前，应进行充分的准备。在走出去推销之前，推销人员必须知己知彼，掌握3个方面的知识：

①产品知识。关于本企业、本企业产品的特点、用途、功能等各方面的情况。

②顾客知识。包括潜在顾客的个人情况，所在企业的情况，具体用户的生产、技术、资金情况，用户的需要，购买决策者的性格特点等。

③竞争者知识。竞争者的能力、地位和它们的产品特点。同时，还要准备好样品、说明材料，选定接近顾客的方式、访问时间和应变语言等。

4）接近顾客。在做好接近顾客的准备工作后，推销人员就要设法与顾客进行接触。接近顾客又分约见和接近两个环节。约见是推销人员事先征得顾客同意接见的行动。约见可以采取当面约见、书信约见、电话约见、托人代约和广泛约见（利用大众传媒，约见大众顾客）等方式。具体要确定约定的时间、地点和人物等；接近顾客就是正式接触推销对象，引起顾客的注意和兴趣，以顺利转入面谈导购阶段的行动。接近的方法有利益接近法、好奇接近法、介绍接近法、产品介绍接近法、问题接近法、调查接近法和直接接近法等。

在这一阶段推销人员要注意：给顾客一个好印象，并引起顾客的注意。因而，穿着、举止、言谈、自信而友好的态度都是必不可少的。还要验证在准备阶段所准备的全部情况，为后面的谈话做好准备。在接近时，注意使自己有一个正确的心态：友好、自信。友好，即自己与对方是进行利益交换，是互惠互利的交换；自信，即自己不是低人一等求他人，自己企业的产品是能经得起考验的。

5）面谈导购。即推销人员与潜在顾客正式接触，引导与指导购物阶段，是推销过程中的重要一步。在这一过程中，推销人员在描述产品性质和特点时，必须使自己的表述充分吸引顾客的注意力，要注意通过顾客的视、听、触摸等感官向顾客传递信息，其中视觉是最重要的。然后，再针对产品本身的特点及能给顾客带来的利益进行说服与解释。还要特别注意了解对方的反应，以判断买主的真实意图。

6）释疑解惑。购买者在听取产品介绍后，可能提出一些异议，如怀疑产品的价值，不接受交易条件或价格，对企业或产品缺乏信心等。推销人员应有巧妙的语言能力并提供有说服力的论据。例如，通过产品详细介绍等工作，说服顾客，克服障碍，实现预期的销售目标。

7）促成交易。人员推销工作的重要环节是促使顾客采取购买行动，这也是推销工作最困难的阶段。推销人员在认为时机成熟时，应抓住有利时机，或者提出购买建议，或者提供价格优惠，或者提供便利的服务，或者归纳销售的重点，以促进顾客做出购买决策。

8）售后服务。产品销售后，并不意味着整个推销过程的终止，如果推销人员希望确保顾客满意并重复购买，就必须对顾客进行“跟踪服务”，搜集顾客对于产品的改进意见，及时向有关部门反映，以调整营销措施，并帮助顾客解决使用中的问题。这些工作有利于树立企业信誉，密切双方关系，促成重复购买。

7. 运用人员推销的基本策略

人员推销具有很强的灵活性。在推销过程中，有经验的推销人员善于审时度势，并巧妙地运用推销策略，促成交易。人员推销的策略主要有以下 3 种：

（1）试探性策略　试探性策略即“刺激—反应”策略，是推销人员利用刺激性的方法引发顾客的购买行为。推销人员通过事先设计好的能够引起顾客兴趣、刺激顾客购买欲望的推销语言，投石问路地对顾客进行试探，观察其反应，然后采取相应的措施。因此，运用试探性策略的关键是要引起顾客的积极反应，激发顾客的购买欲望。

（2）针对性策略　针对性策略即“配方—成交”策略，是通过推销人员利用针对性较强的说服方法，促成顾客购买行为的发生。针对性的前提必须是推销人员事先已基本掌握了顾客的需求状况和消费心理，这样才能够有效地设计好推销措施和语言，做到言辞恳切，实事求是，有目的地宣传、展示和介绍产品，说服顾客购买，让顾客感到推销人员的确是真正为自己服务，从而愉快地成交。因此，运用针对性策略的关键是促使顾客产生强烈的信任感。

（3）诱导性策略　诱导性策略即“诱发—满足”策略，是推销人员通过运用能激起顾客某种欲望的说服方法，唤起顾客的潜在需求，诱导顾客采取购买行为。运用诱导性策略的关键是推销人员要有较高的推销技巧和艺术，能够诱发顾客产生某方面的需求，然后抓住时机，向顾客介绍产品的功效，说明所推销的产品正好能满足顾客的需要，从而诱导顾客购买。

8. 明确推销人员的奖励制度

（1）单纯薪金制　单纯薪金制也称为固定薪金制，是指在一定时间内，无论推销人员的业绩是多少，均会获得固定数额报酬的形式。具体来说就是：职务工资 + 岗位工资 + 工龄工资。

1）优点。易于操作，计算简单，易于管理；推销人员的收入有保障，有安全感；在调整销售区域或顾客时，遇到的阻力较小。

2）缺点。对销售效率和销售利润最大化缺乏直接的激励作用；由于不按业绩获得报酬，故容易厚待业绩差的人而薄待优秀者；薪金属固定费用，在企业困难时难以进行调整。

（2）单纯佣金制　单纯佣金制是指与一定期间的销售业绩直接相关的报酬模式，即按销售基准的一定比例获得佣金。具体形式又有单一佣金和多重佣金（累退制和累进制）、直接佣金和预提佣金。

1）优点。推销人员的报酬是其销售行为的直接结果，富有激励作用；业绩越好报酬越多，推销人员的努力可获得较高的报酬；容易使推销人员将自己的行为与收入挂钩；奖勤罚懒的效果非常直接，业绩差的推销人员通常会自动离职。

2）缺点。推销人员收入不稳定，精神压力大，甚至容易焦虑；对企业的忠诚度较差，可能为了分散风险而多处兼职；推销人员采用高压式推销，不关心顾客的服务需求；推销人员不愿意调整自己的销售领域，造成管理困难；在企业业务低潮时，优秀销售人员离职率较高。

（3）混合奖励制　此种方式兼顾了激励性和安全性的特点。其有效的关键在于薪金、佣金和分红的比率。

（4）特别奖励　此种奖励包括经济奖励和非经济奖励。

9. 熟知推销人员的考核与评价

（1）考评资料的收集　获得考评资料的主要途径：销售工作报告、企业销售记录、顾客及社会公众的评价、企业内部员工的意见。

（2）考评标准的建立

1）基于成果的考核指标。这类指标有销售量、毛利、访问率、访问成功率、平均订单数目、销售费用及费用率、新顾客数量。

2）基于行为的考核指标。这类指标有销售技巧、销售计划管理、收集信息、客户服务、团队精神、规章制度执行情况、外表举止和自我管理等。

实战借鉴

农机促销策略的广泛运用

随着农机市场阶段性深度调整，企业间的竞争更加激烈，农机企业通过推销、广告、公共关系和营销推广等策略，实现销售利益的最大化，销量领先的企业纷纷展示出促销策略的领先优势。从市场上看出，品牌间的广告战、品质战和服务战等此起彼伏，争相吸引不同需求的用户。

1. 借助各种节日打好亲情牌

国内小规模家庭经营是农业的本源性制度，这就决定了农机销售商的秉性和特点。亲朋推荐、机手推荐等成为个体用户主要的购买渠道。农机企业、经销商利用春节、五一劳动节、中秋节、国庆节等市场黄金效应，结合地缘、亲缘、人缘，巧妙地走访用户、联络感情、促进销售。经销商定期进行专属性“店庆”，开展老用户回访、新用户座谈、进店有礼、推介有奖等活动，免费为老用户进行设备保养、推出特价机等活动，不断扩大企业影响力。实践证明，春节前后是小麦收获机最宝贵的销售时间，这一阶段定机用户占到全年总销量的50%左右。

2. 主动优化资源畅通营销路

围绕营销竞争生态升级，农机企业从需求端着力、供给端发力，畅通销售通道，提高市场竞争的精准化和一致性。对于忠诚用户，实行电话预约，免费送货上门。开展融资租赁业务，缓解经销商和用户资金压力；对品质较好的产品尝试先使用、后付款等新的农机产品销售方式。开展服务促销，送配件到田间、地头，解决好用户的后顾之忧。盘活物流、人流、资金流，农机产品的销售主流由过去的“县级”转变到目前的“乡级”，变等客上门为主动服务。组建由意见领袖、重点用户、经销商等形成的企业营销管理委员会，对营销方式、竞争格局、产品质量、产品性能进行“品头论足”，在农机企业、农机用户之间及时反馈、调整，改进痛点，形成竞争亮点。

3. 采用丰富的销售方式激发购买热情

近些年来，农机销售行业一些较早接受了营销观念的厂商已经开始学习和大胆尝试，一些新颖的营销方法和手段被应用到农机销售上来。但据调查，以下几种农机销售方式更加受农民青睐：

（1）示范销售法　农机是一种比较特殊的产品，性能复杂，比如联合收割机，就由动力、行走、收割、脱粒、清选、仓储等多个部分组成。所以，仅靠一本说明书是远远不够的，最好能采用现场示范操作或让农民亲自动手操作，让农民“看得见，摸得着，得其法，见其效”，农民才能买得放心。

（2）搭配销售法　一户农民花上几万元、十几万元买上一台大型农机，尽管国家补贴逐年加大，可自己花得也不少。原平市王家庄乡农机手张××说：“买农机需要搭配的东西很多，除了希望搭配一些易损备件外，《单车核算账目》《交通安全须知》《农机的维修与保养》等，农民都企盼搭配。”

（3）分期付款法　花那么多钱去买大型农机，许多农民一下子拿不出来，如果能采取分期付款的方法，同农民签订销售合同，让农民先交一部分首付款，把农机提走，然后按合同逐年付清余款，这样不但农民乐意，厂家与经销商也可以赢得信誉，得到较高的利润。

（4）以旧换新法　从目前的情况来看，农民手中的老旧农机仍在继续使用的不在少数。使用该淘汰的农机设备，既影响了农机的作业质量，又增加了不安全因素。虽然部分农机可以以旧换新，可旧农机作价太低，农民不太愿意。因此，农民企盼适当提高旧农机作价水平，适当地让利于农民，就可以较好地解决这个问题，不但农民欢迎，厂家也可以扩大农村市场。

4.7 撰写农机市场营销策划书

营销策划书没有固定的格式，根据产品或营销活动的不同要求，在策划的内容与编制格式上都有变化。但是，从市场营销策划活动的一般规律来看，其中有些要素是共同的。

关于营销策划书应该具备的基本要素，学术界有两种公认的基本观点：

第一种是“5W1H”观点，这种观点反映了策划界早期的认识水平，其内容是：What（什么）——策划的目标、内容；Who（谁）——策划的相关人员；Where

(何处)——策划的场所和地点；When（何时）——策划的时间和日程计划；Why(为什么)——策划的原因和理由；How（怎么样）——策划如何运行的。

另外一种是“5W3H”观点，这种观点反映了策划界对策划活动更深层次的认识，其内容是：What（什么）——策划的目标、内容；Who（谁）——策划的相关人员；Where（何处）——策划的场所和地点；When（何时）——策划的时间和日程计划；Why（为什么）——策划的原因和理由；How（怎么样）——策划是如何运行的；How much（多少）——策划的总体预算；How feel（怎么样）——预测策划的结果和效益。

4.7.1 明确策划书的基本结构

1. 策划基础部分

策划基础部分主要是对企业营销背景和市场环境进行分析，具体视策划内容而异。具有共性的内容有以下方面：

(1) 宏观环境分析　这包括政策法律因素分析、经济因素分析、技术因素分析和社会文化因素分析等。

(2) 微观环境分析　这包括竞争对手营销战略及状态分析、企业内部优劣势分析等。

(3) 企业概况分析　这包括企业的历史情况、现实生存状况及未来发展设想等。

(4) 调查材料分析　这包括企业目标市场需求行为调查，购买者购买力调查，购买行为方式调查，企业适应市场需求状况的调查，企业的影响力、知名度、满意度的调查等。

2. 行动方案部分

行动方案部分主要是对企业营销活动的范围、目标、战略、策略、步骤、实施程序和安排等的设计。就策划的指导思想而言，主要谋划以下两个方面的内容：

(1) 如何确定目标市场　这包括市场细分、目标市场的选择与确定、市场定位(含对产品的市场定位和对企业的市场定位）等。

(2) 如何占领目标市场　这包括产品策略（新产品开发、产品改良、品牌包装等策略)、价格策略（价格制定、价格变动策略)、渠道策略（分销渠道的选择)、促销策略（商业广告、人员推广、营业推广、公关活动等方面的策略)。

3. 基础部分与行动方案部分的关系

营销策划书的这两个部分是相辅相成、前因后果的关系。基础部分为行动方案部分做铺垫，行动方案的内容不能脱离基础部分提供的前提，否则就成了无源之水、无本之木。

对营销策划书基础部分的要求是：分析要准确，材料要厚实。对原始材料的处理必须实事求是，不能任意编造或夸大、缩小。同时选用的素材要充分，要为行动方案的形成提供充足的、必要的条件。

对营销策划书行动方案部分的要求是：有明确的针对性、强烈的创新意识和切实的可行性。

没有针对性或针对性不强的行动方案是无益于企业的。那种靠某种模式、某种套路去套各类不同企业的所谓策划行为是不负责的行为，是欺诈行为。任何方案的提出必须根据不同企业的实际情况，不论企业情况如何而一味用固有的、陈旧的、单调的套路去套用的"策划"，只不过是在制造信息垃圾，不仅不利于企业的发展，有的还会带来负面效应。企业应拒绝这类"策划"。

策划成果的价值贵在创新，只有体现创新意识，具有创新精神的成果才最可贵。策划的创新重在策划人思路的创新、运用的知识创新，以及营销的内容与技巧、手段的创新。成功的策划文案要给人耳目一新、眼前一亮的感觉，给人智慧的启迪和精神的振奋。

策划书的可行性主要体现在适合企业的实际上，即这些方案不是无据可查，不是为了束之高阁供欣赏，而是为了推动企业的发展，为了付诸行动有所收益。策划书中的目标一定是通过努力可以达到的，策划书中的措施一定是企业可以且有能力实施的。

4.7.2 撰写策划书的具体内容

一般情况下，营销策划书的结构可以和营销策划的构成要素（内容）保持一致，其意义在于使营销策划书的制作效率化。目前，被公认为比较合理的营销策划书的结构框架应由以下几个部分组成：

1. 封面

很多人认为，营销策划书重在内容，而封面无关紧要。这种认识并不正确，营销策划书需要有一个美观的封面，这是因为读者首先看到的是封面，因而封面能引起第一印象的强烈视觉效果，从而对策划内容的形象定位起到帮助作用。

封面可以起到美化、装饰策划书整体，清晰表明策划的标题，传达策划内容，表述在正文中不宜表达的内容等作用。封面设计的原则是醒目、整洁，切忌花哨，至于字体、字号、颜色，则应根据视觉效果具体考虑。

封面应该提供以下信息：

（1）委托方　如果是受委托的营销策划，那么在策划书封面要把委托方的名称列出来，如××公司××策划书。这里要注意不能出现错误，否则会给人留下不良印象。

（2）标题　标题的确定要简洁明了。有时为了突出策划的主题或者表现策划的目的，也可以加副标题或小标题。

（3）日期　日期应以正式提交日为准，不应随随便更定一个日期，同时要用完整的年月日表示，如2020年12月8日。

（4）策划者　一般在封面的最下部标出策划者。如果策划者是企业，则须列出企业全称。

2. 前言

前言一方面是对策划内容的高度概括性表述，另一方面在于引起读者的注意和兴趣。前言的文字不能过长，一般不要超过一页，字数应控制在1000字以内。前言的具体内容包括：

1）简单论述接受营销策划委托的情况，如××公司接受××公司的委托，就××年度的促销计划进行具体策划。

2）进行策划的原因，将策划的重要性和必要性表达清楚，以吸引读者进一步去阅读正文。如果这个目的达到了，那么前言的作用也就被充分发挥出来了。

3）策划的目的及策划实施后要达到的理想状态。

4）策划及策划书的特色、策划过程的概略介绍、参加人员的情况及致谢等。

3. 目录

目录的作用是使营销策划书的结构一目了然，同时也使读者能方便地查寻营销策划书的内容。因此，策划书中的目录不宜省略。

如果营销策划书的内容篇幅不多，目录可以和前言同列一页。列目录时要注意的是：目录中所标的页码不能和正文的页码有出入，否则会增加读者的麻烦。尽管目录位于策划书中的前列，但实际的操作往往是等策划书全部完成后，再根据策划书的内容与页码来编写。

4. 概要

概要是对营销策划书的总结性陈述，使读者对营销策划内容及策划结论有非常清晰的概念，便于读者理解策划者的思路、意图和观点。通过概要可以大致理解策划内容的要点。

概要的撰写同样要求简明扼要，篇幅不能过长，可以控制在一页以内。另外，概要不是简单地把策划内容予以列举，而是要单独成一个系统。因此，遣词造句等都要仔细斟酌，要收到提纲挈领的效果。

概要的撰写一般有两种方法，即在制作营销策划书正文前事先确定和在营销策划书正文结束后事后确定。这两种方法各有利弊，一般来说，前者可以使策划内容的正文撰写有条不紊地进行，从而能有效地防止正文撰写离题或无中心化；后者简单易行，只要把策划书内容归纳提炼即可。采用哪种方法可由撰写者根据自己的情况来定。

5. 环境分析

环境分析是营销策划的依据与基础，所有营销策划都是以环境分析为出发点的。环境分析一般应在外部环境与内部环境中抓重点，描绘出环境变化的轨迹，形成令人信服的依据资料。

环境分析的整理要点是明了性和准确性。

所谓明了性，是指列举的数据和事实要有条理，使人能抓住重点。在具体进行环境分析时，往往要收集大量的资料，但所收集的资料并不一定都要放到策划书的环境分析中去，因为过于庞大繁杂的资料往往会减弱读者的阅读兴趣。如果确需列入大量资料，可以用“参考资料”的名义列在最后的附录里。因此，分析的明了性是策划者必须牢记的一个原则。

所谓准确性，是指分析要符合客观实际，不能有太多的主观臆断。任何一个带有结论性的说明或观点都必须建立在客观事实基础上，这也是衡量策划者水平高低的标准之一。

6. 机会与威胁分析

这一部分和前面的环境分析可以看作一个整体，而实际上在很多场合，一些营销策划书也确实是如此处理的。

在这一部分，要从上面的环境分析中归纳出企业的机会与威胁、优势与劣势，然后找出企业存在的真正问题与潜力，为后面的方案制定打下基础。

企业的机会与威胁一般通过外部环境的分析来把握，企业的优势与劣势一般通过内部环境的分析来把握。在确定了机会与威胁、优势与劣势之后，再根据对市场运动轨迹的预测，就可以大致找到企业的问题所在了。

7. 制定营销战略

市场营销战略主要由 3 部分组成，可以文字表述，也可列表说明。

(1) 目标市场战略　目标市场战略阐明企业及其品牌、产品准备进入的细分市场。不同的细分市场在顾客偏好、对市场营销行为的反应、盈利潜力及企业能够或者愿意满足其需求的程度等方面各有特点，所以企业需要在精心选择的目标市场上，慎重地分配其市场营销资源和能力。

(2) 市场营销组合战略　对选定的细分市场，分别制定包括产品、价格、分销和促销等因素在内的一体化战略。通常，在针对目标市场确定市场营销组合时，会有多种不同的方案可供选择。因此要辨明主次，从中选优。

(3) 市场营销预算　执行有关市场营销战略所需的、适量的费用，明确其用途和理由。营销费用的测算不能马虎，要有根据。像电台广告、报纸广告的费用等，最好列出具体价目表，以示准确，若价目表过细，可作为附录列在最后。在列成本时要区分不同的项目费用，既不能太粗，又不能太细。用列表的方法标出营销费用也是经常被运用的，其优点是醒目。

在制定战略的过程中，市场营销部门的一项重要工作是与其他有关部门和人员讨论、协商，争取理解、支持与合作。比如，同采购部门、研究与开发部门、生产部门及财务部门沟通，了解、确认它们执行计划有什么问题与困难，能否解决以及打算如何解决，哪些方面可以做得更好等。

8. 确定战术

战略必须具体化，形成整套战术或具体行动。也就是说，要进一步从做什么、何时做、花费多少成本及达到什么要求等方面，全盘考虑市场营销战略实施过程中涉及的各个因素、每个环节及所有内容。执行者可以把具体的战术或行动用图表形式描述出来，标明日期、活动费用和责任人，使整个战术行动方案一目了然，便于执行和控制。

9. 损益预测

确定目标、战略和战术以后，可以编制一份类似损益报告的辅助预算。在预算书的收入栏列出预计的单位销售数量和平均净价；在支出栏，列出分成细目的生产成本、储运成本及各种市场营销费用。收入与支出的差额，就是预计盈利，经上级主管同意之后，它将成为有关部门、有关环节安排和进行采购、生产、人力资源及市场营销管理的依据。

10. 营销控制

营销控制主要说明如何对计划的执行过程、进度进行管理。常用的做法是把目标、预算按月或季度分开，便于上级主管及时了解各个阶段的实际销售业绩，掌握未能完成任务的部门、环节，分析原因，并要求限期做出解释和提出改进措施。

在有些市场营销计划的控制部分，还包括针对意外事件的应急计划。应急计划应扼要地列举可能发生的各种不利情况，发生的概率和危害程度，应当采取的预防措施和必须准备的善后措施。制订和附列应急计划，目的是事先考虑可能出现的重大危机和可能产生的各种困难。

11. 结束语

结束语主要起到与前言的呼应作用，使策划书有一个圆满的结束，而不致使人感到太突然。结束语中应再重复一下主要观点并概述策划要点。

12. 附录

附录是策划方案的附件，附录的内容对策划方案起着补充说明的作用，便于策划方案的实施者了解有关问题的来龙去脉，为营销策划提供有力的佐证。

凡是有助于读者对策划内容理解的可信资料都可以列入附录。但是为了突出重点，可列可不列的资料以不列为宜。作为附录的另一种形式是提供原始资料，如消费者问卷的样本、座谈会原始照片等图像资料等。附录内容还要标明顺序，以便查找。

实战借鉴

比亚迪 F0 走进高校展演活动策划方案示例

摘要：比亚迪 F0 从面世之初就体现了其面向年轻市场、为年轻人量身打造的环保超值时尚小车的特点。在校大学生的年轻活力与比亚迪 F0 的风格十分相符，这一市场也成了比亚迪 F0 极为关注的主要潜在市场。本方案策划之前深入分析了在校大学生的个性特征及消费心理特点，深刻了解了比亚迪 F0 的产品特性，从而确定了“时尚个性精彩路，从比亚迪 F0 开驶”的活动主题。方案中具体策划了以举办“Build your dream · F0 · 校园行暨××高校首届个性车模选拔赛”活动为主线，辅之以汽车知识问答、汽车图片展，最后通过车技表演、激情试乘试驾活动的开展进一步拉近与潜在市场群体之间的距离，从而使在校大学生在各项活动的了解与参与中，经历从视觉吸引到感觉体会到心灵冲击的体验升华。通过一系列活动的开展，期望最终达到能够让更多人了解和喜欢比亚迪 F0，并成为大学生毕业后的首选汽车的活动目的。

关键词：比亚迪 F0　大学生　汽车

1 引言

随着汽车越来越贴近人们的生活，购车已成为各阶层人士不约而同的选择，汽车文化因此而备受关注，潜在的汽车消费群体和细分市场也在逐步形成。高校已成为汽车的主要潜在市场之一，在校大学生也无疑是关注、欣赏并塑造汽车文化的一支中坚力量。

“香车美女”的概念自1983年北京首届国际车展由西方引入中国，“汽车模特”这一新型促销形式成为汽车博览会上一道亮丽的风景线，并在一定程度上推动了我国车展业和我国汽车工业的发展。此次比亚迪F0走进高校的展演活动以举办校园车模大赛为主线，配以汽车知识问答、车型图片展，旨在宣传比亚迪F0的品牌形象，提升品牌认可度，并通过“车模”这个代表青春活力与动感时尚的特殊载体给比亚迪F0的潜在市场群体带来强烈的感官体验。

2 市场背景

比亚迪F0，车身紧凑而圆润，微笑前脸，充满着青春的阳光气质；车轮位置紧靠车身四角，保险杠搭配可拆卸式防擦包角，不但拓展了车内空间，更起到了保护车身的作用；内饰用冷色调营造金属质感，炫酷十足。人们的第一印象无疑是它巧妙的构思、前卫时尚的设计，融合了内敛温婉及灵活炫酷的风格，形成了年轻一族的专属标签。2009年比亚迪传奇车型F0全年热销102931辆，从2009年8月开始连续5个月进入“万辆俱乐部”；2010年，以实力进一步诠释“时尚、精品、高端”的王者品质，突显“时尚0缺憾，风格JUST COOL”的产品特色。

每年夏天到来之际，也预示着一群洋溢着青春活力、充满着激情抱负的年轻人将离开梦幻的象牙塔，步入可以让他们施展才能的社会大舞台。年轻的他们，时尚、个性，注重表现自我、注重自我张扬，极力追求时尚。在生活质量逐步提升的今天，他们同样有着拥有自己专属汽车的梦想，但是刚进入工作岗位不久，正处于事业的积累期，可支配收入有限，而比亚迪F0亲民的3万~5万元价格，正符合他们毕业1~2年后可以承担的消费水平。

比亚迪F0从面世之初就体现了其面向年轻市场、为年轻人量身打造的环保超值时尚小车的特点，在校大学生的年轻活力与比亚迪F0的风格十分相符，因此，让更多人了解和喜欢比亚迪F0，并成为大学生毕业后的首选汽车，是本次活动的主要目的。通过开展比亚迪F0走进高校的展演活动，进一步宣传比亚迪F0特色，使比亚迪F0更贴近年轻人。

3 活动形式及安排

3.1 活动主题

“时尚个性精彩路，从比亚迪F0开驶”。

3.2 活动形式

3.2.1 主线

举办“Build your dream · F0 · 校园行——暨××高校首届个性车模选拔赛”活动。

3.2.2 辅助

汽车知识问答、汽车图片展、车技表演和激情试乘试驾。具体安排见图4-9。

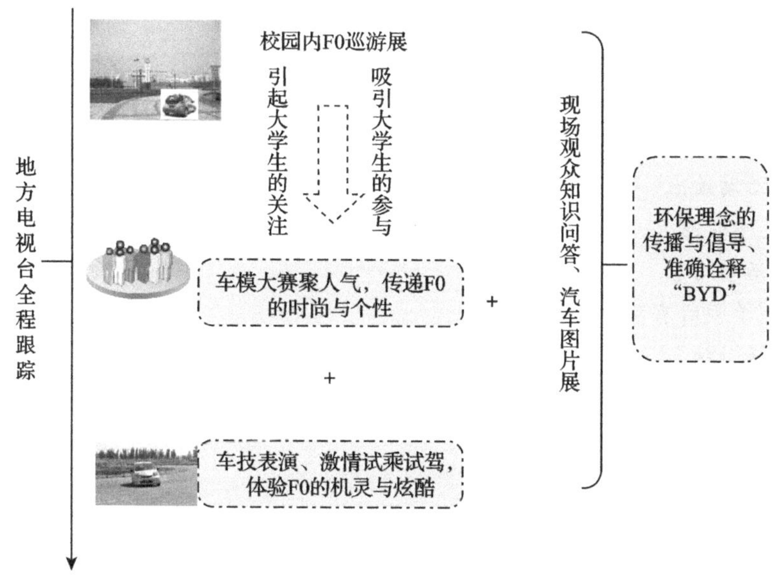

图4-9 Build your dream · F0 · 校园行活动流程图

3.3 活动目标

校园汽车展演不仅是一个创新的文化传播途径，也是一种创新的汽车营销模式，本次策划比亚迪F0走进高校的展演活动，主要目的如下：

1）让大学生这一日后汽车消费的主体，从现在开始便感受到汽车，并对未来的汽车生活充满憧憬，从而激发在校大学生为了美好的明天而更加奋发学习的热情。

2）提升比亚迪在大学生心目中的认知度、关注度和品牌认可度。

3）推广比亚迪F0时尚前卫的外观设计、精良的工艺、舒适的驾乘和环保的理念，展示比亚迪F0的高端品质。

4）收集潜在消费者的基本信息，以备日后追踪发展。

3.4 活动时间

以A市大学城为本次展演活动的第一站，具体活动时间定为2010年5月20日至6月12日，具体日程见图4-10。

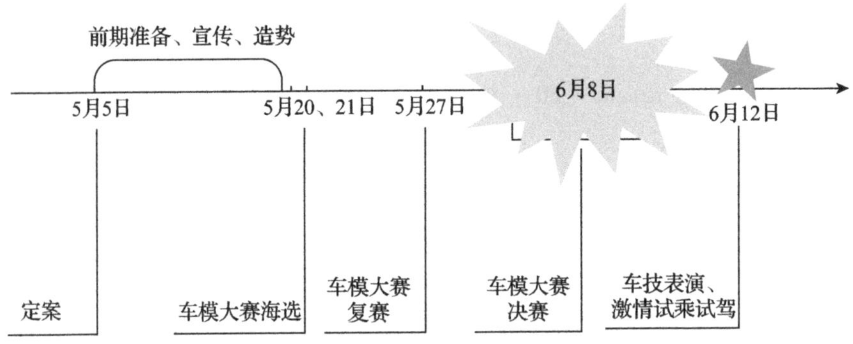

图4-10　比亚迪F0走进A市大学城展演日程

3.5　活动地点

A市大学城露天广场、A市大学城驾校场地。

3.6　活动对象

A市大学城所有院校的学生。

3.7　活动执行

主办：A市比亚迪4S店。

协办：A市大学城某学院车友会。

媒体：A市电视台。

3.8　活动用奖品、礼品及宣传品

特点：以具备比亚迪F0特色的物品为主，可同时达到品牌宣传效果。

种类：精品汽车模型、赛车比赛门票、精美汽车杂志、著名汽车品牌相关延伸品（如服饰、手表等）、时尚手机链、挂饰和玩偶等。

4　详细计划

4.1　策划及宣传

1）设置车模大赛的评选细则及奖励办法，筹划汽车知识问答、车型图片展、车技表演和激情试驾的具体实施计划。

2）与各院校团委、学生会社团组织合作，广泛地进行宣传工作；同时联系本次大赛的承办学校，落实活动的开展地点。

3）筹备本次活动的宣传文案，确定活动的主要宣传媒体，包括电视媒体和报纸杂志等，并在此基础上开展活动的前期宣传。

4）制作专题网页，并链接至各所学校的校园网站，进行项目的介绍、前期宣传。

5）设计本次活动的海报、宣传单页等；印制相关的宣传材料、条幅和POP

（卖点广告）宣传画，并在各学校进行张贴、悬挂。

6）宣传期造势活动：由6辆比亚迪F0组成车队（车身颜色各异），在各校校园内进行巡游，车身粘贴活动宣传画，旨在吸引大学生的关注，并引起他们积极参与的情绪，时间为2天。

4.2 活动实施

4.2.1 车模大赛

4.2.1.1 基本情况

本次大赛共分为3个阶段：海选、复赛、决赛，最终决出冠、亚、季军各1名及单项奖数名，冠、亚、季军将有机会成为比亚迪F0在该地区的形象代言人。

冠军将获得“2010年A市大学城个性车模大赛”冠军证书、奖杯、奖金1000元。

亚军将获得“2010年A市大学城个性车模大赛”亚军证书、奖杯、奖金800元。

季军将获得“2010年A市大学城个性车模大赛”季军证书、奖杯、奖金600元。

单项奖设最具人气奖（1名）、最佳造型奖（1名）、最佳才艺奖（1名）和优胜奖（数名）4项，将颁发获奖证书及奖金200元。

4.2.1.2 具体安排

（1）海选

时间：2010年5月20日、21日15：00~21：00。

地点：A市大学城驾校场地。

选手要求：参赛选手须为A市大学城在册学生，遵守我国法律，无不良记录，男女均可，以适合比亚迪F0的特色为主要评比依据。女性：身高160厘米以上，五官端正，身体健康。男性：身高170厘米以上，五官端正，身体健康。

海选项目：个人才艺展示。限时5分钟，具体形式不限，以展示个人特长、特色为主，符合现代大学生健康向上、青春活力、时尚个性的特点。通过海选，将选出30名选手进入下一环节。

（2）复赛

时间：2010年5月27日18：00。

地点：A市大学城驾校场地。

复赛项目：个人才艺展示+车模秀。个人才艺展示要求同海选，车模秀限时3分钟，实物车为比亚迪F0，服装自备。通过复赛，将选出10名选手进入下一环节。

(3) 决赛

时间：2010 年 6 月 8 日 18：00。

地点：A 市大学城露天广场。

决赛项目：个人才艺展示（30%）+车模秀（40%）+知识问答（30%）。个人才艺展示要求同海选，车模秀限时 3 分钟，实物车为比亚迪 F0，服装自备（服装要求：各选手必须遵循环保理念，采取变废为宝的思路，自行设计决赛服装，既达到与比亚迪 F0 的时尚个性产品特色相吻合的要求，还应达到与比亚迪 F0 的环保超值理念相贴切的要求）。此外，增加知识问答项目，每位选手将回答 3 个与汽车文化相关的题目。通过以上 3 项决赛项目，综合考量选手的车模素质，具体包括仪态、表演、服装搭配和汽车知识几个方面。

1）前期准备。在决赛之前进行宣传，介绍选手情况，准备决赛用物料等，具体如下：

① 各决赛选手拍摄秀车照片，并配以选手情况介绍及个性参赛语录，设计专题网页及宣传报道链接至各学校校园网站，并进行网络投票造势，还将通过此方式最终决出最具人气车模奖。

② 制作选手资料介绍、汽车文化内涵、汽车发展历史和比亚迪 F0 产品介绍的易拉宝及宣传单页，易拉宝将在决赛场地进行静态展示，宣传单页将在决赛前在各学校分发：一方面宣传大赛情况；另一方面也通过图片展的形式向大学生传递汽车文化，吸引大学生对汽车的兴趣和关注，引导大学生未来的汽车理性消费。

③ 设计决赛现场环节，准备现场所需物品，布置决赛场地。需要前期制作的物品主要包括：舞台背景海报、现场横幅、音响、计算机、灯光、桌子、椅子、红地毯、投影仪、幕布、选手展及汽车展易拉宝、获奖证书、奖杯和观众奖品等。

2）决赛现场。预计时长为 2.5~3 小时，具体环节如下：

① 活动蓄势（10~15 分钟）。主持人致开场词，邀请比亚迪相关领导上台发言，并宣布活动开始。主持人介绍本次活动主旨、赛制等。

② 活动高潮（2~2.5 小时）。

a. 开场，参加决赛的 10 名选手共同表演歌舞拉开活动序幕。

b. 各选手下台准备服装间隙，主持人介绍比赛评委及各院校领导。

c. 10 名选手按照先前抽签顺序依次上台进行比赛，各项目顺序为：车模秀→个人才艺展示→知识问答。选手未能正确回答的问题由现场观众抢答，抢答正确发放奖品。

d. 现场互动环节：三四名选手作为一个段落，主持人针对本次活动的主旨，提出相关有奖问题，活跃现场气氛。例如，世界上第一台汽车是什么时候发明的，公认的汽车诞生日是哪一天，目前世界最大的汽车生产企业是哪一个，比亚迪的商标“BYD”的内涵是什么等，现场答对的观众有奖品发放。同时，结合互动节目，可倡议在场观众在现场的易拉宝图片展上以签名、按手印等形式表达对此次活动的支持。

e. 10 名选手完成所有参赛项目后，评委统计最终成绩。现场则穿插播放比亚迪企业文化及 F0 特色介绍，同时发出观赏车技表演和参与激情试乘试驾的邀请。

f. 主持人邀请大赛合作学校 A 市某学院相关领导宣布最终比赛成绩，并邀请各领导进行现场颁奖。

③ 活动谢幕（10 分钟）。

a. 主持人抽取参与网络投票的 3 名热心观众，并送上精美礼品。

b. 在乐队的结束曲中，主持人宣布活动圆满结束。

3）现场工作人员职责安排。

① 活动工作组。组织协调、布置现场、宣传监控、摄影。

② 市场部。安排主持人，邀请各院校相关领导，布置场地，安排活动流程。

③ 保卫部。维持现场秩序，保障观看人员的安全。

④ 如果个别部门人力资源欠缺则由其他部门人员补充。

车模大赛决赛现场平面图如图 4-11 所示。

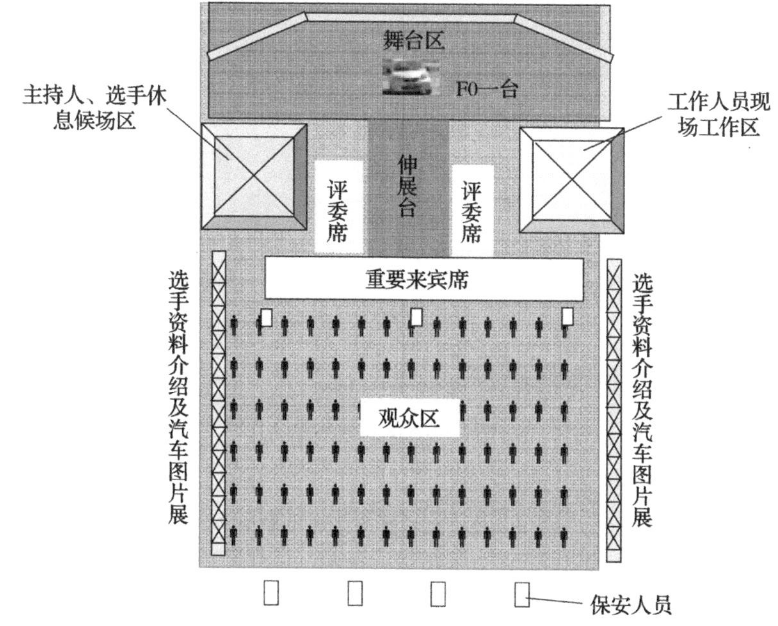

图 4-11 车模大赛决赛现场平面图

4.2.2　车技表演

4.2.2.1　基本情况

通过专业车手的现场演示，完美地将比亚迪 F0 的操控性体现出来，从而感染现场的观众，加深大学生对比亚迪 F0 的深刻印象。

4.2.2.2　具体安排

时间：2010 年 6 月 12 日 9：00～10：00。

地点：A 市大学城驾校场地。

主要表演项目：单车灵巧绕桩、多车头尾相接高速蛇行绕桩、180 度掉头漂移进库。

主要物料准备：比亚迪 F0 汽车 6 辆；三角广告板，做到安全隔离的同时能充分保障现场的宣传效果；路锥、警戒线，起到安全保障的作用；消防器材等。

现场工作人员职责安排：

① 活动工作组。组织协调、布置现场、宣传监控、摄影。

② 市场部。布置场地、服务现场观众、安排活动流程。

③ 维修部。负责表演车辆的维护、检测、调试，随时关注车辆性能状况。

④ 保卫部。维持现场秩序，保障观看人员的安全。

⑤ 如果个别部门人力资源欠缺则由其他部门人员补充。

车技表演现场平面图如图 4－12 所示。

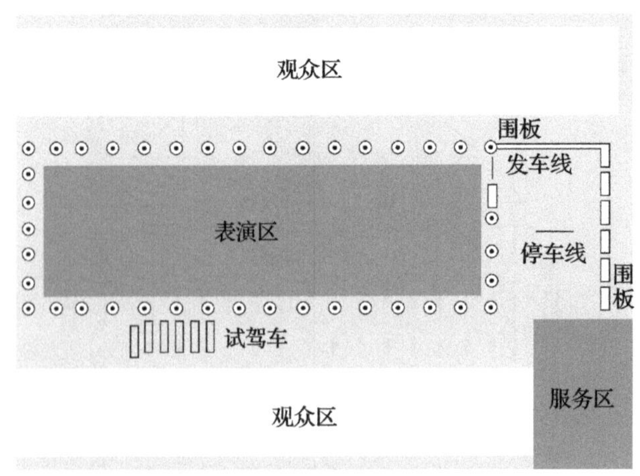

图 4－12　车技表演现场平面图

4.2.3　激情试乘试驾

4.2.3.1　基本情况

搭建比亚迪F0与意向客户群的深度试乘试驾平台，使在校大学生与比亚迪F0有一次深度交流的机会，未来能够将比亚迪F0作为走上社会后的第一辆车。

4.2.3.2 具体安排

时间：2010年6月12日10：00~11：30。

地点：A市大学城驾校场地及大学城内主干道。

要求：试驾人员必须持有中华人民共和国有效C类以上驾驶证，并在陪驾人员的指导下，限速40千米/小时，限时10分钟，并保证遵守试驾规章制度，服从陪驾和工作人员的管理。已经取得驾驶证的学生携带驾驶证可在现场参与试驾活动，未取得驾驶证但有意感受F0的实际操控性能的学生可在现场参与试乘活动。

试乘试驾流程：试乘试驾讲座→填表登记→审核通过→填写试乘试驾承诺书→领取试驾号牌、手册→至试驾人员休息区排队等待→审核收回号牌、核对驾驶证→上车试乘试驾→回到终点，结束试乘试驾。

现场工作人员职责安排：

① 活动工作组。组织协调、布置现场、宣传监控、摄影。

② 市场部。布置场地、安排活动流程、讲解试乘试驾注意事项、发放资料。

③ 客服部。客户试乘试驾服务（提供号牌、陪乘）、客户试驾、试乘前的记录（查看驾驶证）、发放纪念品。

④ 维修部。负责试乘试驾车辆的维护、检测、调试，随时关注车辆性能状况。

⑤ 保卫部。维持现场秩序，保障观看人员的安全。

⑥ 如果个别部门人力资源欠缺则由其他部门人员补充。

试乘试驾现场平面图如图4-13所示。

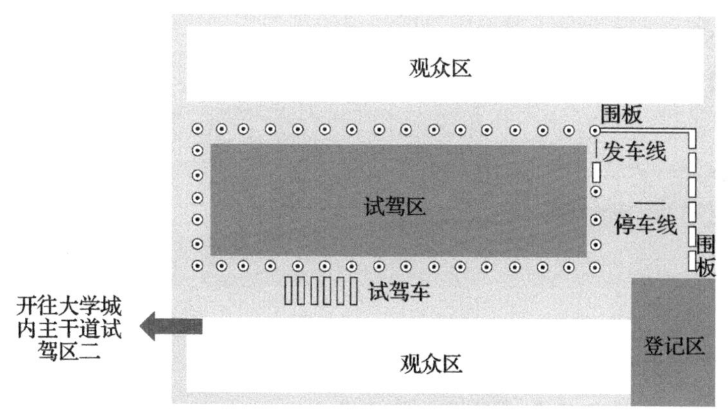

图4-13 试乘试驾现场平面图

4.3　费用预算

本次活动费用预算见表4-5。

表4-5　费用预算

项　　目		费用预算/元	备　　注
车模大赛	物料制作	5000	宣传单页、展板、易拉宝、海报等
	灯光、音响、舞台搭建费用	3000	
车模大赛	奖品、礼品	8000	选手奖品奖金、观众奖品、评委嘉宾礼品等
	其他	3000	服装等租借、评委嘉宾管理费等
车技表演、试乘试驾	物料制作、租赁	10000	三角广告板租借、宣传单页、海报等
	表演人员劳务费	3000	车技表演人员工资
	活动场地费	2000	大学城驾校场地租用费
共　　计		34000	

4.4　预期效果

1）车模大赛海选人数争取达到300人以上。

2）车模大赛决赛观众人数争取达到3000人。

3）车技表演和试乘试驾观看人数争取达到2000人，参与试乘试驾人数争取达到300人。

4）影响人群达到4万人。

5）A市大学城在校大学生能够准确认识比亚迪的品牌内涵，能够感受比亚迪F0“时尚0缺憾，风格JUST COOL”的产品特色。

4.5　活动效果图

本次活动效果图见图4-14。

图4-14　活动效果图

5　活动方案解释

1）本次校园行进行的各项活动，将力争由A市电视台等媒体进行全市报道。

2）在本方案中，为使方案尽可能具有可操作性，应以A市大学城的院校为主要活动对象，但是组织方式及操作步骤同样适用于其他高校。

3）上述策划的 3 项重点活动在本方案中仅做概述，还需要另行制订各自更详尽的活动计划。

4）本方案在费用预算上仅做粗略估计，在具体活动实施之前，将制作详尽的费用预算表。

5）方案实施结束后将进行总结，对在校大学生的消费心理进行进一步的分析研究，并跟踪在本次活动中体现购买欲望的所有人员。

第 5 章 Chapter Five

农机销售管理

5.1 塑造专业农机销售人员

5.1.1 认识销售与销售管理

1. 认识销售

许多人将销售（Selling）和市场营销（Marketing）视为同义词，事实上销售活动仅为企业市场营销活动的一部分。销售是指企业说服和诱导潜在消费者购买某项产品或服务，从而实现企业营销目标并满足消费者需求的活动过程。广义的销售包括人员销售和非人员销售，狭义的销售仅指人员销售。本章介绍的销售管理限于人员销售的范畴。

（1）销售活动的特征

1）销售的中心是说服。所谓销售，就是说服，主要表现在两个方面：一是让消费者接受销售人员的观点、产品和服务；二是让消费者乐意掏钱购买，并提高消费者购买的满意度。

2）销售活动的三要素。三要素即指销售者、销售对象和销售标的。

3）销售活动具有双重目的。双重目的是指要同时满足销售人员和购买人员的需要。

4）销售活动是一个复杂的过程。销售活动是销售者与销售对象信息传递的过程，是产品交换的过程，也是销售者与销售对象的心理复杂变化的过程。

（2）销售工作的类型　尽管销售人员的队伍庞大，销售工作的类型众多，但是根据所销售产品的类型、销售人员及其雇主的类型，多数销售人员主要从事零售业、批发业和制造业中的销售工作。

1）零售业中的销售。零售人员销售产品或服务，是给消费者个人完成最终消费。在我国，零售业吸纳了大量的销售人员，他们在商店中当售货员，与消费者面对面地沟通进行销售或从事电话销售。

2）批发销售。批发销售商也称为分销商，它们直接从制造商或其他批发商那里购买产品，然后将产品销售给其他中间商。

3）为制造商销售产品。制造业中的销售人员有时称为销售工程师，他们将制造企业的产品销售给不同类型的客户，这种客户可以是其他制造商、批发商、零售商，也可以是单个客户。

2. 认识销售管理

销售管理是指为实现企业整体销售目标，把握市场机会和实现产品交换而进行的包括建立销售目标、协调各种销售工具、制定销售预算、设计销售方案、评估和控制销售行动等一系列的具体管理活动过程。

销售管理过程是不断循环的运转过程，企业销售管理需要调整整个企业系统以适应消费者需求，因此也是企业内部各种职能（包括计划、组织、人员配备、指挥和控制）协调配合的过程。一般而言，销售管理的过程及步骤如下：

（1）销售环境分析　通过内部环境分析，可以发现企业内部资源在企业销售工作中的优势和劣势；通过外部环境分析，可以发现企业销售的机会与威胁，便于企业及时把握机会，规避威胁。

（2）明确企业销售目标　企业销售目标包括企业整体的销售规模目标、销售成本控制目标、不同消费者的销售目标、不同销售区域的销售目标、不同销售人员的销售目标及不同销售时间的销售目标等。

（3）制订全面的销售计划　协调企业的各种资源为销售工作服务，使企业的各个方面密切配合，有条不紊地开展销售活动，实施各项具体的销售方案，更好地完成企业总的销售目标。

（4）确定企业销售管理的总预算和总体销售活动预算　根据销售目标明确企业总的销售预算及其在各项销售活动中的预算计划，一方面可以确保提供销售所需要的费用支出，另一方面可以对销售活动的费用进行必要的控制，以提高企业销售活动的经济效益。

（5）客户管理　通过各种方式收集完整的客户资料，对客户进行细致的分析研究，加强客户的动态管理，并为客户提供周到的服务。

（6）控制企业销售过程，提高销售效果　由于各种因素的影响，计划与实际销售过程往往会出现差异，进行有效的信息传递和调整是使销售活动得以顺利开展的保证。

（7）对企业销售业绩进行科学的评估　科学的评估是为了对销售活动进行全面的总结，而总结的目的是为了以后更好地把企业的经济效益和经济责任结合起来，提高企业销售管理的水平和企业销售活动的经济效益。

5.1.2 把握农机销售人员的职责

农机销售的效果如何，在很大程度上取决于基层农机销售人员的水平，尤其取决于农机销售人员的素质和综合鼓动能力。因此，探讨农机销售人员的地位和作用、特点和职能，以及提高其素质和能力，就成为农机销售工作中的重要问题。

1. 明确农机销售人员的作用

农机销售人员就是在农机销售组织和具有一定推广职能、有志于农机销售的其他组织（经营组织、非经营组织或自然人）中，实施农机销售工作的具体执行者。

(1) 对农机销售人员进行分类　农机销售人员可以从不同的角度和按不同的标准来进行分类，主要类别如下：

1）从执行推广对象的规模来分，可以分为宏观推广者和微观推广者。从事农机销售管理职能的人员，如指导推广行为、制订推广计划、收集和发布推广信息等的人员属于宏观推广人员；执行推广计划，从事推广前期的农机具试验、示范活动的农机销售人员，以及从事农机销售后期的技术指导与保障服务的人员，或具体传递农机具信息给潜在农机购买者，并使其产生购买行为的农机销售人员属于微观推广者。

2）从职能作用上分，可以分为农机销售管理者和农机销售员。农机销售管理者就是在整个农机销售活动中都实施管理职能的人员，农机销售员就是执行推广计划，从事推广前期的农机具试验、示范活动的农机销售人员，以及从事农机销售后期的技术指导与保障服务的人员，或具体传递农机具信息给潜在农机购买者，并使其产生购买行为的农机销售人员。

3）从所处机构的层次上分，可以分为国家级、高层、中层、基层（含企业）农机销售人员，即国家级推广机构中的人员、省级机构中的人员、市级机构中的人员、县级机构中的人员、乡镇级机构中的人员和农机生产企业中的人员。这种划分是相对的，是基于管理职能需要来划分的。例如，县级机构中的推广者，在体现管理职能上，倾向于中层，而具体执行者又倾向于基层。这样划分的目的在于根据不同的层次规定推广工作的责任和权限，规定实施管理职能的范围，规定管理者与被管理者的上下级关系，形成农机销售管理队伍的金字塔体系。先进适用的农机化新技术，常常伴随着相应的农机新机具的应用而产生，也在农机销售中伴随着新机具的推广而被推广。农机销售组织中的农机销售人员，行使的是农机化发展的事业职能；农机生产企业中的农机销售人员，从事的是产品推广的商业营销行为的职能。

二者的相同点是都向农机潜在购买者传递农机具信息，使其产生购买行为，但由于各自的利益目标不同，性质也完全不同。

4）从推广工作的业务上分，可以分为管理者、推广员、技术员、信息员和技术技能培训教师等。这样分类有利于中层和基层形成相对分工，又互相协作统一起来，防止顾此失彼，以收到良好的推广效果。

（2）农机销售人员的具体作用　农机销售人员在农机销售工作中的作用是多方面的，所从事的具体工作不同，其作用也不同。

1）农机销售人员是农机销售活动的指挥者。战争需要指挥，经济管理活动需要指挥。基于管理的协调职能来说，农机销售活动也需要指挥。通过指挥，使农机销售活动便于指令畅通，便于协作，便于收到良好的推广效果。

2）农机销售人员是农机销售活动的组织者。基于管理的组织职能来说，农机销售人员是农机销售活动的组织者。

3）农机销售人员是农机销售活动的执行者。基于农机销售的目的来说，农机销售人员是农机销售活动的执行者。

4）农机销售人员是农机销售活动的监督者。基于管理的监督职能来说，农机销售人员是农机销售活动的监督者。

5）农机销售人员是农机销售目的的实现者。基于推广的目标来说，农机销售人员是农机销售活动的实现者。

6）农机销售人员是农机生产企业的代言人。对于农机销售目录内农机产品的生产企业来说，农机销售人员是农机生产企业的代言人。

2. 明确农机销售人员的职责

在农机销售组织中，按照职能分工，农机销售人员的职责分为以下两个方面：

一方面，对于宏观推广人员来说，农机销售人员的职责是：①研究和确定农机销售的战略和策略；②组织和完善管理机构；③制定和执行管理规范；④决策和指挥决策的实施；⑤协调和监督农机销售活动；⑥培养、选拔和使用农机销售人才；⑦制定、宣传、贯彻或执行农机销售的方针、政策；⑧开发农机技能人才；⑨传递、收集和反馈农机销售信息。

另一方面，对于微观推广人员来说，农机销售人员的职责是：①执行农机销售目标指令；②宣传、贯彻和执行农机销售的方针、政策；③执行管理规范；④培训农机操作人员；⑤指导所推广的农机化新技术；⑥传递、收集和反馈农机销售信息；⑦按农机化区划要求，推广区划控制地域内相适宜的农机具及农机化技术。

3. 农机销售人员应具备的个体素质

农机销售人员的个体素质，是指在一定时间和空间条件下，存在于农机销售人员身上，并在农机销售活动中对农机销售工作经常起作用的那些内在要素和能力；是农机销售人员在先天基础上通过后天的学习、实践逐步形成的智能与品德等的总和。作为一个合格的农机销售人员，应具备政治思想素质、文化业务素质、组织管理素质和道德品格素质。

（1）政治思想素质　为建设中国特色的社会主义国家，各层次的农机销售人员应具有良好的政治思想素质。一个政治思想素质好的农机销售人员，应当具有以下品质：

1）坚持以马列主义、毛泽东思想、邓小平理论、“三个代表”重要思想、科学发展观、习近平新时代中国特色社会主义思想为指导。能够正确运用马列主义的立场、观点与方法去观察和处理问题。

2）贯彻执行农机化的方针、政策、法律和法规。能够结合本地区、本部门、本单位的实际，创造性地执行党的路线、方针和政策。

3）全心全意为人民服务的自觉性。能够以饱满的热情和高度的责任感，对待党和人民交给的工作任务，对工作极端负责，对群众满腔热忱。

4）对社会主义新事物的敏感。能够发现、保护、支持有利于农机销售的新生事物，哪怕它处于萌芽状态；同时又善于识破种种以新的伪装出现的腐朽事物。

5）研究新情况、解决新问题，开辟新局面的创造性。能够打破陈规陋习的束缚，为建设有中国特色社会主义勇于改革、勇于探索创新。

（2）文化业务素质　农机销售人员的文化业务素质是对农机销售效能起基础作用的因素，概括地说，这种素质就是进行农机销售工作，促进农机化事业不断向前发展的知识和技能。一个文化业务素质好的农机销售人员，应当具有以下品质：

1）扎实的文化基础。学习马克思主义基本理论和新的科学、技术、管理知识，并随着农机销售的需要，在实践中不断提高。

2）良好的推广技能。学习农机销售的理论和实作技能知识，并在实践中不断总结和提高。

3）具有良好的管理知识和技能。对于农机销售的管理人员来说，还必须能够懂得如何管理好一个销售团队，懂得如何做好经销商管理工作。

4）比较广的知识面。对于农机销售的管理人员来说，应当懂得本行业及其有关的科学知识才能接受各门各类新的信息，改善和提高自己的业务管理水平。

（3）组织管理素质　农机销售的组织管理素质，是指具有驾驭和指挥农机销售工作的能力。农机销售人员效能的高低，直接影响着农机销售的数量和效果。一个组织管理素质好的农机销售人员，应当具有以下品质：

1）统观全局的战略思考能力。能够对复杂的社会现象进行科学的分析、综合、概括和判断。

2）深入实际、多谋兼听的探讨能力。能够积极地深入基层调查研究，听取各种不同的意见，民主办事。

3）权衡利弊的决断能力。能够在科学判断的基础上，选择合理的方案，做出整体利益和局部利益相统一、长远利益与短时利益相统一的决策。

4）突出重点、兼顾一般的统筹能力。在工作中能够抓住重点，又能把握一般。

5）吸引人、了解人、公正处事的能力。能够产生凝聚力和鼓动力，正确处理好农机销售工作。

6）接受反馈、适时反应的应变能力。能够审时度势，不失时机地调整农机销售决策，调度力量，趋利避害，争取最佳效果。

（4）道德品格素质　一个道德品格素质好的农机销售人员，应当具有以下品质：

1）大公无私的高尚情操。“先天下之忧而忧，后天下之乐而乐”“吃苦在前、享受在后”，为群众的利益贡献自己的一切。

2）坚持真理的无畏气概。旗帜鲜明，正派坦率，反对弄虚作假，反对歪风邪气。

3）联系群众的民主作风。平等待人，态度和蔼，随时保持一个普通工作者的身份。

4）谦让容人的宽宏度量。在坚持原则的基础上听得进不同的意见，能与意见不同的同志合作共事，能任劳任怨，必要时能忍辱负重。

5）严于律己的自省精神。经常自我解剖，不怕承认自己的缺点和错误，并且愉快地听取他人的批评。

5.1.3 处理销售管理中的伦理问题

伦理是一种精神原则和价值规范，它是通过确定是非界限来约束个人或团体行为的。很多企业和销售人员都错误地认为，不违法的便是符合伦理规范的，这经常使他们陷入困境。伦理价值和精神价值永远都是一种强大的力量，它能够规范销售人员队伍内部及外部环境的行为。当伦理准则和社会责任感获得广泛认同后，企业就可以利用伦理规范及其企业文化来约束人们的言行。

销售管理经常面临道德困境，在现实生活中，经常会出现观点冲突、情况模糊及形势不明确等销售管理局面。事实上，潜在的消极伦理因素或个人的原因就可能使得销售管理或不公正，或不公平，或不公开。

1. 培养个人的销售素养

以前，人们认为企业的社会责任就是利润取向，企业的唯一目标就是追求利润，就是最大限度地满足股东的利益。现在，社会经济观要求企业不仅要对股东负责，还要对其他利益相关者负责。崇尚道德的销售管理应具备以下特征：

(1) 把遵守道德规范看作责任　如果遵守道德规范会带来损失，而不遵守道德规范可能会带来利益，企业仍然选择遵守道德规范，这就是责任。

(2) 以社会利益为重　社会营销观点要求销售者坚持以社会利益为重，任何牺牲公共利益得到的业绩只能是短期的业绩。

(3) 重视利益相关者的利益　关系管理告诉我们，企业不仅要处理好与上游、横向和下游企业之间的关系，还要处理好与企业所有者、内部劳资、消费者、社会和环境的关系。

(4) 超越法律　崇尚道德的管理范畴超越了法律的要求。法律是所有社会成员必须共同遵守的最基本的行为规范，仅仅遵守法律的销售管理不大可能激发员工的责任感、使命感，不大可能赢得消费者、供应商、公众的信赖和支持。崇尚道德的管理将社会利益放在自身利益之前，却常常能取得卓越的业绩。

(5) 自律　由于销售工作具有较大的自主性和创造性，同时又承担着重要的责任，所以销售管理需要强调自律，强调员工的自我管理。

(6) 以企业的价值观为行为导向　在销售活动中，销售人员与企业的价值观不尽相同，但企业的价值观是企业文化的核心内容，企业员工应该共同遵守和维护，销售人员也不例外。

2. 处理与消费者的伦理问题

销售人员与消费者打交道时会出现大量的伦理问题，列举如下：

(1) 贿赂消费者　销售人员可能向消费者提供金钱、礼品、娱乐消费券或旅游机会等，试图贿赂消费者。

(2) 采取价格歧视　一般来说，价格歧视是指一家企业在同一时间对同一产品或服务实施两种或两种以上的价格，这种做法削弱或损害了公平竞争。

(3) 实施捆绑销售　这里的捆绑销售是指搭配销售，是消费者在购买某些产品时，可能被要求同时购买他不需要的其他产品的销售行为。所以，其含义区别于共生营销的概念，共生营销的捆绑销售是指两个或两个以上的品牌或企业在促销过程中进行合作，从而扩大它们的影响力，是一种跨行业和跨品牌的新型营销方式。

（4）互惠性交易　互惠性交易是指如果某人或某个企业同意购买自己的产品，自己将会相应地购买他的产品。在美国，如果这样的商业协议伤害或削弱了竞争，则会被认为是非法的。

（5）错误的表述　销售人员在消费者面前的表述和承诺，都可能承担相应的法律责任。为此，销售人员的错误表述或虚假承诺尽管有时促成了买卖，但往往承担着风险，也违背了伦理和道德。

3. 避免销售管理中的黑洞

销售黑洞是指由于企业的销售管理不到位而造成的销售费用虚高、销售人员为谋取私利而暗中违反企业规定等致使企业利益受损的现象。事实上，销售人员和销售经理都有可能滥用企业财产、从事第二职业、欺骗企业、私下带走客户、剽窃企业技术等。这些都是销售管理中的黑洞现象，它不仅影响到雇员与企业的关系，甚至影响到企业的核心利益。

实战借鉴

约翰迪尔连续九年荣膺“全球最具商业道德企业”

2015 年 3 月，约翰迪尔公司再次入选 Ethisphere Institute 评出的“全球最具商业道德企业”榜单，这是该企业连续第九年荣膺此称号。

Ethisphere Institute 是一个致力于企业管理、商业道德、法律和规章制度及企业责任方面最佳商业实践研究和推广的组织机构，已连续九年发布“全球最具商业道德企业”榜单，旨在评选出在商业道德及合规、合法经营方面领先于同行的企业。其评选内容包括参选企业的企业道德、整体声誉、领导及创新能力、企业管理、企业社会责任等多个方面。从该榜单公布的第一年起，约翰迪尔公司就始终位于榜单之上，这表明其始终如一地坚持了良好的商业道德。

“诚实、优质、守信和创新是约翰迪尔的核心价值观，它激发了约翰迪尔全球员工和经销商的工作热情。”约翰迪尔全球董事长兼首席执行官山姆·艾伦（Sam Allen）表示，约翰迪尔遵循企业道德的做法，正是使用户始终保持对约翰迪尔品牌忠诚度的根源，约翰迪尔尊重用户、尊重与土地息息相关的人。

Ethisphere Institute 称，这些“全球最具商业道德企业”都在其内部积极宣传商业道德标准，并认真付诸行动。这些举动不仅符合相关法律法规的基本要求，还为构建未来的行业标准做出了卓越贡献。

5.2 销售区域管理

销售区域也称为区域市场或销售辖区，是指在一段给定时间内，分配给一个销售人员、一个销售分支机构或者一个中间商（批发商和零售商）的一群现实及潜在客户的总和。销售区域可以有地理界线，也可以没有地理界线。一个销售区域可以被认为是企业的一个细分市场，划分销售区域无论是对于企业自身，还是对于销售人员，都有积极的意义。

5.2.1 销售区域的划分

设想一下，假如你负责某农机品牌的全国销售，你将如何划分全国性的销售区域呢？也许你会将全国市场划分为华东大区、华南大区、西北大区、华北大区和华中大区，然后在大区范围内再进行销售区域的划分。销售区域划分一般有按地理区域划分或按经济贸易区域划分等方法，相关阐述如下：

1. 以经济贸易区域划分销售区域

一些企业在划分销售区域时，往往采用以经济贸易区域划分销售区域的方法。用这种方法划分销售区域的优点很多：第一，企业可以将消费习惯、消费能力等因素相同的地区予以整合，成立销售分公司，以此来降低企业的销售成本，同时使企业的销售更具有针对性和实效性；第二，企业可以利用经济贸易区域核心城市的辐射作用，带动周边区域的其他城市联动消费，形成统一的消费习性，建立同质的消费倾向。在具体实施时，又有以下两种方式：

（1）以区域性经济中心来设置销售区域　这是一种经济区域和地理区域兼顾的销售区域设置方式，以考虑经济区域为主。在我国，由于历史和经济的原因，形成了很多以大城市为主体的地域性经济中心。每个这样的销售区域都由一个中心城市和一些周边市县组成，由于这个区域人口相对集中，消费习惯和消费方式相近，所以对企业极具诱惑力。

（2）以贸易区域划分销售区域　这是一种为很多企业采用的销售区域划分方式。特别是那些依赖大批发商进行销售的生产企业（如小商品、副食品、饮料等很多产品的生产企业）都或多或少地采用这种销售区域划分方式。贸易区域反映了产品的自然流向，没有地理上的限制，唯一的制约就是经济因素，即费用最省、收益最大。例如，一些大城市中，部分百货、市场或商圈的辐射能力能达到几百千米以外偏远地区的客户。

2. 以地理区域划分销售区域

还有很多企业是按地理区域（省、市、县为单位）来划分销售区域的，用这种方法划分销售区域的优点很多。第一，地理区域已经存在，划分时省时省力。第二，客户对很多产品的需求带有很明显的地域色彩，因此许多企业在产品的营销上往往以地理区域为基础。第三，很多产品需要生产企业提供各种类型的服务，如技术服务、送货服务和促销服务等，按地理区域提供服务就可以减少企业派出技术人员的数量，可以分区设置中转仓库，减少不合理运输，及时为客户送货上门，因此按地理区域设置销售区域使企业能为客户提供更周到的服务。第四，在我国，区域性的中间商特别多，在某一区域内它们往往占有绝对的竞争优势，作为生产企业必须以区域为单位派出销售人员，以加强与中间商的关系。

需要注意的是，以地理区域划分也存在一些缺点：一是客户的购买行为不会受到地理区域的限制，可以跨区域购买，造成边界区域销售业务上的摩擦；二是区域划分后，不利于识别和处理销售中存在的问题，不利于发现市场潜在的机会。

5.2.2 销售区域的设计

设计销售区域时，应该给每位农机销售人员分配具有同样销售潜力的区域和工作量，不平等的区域分配是造成士气低下的原因之一。但是在实际的管理工作中，使公司的区域设计完全合理是不可能的。为此，农机销售经理应该正确把握销售区域设计的内容。

1. 分析农机销售人员的工作量

（1）决定农机销售人员工作的主要事项　销售区域设计必须考虑农机销售人员工作的主要事项，即在指定销售区域内，决定农机销售人员需要做哪些工作：

1）需要访问多少客户。

2）平均访问多少个客户才可以拿到一个订单。

3）为涵盖整个区域，1年内销售访问的总次数。

4）1年内需要的销售访问时间。

5）1年内需要在外出差的时间。

6）每个客户的访问间隔。

7）每天花在非销售活动上的时间。

8）花在等待客户上的时间等。

(2) 确定农机销售人员工作量时必须考虑的因素　确定农机销售人员的工作量时，必须考虑企业的情况，如生产线、产品的种类及数量等。还有一些其他因素，这里归纳如下：

1) 销售工作的性质。销售工作的性质影响农机销售人员销售访问的形式，例如，仅负责销售的人员比那些既负责销售又负责寻找准客户的销售人员进行销售访问的次数要多。

2) 产品特性。不同的产品赋予销售访问形式不同的意义，如工业资料供给商通常具有很多客户，他们通常进行销售访问，而一些大型设备供给商的销售访问就要少一些。

3) 市场开拓阶段。企业进入一个新的市场时，在市场还未充分开拓、客户还不是很多的情况下，通常设计较大的销售区域，以保证足够的销售潜力，满足农机销售人员的需要。

4) 市场涵盖的强度。有大量分销商的企业，通常设计较小的销售区域，以增加市场占有率。

5) 竞争性。如果一家企业决定与另一家企业竞争，一般都会增加销售人员的访问频率和对每个客户的访问时间。而如果竞争加强，企业将采取更有选择性的竞争，专门安排销售人员只访问某几个关键客户。

2. 合理确定销售区域目标

明确销售区域管理目标是销售区域设计的一项重要工作。销售区域管理目标的明确，一方面有利于企业高层管理人员对企业销售活动进行管理和监督；另一方面也有利于第一线销售人员明确自己的工作职责。

销售区域的具体目标包括以下几项：

(1) 市场调研目标　在销售区域的划分过程中，农机销售人员通过市场调研来了解销售区域的消费潜力、消费习性，使农机销售人员更有针对性、实效性地开展销售活动。

(2) 销售业绩目标　合理的销售区域设计，为科学、合理地评估农机销售人员的业绩提供了一定的条件。一般而言，对于相对较小的销售区域，收集市场及客户的信息比较容易而且完整，对区域的市场状况、潜力可以有比较清楚的认识，因此对农机销售人员的销售预算分配更加合理、更加可行，对农机销售人员的业绩评估就会客观、公正、全面得多。

(3) 市场责任目标　合理的销售区域设计使农机销售人员负责有限的区域市场和客户，这样可以明确农机销售人员的市场职责，有助于加强企业对市场的控制能力，促使农机销售人员集中精力管理好自己的市场，防止竞争对手侵入。

（4）客户管理目标　客户管理是销售区域管理的一项重要工作，对于销售区域的农机销售人员来说，客户管理目标主要有客户发展目标、客户巩固目标、客户判别目标和客户服务目标。

（5）费用控制目标　费用的控制有助于农机销售人员规范自己的销售活动，提高销售的利润率。

可见，农机销售人员的绩效评价不仅仅与销售业绩的具体数字相关，还需要关注市场调查、市场责任、客户管理和费用控制等目标。否则，绩效评价更多得到的是负面效应。

3. 决定基本的销售区域

决定基本的销售区域通常有两种方法，即自下而上的方法和自上而下的方法。自下而上的方法是由小的地理单位合并为大的地理区域；自上而下的方法，则是把整个市场分隔为若干个小的销售区域。这里介绍自下而上决定销售区域的基本步骤。

（1）分析目标客户

1）确定客户及准客户的位置、数量和规模，然后进行销售潜力预测。

2）依据客户不同的需要和特点，进行分类，并对每类客户采用不同的销售策略。一般采用的分类方法是客户 ABC 分析法，例如：

A：大客户，一旦失去这类客户，对企业销售业绩影响很大。

B：中客户，大多数的客户都属于这一类。

C：小客户，通常购买量很小。

另外，有些企业采用多种方法对客户分类，依据不同的产品、不同的市场，对每类客户再进行分类，然后采用不同的销售策略。但在一些工业产品销售中或直复营销的销售形式中，一般不对客户分类，而是假设客户都是相同的，对所有客户采取相同的营销策略。

（2）设计合理的访问形式　主要考虑农机销售人员在 1 年内销售访问的次数和对每位客户的访问频率。

若不对贸易区域内的客户进行 ABC 分类，假设 1 个农机销售人员 1 天访问 5 个客户，则意味着农机销售人员 1 周要进行 25 次访问，或 1 年进行 1250 次访问。

在对贸易区域内的客户进行 ABC 分类的情况下，假设某贸易区域中，大客户需要 1 个月访问 1 次，中客户需要 2 个月访问 1 次，小客户需要 1 年访问 2 次，则表 5－1说明了划分 ABC 3 类客户时的客户数量及销售人员需要的访问数量。根据表中数据可知，全年 980 次的访问量即可覆盖该贸易区域。

表 5-1　划分 ABC 3 类客户时的客户数量及销售人员需要的访问数量

客户类型	贸易区域Ⅰ		贸易区域Ⅱ		贸易区域Ⅲ	
	客户数量/个	年访问次数/次	客户数量/个	年访问次数/次	客户数量/个	年访问次数/次
A：大客户	10	120	8	96	12	144
B：中客户	30	180	30	180	25	150
C：小客户	20	40	15	30	20	40
合计	60	340	53	306	57	334

（3）划定销售区域界线　设计销售区域不可能完全公平，一般情况下，总是把最好的农机销售人员分配到最好的销售区域内，依据不同区域的销售潜力，调整销售配额和佣金水平，以激励农机销售人员实现区域目标。划定销售区域界线一般采用自上而下的方法，这种方法被销售工业产品的企业广泛使用。它要求销售经理首先估计出销售量，然后再分解为农机销售人员的配额。具体包括：

1）确定公司总的销售量。

2）确定每个农机销售人员的平均销售量。

3）确定销售区域的数量，总销售量除以农机销售人员的平均销售量可以得到销售区域的数量。

4）按照农机销售人员都具有平等销售潜力的原则，划分销售区域。

5.2.3　销售区域业务管理

1. 销售区域开发

（1）分析销售区域现状　在做任何决策之前，都必须尽可能地把握销售区域的现状。为此，农机销售人员需要分析以下事项：

1）本企业在该销售区域里的相对优势和劣势。

2）本企业可能面临的机会和挑战。

3）本企业在该销售区域里的相对市场竞争地位。

4）本企业的技术、资金、人才和信息等资源条件限制。

5）本企业总体战略特别是营销战略的基本情况。

6）该销售区域的市场容量及潜力等。

（2）设定“攻击”目标　使农机销售“部队”开始行动的正是“攻击”目标。具体而言，攻击目标就是把客户区别开，进行行业别、性别、年龄别的分层隔离，对这些客户分别设定销售量及毛利目标，这一点非常重要。

目标如果没有被具体地分配至每个农机销售人员，他们就不可能发挥应有的战斗力。因此，目标的分配务必清楚、具体，使销售人员能随时铭记在心，随时展开攻击行动。同时还要设法扩大销售、提高毛利、节约销售费用、减少不利订单，以使整个攻击行动获得最大的成果。

设定攻击目标不是一句空洞的口号，而是要全体人员自动自发地拿出智慧与行动展开攻击的实际行动，这些行动要有不达目标绝不休止的决心，这一点非常重要。目标必须以数量的、货币价值的计数方式来表示。

（3）销售区域市场潜力判定　农机销售人员一定要了解所负责的市场潜力在哪里、有多大，如何利用才能使市场潜力变成销售市场，实现销售收入。这里介绍一种比较实用的销售区域市场潜力判定方法（表5－2），主要解决销售区域之间销售潜力不平衡的问题。要理解销售潜力和销售渗透的关系。销售渗透是指销售区域的销售额与销售潜力的百分比，一般销售潜力小的区域的销售渗透比销售潜力大的区域的销售渗透大。销售额不断增长的公司通常用这种方法来开发销售潜力，因此，这类公司都有较高的销售渗透。

表5－2　用销售潜力方法调整销售区域

区　域	销售额/元	销售潜力		销售渗透
		金额/元	比例	
A	940000	3000000	15%	31.3%
B	700000	2700000	13%	25.9%
C	460000	2200000	11%	20.9%
D	600000	6200000	30%	9.6%
E	400000	6400000	31%	6.3%
合计	3100000	20500000	100%	

从表5－2中可以看出销售区域的状况，请注意5个销售区域的销售潜力是不平衡的。销售经理认为应当把5个区域重新划分成6个区域，并且再雇佣1个农机销售人员。

假设6个销售区域潜力相当，那么它们各占销售潜力的16.7%，每个销售区域大约有3417000元的销售潜力（20500000元÷6），销售渗透大约为17%，总的销售额为3485000元（20500000×17%），共增加385000元（3485000元－3100000元）。

这些只能说明销售额的分析，那么增加1个农机销售人员的费用是多少呢？利润是否增加？

表5－3所示为5个农机销售人员与6个农机销售人员的费用及利润分析。假设每个农机销售人员费用为50000元，从利润对比可以看出把5个销售区域划分为6个销售区域是可行的。

表5－3 增加销售人员对销售额及利润的贡献 （单位：元）

项目	5个销售人员	6个销售人员
销售额	3100000	3485000
可变成本	1240000	1396400
销售人员费用	250000	300000
利润	1610000	1788600

（4）销售地图的使用　销售地图是确定农机销售人员在各自区域活动时应遵循的路线模式，这种模式一般在地图或列表上标示出来，并说明农机销售人员覆盖区域内每个细分市场的顺序。

因地区不同，有的需要地图，有的则不需要。制作全国营销地图时，市面出售的地图就够用，普通的地图因为是彩色，不容易区分，可用复印机复印做成黑白地图。有了地图，先按地区分别调查市场占有率的状况，以区为单位，用线条划分清楚，各销售地区就可一目了然；还可根据市场占有率，把各地区涂上各种不同的颜色，如市场占有率低的用蓝色，市场占有率高的则用红色；也可根据销售量涂色，如最畅销的用红色，其次用橙色，再次用黄色、绿色、蓝色等，这样就可以排成一系列的颜色；还可将百分比分别用不同的颜色表示，如40%以上用红色，35%用橙色，30%用黄色等。

此外，在销售地图上可以标注客户分布情况、竞争者的分布情形、交通情况、重点区域的设定和访问路线等。使用销售地图时，还可把人口（消费人口与劳动人口）、地区面积和人口密度等都写上去。以县、市别来看时，如汽车拥有数等其他资料也应尽可能地搜集。最后，研读地图的训练也很重要，把地区市场攻略展开在地图上时，销售团队都集中到一点上，开展头脑风暴等研讨活动，可以提高销售地图的利用效率。

2. 销售区域的时间管理

（1）掌握时间管理的技能　管理时间是农机销售经理必须掌握的工作技能。

1）按工作的紧急程度划分。有些工作特别紧急，需要马上处理，就按照优先顺序的原则，将紧急的工作排在前面；有些工作不太紧急或不紧急，便可以往后推一推，根据优先顺序原则可以将这些工作排在后面。

2）按照重要程度划分。重要的工作需要花费较多的时间和精力去做，不太重要或不重要的工作只需花费较少的时间去做。显然，优先顺序原则就是重要的工作排在前，不重要的工作排在后。

3）四象限的工作分类。所有的工作都既有紧急程度的不同，又有重要程度的不同。根据这两个方面，可以将工作分成4类，见图5-1。

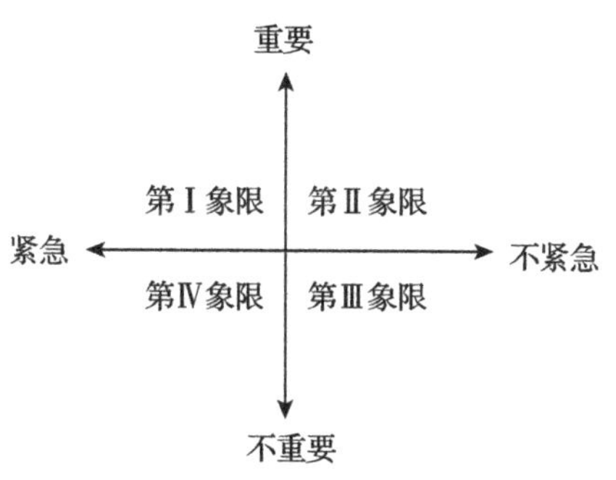

图5-1　四象限的工作分类

第Ⅰ象限：既紧急又重要的事项。紧急是指必须马上做的事项，重要是指对企业、部门或者个人有重大影响的事项。管理者对此类工作必须高度重视，紧急处理。

第Ⅱ象限：重要但是不紧急的事项。一般情况下，重要的事项都是可以在一定的时间内完成的，一般有较充足的时间安排。但是，由于管理者每天忙于琐碎事务，经常把重要的事搁置或认为还有时间，结果做了次要的事反而将重要的事拖到最后一刻，不仅时间仓促，质量和效果也不能令人满意。所以，在时间分配上，应该把重点放在第Ⅱ象限的工作，花65%左右的时间去做重要而不紧急的事，花20%左右的时间去有效控制紧急而又重要的事，花在紧急却不重要的事上的时间应该控制在15%左右，不重要又不紧急的事可以不做。

第Ⅲ象限：不紧急和不重要的事项。管理者不要为既不紧急也不重要的事而花费宝贵的时间与精力，此类事项可以授权下属去做或推迟处理。

第Ⅳ象限：紧急但不重要的事项。管理者在工作中有大量的此类事项，而且此类事项往往没有计划性，甚至是突发性事项。对于这些事项，管理者同样需要引起重视，处理时需要强调时效性，在忙不过来的情况下，通常可以授权下属处理这些事项。

（2）安排客户访问路线　农机销售人员访问客户时花在路程上的时间很多，大约占出差时间的1/4，路程时间一般是无效的，而农机销售人员的时间是宝贵的，所以应该采取措施尽量减少无效时间的使用。

访问路线的设计实际上是一个时间分配问题，合理的访问路线可以最大限度地利用销售人员的时间。有效的访问路线设计程序如下：

1）直线式。农机销售人员从企业出发，沿途拜访所有客户，然后按原路或其他路线直接返回企业。

2）跳跃式。农机销售人员从离企业最远的客户开始访问，然后在回企业的途中对客户进行访问，下一次访问可以从相反的方向进行。

3）循环式。农机销售人员从企业开始，按圆周形式访问一圈，结束访问时正好回到企业。销售人员可以设计规模不同的循环式路线。

4）叶片式。与循环式相似，只是把销售区域细分成一系列叶片形式，农机销售人员每次访问一个叶片区域。

5）区域式。区域式不是真正的路线设计技术，而是时间管理技术，可以避免重复访问，以节约时间。

销售访问的规划需考虑预计的销售量、应提供的销售服务及非销售活动等因素的影响。另外，路线形式对指导农机销售人员设计路线是很有用的，但是市场的变化总是使计划产生偏差，当一个路线形式使用一段时间后，就需要重新检查，这些周期性的检查可以真正揭示区域的状况，以便调整目标，重新对客户分类，重新设计路线，更有效地利用时间。

（3）设计与管理路线销售　路线销售是指每天或每月按照一定区域内路线上的客户加以巡回拜访，以便完成每天或每月所定的销售目标。

1）路线销售的功能。主要包括以下几个方面：

①对客户提供定期、定点、定时的服务。

②掌握每一零售店的销售态势与销货量的变化，进而作为设定未来（下一周、下一个月、下一季或下一年）销售目标的基础。

③作为新产品上市实施促销活动的路线及零售点选择的基础。

④能深度了解零售店的存货周转及其消化速度。

⑤作为店铺调查的依据。

⑥管理技术储存在企业，使接任者马上进入状态。

2）路线的规划与设计。路线销售的目的在于提高销售效率和节省营销成本，所以在实务的操作上应尽可能以最少的时间完成每天的销售目标。因此，在路程的安排上不要有交叉的路线出现。可按下列步骤规划与设计路线。

①根据销售地图事先规划出商圈或区域范围。

②建立区域内每个客户的基本档案资料（地址、负责人、电话、零售类型和销

售内容)。

③整理区域内各业态或业种客户的资料、位置，以便确定路线数目和访问周期。

5.2.4 销售网络成员管理

1. 经销商管理

(1) 选择与评估经销商　设想一下，假如由你来选择西北地区某农机产品的经销商，你会从哪些方面进行考虑呢？以下是你不能忽略的4个方面：

1) 一般状况调查。一般状况主要是针对经销商个人及家庭状况加以调查，可分成3个部分：第一部分是经销商是否专心经营事业；第二部分是经销商个人的背景资料与生活习惯；第三部分是经销商的家庭状况。

2) 营业状况调查。在营业状况方面，主要的调查内容是经销商的经营设备、人手及能力。可分为两个部分：一是经销商的设备与人手，如店铺的所有权、规模、位置、装潢、照明和店员人数等；二是经销商的经营能力，如店铺内产品的陈列情形，店员的教育及工作态度，经营者的经营技术、推销能力、经营年数，同业的评价及营业实权掌握情况等。

3) 候选经销商是否处于生产企业的管控范围内。经销商能把生意做多大是一个方面，生产企业能否控制这个经销商其实更重要。经销商更习惯于把眼光集中在当前盈利上，因此很有可能为了自己的利润最大化而违反生产企业的市场规定，杀鸡取卵，追求短期效益，如冲货、破坏价格体系、截留市场开发资源等。在经销商看来，反正生产企业多的是，这个生产企业的产品没得做再换个就是了，但这给生产企业带来的负面影响是长远的。所以，选择经销商，能不能管控得住是安全方面的前提。

4) 能否与生产企业的发展保持共进。大多数生产企业的市场管理手段及营运方式总是在不断改进，经销商也要与之进行相应的调整和配合，两者联动，才能发挥出生产企业改进措施的有效性。这就需要经销商具备一定的学习心态，不断地配合生产企业每次新的策略调整和提升，做出相应的调整与改进，一方面要有效地实现与生产企业的对接，另一方面也是确保自己不被生产企业所淘汰。作为经销商，应多从有效随动、紧密配合的角度去了解、接受生产企业的新发展策略及运作调整要求。

(2) 管理经销商　在与经销商的合作过程中，应多给经销商以配合、激励、协助等。因为经销商在实现产品销售利益的同时，也使生产企业实现了目标利益。生产企业对于经销商的管理主要有以下工作：

1）了解经销商的经营目标和需要。若有可能，可以做出一些让步来满足经销商的要求。

2）提供经销商需要的优质产品。为使双方合作朝着健康方向不断发展，生产企业应不断提高产品质量，扩大生产规模，不断满足经销商的要求。

3）给予经销商适当的利润保证。为了扩大市场份额和争取经销商，往往需要给经销商一个具有竞争力的销售量边际利润。

4）给予经销商独家经销和有价值的特许地位。在某一地区只选择一家大的经销商来推广产品，有利于充分调动经销商的积极性。

5）共同进行广告宣传。生产企业需要不断进行广告宣传来增强或维持产品的知名度，否则经销商可能拒绝经销。

6）进行人员培训。生产企业要经常向经销商提供培训、商业咨询服务和帮助。随着产品科学技术含量越来越高，这一培训要求也越来越强烈。

7）协助经销商完成好其他各项销售促进工作。例如，生产企业可以经常派人协助经销商搞好产品陈列、主持产品的操作演示，向经销商提供优惠的信用条件、技术援助等。这样做可以树立经销商经营本企业产品的信心，有助于增加产品的销售量。

8）协助经销商搞好市场调查和市场分析。生产企业应不断地向经销商分发信件、业务通讯及期刊等，以保持良好的沟通状态。尤其在销售困难的情况下，经销商很希望生产企业协助进行市场分析，以利于推销。实践证明，生产企业只有与经销商保持经常的密切的联系，才能减少彼此的矛盾，密切彼此的关系。

9）给成绩突出的经销商一定的奖励。除了销售利润外，生产企业还应给予成绩突出的经销商一定的奖励。奖励可以采取奖金的形式，也可以采取奖品的形式，如小汽车、住房等；还可以采取精神鼓励的方式，如将该经销商的事迹在本企业的刊物或当地报纸上公布。

10）提供其他服务。生产企业可提供其他力所能及的服务，如提供产品目录、产品说明书和其他宣传册；协助经销商检查和管理好存货，当存货降到一定水平时，应及时按需供应产品；协助经销商搞好企业管理，并指导其业务工作。生产企业必须设法与经销商保持一种和谐的友好合作关系。一旦遇到冲突或矛盾，生产商应尽量通过友好协商的办法去解决。

除了以上方法之外，生产企业对经销商还有很多激励的方法，见表5－4。

表5-4 生产企业激励经销商的典型方法

序号	典型方法	序号	典型方法
1	广告合作补贴	14	承担发货费用
2	销售人员竞赛	15	利润优惠
3	支付店堂陈列费用	16	慈善捐赠活动
4	提供库存管理帮助	17	免费点检活动
5	支付橱窗陈列空间的费用	18	培训销售人员
6	各种仓库功能的补贴	19	对特殊庆典的捐赠
7	用实物说明产品的人员费用	20	商店装修费用补贴
8	赠券代理补贴	21	各种促销补贴
9	免费赠品	22	支付销售人员奖金
10	保证销售	23	为独家特许经营支付专门费用
11	当地调研工作	24	对独家经销商进行奖励
12	预售服务	25	库存价格调整补贴等
13	自动记录系统		

2. 代理商管理

（1）选择代理商　如果站在生产企业的角度，面对地缘广阔的市场，就很容易理解代理商的作用：一是有利于降低交易反复程度，节省劳动力，降低流通费用；二是有利于开拓新市场；三是有利于增强产品竞争力；四是有利于扩大产品销售，保持市场占有率；五是有利于减少生产企业的资金占用。但是，对生产企业来说，代理商的好坏直接关系到整个企业市场经营活动的成败。所以，选择代理商的工作非常重要。

由于代理商的类型不同，它们与生产企业关系的性质不同，选择的标准也有所不同，但一般说来，评价标准应包括以下8个方面：

1）考察所挑选的代理商的销售对象（客户）。考察这些销售对象是否与企业产品所要达到的市场层面相一致。也就是说，销售对象是否与本企业产品所要达到的细分市场相一致。

2）考虑代理商所处的地理位置。考虑它们所处的地理位置是否与本企业产品的客户相接近。代理商所处的位置一般来说应是购买这种产品的客户经常到达的地点。同时也应考虑该代理商所处的地理位置是否能发挥其运输、储存货物的功能，并且要节省各种费用，以降低产品的销售成本。

3）考虑代理商的经营规模和经营产品的策略。遴选代理商时，生产企业还应考虑代理商经营规模的大小，经营效率的高低，以及它代理产品系列或品种的数量。也就是说，要考察代理商的“产品线”，是否在代理生产企业产品的同时又代理其竞争者的产品，或代理那些可以与生产企业的产品起相互促进作用的产品。这些情况对生产企业委托代理的产品都会产生影响，须慎重考虑。

4）考虑代理商的社会关系、市场经验及市场反馈能力。代理商的市场经验和市场反馈能力对生产企业产品的销售有着重大的影响。好的代理商必须能够及时地向生产企业反馈有关产品的市场信息，为生产企业不断改进营销策略、更好地满足客户需要创造有利条件。

5）考虑所选择的代理商提供服务的能力。有些产品在销售过程中需要为客户提供技术指导或财务帮助（赊销或分期付款），因此这些产品的生产企业在选择代理商的时候，就要考虑它们是否具备这些销售服务的各种条件。另外，还要考虑所选择的代理商是否愿意承担部分广告及其他销售促进活动的费用，以及有没有做这方面事情的设备和人才。

6）考察代理商所雇佣的人员数量、装备和设施。雇员不仅应当具有熟练的贸易技术和素质，还应当具备良好的公共关系意识，并对所代理的产品有一定程度的了解。另外，代理商应当安置一定设施和装备，如果缺少某一设备，代理商应承诺增设。为了确保代理商兑现其承诺，设备条款应详细写入协议，设施和装备包括办公地点及设备、现代化的运输工具和储存设施、样品陈列设施等。

7）考虑所选择的代理商的融资能力强弱、财务力量的大小和财务状况的好坏。代理商必须具备良好的融资能力和承受风险的能力，同时也要求代理商有远见、有魄力、敢于投资、善于投资。代理商财务力量的大小和财务状况的好坏，对生产企业经营目标的实现也有至关重要的影响。

8）考虑所选择的代理商的管理水平和管理能力。如果所选择的代理商的领导人员很有才干，将生产企业的各种政策、计划、人事安排得井井有条，说明它可以信赖，并有条件把产品的销售工作搞好。

（2）管理代理商的做法　为了让代理商主动地为生产企业的业务目标努力工作，农机销售人员必须学会使用各种支持和激励措施，让代理商觉得与生产企业合作是一件非常愉快的事情，而且这种愉快的合作还会给代理商带来丰厚的收益。可采取的做法有：

1）应该和代理商共同拟定一个市场计划，不管这个计划实行起来是多么困难，只要双方坐下来共同协商，拟定有关内容，就会让代理商感到生产企业很重视其工作计划。一般来讲，这个市场计划应主要包括：推销访问的时间、方法，对同类的竞争性产品采用哪些压倒措施，哪种推销手段更为有效，什么样的价格策略将被客户所接受等。

2）经常给代理商寄一些信件，可以是个人信件，也可以是一些销售手册、时事通讯及推销刊物等。假如这些对它有所帮助，那么它将非常感激生产商。

3）为了使代理商心情愉快和高效率地为生产企业服务，生产企业可以：鼓励它去参加一些大型的商展，最好是双方一块去并共同分担费用；当代理商需要最新产品目录和销售刊物时，生产企业要尽快送达；保证货物、服务符合要求，品质维持较高水准；在每一笔交易成功后马上支付给代理商应得的佣金。

4）定期访问，或亲自去，或派职员去。和代理商一起拜访客户，这会提高代理商的威信，并且也因此有机会直接听取客户对产品的评价，而且一旦将来代理商退出经营或放弃这种代理权，生产企业可以利用直接接触所建立的关系维持和客户之间的合作。

5）邀请代理商到生产企业处做客、参观，参观工厂、生产程序，并与技术工人及推销人员交谈，了解产品性能、质量、结构等，使代理商对产品产生一种信赖感，并且在行销产品时自信地向客户做详细的介绍。在代理商参观、做客时，应部分地安排其食宿。

6）如果在某个地区拥有许多代理商，那可以定期（半年或一年）把它们召集起来举行一次会议，让代理商有机会与生产企业一起讨论行销政策及有关的问题。生产企业可以把将要推出的新产品介绍给它们，还可以传授一些新的行销方法，鼓励代理商就各自的代理工作提出问题并发表意见。这样的会议能够在愉快的气氛中达到相互交流的目的。

5.2.5 窜货管理

1. 弄清窜货形成的原因

在营销实践中，“越区销售”通常被称为“冲货”或“窜货”，其具体表现为渠道成员为了获取非正常的利润，以非企业规定的价格向辖区之外的市场销售产品的行为。窜货的根本原因在于产品流通的本性是从低价区向高价区流动，从滞销区向畅销区流动。事实上，窜货既可能是以高于企业规定某区域的市场价格向辖区之外的市场“倒货”的行为，也可能是以低于企业规定某区域的市场价格向辖区之外的市场“倾销”产品的行为。前者属于直接获取非正常利润的窜货，风险较小；后者属于追求销量，以博取企业以不同销量级差给予的不同奖励或返利。低价窜货试图获取滞后的非正常利润，风险较大。但无论哪种窜货，都将破坏企业的渠道及价格政策，引起渠道间的冲突，因此，都应该予以积极引导和管理。

(1) 窜货的主体　构成窜货的首要因素是窜货能力，渠道成员如果不具备窜货能力，对于窜货也无能为力。那么，市场上谁有窜货的能力呢?

1) 代理商或经销商。企业在某个区域的总代理商或经销商通常获得这个销售区域最优惠的价格，然后又按企业制定的二级价、三级价再往下级渠道成员销售。如果各种渠道成员都遵守这种规则，则市场相安无事。一旦某区域的渠道成员不按规则进行销售，就可能引发窜货问题。

2) 分公司或办事处。一些大型企业，尤其是从事家电和电子产品、药品、饮料、化工原料等产品销售的企业，由于产品销售量大，而且市场相对稳定，它们一般都采用以分公司或办事处为主的运作方式。分公司或办事处属于企业的派出机构，对市场从产品、价格、促销、信息等方面有绝对控制权，企业给总代理的政策和优惠也全都给了它们，有的甚至比总代理或总经销获得的支持更多，这也给窜货提供了条件。

3) 企业自身。毫无疑问，在某一产品的分销渠道里，位于渠道始端的生产企业是最具窜货能力的。企业自身一般不会轻易窜货，但在出售滞销品、平抑某一区域过高售价或者故意排挤准备淘汰的中间商等特殊情况下，有时会直接参与窜货。

(2) 窜货的形式

1) 按窜货的动机目的和窜货对市场的不同影响程度分类，可以分为以下几种:

①自然性窜货。它是指经销商在获取正常利润的同时，无意中向自己辖区以外的市场倾销产品的行为。这种窜货在市场上是不可避免的，只要有市场的分割就会有此类窜货。它主要表现为相邻辖区的边界附近互相窜货，或是在流通型市场上，产品随物流走向而倾销到其他地区。这种形式的窜货，如果货量大，则该区域的价格体系就会受到影响，从而使利润下降，严重时可发展为恶性窜货。

②恶性窜货。它是指为获取非正常利润，经销商蓄意向自己辖区以外的市场倾销产品的行为。经销商向辖区以外倾销产品最常用的方法是降价销售，主要是以低于生产企业规定的价格向非辖区销售。恶性窜货给企业造成的危害是巨大的，它不但可以扰乱企业产品的整个价格体系，降低渠道总利润，还会使分销商丧失积极性并最终放弃经销该企业的产品，甚至混乱的价格还可导致企业失去消费者对其产品、品牌的信任与支持。恶性窜货是人们通常所指的窜货，也是生产企业最为关注和重点打击治理的市场现象。

③良性窜货。它是指企业在开发市场初期，有意或无意地使其经销商的产品流向非重要经营区域或空白市场的现象，多见于流通性较强的市场。在市场开发初期，

良性窜货是有利于企业的，可在空白市场上提高其知名度和市场占有率且无须任何投入。但是，由此而在空白市场上形成的价格体系极不规范，因此企业在重点经营该区域市场时应对其进行重新整合。

2）按窜货发生的不同市场分类，可以分为以下几种：

①同一市场上的窜货。生产企业的分销渠道系统一般都是按生产企业—商业批发公司（代理商）—零售店—个人消费者来组建的。这种类型的渠道级数层层放大，呈金字塔状，这就为同一市场中的窜货提供了可能。窜货的具体表现形式有产品的单向倒货、产品的互倒及产品的外流。

②不同市场之间的窜货。它指的是市场上产品的外流。参与不同市场之间窜货的主体是同级别的总经销商和同一家生产企业不同的分公司或销售人员。另外，也可能由于生产企业的监管不力，在较大利益的驱使下，总部销售人员违反地区配额政策，使区域供货平衡失控，造成市场格局不合理而发生窜货。企业必须警惕另一种更为恶劣的窜货现象：经销商将假冒伪劣产品与正规渠道的产品混在一起销售，掠夺合法产品的市场份额；或者直接以低于市场价的价格倾销。

（3）窜货的形成条件　通常情况下，造成窜货需要具备两个条件：一是规模、数量较大，从批发环节上危及渠道成员的正常市场组织和经营活动；二是价格，以低价格或高价格直接扰乱原渠道成员目标市场既有的价格体系。

2. 处理窜货现象

窜货现象本身从一个侧面反映出市场对产品需求的信号。窜货是分销渠道产品管理中的客观现象，没有窜货的渠道也是不红火的渠道。但大量的窜货一定是非常危险的。窜货的绝大部分原因是企业在渠道管理上存在漏洞。因此，为避免或减少窜货现象，企业应从制度、市场经济规律和技术层面等方面入手，把窜货控制在适当的程度，并尽可能杜绝恶性窜货现象。

（1）合理划分区域和市场　为了避免窜货，通常最有效的办法是分品牌、分产品或者分渠道划分区域，但这对一般企业是不可行的。因为一般企业习惯以行政区域来划分经销商经销区域，也就是说按照国家行政区域划分行政单位的方法来划分销售区域，但应当重视商圈的重复问题。例如，河南信阳、湖南岳阳在商圈上属于武汉商圈，如果要按照行政区域划分，则窜货很难避免。另外，在划分区域和市场时，还要依据经销商（代理商）已经形成的网络覆盖实力范围划分，有时需要多方协调、相互妥协，最后让双方认可新的区域，允许相互交叉覆盖的特殊区域。

（2）建立合理的差价体系　企业的价格政策要有利于防止窜货。第一，每一级代理的利润设置不可过高，过高容易引发降价竞争，造成窜货；但也不可过低，过低调动不了经销商的积极性。第二，管好促销价格，经销商可能将其产品以低价促销的名义销往非促销地区，由此形成窜货，所以应对促销的时间、地点、促销产品严格管理，管理好区域促销。第三，价格政策要有一定的灵活性，要有调整的余地，否则对市场价格的整体控制不利。第四，严格监控价格体系的执行情况，并制定违反价格政策的处理办法，使经销商不至于因价格差异而窜货。

(3) 归口管理，权责分明　企业分销渠道管理应该由一个部门负责。“多头负责，令出多门”最容易导致市场的混乱。分管部门首先要制定一整套的管理规章制度，如代理商的资格评审、员工巡视、货款结算、物流配送和奖惩等都要有明确的规定。如中国一拖、常柴、江苏悦达盐城拖拉机等都有明确的管理部门和管理规范。

(4) 签订不窜货乱价协议　企业与各地经销商、代理商之间是平等的企业法人关系，需要通过签订经销或代理合同来约束市场行为，并在合同中明确加入“禁止跨区域销售”的条款及违反此条款的惩处措施。这里有两种比较好的做法：一种是设立窜货保证金制度，另外一种是设立市场秩序奖励基金。

(5) 加强分销渠道监督管理　销售管理人员具有渠道管理的职责，规范渠道管理要求做到：一是积极主动，加强监控，特别是关注终端市场，定期或不定期检查窜货现象；二是信息沟通渠道要畅通，建立窜货信息沟通平台，鼓励经销商或代理商之间、销售人员之间相互监督，及时反馈窜货信息；三是出现问题严格处理，根据规章加强惩治力度。

(6) 加强教育引导　分销渠道人员的素质对窜货的管理至关重要，具体可从以下两个方面教育，以间接管理窜货问题：一是严格人员招聘、培训制度，特别是销售人员的持续培训，包括竞争心态、诚信意识的培训，提升其综合素质；二是制定鼓励人才成长的各项政策，除了从销售定额、毛利额、访问量、新客户开发、货款回收和客户满意度等绩效指标对销售人员进行绩效考核外，还要考虑职业道德、团队意识等内容，必要时可以设置“市场秩序奖”，以鼓励和引导销售人员健康成长。

(7) 制定合理的目标任务　目标销售任务的制定要有科学依据，增加的销售目标任务要有增长点和具体增加销量的方法、措施，保证代理商努力后在自己的区域内能完成，同时生产企业业务经理协助经销商努力在自己的区域完成。不可盲目增加，一旦任务完不成，经销商和业务经理都会想到用窜货的方法。此外，生产企业不要给经销商压太多的货物，特别是让其在销售形势不好的情况下还大量压货。

(8) 制定合理的激励政策　不合理的激励政策会引发窜货，这里主要从返利和奖励两个方面来分析。

1) 返利。返利是企业激励中间商的重要手段，要注意以下方面：一是年终返利不要呈几何基数增加，一般应低于5%，如果年终返利幅度大于正常销售利润水平，代理商就可能窜货；二是多用过程返利，少用销量返利，比如对高铺货率、售点生动化、全品项进货、安全库存、遵守区域销售、专销（不销竞品）、积极配送和守约付款等给予让利，过程返利既可以提高经销商的利润，从而扩大销售，又能防止经销商的不规范运作；三是年终奖励不奖货物。

2）奖励。企业要善于设立过程性奖项，以引导经销商或代理商自觉维护市场秩序，如铺货陈列奖、终端渠道维护奖、价格信誉奖、分销流向上报奖、合理库存奖和经销商协作奖等，这些奖励都有利于改善恶性窜货现象。

（9）利用技术手段控制窜货　为防止和控制窜货发生，企业利用技术手段来配合和加强对窜货的管理，所采用的形式主要是将销售产品区域差异化：从颜色、规格、包装和区域编码等方面区分不同的销售地区。

实战借鉴

××公司经销商开发方案

1. 目的

通过经销商的渠道网络使企业产品快速铺到市场，树立品牌形象，并通过经销商的资金，减轻企业的资金压力和风险。

2. 开发流程

本企业经销商的开发流程见图5-2。

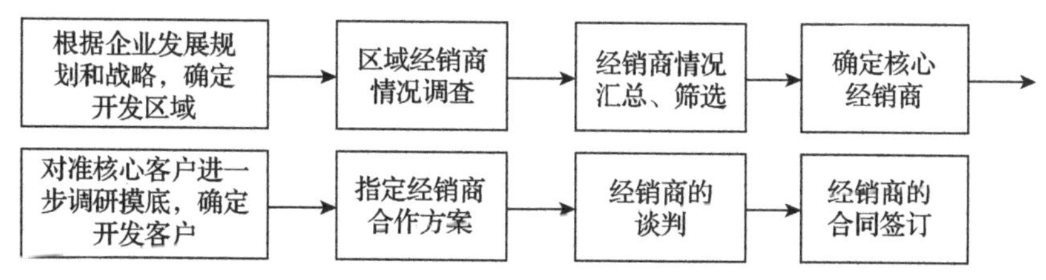

图5-2　开发流程

3. 经销商选择原则

（1）信誉度　所选经销商在行业内有良好的口碑；诚信经营，有很高的商业信誉；无不良债务及不良合作情况。

（2）知名度　经销商在行业内有很高的知名度，并且在客户中也有较高的知名度。

（3）网络情况　经销商的网络能覆盖大部分区域，直营网点达20家以上。

（4）资金财务状况　经销商的资金实力雄厚，现金流充裕，并且没有不良债务。

4. 经销商的调研内容

（1）经销商基本情况　这包括公司名称、地址、联系人、电话、网点数量、组织架构、经营历史、经营现状和经营品类等。

（2）经销商的口碑　口碑即经销商的商业信誉。通过其他经销商了解其经营能力、结款情况及与其他代理企业的关系状况；通过客户了解其知名度；通过有关部门了解其经济实力和资信情况。

（3）经销商的网络情况　了解经销商网络覆盖的区域范围、直营网点数量、加盟网点的数量、与加盟店的关系，并通过实地考察，了解其市场网点开拓能力和网络渠道建设能力。

（4）经销商的实力情况　经销商的实力包括整体规模、注册资金、分店数量、年销售额、仓储面积和配送能力等。

（5）经销商的合作意愿　经销商的经营理念要与企业一致，能够理解企业文化和价值观，并对企业的中长期规划认同；对企业产品的价格、上市策略、回款方式、品牌战略和返利方式等合作条款能够适应。

（6）竞争品牌的情况　对经销商经营的竞争品牌进行调研，包括价格、合作方式、回款方式、扣点返利和促销活动等情况。

（7）经销商的经营管理能力　了解经销商是否有专人配合，经销商管理人员的素质及企业促销政策能否执行等。

5. 经销商的谈判

第一次：经过对目标经销商的背景调查后，第一次正式接触，表明身份，介绍企业的基本情况，如注册资金、规模、集团背景情况和公司现状等，以及企业产品情况，包括零售价格、产品卖点、产品功能、产品优势和产品功效等；让对方有一个初步的了解，并初步了解对方的合作条款，表达合作意向。以“虚去实来”的形式做进一步的深入摸底，并留下好印象。

第二次：根据第一次的沟通情况，评估合作意愿，并形成初步合作方案。与经销商进行第二次沟通，就企业的营销理念、营销方式销售目标及扣率等进行沟通，以期达到思想的共识，激起合作的意愿。

第三次：做出详细的合作方案，与经销商就双方合作细节进行推敲、谈判，包括对销售任务、代理扣率、铺底金额、市场支持政策、市场管理政策、销售返利、回款方式、订单及发货等合作条款逐条沟通确认。

第四次：就双方上次沟通达成的意向，拟定合同条款，与经销商签订合同，建立合作关系。

××公司

2020 年 7 月 5 日

5.3 销售规划与设计

目前，企业间的竞争越来越激烈，面对各种各样的市场扩张任务，销售管理工作愈发艰苦。为了让企业的销售工作有条不紊地展开，销售人员必须对销售工作进行周密的规划与设计，并且制订详尽且切实可行的销售计划，以更好地指导销售工作循序渐进地进行。

5.3.1 确定销售目标

1. 选择销售目标的确定方法

销售目标往往是在销售预测的基础上，结合本企业的营销战略、行业特点、竞争格局及企业的现状来制定的，常用的方法有以下几种：

（1）根据销售成长率确定销售目标　销售成长率是本年销售实绩与上一年的比率，其计算公式如下：

$$销售成长率=\frac{本年销售实绩}{上一年销售实绩}$$

由此，得

$$销售目标值=本年销售实绩\times销售成长率$$

有时，要想得到比较准确的销售成长率，需要综合考虑过去几年的销售成长情况，用几何平均法求出其平均销售成长率。

（2）根据市场占有率确定　市场占有率是在一定时期、一定市场范围内企业销售额占业界总销售额的比率，其计算公式如下：

$$企业市场占有率=\frac{企业实现销售额}{业界总销售额}$$

由此，得

$$销售目标值=业界销售预测值\times企业市场占有率$$

（3）根据市场扩大率或实质成长率确定销售目标　用公式表示如下：

$$市场扩大率=\frac{本年市场占有率}{上一年市场占有率}$$

实质成长率是企业成长率与业界成长率的比率，用公式表示如下：

$$实质成长率=\frac{企业成长率}{业界成长率}$$

现举例说明：

企业与业界的相关数据见表5-5。

表5-5　实质成长率的计算方法

项　目	上一年	本　年	成长率
企业实绩	100	150	150%
业界实绩	1000	1200	120%
市场占有率	10%	12.5%	

$$市场扩大率=\frac{本年市场占有率}{上一年市场占有率}=\frac{12.5\%}{10\%}=125\%$$

$$实质成长率=\frac{企业成长率}{业界成长率}=\frac{150\%}{120\%}=125\%$$

(4) 根据盈亏平衡点确定销售目标　盈亏平衡分析的目的是通过分析产品产量、成本与方案盈利能力之间的关系，找出方案盈利与亏损在产量、产品价格、单位产品成本等方面的界限，以判断在各种不确定因素作用下方案的风险情况。销售收入与产品销售量（如果按销售量组织生产，产品销售量等于产品产量）的关系有两种情况：线性关系和非线性关系。这里以线性盈亏平衡分析为主。

线性盈亏平衡分析的前提假设如下：

1）产量等于销售量，销售量变化，销售单价不变，销售收入与销售量呈线性关系。

2）假设正常生产年份的总成本可划分为固定成本和可变成本两部分，其中固定成本不随产量变动而变化，可变成本总额随产量变动按比例变化，单个产品可变成本为一常数，总可变成本是产量的线性函数。

3）假定在分析期内，产品市场价格、生产工艺、技术装备、生产方法和管理水平等均无变化。

4）假定项目只生产一种产品，或当生产多种产品时，产品结构不变，且都可以换算为单一产品计算。

该项目的生产销售活动不会明显地影响市场供求状况，假定其他市场条件不变，产品价格不会随该项目销售量的变化而变化，可以看作一个常数。销售收入与销售

量呈线性关系，即

$$B = PQ$$

式中 B——销售收入；

P——单位产品价格；

Q——产品销售量。

总成本就是固定成本与变动成本之和，它与产品产量的关系也可以近似地认为是线性关系，即

$$C = C_{\mathrm{f}} + C_{\mathrm{v}}Q$$

式中 C——总生产成本；

C_{f}——固定成本；

C_{v}——单位产品变动成本。

若在同一坐标图上表示出来，便如图5－3所示。

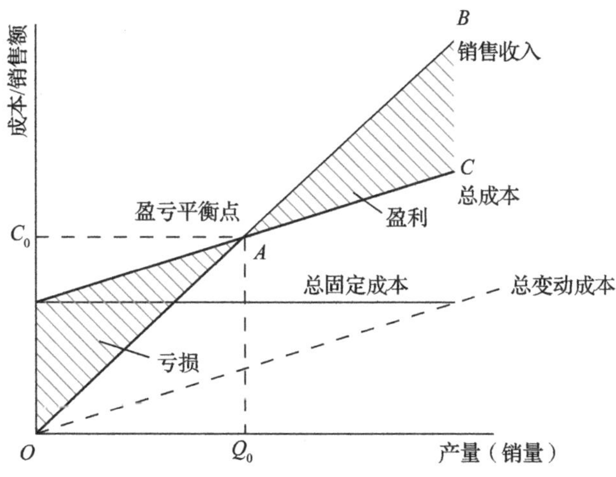

图5－3 盈亏平衡分析基本模型图

图5－3中销售收入线B与总成本线C的交点称为盈亏平衡点，也就是项目盈利与亏损的临界点。在盈亏平衡点的左边，总成本大于销售收入，项目亏损；在盈亏平衡点的右边，销售收入大于总成本，项目盈利；在盈亏平衡点上，项目不亏不盈。

在销售收入及总成本都与产量呈线性关系的情况下，可以很方便地用解析方法求出以产品产量（销售量）表示的盈亏平衡点。在盈亏平衡点，销售收入B等于总成本C，设对应于盈亏平衡点的产量为Q_0，如果销售单价为P，则有：

$$PQ_0 = C_f + C_v Q_0$$

盈亏平衡产量为：

$$Q_0 = \frac{C_f}{P - C_v}$$

如果期望利润为 R，则应实现销量为：$Q = \frac{C_f + R}{P - C_v}$。

（5）根据经费预算确定销售目标　在企业的正常经营活动中，无法避免各种经营费用的开支，如销售费用、财务费用和管理费用等。根据经费预算确定销售目标，也就是要使企业销售实现的销售毛利足以抵偿各种费用开支。首先，从销售毛利率公式入手导出下列公式：

$$销售毛利率 = \frac{销售毛利}{销售收入} = \frac{销售收入 - 销售成本}{销售收入} = 1 - 销售成本率$$

那么

$$销售收入目标值 = \frac{销售毛利}{1 - 销售成本率}$$

或者

$$销售毛利率 = \frac{营业费用 + 营业纯益}{销售收入}$$

那么

$$销售收入目标值 = \frac{营业费用 + 营业纯益}{销售毛利率}$$

上式中的营业费用包括了固定费用和变动费用，在实际工作中需要把变动费用部分扣除，所以，销售收入目标值演变为：

$$销售收入目标值 = \frac{固定费用 + 必要纯益}{1 - 销售毛利率 - 变动性营业费用率}$$

上式比较适合于流通企业确定销售目标值，制造业销售目标值的确定大多利用变动利润求得。一般先估计变动利润，再求销售收入目标值，公式如下：

$$销售收入 - 变动成本 = 变动利润$$

$$变动利润率 = \frac{变动利润}{销售收入} = 1 - 变动成本率$$

$$销售收入目标值=\frac{固定成本}{1-变动成本率}=\frac{固定成本}{变动利润率}$$

上述方法主要以销售毛利率目标值为标准，然后再求销售收入目标值。但是，要想使该值更贴近实际，可按照产品及部门的毛利来求算销售收入目标值。

以下是用毛利计算销售收入目标值的程序：

1）决定企业的毛利。

2）决定产品及部门的毛利贡献度。

3）分配产品及部门的毛利目标。

4）通过产品及部门预定的毛利率，求算产品及部门的销售收入目标值。

5）总计各产品及部门的销售收入目标值，即得企业的销售收入目标值。

现在，以一家农机经销商为例来说明。假定其主要盈利来源分割为整机销售、维修及配件销售3个部分，企业预定的毛利目标为2000万元，从表5－6算出销售收入目标为33500万元。

表5－6　某农机经销商销售收入目标值计算

项　目	毛利贡献度 *A*	所需毛利 *B*	毛利目标 *C*	预定的毛利率 *D*	销售收入目标 *E*
整机销售	30%		600万元	2%	30000万元
配件销售	30%		600万元	40%	1500万元
维修	40%		800万元	40%	2000万元
合计	100%	2000万元	2000万元	—	33500万元

（6）根据客户购买力确定销售目标　根据客户购买力确定销售目标，也就是估计企业服务范围内的客户购买力状况，以此预测企业的销售额。对于零售企业而言，该方法比较适用，大致求算程序如下：

1）设定企业的服务范围，并调查该范围内的人口数、户数、收入及消费支出等情况。

2）调查企业服务范围内商店的数目及其平均销售能力。

3）大致估计各商店的销售收入。

4）确定企业的销售收入目标。

例如，某超市调查得知，其服务范围内的居民户数为30000户，每户平均年消费水果支出额为3000元。那么，企业服务范围内的客户年水果购买力为9000万元。又调查得知，在服务范围内经营水果的商店有12家，包括2家超市、2家水果店和

8 家副食品店，其销售能力和销售收入见表 5－7，由此可以确定各水果经营店的销售收入目标。

表 5－7　水果经营店销售力和销售收入情况表

项　目	超　市	水果店	副食品店	合　计
商店数/家	2	2	8	12
销售力	1	1.5	0.5	
销售力合计	2	3	4	9
平均销售收入/万元	1000	1500	500	

2. 编制、执行与控制销售目标

销售目标的实现使得销售活动既有效率又有效益，能充分提高销售队伍的士气，有利于企业的长期发展。下面给出一个销售目标编制范例作为参考，见表 5－8。

表 5－8　销售目标编制范例

栏目序号	项　目	数量计划	平均售价	销售目标
1	以实绩为基础的销售目标			
2	与竞争者对抗的销售目标计划			
3	盈亏平衡点基准			
4	总资本回转基准			
5	销售额纯利基准			
6	附加价值基准			
7	事业发展计划基准			
8	决定销售目标			

第一步，参考前期销售实绩和竞争者的销售实绩填入表 5－8 的第 1 和第 2 行。同时，把认为必要时的销售额列入计划。可能的话，数量或平均售价也可以纳入计划之内。

第二步，找到盈亏平衡点的基准，填入第 3、4、5、6 各行，以利益为基本，制作销售额目标计划。

第三步，将根据事业发展计划制定的销售目标填入第 7 行。

第四步，综合以上分析做出决策，把所决定的销售目标填入第 8 行。

要注意的是，销售管理人员不能仅仅相信数据，还要综合考虑许多数据不能表示的信息。一般认为，管理者要充分尊重一线的销售人员，因为通过他们制定的销售目标最有可能接近实际，并且可以利用他们的销售目标有效地激励他们。但是，销售人员一般不会站在企业的立场上制定销售目标，他们更多的是考虑自己的利益，过高或过低地报告自己销售区域的潜力。事实上，无论是过高的销售目标，还是过低的销售目标，都会影响到企业销售的效率和企业的利益。

5.3.2 设置销售配额

销售配额是分配给销售人员在一定时期内完成的销售任务，是销售人员需要努力完成的销售目标。销售配额有助于销售经理规划每个计划期的销售量及利润，安排销售人员的行动。设置销售配额的目的是设定目标、明确责任，以有效地激励销售人员更好地完成任务。

1. 明确销售配额的类型

企业使用的销售配额通常有四大类型：销售量配额、财务配额、销售活动配额和综合配额。企业可以使用这些配额中的一种或几种。

（1）销售量配额　这是最常用、最重要的配额，一般用销售额来表示，也可用销售量单位数来表示。但不管如何，销售经理在设置销售量配额时必须考虑以下因素：

1）区域内总的市场状况。

2）竞争者的地位。

3）该地区过去的业绩。

4）现有市场占有率和市场涵盖的质量。

5）新产品推出的效果、价格调整及预期的经济条件。

（2）财务配额　企业更关注利润而不是更多的销售量，财务配额有助于改变销售人员不顾利润而尽可能多地推销的自然倾向。财务配额的具体内容如图5-4所示。

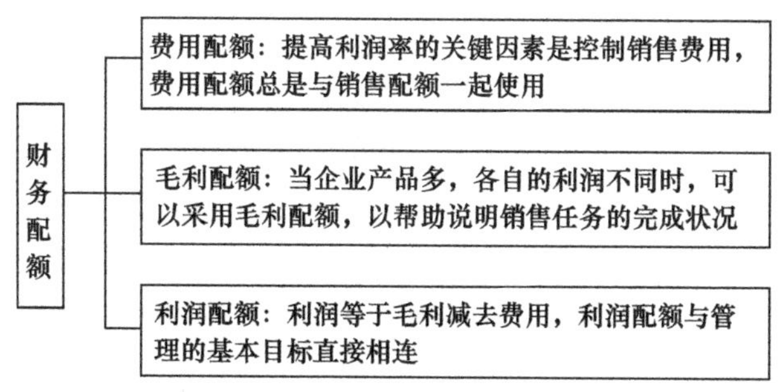

图5-4　财务配额体系

财务配额可以激励销售人员开发更有效益的客户，销售更有效益的产品。销售经理可以利用财务配额来引导销售人员将“苦干”和“巧干”结合起来。

(3) 销售活动配额　销售活动配额是用来衡量销售人员其他销售活动的指标，销售活动配额使销售经理便于控制销售人员的时间使用，即在不同销售活动中的工作分配。其目的是减少销售人员对销售定量指标过分依赖的现象，用于平衡销售人员的日常活动。

销售活动配额的主要内容包括：销售报告的质量；访问的客户数量；宣传企业及产品的活动；为客户提供服务、建议和帮助；新客户的开发；自身的学习能力和新销售人员的培训等。

(4) 综合配额　综合配额是对销售量配额、财务配额和销售活动配额进行综合而得出的配额。综合配额以多项指标为基础，因此更加合理。设置综合配额相对复杂一些，因为它要用到权重这个概念。表 5 - 9 是某销售人员的综合配额表。

表 5－9　销售人员综合配额表示例

项　目	配　额	实　际	完成情况(%)	权重(%)	得　分
销售额/百万元	2000	1800	90	50	45 分
净利润/百万元	100	80	80	40	32 分
新客户/个	20	15	75	10	7.5 分
客户满意度	大于 90%	95%			加 5 分
关键员工流失	少于 3 个	5 个			减 3 分
实际得分	45 分 +32 分 +7.5 分 +5 分 -3 分 =86.5 分				

2. 设置销售配额的基准

通常，很多企业设置销售配额时往往基于过去的经验，还有一些简单地套用企业的销售预测作为基准。如果企业销售预测的结果是提高 10% 的销售量，那么对每个员工都分配 10% 的销售增长。这种方法虽然简单、费用低、易管理、易理解，但是却忽略了地域状况及销售人员能力的差别。另外，在设置销售配额时，一定要考虑区域的销售潜力，销售潜力可以反映企业销售额的成长机会和市场占有率。销售配额的基准可参考表 5 - 10。

表 5-10 销售配额的基准

销售量		财务目标	销售人员个人因素
以前企业销售量	活动目标	以前财务数据	专业进步
以前行业销售量	企业目标	预算	工作描述
以前销售人员销售量	企业政策	以前销售费用	时间分析
销售潜力	区域特点	利润目标	工作量分析
销售预测	消费者特点		专业目标
竞争者	销售报告		个人目标

3. 确定设置销售配额的具体方法

(1) 月别分配法　月别分配法就是将年度目标销售定额分配到 1 年的 12 个月或 4 个季度中，这种方法简单易行、容易操作。如果能将销售人员所在地区、产品销售的季节特性等因素与月份结合起来，效果会更好。

(2) 地区分解法　它是指根据销售人员所在的地区与客户的购买能力来分配目标销售定额；其优点在于可以对区域市场进行充分的挖掘，使产品在当地市场的占有率逐渐提高；其缺点在于很难判断某地区所需产品的实际数量及该地区潜在的消费能力。所以，在设置销售定额时，还需要考虑各个地区的经济发展水平、人口数量和生活水平等环境因素。

(3) 产品类别分解法　产品类别分解法即根据销售产品的类别甚至产品的型号来分解目标销售定额。采用这种方法的前提是培养忠诚的客户，如果客户经常改变消费需求，变换所消费的产品，则企业就很难判断某种产品消费群体的规模大小，产品类别分解法也就失去了意义。

(4) 客户分解法　客户分解法即根据销售人员所面对客户的特点及数量来分解目标销售定额。这种方法充分体现了客户导向的观念，可以使销售人员把销售的重点放在重点客户上，有利于客户的深度开发和忠诚客户的培养。

(5) 销售人员分解法　销售人员分解法即根据销售人员能力的大小来分解目标销售定额。这种分解方法有利于形成对销售人员的激励，其弊端是能力强的销售人员容易骄傲自满，能力差的销售人员会产生自卑感，而且容易引起销售人员之间的矛盾。

(6) 销售单位分解法　它是指以某一销售单位为对象来分解目标销售定额。这种分解法的优点在于强调销售单位内部的团结合作，利用销售单位的整体能力来实现目标销售定额；其缺点在于重视销售单位目标定额的完成，而忽视了销售人员个人的潜在价值。

在实际操作中，以上6种方法一般不单独使用，而是将两种或两种以上的方法结合起来使用，扬长避短，优势互补。

5.3.3 确定销售费用

1. 明确销售费用的构成

销售费用是指销售过程中发生的费用，销售费用的控制是当前企业销售管理的一个重要问题。从经济学角度看，销售费用属于交易费用的范围；从会计学的角度看，销售费用属于期间费用的范围。销售费用是支撑销售活动的前提，现在越来越多的企业认为销售费用不仅仅是一种支出，而且一种投资。

销售费用按不同的分类标准分为不同的类别，这里按照业务项目将销售费用进行分类，如图5－5所示。

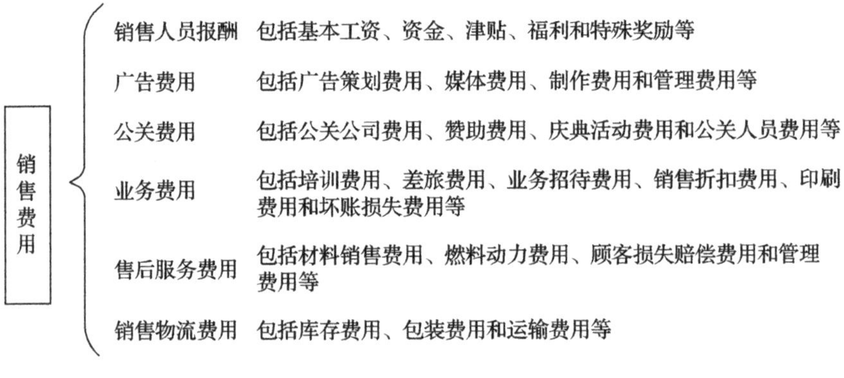

图5－5　按照业务项目划分的销售费用构成类型

2. 确定销售费用的方法和表现形式

（1）选择销售费用的确定方法

1）销售百分比法。用这种方法确定销售预算时，最常用的做法有两种：一种做法是采用去年的数据，即去年本企业总的销售费用占销售总额的百分比，再结合今年的销售总额预测值来确定今年的销售费用；另一种做法是把最近几年的销售费用占销售总额的百分比加权平均，得出的结果作为今年的销售费用。

2）目标任务法。目标任务法是一个非常有用的方法，它可以有效地分配达成目标的任务。以下举例说明这种方法：

如果公司计划实现销售额14000万元时的销售人员费用为500万元。其中，销售人员水平对总任务的贡献水平若为64%，那么，由于销售人员努力获得的销售额为14000万元×64%=8960万元，那么，销售人员费用/销售额=5.6%。

假设广告费用为200万元，广告对总任务的贡献水平为25.6%，由于广告所实现的销售额为14000万元×25.6%=3584万元，那么，广告费用/销售额=5.6%。

这种情况下，两种活动对任务的贡献是一致的。

否则，如果广告的收入低，则企业可以考虑减少广告费用，增加销售人员费用。

这种方法必须数据充分，因而管理工作量较大，但由于它直观易懂，所以很多企业使用这种方法。

3）同等竞争法。同等竞争法是以行业内主要竞争对手的销售费用为基础来制定本企业的销售费用预算水平。采用这种方法首先必须对行业内主要竞争对手的情况有充分的掌握，及时取得大量的本行业主要竞争对手的商业秘密，但在通常情况下，要取得这些资料是很困难的，所以用同等竞争法来分配销售预算，有时不能达到同等竞争的目的。

4）边际收益法。边际收益是在原有销售规模的基础上每增加1个销售人员所能增加的收益。这是经济学原理中边际收益理论在销售管理中的具体运用。

由于市场上销售增长潜力的存在，而每个销售人员所需的费用是大致一定的，随着销售人员的增加，其销售开始时收益会同步增加，之后会逐渐减少，因此在理论上存在着这样一个点，在这个点上新增加的1个销售人员，其所取得的收益与所花费的费用相等，如继续增加销售人员，其支出的费用反而比收益要大，得不偿失。用边际收益法来确定销售人员数量在理论上是可行的，但在实际工作中要确定销售人员的边际收益是很困难的，甚至是不可能的。

5）零基预算法。零基预算法又被称为“日落法”。每年年终，各部门阶段性地总结上一年度的工作，开始新年度的预算，将所有销售管理活动都看作重新开始，即以零为基础，根据企业目标，重新审查销售管理的每项活动对企业目标实现的作用，将各项活动对实现企业目标按所做贡献的大小进行前后排序，然后将企业的资金和其他资源按照这个序列进行分配。

6）投入产出法。这种方法是对目标任务法的改进，目标任务法是一定时间内费用与销售量的比较，但有时有些费用投入后，其效应在当期显示不出来，因而无法真实地反映销售量比率。投入产出法不强调时间性，而是强调投入与产出的实际关系，因此在一定程度上克服了目标任务法的缺点。

需要指出，以上仅是确定销售费用水平的一般性方法，在实际运用时，需要综合考虑环境因素，有时需要结合几种方法，才能更合理地确定本企业的销售费用水平。

（2）明确销售费用的表现形式　在实际应用中，企业销售费用预算的主要表现形式为相关表单，见表5－11。

表5－11　某企业销售费用预算明细表

<table>
<tr><td colspan="2">编制部门：</td><td colspan="5">预算期间：</td><td>单位：元</td></tr>
<tr><td rowspan="2">类别</td><td rowspan="2">费用项目</td><td colspan="2">预算依据(%)</td><td rowspan="2">预算金额</td><td colspan="3">支付时间</td></tr>
<tr><td>占收入</td><td>比上期＋、－</td><td>上旬</td><td>中旬</td><td>下旬</td></tr>
<tr><td rowspan="18">固定费用</td><td>一、经常性项目</td><td></td><td></td><td></td><td></td><td></td><td></td></tr>
<tr><td>1. 租赁费</td><td></td><td></td><td></td><td></td><td></td><td></td></tr>
<tr><td>2. 广告费</td><td></td><td></td><td></td><td></td><td></td><td></td></tr>
<tr><td>（1）媒体广告</td><td></td><td></td><td></td><td></td><td></td><td></td></tr>
<tr><td>（2）宣传物品</td><td></td><td></td><td></td><td></td><td></td><td></td></tr>
<tr><td>（3）促销活动费用</td><td></td><td></td><td></td><td></td><td></td><td></td></tr>
<tr><td>（4）其他广告宣传费</td><td></td><td></td><td></td><td></td><td></td><td></td></tr>
<tr><td>3. 办公费</td><td></td><td></td><td></td><td></td><td></td><td></td></tr>
<tr><td>4. 挂靠管理费</td><td></td><td></td><td></td><td></td><td></td><td></td></tr>
<tr><td>5. 员工保险支出</td><td></td><td></td><td></td><td></td><td></td><td></td></tr>
<tr><td>6. 上级分摊费用</td><td></td><td></td><td></td><td></td><td></td><td></td></tr>
<tr><td>（1）折旧</td><td></td><td></td><td></td><td></td><td></td><td></td></tr>
<tr><td>（2）递延资产摊销</td><td></td><td></td><td></td><td></td><td></td><td></td></tr>
<tr><td>二、非经常性项目</td><td></td><td></td><td></td><td></td><td></td><td></td></tr>
<tr><td>1. 教育培训费</td><td></td><td></td><td></td><td></td><td></td><td></td></tr>
<tr><td>2. 行政扣罚损失</td><td></td><td></td><td></td><td></td><td></td><td></td></tr>
<tr><td>3. 低值易耗品</td><td></td><td></td><td></td><td></td><td></td><td></td></tr>
<tr><td>小计</td><td></td><td></td><td></td><td></td><td></td><td></td></tr>
<tr><td rowspan="5">变动费用</td><td>工资及福利</td><td></td><td></td><td></td><td></td><td></td><td></td></tr>
<tr><td>差旅及交通费</td><td></td><td></td><td></td><td></td><td></td><td></td></tr>
<tr><td>电话费</td><td></td><td></td><td></td><td></td><td></td><td></td></tr>
<tr><td>交际应酬费</td><td></td><td></td><td></td><td></td><td></td><td></td></tr>
<tr><td>运输及装卸搬运费</td><td></td><td></td><td></td><td></td><td></td><td></td></tr>
</table>

（续）

编制部门：		预算期间：					单位：元
类别	费用项目	预算依据(%)		预算金额	支付时间		
		占收入	比上期+、-		上旬	中旬	下旬
税金	增值税						
	增值税附加						
	其他税金						
	小计						
财务费用							
销售费用合计							
审批：						编制人：	

3. 进行销售费用管理

销售费用管理是一项系统工程，从编制销售预算开始，到售后的统计分析，销售费用管理涉及整个销售活动的方方面面，大体上可以分为以下几个步骤：

（1）建立销售费用管理制度　制度是管理的基础性工作，销售工作自由度高，制定相应的管理制度以规范各销售环节的行为是非常必要的。常见的销售费用管理制度有：广告费用管理制度、销售人员报酬制度、仓储费用管理制度、公关费用管理制度、差旅费用管理制度、招待费用管理制度、售后服务费用管理制度和应收账款管理制度等。

（2）编制销售费用预算　根据市场调研，了解竞争对手的销售费用预算与构成，结合本企业的实际情况，依据前文所述销售费用的确定方法，编制销售费用预算。

（3）对销售费用进行控制　销售费用控制应贯穿销售过程的始终，对每项销售费用的支出依据销售费用预算计划和销售费用管理制度进行动态管理。需要指出，由于销售工作本身的弹性和自由度高，在实际控制时可遵循突出重点、兼顾一般的原则，重点控制主要的销售费用支出。

（4）对销售费用的执行情况进行分析　一定时期后，将销售费用的实际支出情况与预算方案进行比较，找出偏差。分析偏差产生的原因，并将分析结果作为下一年度费用预算编制的依据。

5.3.4 拟定销售计划

1. 确定销售计划的内容

这里将销售计划理解为直接实现销售收入的一连串过程的安排。但是，销售计划如果只是出售产品的数量和金额，是不够充分的，销售计划是企业战略管理的体现，一定要成为能够实现公司的经营方针、经营目标的指南，并符合发展计划、利益计划和资产负债计划。

销售计划的内容可通俗地理解为以下 5 个问题：要卖什么产品（产品计划）、卖到何处（销售路径或是客户计划）、以什么价格卖（售价计划）、由谁去卖（销售组织计划）和怎么卖出去的计划（销售方法计划）。

2. 明确所依据的销售策略

销售目标是在营销目标的基础上确定的，销售目标又可以按地区、人员、时间段分成各个子目标，从而形成一个目标体系。但是，设定这些销售目标时必须以企业的销售策略为依据，具体而言，需要考虑以下问题：

1）前一计划的执行情况。

2）产品特性（如淡旺季之分、各项物理特征和产品区域分布等）。

3）地区特性（销售目标地区的人口、经济和文化等环境因素）。

4）人员特性（是否有相应的销售队伍，人员素质是否达到要求等）。

5）竞争对手状态（竞争地位分析、竞争策略分析等）。

6）行业动态。

7）本企业产品计划、价格策略、销售渠道政策、促销政策、库存管理和服务体制等。

3. 明确销售计划的制订过程

管理学有详细的“计划的制订和审定”等相关内容，同样，销售计划的制订也是一个整体决策的过程，这个过程涉及现状检查、目标制定、销售战略和销售计划书。

（1）现状检查　首先需要分析企业所处的环境风险和机遇，明白企业自身的优势和劣势。在制订销售计划时，要对整体的市场竞争环境进行现状检查。

（2）目标制定　如果“现状检查”回答的是“我们从哪里来”，那么“目标制定”回答的是“我们往哪里去”。目标制定的主要内容有：企业的战略目标（这是销售计划的指导依据）、市场目标（主要包括现有市场描述、待开发市场描述等）、财务目标（包括销售额、利润，财务目标应具有一定的柔性，能够因环境而灵活调整）。

（3）销售战略　销售战略是指实施销售计划的各种因素，包括产品、价格、广告、渠道、促销及立地条件，是为了达成销售目的之各种手段的最适组合而非最佳组合。

销售战略是企业产品/服务投放市场的理念。例如，企业计划怎样在市场上销售产品和服务以实现企业设定的市场目标，就是销售战略要解决的问题。

（4）销售计划书　销售计划书是企业战略管理的最终体现。好的销售计划书可以使企业的目标有条不紊地顺利实现。销售计划书的内容主要有：

1）要卖什么（产品计划）？

2）卖到何处（销售路径或是客户计划）？

3）以什么价格卖（售价计划）？

4）由谁去卖（销售组织计划）？

5）怎么卖出去（销售方法计划）？

实战借鉴

久保田农业机械（苏州）有限公司销售目标的确定实例

2011 年 1 月 11 日，久保田农业机械（苏州）有限公司总经理饭岛宣昭在北京公布了该公司的经营业绩。

2010 年，久保田农业机械（苏州）有限公司的业务范围得到全方位的拓展。在中国国内市场上，久保田的 2 行、4 行、5 行、6 行这 4 个品种的半喂入收割机销往 26 省的 790 个县，全喂入收割机销往 26 个省的 900 个县，乘坐式插秧机销售到 22 个省的 330 个县，拖拉机销往 22 个省的 261 个县。

从海外市场看，苏州久保田的产品以亚洲为中心逐步向外扩大，在原有的泰国市场基础上，又新增加了菲律宾、马来西亚、印度尼西亚和斯里兰卡等国的市场。

2010 年苏州久保田的销售收入为 29.22 亿元，与前几年比虽然增速放缓，但仍比 2009 年有 10% 的增长，所以 2011 年公司的销售目标确定为 32 亿元。

从产品具体销售情况看：半喂入联合收割机经历 2009 年的 6659 台高峰后，2010 年回落到 5906 台，2011 年计划销售 5260 台；全喂入联合收割机 2010 年销售 9001 台，2011 年计划销售 12470 台，增长 39%；手扶式插秧机 2010 年销售 19008 台，2011 年计划销售 23450 台，增长 23%；乘坐式插秧机 2010 年销售 4405 台，2010 年计划销售 5820 台，增长 32%；拖拉机 2010 年销售 1058 台，2011 年计划销售 1520 台，增长 44%，同时，增加 100 马力新机型的试销售。

据介绍，为保证上述目标的实现，苏州久保田加大了产品研发力度，2010 年久保田共申请专利 28 项，其中，发明专利 2 项、实用新型专利 15 项、外观设计专利 11 项。

5.4 销售过程管理

5.4.1 销售准备

1. 了解客户的类型

按照客户的购买目的和规模，可以将客户分为以下 4 种基本类型：

(1) 个人购买者　个人购买者指那些为自己或为家庭消费而购买产品的人，即购买目的是为了自用，而不是进一步转卖。

(2) 中间商客户　中间商客户指那些购买产品为了转卖或出售而牟取利润的个人或组织购买者，主要包括批发商、零售商、租赁公司和代理商等。其购买目的是为了在买与卖的差价中取得利润，这就决定了其购买行为及作用与个人购买者的不同。

(3) 产业客户　产业客户是指购买产品或服务并用于进一步生产或服务的生产组织或个人。它们购买设备、工具、原料和配件，是为了通过生产和出售自己的产品以取得利润。

(4) 机构和政府客户　机构市场包括学校、医院、护理院、监狱和其他机构，这些机构需要向它们责任范围内的人提供产品和服务，不同机构的主管单位和目标是不同的。一般而言，机构市场的特点是预算低和依靠赞助。政府市场为许多企业带来了机会。在许多国家，政府组织是某些产品和服务的主要客户。

2. 准备销售知识

销售知识能增强农机销售人员的自信心，也能促进客户的购买信心，并利于建立销售关系。农机销售人员必须掌握丰富的专业知识，只有这样才能使自己的工作更有成效。

(1) 了解自己的企业　对企业的熟悉通常有助于在客户面前树立一个专业的形象。对企业的了解包括：企业的历史、各项政策、工作程序、产品类别、生产设施、服务保障，以及企业的发展战略和各项方针政策。

(2) 了解自己的产品　农机销售人员要对企业和竞争对手的产品有所了解，尤其是能够分析企业产品与竞争产品的优势与劣势。对于企业的产品，更要了解产品的大致工艺、质量等级、物理性能和操作要点等方面。

（3）了解自己的分销商　掌握企业产品的分销商非常必要，分销商的道德素养、财务能力、客户资源、经营历史、人力资源、分销区域和信用状况等相关方面，都会直接或间接地影响到自己的分销业绩。

（4）了解产品的价值　产品的价值是定价的基础。价值是指客户在交易中对产品属性、属性效能及使用结果的感知偏好和感知的货币数量评价；价格是指能够吸引客户用货币或者其他等价物来进行交换的数值表现。在销售管理业务中，需要掌握价值的基本理论和定价的常用方法。

（5）了解企业面临的产业政策和国民经济概况　任何销售活动除与微观环境有关外，也与外部的宏观环境息息相关，尤其应强调产业政策和国民经济概况，因为这些宏观因素相对于人口、经济、文化、地理、科技和法律等宏观因素而言更具有可变性。例如，我国的房地产业，如果不认真研究产业政策和国民经济概况，面临的风险将会大大增加。

5.4.2 销售拜访

1. 策划销售拜访

一旦确定了潜在客户，或者农机销售人员已经决定去拜访某些客户，就需要策划销售拜访。策划的指导思想非常重要，要围绕客户的需求提出相应的解决方案，争取通过互惠互利的方案与客户建立长期性的关系。

销售拜访策划首先需要确定销售拜访的目标，没有目标的销售拜访效率通常较低。制定一个SMART的拜访目标意味着以下几个方面：

1）具体的（Specific）——目标必须是具体的。

2）可测试的（Measurable）——目标是可量化的。

3）可实现的（Achievable）——这个目标并非高不可攀又非伸手可及。

4）相关的（Relevant）——销售目标必须和其他目标具有相关性。

5）时间的（Time-based）——目标必须具有明确的截止期限。

其次，销售拜访策划需要确定调查或者获取客户的资料，通常而言，农机销售人员需要设计客户档案登记表，把相关的客户信息记录下来，作为以后客户跟踪的重要资料。进行销售拜访前，农机销售人员需要明确获得哪些客户信息。

再次，销售拜访策划还要注意开发客户利益，制订客户受益计划，包括向潜在客户表述的产品特性、优点及效用。许多时候，销售人员还要制订详细的营销计划书、商业计划书或者建议的采购订单。记住，销售拜访一定要让客户相信你能为他们带来价值。

最后，基于销售拜访目标、客户资料及客户利益，准备自己的销售陈述。

2. 建立与客户的初步信任

信任反映了客户对农机销售人员的信心程度，这种信心来源于农机销售人员的品行。现在，你可以回答以下问题，来理解客户对你的信任：

1）你是否知道你在说什么？——销售技能和专业知识。

2）你将推荐给我最好的东西吗？——客户导向。

3）你诚实吗？——诚实、正直。

4）你或你的企业能实现你的承诺吗？——可信赖性。

5）你将严守我与你分享的秘密信息吗？——客户导向，可信赖性。

专业的农机销售人员，在销售拜访前就努力建立与客户的初步信任。只有客户对你有初步的信任，才可能有诚意地接受你的拜访；只有客户对你有真正的信任，才有可能接受你的产品或服务。所以，为了成为有效的农机销售人员，以伙伴身份接触客户业务，就必须让客户了解农机销售人员不仅出于自身的利益需要，而且代表了客户的利益。为了获得客户的信任和信心，农机销售人员必须令人满意地做好以下 5 个方面：

1）专业知识。专业知识是建立信任的基础，包括行业和企业知识，产品知识，服务、市场和客户知识，竞争者知识，技术知识等。

2）可依赖性。给客户可以信赖的印象，特别是要信守承诺。

3）正直。这是农机销售人员的核心道德规范，销售人员要做到公平合理。

4）客户导向。农机销售人员要从客户的视角去思考问题、分析问题和解决问题，让客户觉得你是他们真诚的伙伴，而不仅仅是商人的形象。

5）相容性。客户喜欢和他们喜欢的人打交道，所以，你要努力成为客户喜欢的人。

3. 争取销售拜访的机会

贸然的陌生拜访行不行，当然可以。但是，工业客户或者许多其他类型的个人客户不喜欢或没有时间接待陌生拜访，所以，要尽可能获得客户的事先允许，以免拜访时不能同客户面谈。

（1）利用电子邮件保持与客户的联系　农机销售人员要充分发挥电子邮件的作用，在给陌生的潜在客户发邮件时，尽管许多时候得不到客户的回复，但这样做仍然加深了客户对你的印象。对于见过面的客户，电子邮件同样是非常好的沟通工具，特别对于国外贸易，往往要经过长时间的电子邮件来往，才有可能获得见面的机会。

（2）电话预约　农机销售人员通常可以通过电话进行拜访的预约。从表面上看，电话预约是件极其简单的工作，但通过电话获得预约通常会有困难，下面的一些做法有助于你成功地进行电话预约：

1）先计划并写下你想要说的话。

2）清楚地介绍你自己及企业的情况。

3）表明你打电话的目的，并简要提示客户同样有可能从销售拜访中受益。

4）准备一个简单的销售陈述，突出产品特性及给客户带来的效能。

5）一定要从被访者那里得到回答，即使从电话中得到的是负面的回答。

6）要求进行销售拜访，以便向客户进一步解释产品的效用。

7）尽量用选择提问的方式确定销售拜访的时间和地点。

（3）预约时的其他注意事项

除非企业的实力和影响力远远高于你的客户，一般情况下，所有的预约得本人亲自进行，并在预约时注意以下事项：

1）相信自己。作为农机销售人员，你必须相信你能够为潜在客户提供优质服务，你的产品或服务能够给客户带去效能。

2）与潜在客户公司里的人员交朋友。你要尽可能熟悉客户公司里的其他人员，并试着与他们建立良好的关系，有时，这些看似无关紧要的人能够间接地带给你销售拜访的机会。

3）不要把时间浪费在无谓的等待上。在拜访客户时，有时你必须在会客室等待。高效的农机销售人员并不会把等待的时间用来看报或喝茶，他们往往准备以下事宜：一是判断等待时间是否会影响到下一个客户的销售拜访；二是在等待时将准备的销售陈述进行重新复习；三是一旦等待时间超过了接受的限度，就重新适度调整下一步销售拜访计划。记住，农机销售人员的时间同样宝贵，不要把时间浪费在无谓的等待上。

5.4.3 接触客户

1. 做好准备

这里的准备仅指心理方面的准备。事实上，农机销售人员接触潜在客户时经常表现出不同程度的紧张，这种紧张有可能使拜访变糟，使拜访出错，最终可能使拜访难以获得理想的效果。所以，农机销售人员需要掌握放松和集中注意力的技巧，充分利用“创造性想象”。销售人员需要想象出可能发生的最坏的情况，而且准备好如何处理这种情况；也要设想到可能发生的最好情况。总而言之，对意外情况做好心理准备，事先把销售谈话内容策划好。

2. 留下良好的第一印象

农机销售人员留给客户第一印象的机会只有一次。为此，要特别注意影响第一印象的两个方面：一是仪表，二是态度。下面是有助于留下良好第一印象的一些注意点：

1）着装得体，郑重其事，通常为工作装。

2）在潜在客户的办公室里，不要主动抽烟，一般不能喝饮料或嚼口香糖。

3）姿态端庄，神态自信。

4）所有非必要之物不要带进客户的办公室（如外套、雨具等）。

5）对拜访抱着热情、积极的态度。

6）始终保持职业化的微笑。

7）不要说由于占用了潜在客户的时间而觉得抱歉的话。

8）与潜在客户保持目光接触。

9）掌握握手、名片交换等基本礼仪。

10）进行销售拜访之前，若有可能，了解如何恰当地称呼客户。在销售拜访的整个过程中，潜在客户若想把你介绍给其他人，要尽可能记住他们的名字。

3. 适当寒暄

很少有客户愿意与你开门见山谈生意，通常，销售拜访的开场均由两部分组成。第一部分通常是寒暄，可以谈趣闻、谈天气、谈轶事、谈比赛，或给予恰当的赞美、适当的评论，目的在于使双方都感到轻松和亲切。第二部分是使用已经策划好的、正式的销售技巧来引出预定产品的销售讨论。

4. 进行接触面谈

（1）采取陈述型销售接触法　农机销售人员在进入潜在客户办公室之前，需要做好开场陈述的准备。一般而言，陈述型销售接触的常用开场方法有介绍型方法、恭维型方法、推荐型方法、奖励型方法和情景型方法。介绍型方法是最普通但说服力最小的方法，因为农机销售人员的自我介绍很少能够捕捉到潜在客户的注意力和兴趣。对别人适当的恭维是吸引客户注意力的有效方法，因为任何人都喜欢得到恭维，如果恭维做得真诚，那么恭维型方法便是有效的开场陈述。推荐型方法就是利用另一个人的名气来开始销售陈述，如果潜在客户对那个人非常尊敬，推荐型方法会很有效果。奖励型方法也非常有效，因为每个人都喜欢免费收到一些物品，农机销售人员可以利用向潜在客户提供免费样品或者新奇礼品的方式进行接触。情景型方法需要农机销售人员较高的技巧，关键是找到恰当的销售环境参考要素，如客户的需求、喜爱等情景，都可以加以恰当的利用。

（2）采取演示型销售接触法　利用产品演示和富于戏剧性的场面进行销售开场十分有效。演示不同于一般的交谈，这几乎是一种单向的交流，所以，在整个交流过程中要尽可能引起客户的兴趣与参与。销售人员面对客户时，不仅使用语言，还要借助各种各样的视听手段及手势等非语言形式吸引客户注意，并且将最有吸引力的关键的内容放在开始；在介绍过程中，要根据客户的反应来调整说话速度，通过鼓励提问、回答客户的问题和短暂的讨论来争取客户的参与，活跃气氛。此外，还应注意讲话的音调、抑扬顿挫和充满自信等。

（3）采取提问型销售接触法　提问是最常用的销售接触法，因为这种方法能使销售人员更好地弄清潜在客户的需求，且能迫使潜在客户参与到销售拜访中来。在具体运用时，可以围绕客户的受益点进行提问，也可利用好奇进行提问，还可以用震惊式问题提问，使潜在客户能够严肃地考虑销售人员提出的某项提问。

5.4.4　产品展示

农机产品展示是指农机销售人员把客户引至产品前，通过实物的观看、操作，让客户充分了解产品的全貌、操作的方法、具有的功能及能给客户带来的利益，从而实现营销的目的。产品展示的内容是针对客户的需求、产品的特性及利益3个方面进行陈述和示范操作，而不能只做产品功能的示范操作说明。

产品展示有以下几种类型：一是将产品搬至客户处进行展示；二是邀请客户至企业进行展示；三是举办展示会，邀请客户参加。

1. 展示前的准备

产品展示前的准备可从以下3个方面进行：

（1）产品准备

1）事前检查，确定产品的质量与性能是否正常、合格。

2）若到客户处展示，要事先确认展示的各项条件是否符合规定，如电源、地点和操作空间等。

3）检查展示用品是否备齐，备用品是否充足。

（2）场地准备

1）察看场地是否适合。

2）对场地进行适当布置、整理。

（3）人员准备

1）准备好服装，修饰好仪容。

2）邀请适当的客户参加展示。

3）事前掌握客户的需求。

4）演练好展示解说词。

2. 进行 FAB 介绍

F 是指属性或功效（Features 或 Fact），即自己的产品有哪些特点和属性。

A 是优点或优势（Advantage），即自己的产品与竞争对手的有何不同。

B 是客户利益与价值（Benefit），即这一优点所带给客户的利益。

FAB 销售技术关注的是客户的“买点”，即在产品推介中，销售人员要将产品本身的特点、产品所具有的优势、产品能够给客户带来的利益有机地结合起来，按照一定的逻辑顺序加以阐述，形成完整而又完善的产品展示。

3. 进行产品展示

（1）敞开展示　敞开展示即销售人员将产品全部或局部敞开，以展示该产品的优良结构和全貌，吸引客户注意的一种方法。该方法的关键在于要把产品全貌展示出来，不仅使客户观看到产品的外表，还要让客户观看产品的内在结构及特征，使客户对产品有全面的了解，对产品产生兴趣，进而产生购买产品的欲望。

（2）器械辅助操作展示　器械辅助操作展示即通过器械或仪器等来显示产品性能的方法。有些产品的性能、特征，单凭展示其外观还不能显示出来，而必须要借助有关的器械或仪器来检测，通过销售人员的具体操作，才能把产品的全貌展示出来。如潜水电泵、电动机和发电机等产品。

（3）示范操作展示　示范操作展示即通过销售人员示范操作来展示产品的办法。有些产品的结构比较复杂，光靠销售人员的展示介绍还不能使客户全面了解产品的性能及特征，而需由销售人员现场进行示范操作，以使客户对产品的性能及特征全面了解，进而达到促进销售的目的。如农副产品加工机械、园艺机械，销售人员必须熟练地掌握产品的使用、操作要领，并能对简单故障进行迅速、准确地排除。

（4）关键部位展示　关键部位展示即通过展示产品的关键部位把产品的内在质量表露出来的一种方法。有些产品的体积比较大，展示全部内外质量比较困难，因此只要把该产品的关键或核心部位展示给客户就可使他们了解该产品的全部。例如，拖拉机、农用运输车可突出展示发动机的特点和性能。

4. 明确农机产品展示时应注意的问题

1）销售人员应非常熟悉所推销产品的使用方法、操作要领，具体操作时要熟练、连贯、一气呵成，给人一种赏心悦目的感觉，使操作也成为一种营销的语言。

2）在进行产品展示、操作时，一定要面对客户，使他们看到产品展示、操作的全过程。切忌同时用身体挡住客户的视线或背对客户进行演示、操作。

3）演示、操作要集中在产品主要功能或客户主要需求方面，对重要功能应反复演示，切忌同时演示两个以上的功能。

4）演示、操作产品过程中应加以语言介绍，不断提醒客户注意该产品的优点等。

5）演示、操作产品的过程中，要想方设法吸引客户的注意力，调动客户的主动性，让客户参与你的演示、操作过程，从而刺激客户的购买欲望。通常，客户经过亲身的体验，会更信任自己的感觉。经他亲自尝试后，不用过多介绍，他自然会喜欢上你推销的产品。

6）演示、操作动作要美观、熟练，语言要流畅，言谈举止要得体，能给客户留下深刻的印象。每次演示都应有明确的目的，演示、操作完毕后要及时征询客户的意见。

5.4.5 销售谈判

销售谈判是销售活动的重要内容，也是整个销售过程的实质性阶段。谈判能否顺利进行，往往关系到销售活动能否成功。

1. 准备阶段

在准备阶段，要确定谈判的目标，收集有关的谈判信息，选择相应的谈判人员，确定谈判的地点和时间，制定谈判的策略和制订谈判计划等。

（1）选择谈判人员　在农机产品营销中，任何销售的开展，首先要确定谈判人员，即组织谈判班子。谈判班子的确立需要注意以下 3 个方面：

1）人员的专业知识及搭配。一场谈判特别是大宗交易的谈判，会涉及许多专业知识，但是，这并不意味着相应专业的人都需要进入谈判班子。一般来说，只要谈判班子的成员具备主要的专业知识就行，这种专业知识可分为技术、商务和法律 3 个部分。如果算上协调各方面人员的领导者，一个谈判班子就可以确定为 4 ~ 5 人，特殊情况可以少些或多些。

2）谈判人员的素质。素质主要是指一个人的道德品质和专业能力。知识的多少并不决定人的素质高低。正因为如此，在人员选择时，既要考虑专业知识，又要考虑其素质。良好素质的谈判人员应该是遵纪守法、廉洁奉公、忠于职守；既有原则性，又能灵活创新；思维敏捷，决策果断；善解人意，知识丰富，有较强的表达能力等。

3）谈判人员的分工。挑选合适的人员组成谈判班子后，要在内部进行适当分工。谈判分工就是使每个人在谈判中处于合适的位置，在谈判桌上相互呼应、相互协助，充分发挥整体优势。虽然分工要视具体情况而定，但是，主谈人和辅谈人却是任何销售谈判中都必须确定的。在谈判某阶段或某些问题上，主谈判人发言代表本方的基本立场，其他人则处于辅助配合位置。谈判人在谈判的不同阶段可能会发生调换，同时，谈判班子成员在整个谈判过程中也可以根据情况进行调整。

（2）调查分析　调查分析的对象是谈判环境和谈判对手。调查分析的内容包括以下几个方面：

1）调查分析企业实力。企业实力主要是指企业规模、技术水平、人员素质、市场占有率和企业效益等。就具体产品或技术而言，还要考察其所处生命周期的阶段性。特别是对方企业的工商注册资本、信用与履约能力、资产负债及经营作风等方面的审查更为重要，以防止不法商人进行诈骗。

2）审查法人资格。企业法人应有具体的名称、营业场所和财产等，法人必须具有权利能力和行为能力。在审查了注册登记证明和资格证明后，还必须要弄清楚法人组织是有限责任公司还是无限责任公司，是母公司还是子公司。公司性质不同，所承担的责任也不一样。

3）谈判代表的资格审查。参加谈判的代表，由于其职务不同，在公司的地位不同，其权力范围是有限的。有的具备签约资格，有的则不具备签约资格，甚至有些代表根本不是企业内部人员，而是受委托的律师或其他事务所的成员。因此，在谈判签约前，必须审核对方代表资格，让对方出示其法定代表资格的文件，如授权书、委托书等。如果是内部人员，一般讲究“对等”，即职务对等的谈判。

当然，销售谈判还应分析自我实力及在谈判中本方的优势、劣势及其利害关系，以便于确立目标，制订谈判计划。

（3）确立目标，制订谈判计划　谈判的目标就是谈判的目的，即通过谈判在经济上获得的利益大小。一般来讲，可以把目标分为最低目标和最高目标。最低目标是基本盈利点，它也是保本受益点，低于此目标谈判会破裂；最高目标是希望值，但它也会因对方无法接受而导致谈判破裂。因此，应掌握这种利益希望值的“度”。销售谈判的计划，应包括谈判的议程、进度、谈判地点和谈判的基本策略等。

2. 实质性谈判阶段

从谈判的报价、磋商到最后成交达成协议的过程，称为实质性谈判。这个过程大体上可分为以下 3 个阶段：

（1）报价阶段　报价即谈判双方各自提出自己的交易条件，表明自己的立场和利益。报价有很强的策略性，即谁先报价、怎样报价和如何对待对方的报价。先报价有利还是后报价有利，这要视具体情况而定。

1）就一般情况而言，先报价对谈判影响较大，它实际上等于为谈判划定了一个框框，最后协议将在此范围内达成。先报价还会打乱对方的原有部署，甚至动摇对方原有的希望值。但是，先报价也有不利之处，即对方了解本方报价后会对原有策略进行调整，本方处于明处，对方处于暗处。当然，如果本方谈判实力明显强于对方，或在谈判中处于相对有利地位，那么先报价还是有利的。

2）报价时态度应该坚定、明确、完整。报价完毕后，不要加以解释和说明，报价后吞吞吐吐会使对方产生不信任的感觉，有时过多的解释和辩解会使对方意识到本方最关心的问题，并能从中找出破绽或突破口。在价格上，卖方开盘价通常应该是最高的，买方开盘价应该是最低的。

3）报价应该先报总价格，尽量避免报分项目价格，以防止分项目价格的“水分”被对方识破，这是报价时的一个基本原则。当然，报价必须合理，不能漫天要价、毫无控制。

（2）磋商阶段　谈判双方各自提出交易条件后，必然会就分歧的问题进行磋商，讨价还价。这个阶段谈判的策略和技巧是最丰富多样的。总体上可分为让步策略、防守策略和进攻策略。

1）让步策略。让步策略在任何谈判中都是需要的，这样谈判才能进行下去，双方才能在新的共同点上达成共识，但是，让步是有原则的，应步步为营，不能无谓让步。让步幅度不能过大，轻易让步会使对方索取欲望更加强烈。让步应该是互惠的，即本方的让步和对方的让步要联系起来，一般不要率先做出单方面让步。另外，让步策略常见的形式还有“欲取远利，舍之近惠”，即要想获得远期更大利益，先让给对方一点小恩小惠。

2）防守策略。防守策略比较多，运用限制性手段、示弱以求怜悯同情等都是防守性的。以权力有限、资料有限等为理由，都能较好地抵挡对方的进攻，在销售谈判中常被使用。

3）进攻策略。进攻策略是一种阻止对方进攻并能有效地采取主动的方法。常见的方式有最后通牒、分化对方重点突破、运用“情绪爆发”来压迫对方让步等。

运用以攻对攻方法时要审时度势，抓住机会，否则滥用会导致谈判陷入僵局，甚至会使谈判破裂。

(3) 成交阶段　当双方经过磋商在绝大多数的议题上取得一致后，谈判即进入成交阶段。成交阶段的基本原则就是力求尽快地达成交易，尽量保证自己已取得的谈判成果不要丧失，尽量争取获得最大的利益。在成交阶段应注意以下两个问题：

1）注意最后让步的方法。当谈判进展到最后，双方只是在某一两个问题有不同意见时，为尽快达成交易，可以适当让步。但是，要把握好最后让步的时间和最后让步的幅度。如果让步过早，对方会认为是前一阶段讨价还价的结果，并不是结局时的最后让步，会继续紧逼，给本方造成被动。另外，让步幅度不宜大，如果太大，对方误以为不是最后让步，仍会继续紧逼。在最后相持阶段给对方一点“甜头”，既给了面子，又能促使加速成交。

2）要注意最后阶段的“小要求”。很多销售谈判者在进行到尾声时，突然提出一个请求，要求对方做一点小小的让步，由于谈判已进展到签约的程度，人们在精力上已疲惫不堪，实在不愿为这点小利益而重新开战，故一般都是马上答应，以求尽快签约。一般认为，对这些“小要求”要分析，要找出策略区别对待。

3. 结束阶段

一般来讲，在双方都经过实质性磋商，尝试了现有的可能使用的各种手段后，无论是否能够成交，都可视为谈判已转入结束阶段。在结束阶段，其工作包括对已经取得的进展和尚存在的问题进行全面、仔细的总结和回顾，以检查有无错漏，并在此基础上对双方在某些条件上的细小差距进行最后的磋商协调；检查、落实会谈的记录工作；把握时机，建议双方确认磋商过程中达成一致的各项交易条款，并尽快地落实谈判协议的起草和签订工作。

谈判的成果必须要用严密的协议来确认保证，要有法律效力。要提防那种人为地在协议书上用词、数字、日期等概念做“小动作”的行为。在签署协议时，如果发现自己有失误，应立即设法纠正，因为一旦签了字，生了效，就不能再更改。

5.4.6 异议处理

在开发新市场、面对新客户时，经常会听到客户对于产品、价格、促销、服务和财务等的不同声音。其实，嫌货才是买货人，客户有异议并不代表不想买，而恰恰是想购买的前提，因此，需要正确地对待这些异议，合理地化解这些异议。那么，到底存在哪些异议呢？应该如何去见招拆招？

1. 处理产品异议

“你们的产品质量有保障吗”“你们的产品和××品牌比起来差一些呀”“你们的产品效果如何”，这是常见的客户关于产品的异议，对此，可以运用以下方法来进行沟通：

（1）事例法　所谓事例法，就是通过他人经销或者使用产品的案例，来说服客户。“我们产品你尽可放心，邻县的老李已经经销了3年了，我们合作很愉快，客户借助我们的产品，也发展起来了，如果你不相信，我可以提供他的号码给你，验证一下。”这种方法，简便易行，较易说服客户。

（2）比较法　在销售产品时，很多客户都喜欢与竞品对比，对此，销售人员可以采取现场比较的方式，来证明客户的说法站不住脚。此法的好处是，既不反对客户的意见，又能用事实来证明客户是错的。通过示范的方式，很容易让客户现场感受产品的优劣，从而来让客户信服。

（3）体验法　对于客户有关产品质量的异议，也可以通过现身说法的形式，来佐证产品质量有保障。比如，有的销售人员会组织客户到企业实地参观，通过企业的旅游工业园，让客户实地感受企业的规模、文化和生产采购流程等，从而消除客户的疑虑，建立合作关系。

2. 处理价格异议

“你们的价格有点高”“你们的产品比同档次品牌的贵呀”，这是一些客户在谈到价格时，经常说的两句话。如何应对价格异议呢?

（1）比性价比　价格是客户最敏感的因素，要想让客户感觉到产品值，就要给客户分析产品性价比，如包装、用料和性能等方面，让客户认为物有所值。如果是耐用品，还可以通过分析产品可以为客户带来的较大节省等，消除客户对于价格的敏感度。

（2）对比核算　当客户提到价格高时，也可以通过对比竞争对手的品牌、原料和政策等，让客户真切地感觉到产品价格并不高，而自己认为的所谓的高价格，是因为有些自己不太了解的因素在里面。

（3）突出品牌　品牌意味着安全，品牌意味着信誉，品牌意味着实力，品牌意味着号召力。优秀的品牌是具有静销力的，品牌名气大，就意味着定价的空间大。我们可以经常听到一些客户谈到对手的价格时，总是一句“人家是名牌”来为竞品的高定价搪塞。

（4）彰显服务　高规格、标准化的服务，也是削弱产品价格敏感度的方式之一。为什么海尔的家电产品价格高，但依然卖得好，除了产品质量好之外，其五星级的售后服务功不可没。因此，向客户充分阐述自己规范化、可以让客户高枕无忧的服务，也可以消除客户对于价格的异议。

(5) 科技含量高　向客户展示产品所蕴含的高科技，如产品所采用的领先技术，相比于竞争对手的较强的产品性能等，就可以让客户理解产品价格高一些的原因。

(6) 故意说得不高　这是价格谈判的艺术了，销售人员可以在与客户的沟通当中，故意将价格说得不高。

3. 处理财务异议

财务异议也是最常见的客户异议之一。比如我们经常遇到的，“资金紧张，没钱进货”“我们不能现款，能否赊欠”等。对于以上异议，可以用下列方式化解：

(1) 亮明财务政策　可以企业不赊欠这一政策为由，婉拒客户要求。其实，企业不赊欠，是对销售人员的最大保护。赊账易，要账难，很多销售人员因为货款赊欠问题，而纠纷四起，甚至反目成仇，分道扬镳，因此，能不赊欠的，尽量不要赊欠。

(2) 巧妙借用下游渠道商货款　如果客户资金不足，也可以建议客户通过召开新产品发布会、订货会等，激发下游渠道商拿钱进货，从而巧妙化解客户资金紧张的窘境。

(3) 少量多次　对于销售人员比较看好而无资金实力的客户，销售人员可以通过协调企业、周边客户等方式，采取联合发货、少量多次和合理控制库存等方式，来化解这一矛盾。

(4) 抵押融资　对于资金缺口比较大、较难协调的客户，销售人员可以动员客户通过房产或汽车抵押贷款的方式，合理协调发货。

(5) 缩减品类　销售人员也可以通过建议客户缩减代理品类等方式，来集中资金经营，从而通过“拆东墙补西墙”的方式，来规避资金上的差距。

4. 处理促销异议

处理促销异议是销售人员与客户交锋当中必不可少的一门必修课。经常遇到的问题有：“你们的促销力度太小了！”“能不能给个一步到位价？”“能多给点儿政策吗？”“你们的促销形式太单一了！”诸如此类。以下是破解的几个方法：

(1) 坚持原则　无论是价格政策，还是促销政策，销售人员在与客户沟通时，都要按照企业规定，保持一定的刚性，千万不可随意承诺客户，或犹豫不决给客户留下幻想。只有敢于向客户说不，才能在以后的合作当中游刃有余，而不受客户摆布。

（2）引导客户向市场要资源　真正优秀的经销商，一定不会“等靠要”的，对于促销，向市场要资源，才是真正的高手。因此，在客户无止境地要政策时，销售人员要想方设法引导客户学会向市场要资源。

（3）给促销要用加法　销售人员在和客户沟通促销政策时，要学会拆分，即将促销政策分解得越细越好。例如，如果你手中有8%的政策支配权，你可以把它拆分成月返、年奖、临促或即时激励等，在形式上，除了返利外，还可以给予人员促销、助销物料、旅游和培训进修等，形式越多，越有助于控制客户。

（4）给政策要学会创造困难　解决客户异议，给客户促销政策，要学会创造困难。容易得到的，往往都不珍惜，这也是人性的弱点。因此，销售人员在给客户政策时，要学会创造困难，要让客户懂得政策来之不易，从而倍加珍惜，让好钢用到刀刃上。

总之，面对客户的各种异议，销售人员一定要能够正确对待，既不能盲目妥协，同时也不能贸然一口回绝，而要通过合适的处理方式，在既不违反企业整体利益的前提下，巧妙化解，从而打造双赢的厂商合作伙伴关系，把市场做强、做大。

5.4.7 成交

促成交易，就是想方设法使客户购买自己的产品，它是销售人员所追求的工作目标。无论销售人员在前面的阶段做了多少努力，如果不能达成交易，那也就意味着前功尽弃。为了使客户做出购买决定，销售人员在此阶段应采取积极的营销策略和方法，督促客户做出选择，促成交易的成功实现。

1. 把握促成交易的时机

（1）从客户的表情变化来把握　人的面部表情是一种形体语言，销售人员可从客户的面部表情变化来判断成交的信号。例如，当客户的面部表情发生以下变化时，就可能表示他已经产生了购买意愿，只要加以合理敦促，便可着手成交：眼睛转动由慢变快，眼角舒展；从托腮沉思变为轻松明朗、善意友好；态度由冷漠、怀疑变为自然大方、随和亲切等。

（2）从客户的语言来把握　客户的语言是最直接、最明显的成交信号，当客户谈到下列问题时，就表示他已有意成交，销售人员可借机提出成交要求：当客户不断向销售人员打听交货期时；当进行讨价还价时；当与销售人员讨论运输、储存、保养维修、零件供应等问题，索取说明书或样品，要求详细说明使用时应注意的事项时；当对产品的规格、包装、颜色等提出具体的要求或修改意见时；当客户主动表示与销售企业的职工有私人交情时。

(3) 从客户的行为举止把握　客户行为举止的变化也往往会显示或暗示出客户的成交信号。例如，客户把销售人员和竞争对手的各项交易条件具体加以比较；客户一会儿注视着销售人员的神情，一会儿查看产品小册子；客户由原来听销售人员介绍时那种身体拘谨、小心翼翼的姿势变为身体松弛、大大方方的姿势等。这些行为举止都是购买信号，如果销售人员能及时理解，领会到从客户的行为举止中流露出来的各种暗示，就能捕捉到商机。

(4) 从交易条件是否得到满足来把握　在洽谈过程中，销售人员还可从促成交易的条件是否得到满足来把握交易的时机。如果上述促成交易的基本条件都已得到满足，销售人员就应迅速转入敦促成交的工作。当然对促成交易时机的判断和把握，需要销售人员经过长期的实践，在各种场合中去体验总结和积累，才能具有这种经验、直觉和能力。

2. 运用促成交易的方法

(1) 直接促成法　直接促成法即直接、主动地要求客户做出购买决定的促成方法。在销售过程中，如果客户认为产品确实符合其需要，并表露出购买信号时，销售人员就可抓住时机，直接向客户提出成交的建议和请求。采用该法促成交易，销售人员须对成交时机，确有把握。同时要注意言辞和态度，用词恰当适宜，态度诚恳。

(2) 假定成交法　假定成交法即假定客户已接受销售人员的建议而省略一些征求决定的语言，直接与客户商谈具体购买有关事宜的促成方法。假定成交实际上是在客户尚未表示购买的情况下，销售人员假定其已做出购买决定，而通过一些具体的成交问题来直接促成客户购买。但采用该法，销售人员的“假定预测”需要有较大的准确性，如果做出错误的假定或时机把握不准，则容易引起客户的反感，产生成交心理压力而阻碍成交。

(3) 从众促成法　从众促成法即销售人员利用客户的从众心理来促使客户购买的促成方法。一般来讲，从众行为是一种普遍的社会现象，客户在购买产品时常有模仿他人的举动，如看到有较多的人购买某种产品，就会对这种产品产生较大的信任感等。因此，采用此法可以减轻客户尤其是新客户所担心的风险，增强销售人员的成交说服能力。采用该法，农机销售人员应注意向客户列举一些为公众所熟悉的人物，如农机专业户、种田大户、致富能手等，并且应向客户出示如合同文本、新闻报道、用户感谢信等实物证明，增强客户的购买信心。

(4) 让步促成法　让步促成法即销售人员通过适宜的让步来促使客户成交的方法。一般是在买卖双方僵持不下、成交受到极大威胁时采用。在这种情况下，销售人员通过让步来换取客户的某种妥协，最终使僵局打破。其具体做法主要在价格折扣、付款方式、运输费用，以及人员培训、维修安装等售后服务方面做出某些让步。

(5) 错失良机促成法　错失良机促成法即利用客户在错失良机时产生的失落心理来促使客户立即购买的方法。在某些销售场合，客户在成交前夕都会表现出买了怕不合算，不买又担心失去机会的患得患失、拿不定主意的心理，使之总是犹豫不决。采用该法就是在客户具有这种心理的情况下，销售人员通过一定的压力，如适当激将一下，或有意识地提醒客户不可错失时机，来敦促客户改变其犹豫不决的态度，及时做出购买决定。

3. 掌握促成交易的技巧

(1) 保持自然大方的神情　销售人员应具有良好的素质，在销售过程中，不管促成交易成功与否都应表现得大方自若、平易近人。销售成功之时不喜形于色，忘乎所以；销售不成时也不焦急不安，举止失态。这样才能给客户留下良好印象，使其信赖自己。

(2) 抓住最适合于客户所需的关键点　销售实践证明，促成交易时，销售人员应尽可能简明扼要地阐述客户所同意的要点，抓住最适合于客户所需的关键点进行促成洽谈。一般来讲，在客户的需求中，总有一个主要的需求或特定问题，针对客户最感兴趣或最迫切的需求项目促成之，即把促成交易的方法集中在这点上，重点攻破。

(3) 适时离开　当达成交易，签订了合同或协议后，销售人员应礼貌地适时离开，以免节外生枝。而且客户也有其他事情要做，停留太久，耽搁时间太久常会使客户厌烦。

实战借鉴

农机产品购销合同签订实例

已知条件：某农机销售企业需从某生产企业购进一批小四轮拖拉机，双方对规格型号、数量和价格等已取得一致意见，开始签订购销合同。要求：

能熟知合同的主要条款和内容，懂得如何防范合同风险。

能使用格式化的合同文本，合同条款的内容书写规范、明确、清楚。

产品购销合同

供方：　　　　　　　　　　　　　　　　签订地点：

需方：　　　　　　　　　　　　　　　　签订时间：

一、产品名称、规格型号、单位、数量、单价、总金额及备注

产品名称	规格型号	单位	数量	单价	总金额/元	备注
合计人民币金额（大写）：						

二、产品质量要求、技术标准

三、交（提）货地点、方式

四、运输方式及到达港站和费用负担

五、合理损耗及计算方法

六、包装标准，包装物的供应与回收

七、验收标准、方法及提出异议的期限

八、随机备品、配件工具数量及供应方法

九、结算方式及期限

十、如需提供担保，另立合同担保书，作为本合同附件

十一、违约责任

十二、解决合同纠纷的方式

十三、其他约定事项

供方	需方	鉴（公）证意见：
单位名称（章）：	单位名称（章）：	
单位地址：	单位地址：	
法定代表人：	法定代表人：	经办人：
委托代理人：	委托代理人：	鉴（公）证机关（章）
电话：	电话：	年　月　日
开户银行及账号：	开户银行及账号：	［注：除国家另有规定外，
邮政编码：	邮政编码：	鉴（公）证实行自愿原则］

有效期限：　年　月　日至　年　月　日

签订产品购销合同的几点说明：

1）产品购销合同包含农机销售企业为购进产品而签订的采购合同和为销售产

品而签订的销售合同两种形式。农机销售企业在购进产品时作为需方，在销售产品时则作为供方。

2）合同文本中的“备注”栏，主要是对供货期限、分批供货的时间和数量，以及在合同执行过程中产品价格能否进行调整等事项进行约定。

3）合同文本中的“其他约定事项”，主要是对因违约终止合同的有关情况进行约定。例如，供方未能在合同约定的时间内或未能在需方同意的延长期内供货，需方有权终止合同；需方未能在合同约定的时间内向供方付清货款，供方有权终止合同。

5.5 客户关系管理

5.5.1 认识和区分客户的商业价值

1. 认识客户的商业价值

客户的商业价值是基于客户对商家的利益而言的。客户作为企业收入来源，是企业生存的基础。从战略的角度讲，客户不仅决定着企业的收入，而且是企业借助其品牌建立自身形象、提高企业市场价值、建立竞争优势的宝贵财富。对于某一企业而言，不同的客户具有各自不同的商业价值。

客户的商业价值即客户自身价值增值的能力，它是一定时期内某客户为企业带来的收益（即企业因客户与其建立客户关系而获得的收益）超过企业为其付出的客户成本（即企业用于吸引、获取、发展和保有该客户所付出的所有成本）以外的一种经济价值。计算公式为：

$$客户商业价值=客户带来的收益-客户成本$$

客户的商业价值是客户对企业产品或服务的购买量、客户营销成本、推动企业品牌增值作用等多种因素综合作用的结果。总的来说，客户的商业价值由客户的既有价值、客户的潜在价值、客户的影响价值和客户的学习价值四大类价值要素构成。

2. 区分客户的商业价值

（1）客户商业价值的指标　客户商业价值指标是客户商业价值评价内容的载体，也是客户商业价值评价内容的外在表现，通过它们可以实现对企业客户进行可量化的价值评估。客户商业价值指标是客户商业价值评价内容的具体体现，由于不同的企业在行业类型、经营范围和发展策略等方面各不相同，对于客户商业价值进行评价的关键指标也各不相同。客户商业价值指标总体上可分为客户财务贡献类、客户特征类、交易类和客户忠诚类四大类指标，见表 5 - 12。

表 5 - 12　常用的客户商业价值指标

指标类型	指标名称
客户财务贡献类	累计交易额、累计利润额、毛利率、销售预期金额等
客户特征类	（1）单位客户　企业规模、注册资金、区域、行业、年销售额、是否为上市公司等 （2）个人客户　年龄、学历、婚姻、月收入、喜好颜色、是否有车、有无子女等
交易类	交易次数、交易频率、交易周期、已交易时间、平均单笔交易额、最大单笔交易额、欠款额、逾期付款次数、退货金额、退货次数、平均欠款率
客户忠诚类	客户表扬次数比例、投诉次数/比例、建议次数/比例、客户的流失率、客户对企业的满意度、客户与企业合作的时间、客户对营销活动响应度、客户重复购买率等

（2）客户商业价值的计算　目前，人们对于客户商业价值的定量计算主要采取两类方法：一类是关键指标法，即根据某些关键指标确定客户商业价值的大小；另一类则是综合评价法，即将多种指标结合起来综合评价客户商业价值的大小。

1）关键指标法。企业通过分析某些关键指标（如销售额或利润）来对客户排行，筛选出其中最有价值的客户。该方法可以比较准确地对客户价值进行计算，从而使企业在考察客户关系时，提供量化的依据。再加之简便易行的优点，该法受到了众多企业的青睐。目前，多数企业采用该法进行客户商业价值的评价。

在关键指标法的应用中，企业对客户商业价值的评价着重从客户对企业利润贡献的大小方面展开。当前，较为典型的客户商业价值关键指标是客户利润贡献度。

任何企业的最终目标都是利润的最大化，但销售额与利润额的大小并非总是正相关。所以企业在评价客户价值时，应着重考虑客户对企业利润贡献的大小和企业对客户投入的成本大小两个方面。具体指标计算如下：

$$\text{客户年利润贡献度} = \frac{\text{客户年利润}}{\text{客户年分摊的营销成本}}$$

$$\text{客户相对利润贡献度} = \frac{\text{客户年利润度}}{\text{客户年利润/企业年营销成本}}$$

其中，客户年利润是指客户每年与企业进行交易时，企业从中所获取的“年利润”，一般是指企业从与客户交易中所得销售额与客户购买企业所有产品的生产成本之间的差额。客户年分摊的营销成本是指客户一年所耗费企业的营销费用，主要包括企业发展客户本身所需一年的营销费用和企业、区域等平均分摊至客户上的累积费用之和。它包括直接分摊至客户上的拜访费、服务费、运输费、包装费和促销费用，其中促销费用包含直接面对单一客户的促销费用和由客户所在区域及企业全部促销费用平均分摊而得到的费用。

2）综合评价法。在关键指标法应用的过程中，人们发现客户除了购买活动产生的既有价值，同时还存在着潜在价值、影响价值和学习价值，单纯一两项关键指标无法多方位地综合体现客户的价值。鉴于此，有些企业开始提出要建立一套全面的客户价值评价指标体系，该指标体系围绕着客户商业价值的几个部分，建立逻辑严密、相互联系、互为补充的体系结构。客户商业价值综合评价指标体系将多个反映客户的既有价值、潜在价值、影响价值和学习价值等方面价值的单指标评价值用加权平均的方法综合成一个综合评价值，具有简明直观、结论明确、可操作性强的优点，其基本计算公式为：

$$\mathrm{CBV} = \sum_{i=1}^{n} W_i v_i$$

$$\sum_{i=1}^{n} W_i = 1, 0 \leqslant W_i \leqslant 1$$

式中 CBV——被评价客户商业价值的综合评价值；

v_i——被评价客户的第 i 个单指标的评价分值；

W_i——被评价客户第 i 个单指标的权重值，由于在不同行业、不同类型的特定企业，同一指标对其重要性程度各不相同，因此该权重应由各企业根据自身的价值判断来确定；

n——指标体系中商业价值单指标的总数。

运用指标体系的方式进行评价的关键在于评价指标体系建立的科学性和合理性，它是对客户商业价值进行准确评价的基础和前提，评价指标体系设置的好坏将直接关系到评价结果的准确性和全面性。在评价指标体系的基础上，企业可以进一步进行更加深入的数据分析和挖掘，最终实现客户商业价值排行和细分管理。

（3）客户商业价值的区分与管理

1）客户商业价值区分的步骤。对企业的客户进行区分，具体步骤如下：

①选定客户商业价值的计算方法。即确定使用关键指标法还是综合评价法，并在此基础上确定评价指标。

②搜集评价所需相关数据。

③利用上述选定的计算方法算出客户商业价值并对之加以排行。

④进行客户分组，即根据分值将客户商业价值分为若干等级。客户分组主要根据客户的商业价值、排行和在企业中客户的比例进行，通常将客户分为 4 类：a. VIP 客户，这类客户的数量不多，占企业客户数量的比例较小，一般将客户商业价值排行前 1% 的划分为该类客户；b. 重要客户，这类客户占企业客户数量的比例略大于 VIP 客户，但比例也较小，一般将客户商业价值排行前 5% 的除去 VIP 客户以外的划分为该类客户；c. 普通客户，将客户商业价值排行前 20%（或 30%，具体根据不同企业的需要而定）的除去前两类客户后的客户划分为该类客户；d. 小客户，除去以上 3 类以外的客户全部归入该类。

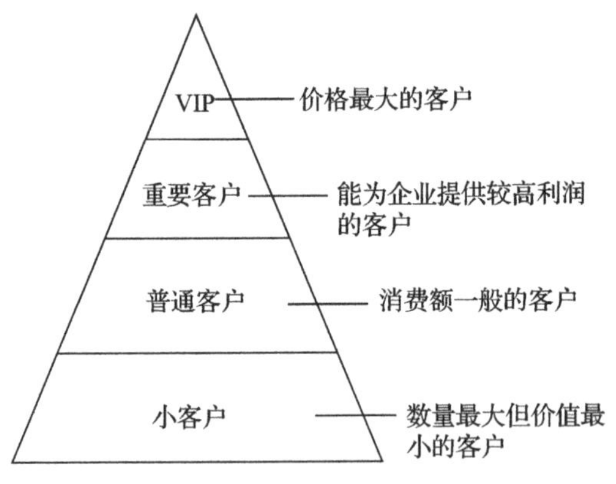

图 5－6　客户区分金字塔

⑤输出区分结果。根据客户分组结果，构成如图 5－6 所示的金字塔，处在金字塔顶端的是企业的 VIP 客户，其下依次为重要客户、普通客户和小客户。

2）基于商业价值区分的客户关系管理。通过对其商业价值的辨识和区别，有针对性地进行客户关系管理，企业只有对其加以有效的管理，才能使客户资源价值得以充分实现。

①VIP 客户的管理策略。这类客户一般数量不多，但他们的购买能力很强，购买金额在企业销售额中占的比例最大，对企业贡献的商业价值最大，位于客户金字塔的顶端。对于这类高盈利性的客户，企业对之的客户关系应进行重点管理，保持良好关系。VIP 客户应受到重点关注和保护，他们是企业竞争对手竭力要抢夺的目标，企业应对这类客户采取特殊的服务策略，将其视为上宾，使其享受到企业最优质的服务。

②重要客户的管理策略。VIP 客户对企业的贡献很大，但数量非常少，企业不应将所有精力都放到他们身上，而应将关注的重点放到为企业利润主要来源的重要客户身上。重要客户也是企业竞争对手奋力争夺的目标，企业应准备好向这些客户提供适度的折扣和激励，或者采用特殊服务的方式不断提升其满意程度，以保证在其他竞争者来临时，这些客户能保持对企业产品的忠诚。

③普通客户的管理策略。普通客户在企业中占的比例较高，但其购买额有限，

能为企业带来一定的利润。对于这类客户，企业应精心研究和培养他们，努力提高他们的满意度，以期在不久的将来使其转变为具有更高商业价值的客户。

④小客户管理策略。小客户人数众多，但对企业的盈利贡献很小甚至为负。对于此类客户，企业没有必要花费过多的精力，只需进行简单的维护。此外，企业还要控制住那些只能为企业带来负利润客户的数量。在竞争稀少或缺乏的行业内，淘汰一些这样的客户有一定的积极意义。

5.5.2 建立和利用客户档案

客户档案顾名思义就是有关客户情况的档案资料，是反映客户本身及与客户关系有关的商业流程的所有信息的总和，包括客户的基本情况、市场潜力、经营发展方向、财务信用能力和产品竞争力等有关客户的方方面面。

1. 建立客户档案

建立客户档案是为了缩减销售周期和销售成本，有效规避市场风险，寻求扩展业务所需的新市场和新渠道，并且通过提高、改进客户价值、满意度、盈利能力及客户的忠诚度来改善企业的经营有效性。

（1）收集客户档案资料　建立客户档案就要专门收集客户与公司联系的所有信息资料，以及客户本身的内外部环境信息资料。它主要有以下几个方面：

1）有关客户最基本的原始资料。包括客户的名称、地址、电话及他们的个人性格、兴趣、爱好、家庭、学历、年龄、能力、经历背景等，这些资料是客户管理的起点和基础，需要通过销售人员对客户的访问来收集并整理归档形成。

2）关于客户特征方面的资料。主要包括所处地区的文化、习俗和发展潜力等。其中对外向型客户，还要特别关注和收集客户市场区域的政府政策动态及信息。

3）关于客户周边竞争对手的资料。如对其他竞争对手的关注程度等，对竞争对手的关系要有各方面的比较。对于客户产品的市场流向，要准确到每个“订单”。

4）关于交易现状的资料。主要包括客户的销售活动现状、存在的问题、未来的发展潜力、财务状况及信用状况等。

（2）客户档案的分类整理　客户信息是不断变化的，客户档案资料会不断补充、增加，因此客户档案的整理必须具有管理的动态性。根据程序，可以把客户档案资料进行分类、编号定位并活页装卷。客户档案资料一般分为以下4个部分：

第一部分，客户基础资料，如客户背景资料，包括销售人员对客户的走访、调查的情况报告。

第二部分，客户购买产品的信誉、财务记录及付款方式等情况。

第三部分，与客户的交易状况，如客户产品进出货的情况登记表，实际进货与出货情况报告，每次购买产品的登记表，具体产品的型号、颜色、款式等。

第四部分，客户退赔、折价情况。例如，客户历次退赔折价情况登记表、退赔折价原因及责任鉴定表等。

以上每一大类都必须填写完整的目录，并编号，以备查询和资料定位；客户档案分年度清理，按类装订成固定卷保存。

客户建档工作有以下 4 个方面值得注意：

1）动态管理。客户的情况是会不断发生变化的，客户的资料也要不断加以整理。剔除过去旧的或已经变化了的资料，及时补充新的资料，对客户的变化进行跟踪，使客户管理保持动态性。

2）突出重点。有关不同类型的客户资料很多，要通过这些资料找出重点客户。重点客户不仅要包括现有客户，而且还应包括未来客户或潜在客户。

3）灵活运用。客户资料的收集管理目的是在销售过程中加以运用。所以，在建立客户资料卡或客户管理卡后不能束之高阁，应以灵活的方式进行更详细的分析，使死资料变成活资料，提高客户管理的效率。

4）专人负责。由于许多客户资料是不宜流出企业的，只能供内部使用，所以客户管理应确定具体的规定和方法，由专人负责管理，严格规范客户情报资料的利用和借阅。

2. 利用与开发客户档案

对客户档案的管理不能简单地认为是对客户资料的收集、整理，开发和利用才是真正的目的。要把客户档案作为企业资产来集中管理，通过客户档案信息的整理、分析、总结，提出可行的决策建议，指导企业的销售和客户服务，提高客户的满意度。

（1）划分客户类型，为不同类型的客户制定针对性的营销策略　根据对客户资料的分析，确定不同客户群对企业的价值、重要程度，针对不同客户群的消费行为、期望值等制定不同的销售服务策略。

（2）不断收集和研究客户需求　针对目标客户群的产品和服务需求对客户档案进行研究，并将之融入产品和营销策略中去，提高已有客户的满意度，抓住新客户。

（3）根据关键客户档案，针对性地采取措施挖掘客户价值　客户档案包含客户的基本信息、曾经接触的记录、客户的偏好等，针对不同客户制订有效的差异化关系维护计划。

（4）根据客户档案对销售人员进行管理　企业管理者可以通过回收销售人员的

客户档案卡来获知销售人员对某一客户的回访次数、日拜访客户数及新增客户数等。

（5）利用客户档案做好客户维系工作　有不少的农机企业常为销售人员的离职而带走客户苦恼不堪，其实这是因为其客户维系工作没有做好。客户本来应该是企业的，销售人员只能是代表企业与客户进行沟通和交流。要解决这一问题，企业就必须定期对客户进行维护。

（6）销售人员利用客户档案管理提高工作效率　销售人员通过客户档案对销售结构进行分析，从而可以充分、有效地利用自己有限的时间。

5.5.3　实施有效的客户信用管理

为了赢得更多的客户，占据更多的市场份额，越来越多的企业采取信用销售的形式来销售产品，农机企业在选择经销商客户时完全可以采取此种方法。信用是一种建立在信任基础上的能力，是不用立即付款就可获取资金、物资、服务等的能力。这种能力受到一个条件的约束，就是对所期望的未来付款的信任和认可。客户信用管理是指企业在市场交易过程中制定信用管理政策，收集客户信息，评估客户信用并进行授信，保障债权和回收，以及处置应收账款等一系列控制客户信用风险的管理活动。

1. 客户信用调查

客户信用调查是通过对客户信用状况进行调查分析，从而判断应收款项成为坏账的可能性，为防范坏账提供决策依据。

（1）选择客户信用调查的方法　销售部根据业务需要，提出对客户进行信用调查。财务部可选择以下方法对客户进行信用调查：

1）通过金融机构或银行对客户进行信用调查。这种方式可信度高，所需费用少。不足之处是很难掌握客户的全部资产情况和细节，因可能涉及多家银行，所以调查时间会较长。

2）利用专业资信调查机构进行调查。这种方法能够在短期内完成调查，费用支出较大，能满足公司的要求。同时调查人员的素质和能力对调查结果影响很大，所以应选择声誉高、能力强的资信调查机构。

3）通过行业组织进行调查。这种方式可以进行深入具体的调查，但往往受到区域限制，难以把握整体信息。

4）内部调查。询问同事或委托同事了解客户的信用状况，或从新闻报道中获取客户的有关信用情况。

（2）确定客户信用调查的内容　如果没有客户资信调查，也就无法客观、准确地进行信用分析，确定的客户信用度也就不能作为企业信用管理的基础。一般而言，客户信用调查的内容见表5－13。

表5－13　客户信用调查内容

客户信息项目	主要内容
基础资料	客户的名称、地址、电话、股东构成、经营管理者、法人代表及其企业组织形式、开业时间等
客户特征	企业规模、经营政策和观念、经营方向和特点、销售能力、服务区域、发展潜力等
业务状况	客户销售业绩、经营管理者和业务人员素质、与其他竞争者的关系、与本企业的业务关系及合作态度等
交易现状	客户的企业形象、声誉、信用状况、销售活动现状及优劣势、交易条件、出现的信用问题及对策等
财务状况	资产、负债和所有者权益的状况、现金流量的变动情况等

（3）处理信用调查结果

1）调查完成后应编写客户信用调查报告。

①客户信用调查完毕，财务部有关人员应编制客户信用调查报告，及时报告给授信额度管理小组。业务员平时还要进行口头的日常报告和紧急报告。

②定期报告的时间要求依不同类型的客户而有所区别。A类客户每半年1次即可，B类客户每3个月1次，C类客户要求每月1次。

③调查报告应按企业统一规定的格式和要求编写，切忌主观臆断，不能过多地罗列数字，要以资料和事实说话，调查项目应保证明确全面。

2）信用状况突变情况下的处理。

①业务员如果发现自己所负责的客户信用状况发生变化，应直接向上级主管报告，按“紧急报告”处理。采取对策必须有上级主管的明确指示，不得擅自处理。

②对于信用状况恶化的客户，原则上可采取以下对策：要求客户提供担保人和连带担保人；增加信用保证金；交易合同取得公证；减少供货量或实行发货限制；接受代位偿债和代物偿债，有担保人的，向担保人追债，有抵押物担保的，接受抵押物还债。

2. 评估客户信用状况

客户信用评估是企业或聘请信用评估机构在对客户进行全面考察分析的基础上，对其履行各种经济承诺的能力及其可信任程度所进行的综合分析和评价。客户信用评估的内容很多，但主要分为客户财务信息分析和客户非财务信息分析。

客户信用评估的内容众多，为了提高信用评估的效率和效益，在实际工作中，客户信用评估的内容主要包括5个方面：企业素质、资金实力、资金信用、盈利能力及发展前景。

当然，不同的企业、不同的客户，企业在进行客户信用评估时采用的评价指标体系也不尽相同。企业在进行具体客户信用评估时，可以根据实际情况选取这些指标中有代表性的指标作为考核评估的依据。

3. 确定客户信用等级

信用等级评定是授信者在认真研究客户信用信息档案、科学分析客户信用信息的基础上，对客户进行分类管理，合理授予不同客户信用赊销额度的管理活动。企业客户信用等级一般情况下设置为A、B、C、D 4个等级，每个等级下还可以继续分等级，如A级中分AAA级、AA级、A级，B级中分BBB级、BB级、B级，以此类推。不同的信用等级代表着不同的内涵。

A级：该类企业盈利水平很高；短期和长期债务的偿还能力很强；企业经营处于良性循环状态；不确定因素对企业经营与发展的影响很小。

B级：该类企业盈利水平处于中等；具有足够的短期和长期债务偿还能力；企业经营处于良性循环状态；不确定因素对企业经营与发展的影响较大，对企业的盈利能力和偿债能力产生较大的影响。

C级：该类企业盈利水平处于中等偏下的水平，甚至是亏损；短期和长期债务的偿还能力较弱；企业经营状况不好。

D级：该类企业处于严重亏损甚至是资不抵债的状态；短期和长期债务的偿还能力非常差；企业经营状况处在恶性循环中，处于破产状态。

4. 制定信用政策

信用政策是企业与客户进行商业交往时用于控制客户信用风险的对策，也是企业对外开展信用交易的根本依据和操作指南。在实际操作中，给予客户的信用政策主要体现在信用期限和信用额度两个方面。

（1）信用期限　信用期限是企业为客户规定的最长付款时间，确定适宜的信用期限是企业制定信用政策时首先需要解决的问题。较长的信用期限会吸引更多的客户，实现更高的销售额，较短的信用期限会影响到企业的销售规模。企业应根据客户的信用等级情况确定合理的客户信用期限。确定信用期限常用的方法有两种：谈判法和计量分析法。

1）谈判法是指企业与客户双方根据各自的实际情况及信用评估的结果，谈判确定信用期限。这种方法随意性较大，但使用起来较方便。

2）计量分析法是根据企业资金状况和信用成本分析确定。常用的计量分析法有销售额回笼天数法、边际分析法和净现值流量法。

① 销售额回笼天数法。企业在利用销售额回笼天数法计算客户信用期限时，可以根据行业平均销售额回笼天数、企业自身的市场竞争态势及客户的信用等级来进行确定。具体可采用以下公式计算：

$$客户信用期限=行业平均销售额回笼天数\times企业修正系数\times客户信用等级系数$$

② 边际分析法。其基本思想是：首先按以前年度的信用期限、本行业的信用期限或假定信用期限为零，设计一种基准信用期限作为分析基础，然后确定适当延长或缩短信用期限的几个方案，并测算更改信用期限后的边际成本和边际收益。按照边际收益大于边际成本的原则，选择最合适的信用期限。

③ 净现值流量法。此方法是以各信用期限的日营业净现值为标准来决定信用期限的决策方法。首先计算在不同信用期限条件下日营业净现值的大小，然后将所得结果进行比较，选择日营业净现值大的信用期限作为适应的信用期限。

（2）信用额度　信用额度又称为信用限额，是指企业根据其经营情况和每个客户的偿付能力规定允许给予客户的最大赊购金额。信用额度在一定程度上代表企业的实力，反映其资金能力及对客户承担的可容忍的赊销和坏账风险。其额度过低将影响到企业的销售规模，额度过高会增加企业的信用销售成本和坏账风险。因此，企业应根据自身的情况及客户的信用等级情况确定合理的客户信用额度。确定客户信用额度的方法很多，常用的有以下几种：

1）根据收益与风险对等原则确定客户信用额度。根据客户的预计全年购货量和该产品的边际贡献率计算出企业能从该客户处获得的收益额，并以该收益额作为每次该客户的信用限额。

2）根据客户营运资本净额的一定比例确定客户信用额度。一般来讲，客户在一定的生产经营规模下，其流动资产与流动负债的差额即营运资本净额也是大致稳定不变的。由于营运资本净额可以看作是新兴债务的偿付来源，因此，企业可以根据客户的营运资金规模考虑给予客户最终的信用额度的大小。

3）根据客户清算价值的一定比率确定客户信用额度。客户清算价值是客户因无力偿债或其他原因进行破产清算时的资产变现价值。清算价值体现了客户偿债的最后保证。如果客户的清算价值减去现有负债后还有剩余，企业可以向该客户提供信用，信用额度的大小也可以按照清算价值的适当比例来具体确定。

实战借鉴

东风农机开展老客户亲情服务回访活动

春回大地，万物复苏，又到一年春耕时。春耕备耕是决定一年收成的关键因素，为确保 2021 年春耕复产的有序进行，东风农机市场服务公司 & 东部营销公司精心策划，协同组建多支服务队伍，于 2021 年 4 月在江苏区域开展老客户亲情服务回访活动，助力农民春耕生产。

本次活动将以“客户关爱走访”形式展开，深入到更多的客户当中，为终端客户第一时间送上服务。对 2020 年销售的拖拉机底盘、空调等进行全面检查、保养，向客户宣传并对拖拉机的驾驶操作、维护保养及常规故障排除方法进行培训，对遗留问题彻底处理，消除隐患，确保客户机器在春耕作业期间保持正常工作。在回访过程中将以“传、帮、带”多维度培养全能型技术人员，收集客户各类需求信息、了解各区域农艺需求，为产品适应性和服务水平提升提供依据。

扬帆起航，关爱客户，东风农机将客户的利益始终放在第一位，从智能客服在线远程指导、全过程服务闭环、经销商服务培训、产品配件供应等方面提升综合服务质量。客户的满意是东风农机服务永恒的追求，紧跟客户的脚步，为保证客户的机器在何时何地都能发挥最大效能，为春耕复产保驾护航。

5.6 销售服务管理

销售服务是指企业在产品销售活动过程中，为客户提供各种劳务的总称。企业向客户销售产品时，总要伴随着一定的劳务付出，这些劳务付出是围绕着为客户提供方便，满足客户的需要，使客户在购买产品前后感到满意而进行的。销售服务的根本宗旨在于：让客户满意，树立企业形象，促进产品销售。

5.6.1 分析销售服务现状

随着农机化水平的不断提高，先进适用的农机具已经成为发展农业生产的重要依托。然而，与之形成鲜明对照的是，农机销售服务近年来却没有与时俱进，反而出现了很多问题。这些问题最突出地表现在以下 4 个方面：

1. 销售服务责任主体的责任不到位

农机产品的销售服务原本应由销售商或生产企业来承担，但由于农机销售市场目前比较活跃，销售服务队伍日趋庞大，鱼龙混杂。其中，有的生产企业为了抢占市场，增设过多销售网点，有的维修人员在经济实力、技术实力等条件都不成熟的情况下，实行混合经销、维修，造成农机产品销售服务责任主体的“三包”责任难以到位，从而使部分农机产品用户的合法权益得不到保障。

2. 售后服务质量仍有待提高

农机产品售后服务的重点，应该是产品维修，而农机产品维修服务质量的好坏，又主要取决于维修队伍的配置是否合理和维修人员技术水平的高低。目前，在这两个方面都存在着一些具体问题。首先是维修队伍难以实现科学合理的配置。很多经销商的售后服务主要靠产品生产企业安排维修人员，而企业又必须根据地区的市场情况来安排维修人员，有时候甚至出现某一产品在一个或几个县内仅有一个维修人员的情况，有时还有跨省调集维修人员的现象。农忙季节，机具“三包”服务不能及时到位，后果可想而知。同时，维修人员的专业技术素质堪忧。由于企业提供的专业技术人员非常有限，经销商不得不雇佣一些非专业的维修人员，如摩托车修理工、机电维修工等，这些维修人员面对着不断更新的农机，很难保证维修质量。

3. 跨区作业形式下网点服务范围之外的售后服务缺乏有效的解决办法

随着农机装备水平的提升，受土地流转、“绿色”通道等惠农政策的影响，农机具作业功能呈多样化发展趋势，其资源流动性不断增强，跨区作业就是国家鼓励的最基本的表现。而这个跨区作业一般都在服务网点之外，而且都是农忙季节，一旦出现故障，其修理问题很难得到有效解决。

4. 依法诉求时常无法收到应有的效果

农机用户在农忙季节操作使用农机具发生责任事故，在无法与经销商或生产企业协商一致的情况下，由于责任问题一般都是在农业生产操作过程中发生的，农机作业又有自己的特殊性，要提供专业的、有力的证据比较困难。加之，依法诉求是一个较长的过程，且各种程序较多，仅农忙季节影响生产带来的效益损失，就足以使农机户对走程序化的诉求渠道丧失信心。

5.6.2 开展售前服务管理

售前服务是通过精心研究客户的购买心理，在客户采取购买行动之前，为诱导和刺激客户的购买欲望，促使其采取购买行动而提供的各种服务工作。企业为客户提供售前服务的内容和方式主要包括以下几个方面：

1. 客户咨询服务

客户咨询服务是指企业运用产品的专业知识、技术资料和使用经验等，来解决客户提出的各种问题的一项销售服务工作。

（1）客户咨询服务的方式　客户咨询服务的方式须以客户提出咨询的方式为依据，主要包括：

1）信件咨询。当客户以信件的方式提出咨询时，企业应随之复信给予答复。

2）电信咨询。当客户以电话、电传或传真等方式提出咨询时，应以电话、电传或传真等方式迅速进行答复。

3）当场咨询。当客户在购买产品现场提出咨询时，销售人员应当场予以答复。

4）设点咨询。企业在客户集中的区域专门设立客户咨询服务点，征求客户意见并进行答复。

5）巡回咨询。企业派出咨询服务人员深入到重点客户中间，巡回征求客户意见和进行现场答复。

客户咨询服务的方式多种多样，企业可根据具体情况进行选择。在答复客户的咨询时，一是要运用丰富的产品知识和经验，口头向客户进行解答；二是要运用产品说明书和有关技术资料进行解答。

（2）客户咨询服务的基本要求

1）企业中负责客户咨询服务的人员要具备较丰富的产品知识和相关的业务知识，能够充分胜任客户咨询服务工作。

2）客户咨询服务人员在解答客户提出的各种问题时，一定要满腔热情，耐心细致，正确无误，以消除客户疑虑为准则。

3）向客户宣传介绍本企业产品的性能特点、质量和使用效能等情况时，一定要实事求是，名副其实，并要做到简明易懂，令人可信，以强化客户对本企业产品的认知为准则。

4）有条件的企业应设立专门的客户咨询服务机构，配备专业的客户咨询服务人员，建立完善的各项规章制度，有组织、有措施地开展客户咨询服务。

2. 代理设计服务

代理设计服务是指企业代替客户进行产品有关方面的技术设计的一种售前服务工作。这种售前服务工作主要是针对工业品用户。

（1）代理设计服务的内容　企业为客户提供技术设计服务的内容，主要包括以下几种形式：

1）选型设计服务。由企业指定的专门人员，按照客户提出的要求，根据客户的生产条件和发展前景，在对经济、技术和市场等综合因素进行全面分析论证后，帮助客户选择并设计合适的产品型号和规格。

2）配套设计服务。由企业派出有关技术人员，根据客户要求，对其购买本企业产品在使用当中所必需的配套设施进行技术设计，以便与本企业产品进行配套，更好地发挥使用效能。

3）安装设计服务。由企业派出有关技术人员，根据客户提出的要求，对其购买的本企业机器设备产品进行安装设计，帮助客户制定切实可行的设备安装施工方案，确保客户所购买的设备产品及时投入正常使用。

4）生产能力设计服务。由企业根据客户提出的要求，按照客户提供的各种技术资料，结合客户购买本企业产品投入使用后如何发挥效能提出具体建议；也可以根据客户对本企业产品效能的要求，进行技术设计和开发生产，然后定向销售给客户。

（2）代理设计服务的基本要求

1）应具有高超的专业技术和高度的负责精神。为客户提供技术设计服务，是一项关系着客户购买产品后如何发挥使用效能的重要工作，企业负责为客户提供这种服务的技术人员，必须具有高超的专业技术和高度的负责精神，能够充分胜任这项工作。

2）应严格按照客户的要求进行。企业为客户提供的各种设计服务，必须严格按照客户的要求进行，确保设计方案的先进性和可行性，不仅要使客户感到满意，更重要的是通过设计方案的实施，能够使客户购买的产品发挥出应有的效能，为客户创造更大的效益。

3）应主动征询客户的建议和意见。企业在为客户提供各种设计服务时，应主动征询客户的建议和意见，邀请客户派出有关技术人员参加设计的全过程，这样一方面能帮助客户掌握有关技术设计知识，另一方面又能保证各种技术设计方案得到客户的认可和满意。

3. 产品示范服务

产品示范服务是指农机销售人员为使客户了解和掌握本企业产品的特性、使用性能和操作方法等而开展的一种售前服务工作。企业提供产品示范服务的方式主要包括以下几种：

（1）产品操作示范服务　这是为便于客户了解和掌握本企业产品的操作使用技术和方法而采取的一种示范服务方式，也是一种适用于机器设备等产品的售前服务方式。一般是由农机销售人员或技术人员负责进行操作示范，同时指导客户进行实际操作，并向客户传授操作技术和方法。

（2）产品特性示范服务　这是为便于客户了解和掌握产品的性能、特点和价值等特性而采取的一种示范服务方式。一般是由农机销售人员现场向客户进行示范，并同时向客户进行宣传介绍，以增加客户对本企业产品特性的认识。

4. 产品选购服务

产品选购服务是指农机销售人员密切结合客户的需要，帮助客户选购产品而提供的一种售前服务工作。

（1）产品选购服务的内容及形式

1）帮助客户选型。根据客户购买产品的实际需要，帮助客户选择型号和规格相符合的产品。

2）帮助客户选价。根据客户的支付能力，帮助选择价格适合客户承受能力的产品。

3）帮助客户选量。根据客户对产品的数量的需求，帮助客户分析和选择每次购买产品的数量。

4）帮助客户选质。根据客户对产品质量的要求，帮助进行产品质量分析，挑选符合客户质量要求的产品。

（2）产品选购服务的基本要求

1）应诚心诚意地为客户当好购买产品的参谋，切实从维护客户的利益出发。

2）应善于了解与掌握客户的需求心理和购买产品的实际需要，有针对性地帮助客户选购产品。

3）在帮助客户选购产品时，切忌为达到产品售出的目的而弄虚作假、胡乱参谋，引诱客户做出错误的购买决策。

4）帮助客户选购的产品一定要符合客户的实际需要，使客户感到满意。这也是为客户提供产品选购服务的根本要求。

5. 代购产品服务

代购产品服务是指企业根据客户的委托或授权，代替客户购买本企业产品的一项售前服务工作。

（1）代购产品服务的内容

1）样本销售服务。由企业向客户提供各种产品的样本，由客户根据需要进行选购，也就是通常所说的看样订货。然后由企业按照客户的购买要求及相关条件，代替客户进行购买。

2）邮购销售服务。由企业把详细的产品目录和说明书通过信件寄给客户，由客户根据需要进行选购。客户选定后，通过函电告之企业进行订货，再由企业把产品发运给客户。

3）配套销售服务。企业在给客户代购产品时，根据客户的要求，代替客户购买与本企业产品相配套使用的其他产品，以便及时发挥产品的效能。

（2）代购产品服务的基本要求　企业代替客户购买产品，首先，必须讲究信誉，坚持对客户负责、为客户着想的原则，不能弄虚作假、欺骗客户，更不能趁机向客户推销劣质产品，损害客户利益。其次，为客户代购产品必须得到客户的委托或授权（如以客户的函电为依据），在不经过客户确切的同意下，不能贸然代替客户购买产品。再次，为客户代购产品，必须按照客户提出的产品名称、规格、型号、数量、质量等具体要求进行办理，不能违背客户的心愿，把自己的主意强加给客户。最后，在为客户代购产品的同时，应根据客户的要求，可代办产品托运或送货上门等，以便客户能够及时获得所需的产品。

6. 财务结算服务

财务结算服务是指企业为客户购买本企业产品而提供支付货款方面的一项销售服务工作。财务结算服务的形式主要包括以下两种：

（1）延期付款　这是商业信用形式之一。客户购买产品时，不当场支付货款，而是延迟到双方协商规定的某个日期，由客户一次性付清全部货款。企业为客户提供延期付款服务，一般适用于一次购买批量很大或购买价格昂贵的工业品。为急需某些工业品而又一时缺乏支付能力的客户提供这种服务，以便使这类客户可以先获得产品的使用权，日后再逐渐集资或用回收资金予以偿还。

（2）分期付款　这也是商业信用形式之一。客户在购买产品时，不必一次性付清全部货款，而是按照买卖双方协商规定的要求，先支付其中的一部分，其余部分分期还清。企业为客户提供分期付款服务，一般适用于价格较高的中高档耐用消费品、中大型工业品或批量购买产品。这种服务能够减轻客户暂时的经济困难，缓解客户因资金紧张对购买本企业产品的影响，起到鼓励客户即时购买的作用，有助于企业提高产品销售量。

7. 技术培训服务

技术培训服务是指企业根据用户的要求，为保证用户能够有效地操作使用和维修保养所购买的机具设备产品，而代替客户培训有关技术人员的一种销售服务工作。

(1) 技术培训服务的内容　技术培训服务的内容主要包括：一是为客户培训技术操作人员，以保证客户能够掌握机器设备产品的操作使用方法；二是为客户培训机器设备产品维修保养人员，以保证客户在机器设备产品使用过程中，一旦发生故障能够自行检修；三是为客户培训机器设备产品管理人员，以便于客户掌握机器设备产品的管理知识和方法，不断提高机器设备产品的使用效率。

(2) 技术培训服务的形式　企业为客户提供技术培训服务，可采取的形式主要有：一是内部培训法，在本企业内部开办技术培训班，由客户派出人员到本企业参加培训学习；二是现场实习法，由客户派出技术人员到企业作业现场跟班学习，由企业指定专人负责教练和指导；三是外出培训法，由企业应客户的要求，派出专业技术人员前往客户厂家，采取开办技术培训班、举办技术讲座或现场讲解指导等形式，对客户厂家的人员进行技术培训。

(3) 技术培训服务的要求　技术培训服务的要求主要包括：一是企业为客户提供的技术培训服务一定要适合客户的实际需要，有利于客户迅速掌握本企业产品的操作、维修、保修和管理等方面的技术知识；二是企业应挑选技术水平高、经验丰富的技术人员，担负为客户提供技术培训服务的工作，不断提高技术培训的质量和效果；三是企业在为客户进行技术培训服务当中，应善于把理论与实践结合起来，把课堂教学与实践指导结合起来，注重帮助客户解决各种技术疑难问题，以确保客户能够熟练地掌握机器设备产品的操作、维修、保养、管理方面的应用知识和实用技术，充分发挥出所购产品的效能和作用。

5.6.3 开展售后服务管理

成交不是营销活动的终止，在向客户出售产品以后，剩下的工作就是售后服务。通过售后服务，使客户买得放心，用得满意，从而增强客户对企业和产品的认同感和信任感，有利于扩大产品销售，提高营销工作的效率和效益。售后服务是指企业在产品售出之后，为给客户在使用产品当中带来更多的便利而提供的各种销售服务。售后服务与售前服务一样，也是企业产品销售活动的一项重要内容。

1. 明确售后服务的作用

(1) 售后服务是企业竞争的重要手段　在市场经济条件下，企业在产品品种、质量、价格基本相同的情况下，竞争的重心已转移到服务方面，服务竞争已成为企业竞争的重要内容。谁的服务好，客户评价高，谁就能赢得更多客户，就能在市场竞争中立于不败之地。

(2) 售后服务是密切企业与客户关系的重要途径　对任何企业来说，客户都是“上帝”。营销工作的成败关键在于能否拥有忠实、稳定的客户，一个重要途径就是向客户提供良好的售后服务。通过售后服务帮助客户解决产品使用过程中存在的问题，使客户得到满意和实惠。只要所提供的服务令客户满意，客户就会再次光临，并且会向企业推荐新客户，从而使企业逐步建立起一个相对稳定的潜在客户群体。

2. 进行售后服务管理

在激烈的市场竞争中，企业营销工作创造的售后服务的形式多种多样。就农机产品营销而言，主要有以下几个方面的内容：

（1）代送代运服务　代送代运服务是指企业根据客户的要求，采取一定的手段代替客户把所购买的产品运送到指定位置而提供的一种售后服务方式。企业为客户提供代送代运服务的内容及方式主要包括下列几个方面：

1）代办运输。这是由企业根据客户的委托，代替客户把购买的产品运送到指定的地点而提供的一种运输服务方式。

2）代办托运。这是由企业根据客户的要求，帮助客户办理有关产品的托运手续而提供的一种运输服务方式。

3）代客送货。这是企业为方便客户运输，主动为客户提供的一种运输服务方式，也就是送货上门服务。

企业在为客户提供各种运输服务时，首先，要征询客户的同意，特别是在提供代办运输和代办托运服务过程中，应与客户签订相应的协议。其次，要严格按照客户指定的运输方式、到货地点和时间等具体要求，做好运输服务，确保服务质量和用户满意。最后，企业在为客户提供运输服务时，一定要加强对客户所购产品的运输保护措施，防止产品在运输途中损坏、丢失、短少和被盗，以免给客户造成不必要的损失，而影响本企业的名誉，降低客户对本企业的信任。

（2）安装调试服务　安装调试服务是指企业为保证用户购买的机器设备产品能按技术要求顺利安装、正确调试、可靠地起动运行，而应用户要求派出技术人员到现场负责指导或直接进行安装调试的一种售后服务工作。

1）安装调试服务的内容。

①指导或负责编制施工的设计方案、安装调试方案和时间进度方案。

②指导或负责组织设备安装施工，解决设备安装过程中的各种技术疑难问题。

③监督和检查设备安装的质量，确保质量达到规定的技术标准。

④指导或负责进行设备调试，处理设备调试过程中发生的各种异常现象。

⑤指导或负责进行设备的起动运行，确保设备起动成功并正常投入使用。

2）安装调试服务的程序。

①安装调试的准备阶段。这一阶段的重点是组织专人负责检查设备、配件、附件、工具、图样及资料等是否齐全；由技术人员、质检人员、安装人员等根据所承担的设备安装调试特点和技术要求，编制施工的组织设计方案、安装调试方案和制定相应的技术措施，明确重点工艺环节和作业进度，建立专机专项质量检查卡片。

②安装调试的实施阶段。这一阶段的重点是严格按照工艺规定的质量要求和安装调试程序，指导或组织人员进行设备的安装调试工作，解决安装调试中出现的技术问题，监督检查安装调试质量，确保设备起动成功，达到规定的技术要求。

③安装调试的总结阶段。这一阶段的重点是在设备安装调试成功之后，对安装调试的工程质量进行总结评比，听取用户的意见和建议，以便改进产品设计和制造工艺，以满足用户未来的需要。

3）安装调试服务的基本要求。

①企业要派出技术水平高、责任心强的技术人员为用户提供安装调试服务。

②企业要保证安装调试质量，以便用户购买的产品能够及时发挥作用。

③企业要对用户安装调试的设备产品规定一定的保证期，保证期内可根据用户的要求，负责提供设备维修服务和技术指导服务。

（3）备件供应服务　备件供应服务是指工业品生产企业为保证用户购买的本企业的机器设备产品能够正常运转和发挥效用，而提供维修所用的备品备件的一种售后服务工作。企业为用户提供备件供应服务的方式主要有以下几种：

1）在承揽订货、考核生产任务和安排生产时间时，要做到备件和主机一样对待。

2）建立备件供应网点，由用户根据需要自行前去购买。

3）按照用户所需备件的订货，有计划地安排生产和供应。

4）对常用备件可采取批量生产、多级库存、随时供应。

5）对特殊备件可采取集中生产、集中供应。

6）对淘汰产品用的维修配件，应专门生产、专门供应。

企业无论采取哪种备件供应服务方式，对用户所需的备件都要确保质量可靠、品种齐全、数量充足、价格合理、供应及时，以使用户感到满意。

（4）加工改制服务　加工改制服务是指企业根据用户的要求，对原来销售给用户的设备、器具等产品进行部分再加工改制的一种销售服务方式。加工改制服务的主要内容有以下几种：

1）以旧改新，提高产品性能。

2）以小改大，提高设备效率。

3）修旧利废，提高旧设备利用率。

4）改进外观，提高美观程度。

5）改进型号，增加新的功能。

企业在进行加工改制旧产品时，要尽可能充分利用旧产品本身，并要保证经加工改制的旧产品功能有新的提高，切实满足用户所提出的要求。

（5）机具租赁服务　机具租赁服务是指生产企业根据用户的需要，将本企业生产的机器、工具、仪表、车辆等机具设备提供给用户在规定期限内使用，并相应收取租金的一种销售服务方式。这种销售服务方式与其他方式的不同之处在于：它不是把产品直接销售给用户使用，而是租赁给用户使用，在租赁期间产品所有权仍属于生产企业。

1）机具租赁的方式。

①融资租赁。即用户通过专业租赁服务公司提供的融通资金便利租赁机具设备的方式。这一方式的租赁期限较长，一般只适用于出租专用设备或成套设备。

②经营租赁。即用户通过产品生产企业提供的融资便利、维修、保险、风险服务等租赁机具设备的方式。这一方式租赁期限较短、租金较高，一般适用于技术过时快、适用性强的通用设备。

2）机具租赁服务的基本要求。

①租赁服务可由机具设备生产企业直接对承租用户，也可由生产企业把机具设备销给或租给专业租赁服务公司，由专业租赁服务公司直接对承租用户。

②企业实行租赁服务，必须与承租方在协商一致的基础上签订租赁合同，在合同中规定租赁的内容、方法、时间、费用及双方的权利和义务等。

（6）技术培训服务　这项服务分为两个方面。一是技术咨询服务，这是为了解决用户在使用新产品或技术较为复杂的农机过程中遇到的技术难题提供的服务；二是为广大用户培训合格的操作使用人员。这方面的工作一般由农机营销企业或依托农机生产企业联合进行技术培训，如近几年来开展的联合收割机和机动插秧机操作使用技术培训等。

（7）三包服务　三包服务是指企业对售出产品实行包修、包换、包退的具体做法。农机产品实行谁销售谁负责三包的原则。2010 年 3 月，国家质量监督检验检疫总局、国家工商行政管理总局、农业部、工业和信息化部发布《农业机械产品修理、更换、退货责任规定》，对农机产品的三包有效期、三包的方式、三包纠纷的处理，以及农机销售者、修理者、生产者各自应承担的责任和义务，做了详尽的规定，为保护农机用户的利益，妥善解决农机产品质量纠纷，提供了具体的法规依据。

农机营销员应认真学习、理解和执行农机产品的三包规定，既要对本企业负责，又要对广大农机用户负责，保证产品使用价值的实现。

1）包退包换服务。包退包换服务是指企业对于客户购买的产品，根据客户的要求，在一定期限内按一定条件给予客户退换的一种售后服务方式。企业对销售出去的产品实行有条件的包退包换，不仅是一个销售服务问题，也是一个对客户负责的问题。

①包退包换服务的内容。主要包括包换服务和包退服务两大方面。包换服务是指客户对购买后的产品感到不满意、产品质量有缺陷或不适合，而提出调换要求，则由企业负责给予调换。包退服务是指客户对购买的产品感到不适用或者有缺陷，由企业根据客户的要求予以退货。

②包退包换服务的要求。主要包括以下几个方面：

a. 企业对产品实行包退包换应有一定的条件尺度。对售出产品的退与换，必须做出明确具体的规定，明确属于什么问题允许退，属于什么问题允许换，以及什么条件下才允许退换，或者什么条件下不允许退换。总之，企业为客户提供的包退包换服务必须是有条件的，而不是无条件的。

b. 企业对产品实行包退包换应有一定的时间期限。对已销售产品的退与换，必须规定具体的时间范围，如售出后10天内或1个月内等，在这个时间范围内允许退换，超出这个时间范围则不予退换。所以，企业为客户提供的包退包换服务须具有一定的期限性和时效性，不可无限期地包退包换。

c. 企业对产品实行退换应有一定的标志。实行包退包换的产品应出具相应的凭证。如发给客户一个退换信誉卡，一则可作为允许退换的凭证，二则可表示本企业讲究信誉，起到广告宣传的作用。

d. 企业对客户退换产品应热情相待。企业的销售人员在为客户提供退换产品服务过程中，应与客户购买产品时一样热情相待，不能显示出不高兴或不耐烦的态度。否则，即使为客户提供了退换服务，也很难达到提供这种服务的目的和效果。

2）产品维修服务。产品维修服务是指企业对售出的产品在客户使用过程中发生故障或造成损坏而负责进行修理，使之恢复正常功能的一种售后服务工作。

①产品维修的种类。产品维修服务主要包括包修业务和日常维修业务。

a. 包修。这是指产品在保修期内的维修服务工作。企业在产品销售过程中，应根据产品的使用寿命和国家有关产品销售的包修规定，明确制定产品的包修期限。在规定期限范围内，客户购买的产品如果发生损坏或故障，企业有责任和义务对产品实行包修。

b. 日常维修。这是指对超过包修期限的产品所进行的维修服务工作。客户购买的产品在超过包修期限之后，如果发生损坏和故障，企业也应予以提供维修服务。虽然这不属于企业的硬性责任和义务，但是这对建立企业的信誉、促进产品销售具有不可低估的作用。

②产品维修的方式。企业为客户提供产品维修服务的方式主要包括下列几种：

a. 定点维修。这是由企业设置固定的维修场所，对客户购买的产品进行维修的一种方法。这种维修方法的特点在于：企业在购买本企业产品较为集中的地区建立维修服务部或服务站等固定维修的服务网点，配备相应的维修设施和技术人员，由客户把发生故障或损坏的产品送入企业设立的固定网点进行维修。

b. 上门维修。这是企业应客户的要求，派出维修人员前往客户所在地对产品进行修理。这种维修服务的特点在于：企业不必设立固定的维修网点，只需要配备专业的维修队伍在企业待命，一旦接到客户提出维修要求的信件或电函，便把维修人员派往指定地点，登门给客户修理产品。

c. 巡回维修。这是由企业建立巡回维修队伍，前往使用本企业产品的客户当中检查产品使用情况，一旦发现有故障或损坏的产品及时进行维修。

d. 委托维修。这是企业在某一产品销售地区不设立自己的维修部门，而是委托该地区同类企业的维修部门或专业修理部门代为修理本企业的产品。

③维修服务的基本要求。主要包括这样几个方面：

a. 企业要建立一支具有高度负责精神和较高技术水平的维修队伍，以确保能够充分胜任本企业产品的维修需要。

b. 企业的维修人员要牢固树立全心全意为客户服务的指导思想，不断提高维修水平和质量，保证经维修后的产品能恢复原有的功能。

c. 企业要供应充足的零配件，不仅为现行型号的产品，而且要为旧型号的产品提供零配件，以满足本企业各种产品的维修需要。

d. 企业要建立客户档案，归类整理和长期保存所有的产品修理记录。

农机营销企业在销售产品时，要如实向客户介绍产品的使用、维护、保养等方面的注意事项及售后服务方式、修理单位，提供有效的发票和售后服务的凭证。应设置三包服务机构，配备与经营规模相适应的三包服务人员。农忙季节应提供农机维修热线和 24 小时的昼夜服务，处理故障应做到及时，要向客户承诺处理故障的时限，并根据企业实际提供三包期外的有偿维修服务。

5.6.4 提高服务质量

1. 实施服务营销策略

现在，越来越多的企业关注提供快捷、高效、优质的销售服务，通过销售服务来开拓和维护市场。可以说，实施服务营销策略是全面提升客户满意度和忠诚度的必由途径。

（1）实施服务一体化　要使客户满意，必须搞好服务一体化工作，全方位、立体式地让客户从心理上感到满意。服务一体化包括售前和售后服务工作，它们相互联系，相互作用。服务一体化从纵向上看，是关系到产品销售全过程的服务；从横向上看，是多种服务项目、服务方式的综合。

（2）提供个性化的服务　现在，很少有企业还面对大众化的需求，把客户看作具有相似消费需求群体的一员。物流业、酒店业、金融业、医疗业、服装业、教育业及娱乐业等各个行业，甚至是政府职能部门，都在主张为客户提供个性化的服务。当然，要做到个性化服务，不仅需要进一步细分市场，树立“以客户为中心”的理念，还需要依托销售服务硬件设备，特别是充分利用网络技术，提高个性化服务的水平。

（3）实施一对一营销　这种营销策略为客户提供针对性的个性化互动沟通方案，它不只是关注市场的占有率，还尽量增加每位客户的购买额，也就是在一对一的基础上提升对每位客户的占有程度，最终目标是提升整体的客户忠诚度，并使客户的终生价值达到最大化。当然，一对一的营销需要通过与客户一对一地沟通交流，设计一对一的定制产品和服务，构建一对一的销售组织，提供一对一的客户服务等环节才能实现。

（4）依据客户生命周期的不同阶段实施不同的服务　客户生命周期主要分为考察期、形成期、稳定期和衰退期4个时期。实施服务营销策略，还需要针对不同的客户生命周期实施不同的客户服务策略。

2. 建立销售服务的质量指标体系

为了提高销售服务质量，建立销售服务的质量指标体系非常重要，实际运用过程中要把握住两个方面：一是服务质量过程指标体系的设置，服务是一个过程，没有高质量的服务过程也就难以保证高质量的服务结果；二是服务质量绩效指标的设置，抓住影响服务质量的关键指标，对提高服务质量至关重要。

（1）服务质量过程指标体系的设置　20世纪80年代中期到90年代初，美国营销学家普拉苏拉曼（Parasuraman）、约瑟曼（Zeithaml）和贝利（Berry）等人提出5GAP模型。该模型专门用来分析质量问题的根源，其目的是通过分析服务质量问题产生的原因，指导管理者发现质量问题的根源，并寻找适当的消除差距的措施，提高服务质量。图5－7所示为服务质量差距分析示意图，客户差距5即客户预期与客户实际感知的服务之间的差距——这是差距模型的核心，要弥合这一差距，就要对其他4个差距进行弥合。

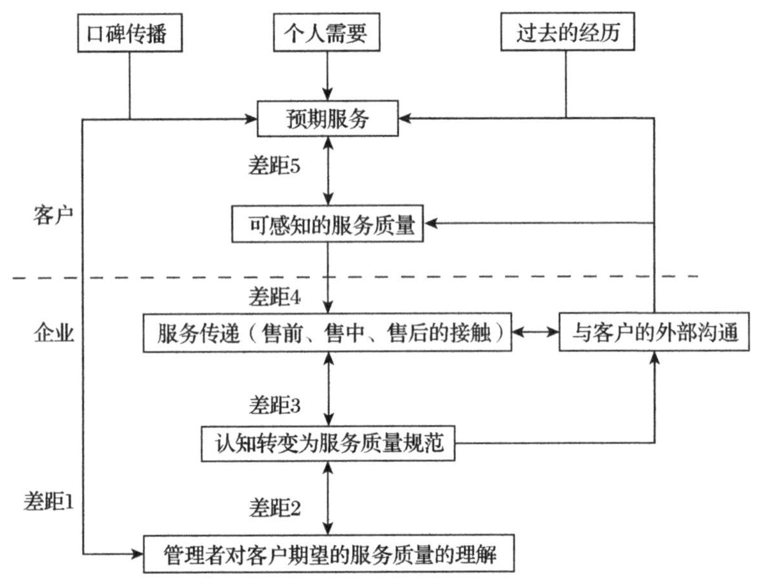

图5-7　服务质量差距分析示意图

（2）服务质量绩效指标的设置　服务质量绩效测量的是服务质量的结果，它取决于服务内容、提供服务质量的水平能力和客户对服务质量的需求与期望。近10年来，管理者和学者广泛接受和采用SERVQUAL模型来进行分析，并结合具体测评行业特性，来对客户所接受的不同服务的服务质量进行评价，从而达到改进服务的目的。研究表明，该模型适合于测量信息系统服务质量，是一个评价服务质量和用来决定提高服务质量行动的有效工具。表5-14为SERVQUAL服务质量量表。

表5-14　SERVQUAL服务质量量表

要素	组成项目	1	2	3	4	5	6	7
有形性	1. 有现代化的服务设施							
	2. 服务设施具有吸引力							
	3. 员工有整洁的服务和外表							
	4. 企业设施与其所提供的服务相匹配							
可靠性	5. 企业向客户承诺的事情能及时地完成							
	6. 客户遇到困难时，能表现出关心并提供帮助							
	7. 企业是可靠的							
	8. 能准确地提供所承诺的服务							
	9. 正确记录相关的服务							

（续）

要素	组成项目	1	2	3	4	5	6	7
响应性	10. 不能指望企业告诉客户提供服务的准确时间※							
	11. 期望企业提供及时的服务是不现实的※							
	12. 员工并不总是愿意帮助客户※							
	13. 员工因为太忙以至于无法立即提供服务，以满足客户需求※							
保证性	14. 员工是值得信赖的							
	15. 在从事交易时客户会感到放心							
	16. 员工是有礼貌的							
	17. 员工可以从企业得到适当的支持，以提供更好的服务							
移情性	18. 企业不会针对不同的客户提供个别的服务※							
	19. 员工不会给予客户个别的关怀※							
	20. 不能期望员工了解客户的需求※							
	21. 企业没有优先考虑客户的利益※							
	22. 企业提供的服务时间不能符合所有客户的需求※							

注：1. 问卷采用7分制，7表示完全同意，1表示完全不同意，中间分数表示不同的程度。问卷中的问题随机排列。

2. ※表示对这些问题的评分是反向的，在数据分析前应转换为正向得分。

3. 提高销售服务质量

提高销售服务质量是指要求企业所有部门和全体人员参加的，以服务质量为核心，以客户忠诚为导向，从为客户服务的思想出发，综合运用现代管理手段和方法，建立完整的质量体系，通过全过程的优质服务，全面满足客户需求的质量管理活动。

（1）选择最有价值客户　企业实施忠诚导向的销售服务质量管理的对象并不是所有客户，而是最有价值客户。企业在与客户建立关系之前，应进行客户潜在的成本与利益的衡量对比分析，并在潜在对象中确定真正的有利可图者。建立、维持和发展客户关系，势必牵涉大量投资，若企业从这种关系中的获益不能弥补投资并获取合理利润，则建立关系是不明智的。只有与最有价值客户建立联系，才能最有效地配置和利用企业的资源，才能提高收益和利润。

（2）建立学习关系　学习关系表现为客户说出他们的需要，企业根据客户的需要定制产品和服务。企业必须与最有价值客户建立学习关系，只有这样才能获得、保持和发展最有价值客户。需要强调，客户信息数据库是企业与客户间建立学习关系的关键。

（3）借助网络技术和电子商务技术建立与客户的全面互动关系　现代网络技术和电子商务技术为企业建立与客户的全面互动关系提供了良好的工具和手段，企业可以通过网络把企业和客户联成一体，并对服务流程进行整合，从而为客户提供一个集成的、一体化的、互动式的高效销售服务。

(4) 制造满意员工　客户感知的服务质量绝大部分由销售人员决定，员工的操作水平和熟练程度影响技术质量，而员工的精神面貌和友善态度影响功能质量。因此，只有满意的员工才能创造出满意的客户。

(5) 规范服务蓝图　服务蓝图是对服务所做出的可视性的整体描述，它有利于加深销售人员对整个服务过程的认识，加深对服务质量的了解，认清自身在服务中所扮演的角色，确保服务前后过程的衔接。此外，服务蓝图有利于企业有效地引导客户参与服务过程并发挥积极作用，明确质量控制活动的重点，使服务提供过程更合理。最后，服务蓝图还有助于识别服务提供过程中的失败点和薄弱环节，改进服务质量，并全面提升服务的质量。

(6) 进行服务创新　以客户为中心的销售服务是一个差别化服务的概念，企业面对的客户很多，不同层次的客户需求各不相同，采取统一标准和模式的服务来满足所有客户的需求是不可能的。在资源有限的情况下，企业要为客户提供满意的服务，应走差别化服务的路子，即对不同的客户提供不同的产品和服务、不同的服务流程、不同的定价水平和不同的服务环境，这就需要对服务进行持续的创新。

(7) 进行服务补救　企业的销售服务难免有失误，服务失误伤害了客户的感情，必然会引起客户的不满、投诉甚至背离。但是，企业如果能够及时进行补救和补偿，如通过道歉、送礼物、免费、提供额外服务等办法向客户真诚地表达自己的歉意，就可以重新赢得客户。

(8) 多方参与，共同控制服务质量　销售服务质量的提高是一个系统化过程，仅仅通过销售人员参与控制服务质量很难有理想的效果。因此，多方参与共同控制是提高服务质量的必由途径：一是让客户参与监督控制，提高客户的感知服务质量；二是让员工参与服务质量监测，减少对销售服务绩效考评的抵触情绪；三是利用统计过程进行监测，构建和使用质量控制图来监测服务质量。

(9) 利用标准跟进法　该法是将自己的产品、服务和营销与竞争对手，尤其是行业最强的竞争对手的标准进行对比，在比较和检验的过程中，逐步从策略、经营和业务管理等方面确立自己的目标。标准跟进法是目前比较常用的提高销售服务质量的一种方法，通过与竞争对手的多方面比较，找出自己的差距，不断提高服务质量。

(10) 实施客户关怀管理　客户关怀是通过对客户行为的深入了解，主动把握客户的需求，通过持续的、差异化的服务手段，为客户提供合适的服务或产品，最终实现满意度的提高和客户忠诚度的培养。客户关怀是从销售管理中的售后服务发展而来的，在以客户为中心的商业模式下，客户关怀是提高客户满意度的重要途径。随着竞争的日益激烈，企业必须提供主动的、超值的、让客户感动的服务才能赢得客户的满意，这就是客户关怀的理念。

实战借鉴

常发集团三包服务流程

常发集团三包服务流程可总结为图5-8。

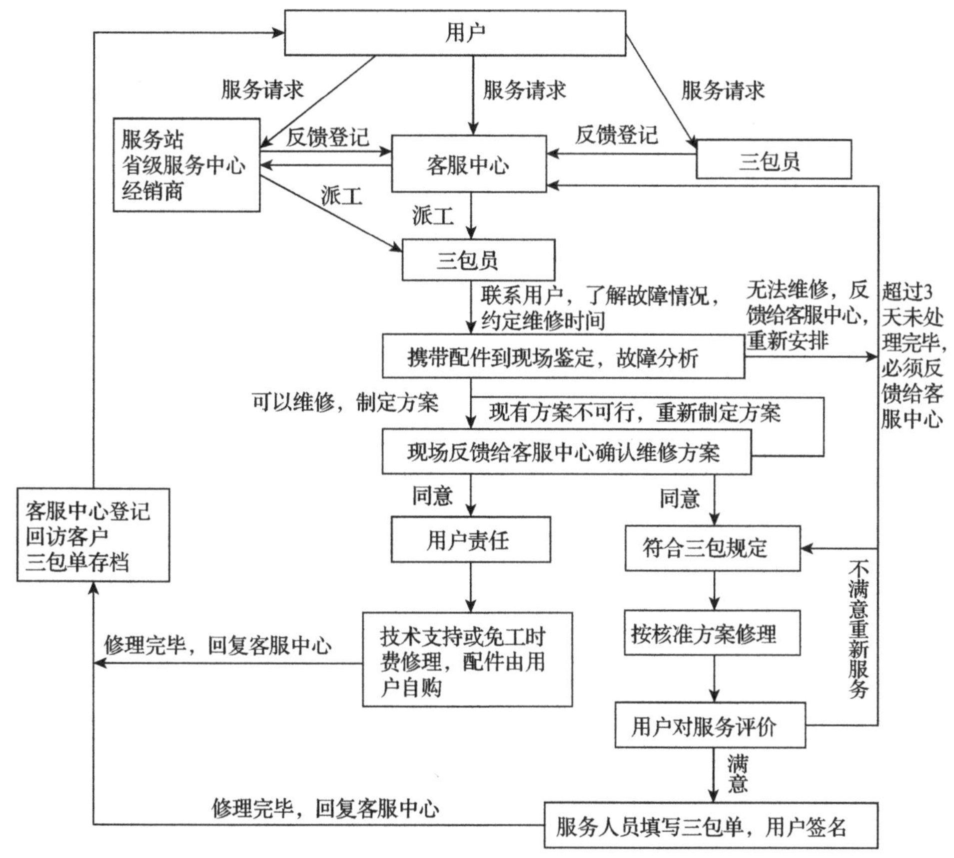

图5-8 常发集团三包服务流程

关于客服中心，有以下几点说明：

1）客服中心接收到用户投诉信息后须立即上报服务部负责人，同时协调相关人员及部门制定解决方案，经批准后立即安排处理。

2）客服中心接收到用户咨询信息后直接回复用户或咨询相关部门后再回复给用户。

3）客服中心接收到用户建议、表扬信息，记录整理后反馈给相关部门。

4）客服中心接收到用户配件需求信息，转给配件门市部处理或记录整理后转给配件门市部处理。

附　录

2021—2023 年农机购置补贴实施指导意见

为指导各地规范实施农机购置补贴政策，充分发挥政策效益，推动农业机械化向全程全面高质高效转型升级，有效支撑粮食安全、重要农产品有效供给和农民增收，促进农业高质高效发展，助力全面推进乡村振兴、加快农业农村现代化，农业农村部办公厅、财政部办公厅于 2021 年 04 月 06 日发布了《2021—2023 年农机购置补贴实施指导意见》。

一、实施原则

坚持以习近平新时代中国特色社会主义思想为指导，全面贯彻党的十九大和十九届二中、三中、四中、五中全会精神，落实党中央“三农”工作决策部署和《国务院关于加快推进农业机械化和农机装备产业转型升级的指导意见》（国发〔2018〕42 号）要求，以满足亿万农民对机械化生产的需要为目标，以稳定实施政策、最大限度发挥政策效益为主线，落实构建新发展格局要求，破除制约要素合理流动的堵点，进一步畅通农业机械化发展各个环节，支持引导农民购置使用先进适用的农业机械，引领推动农业机械化向全程全面高质高效转型升级，加快提升农业机械化产业链现代化水平，为实施乡村振兴战略、推进农业农村现代化提供坚实支撑。

二、实施重点

（一）在支持重点方面着力突出稳产保供。将粮食、生猪等重要农畜产品生产所需机具全部列入补贴范围，应补尽补。将育秧、烘干、标准化猪舍、畜禽粪污资源化利用等方面成套设施装备纳入农机新产品补贴试点范围，加快推广应用步伐。

（二）在补贴资质方面着力突出农机科技自主创新。推广使用智能终端和应用智能作业模式，深化北斗系统在农业生产中的推广应用，确保农业生产数据安全；通过大力开展农机专项鉴定，重点加快农机创新产品取得补贴资质条件步伐，尽快列入补贴范围；对暂时无法开展农机鉴定的高端智能创新农机产品开辟绿色通道，通过农机新产品购置补贴试点予以支持。

（三）在补贴标准方面着力做到“有升有降”。一是提升部分重点补贴机具补贴额，测算比例从30%提高到35%，包括水稻插（抛）秧机、重型免耕播种机、玉米籽粒收获机等粮食生产薄弱环节所需机具，丘陵山区特色产业发展急需的新机具及智能、复式、高端产品。二是逐步降低区域内保有量明显过多、技术相对落后的轮式拖拉机等机具品目的补贴额，到2023年将其补贴额测算比例降低至15%及以下，并将部分低价值的机具退出补贴范围。

（四）在政策实施方面着力提升监督服务效能。一是提升信息化水平，推广应用手机App、人脸识别、补贴机具二维码管理和物联网监控等技术，加快推进补贴全流程线上办理。二是加快补贴资金兑付，保障农民和企业合法权益，营造良好营商环境。优化办理流程，缩短机具核验办理时限。三是充分发挥专业机构技术优势和大数据信息优势，提升违规行为排查和监控能力。对套取、骗取补贴资金的产销企业实行罚款处理，从严整治违规行为。

三、补贴对象和补贴标准

补贴对象为从事农业生产的个人和农业生产经营组织（以下简称“购机者”），其中农业生产经营组织包括农村集体经济组织、农民专业合作经济组织、农业企业和其他从事农业生产经营的组织。

中央财政农机购置补贴实行定额补贴。农业农村部、财政部组织制定发布全国补贴范围内各机具品目的主要分档参数。各省（含各省、自治区、直辖市及计划单列市、新疆生产建设兵团、广东省农垦总局、北大荒农垦集团有限公司）可围绕粮食生产薄弱环节、丘陵山区特色农业生产急需机具及智能、复式、高端农机产品的推广应用，选择不超过10个品目的产品提高补贴额，其补贴额测算比例可提高至35%。

2021年起，各省要对区域内保有量明显过多、技术相对落后的轮式拖拉机等机具品目或档次降低补贴标准，确保到2023年将其补贴机具补贴额测算比例降低至15%及以下。实行降标的机具品目或档次确定后，各省要及时向农业农村部、财政部报告，有关情况将纳入农机购置补贴政策落实延伸绩效管理重要考核指标。

四、资金分配与使用

农机购置补贴主要用于支持购置先进适用农业机械，以及开展有关试点和农机报废更新等方面。各省农业农村部门会同财政部门采用因素法（包括基础性因素、政策性因素、绩效因素、巩固拓展脱贫攻坚成果因素等）测算分配资金。财政部门会同农业农村部门加强资金使用情况监测。

在资金使用方面着力探索创新方式。组织开展农机购置综合补贴试点，选择部分有条件、有意愿的省份探索创新补贴资金使用与管理方式，实施作业补贴、贷款贴息、融资租赁承租补助等补贴方式，提升农民购机用机能力。

五、实施要求

（一）加强领导，明确分工。各级农业农村、财政部门要建立健全政府领导下的联合实施和监管机制，切实加强组织协调，密切沟通配合，健全完善风险防控工作制度和内部控制规程，明确职责分工，形成工作合力。要组织开展业务培训和廉政警示教育，提高补贴工作人员业务素质和风险防控能力。要进一步明确职责分工，深入落实县级及以下农业农村部门组织实施、审核和监管责任和财政部门资金兑付、资金监管责任。要加强绩效管理，形成管理闭环，切实提升政策实施管理工作能力水平。

农业农村部农机化总站要发挥好技术支撑和行业指导作用，负责指导各地农机鉴定、推广、监理机构做好农机购置补贴技术支撑和管理服务工作，共同为政策实施提供有力保障。

各省要加强对农机鉴定工作的领导和监督，加快农机专项鉴定大纲制修订，组织所属或指定的农机鉴定机构公布鉴定产品种类指南，规范开展鉴定及其采信工作，及时公开鉴定证书、鉴定结果和产品主要技术规格参数信息。进一步加强试验鉴定（认证）证书及其采信的检验检测报告等投档资料规范性抽查，对多次或重复出现问题及管理水平较低、违规风险较大的检测机构，纳入黑名单管理，对其发放的证书（报告）不予采信，并建议有关主管部门暂停或终止相关机构检测资质，将相关处理措施予以公开通报。

（二）优化服务，提升效能。各省要依托农机购置补贴申请办理服务系统（以下简称“办理服务系统”），动态分析基层农业农村和财政部门办理补贴申请具体时限，及时预警和定期通报超时办理行为，督促各地切实加快补贴申请受理、资格审核、机具核验、资金兑付等工作。畅通产业链供应链，营造良好营商环境，保障市场主体合法权益，对经司法机关认定为恶意拖欠农机生产经销企业购机款的购机者，取消其享受补贴资格。提高补贴机具核验信息化水平，加快农机试验鉴定、补贴机具投档、牌证管理、补贴资金申领等环节信息系统的互联互通，推动补贴机具由人工核验向信息化核验转变。积极探索补贴申请、核验、兑付全流程线上办理新模式，推进农机购置补贴实施与监管信息化技术集成应用。

（三）公开信息，接受监督。各级农业农村部门要因地制宜、综合运用宣传挂图、报纸杂志、广播电视、互联网等方式，以及村务公开等渠道，全方位开展补贴政策与实施工作宣传解读，着力提升政策知晓率，切实保障购机者、生产经销企业和广大农民群众的知情权、监督权。要健全完善农机购置补贴信息公开专栏，按年度公告近三年县域内补贴受益信息，公开违规查处结果等信息，主动接受社会监督。

（四）加强监管，严惩违规。各省要全面贯彻本通知和《农业农村部办公厅、财政部办公厅关于进一步加强农机购置补贴政策监管强化纪律约束的通知》（农办机〔2019〕6号）和《农业部办公厅、财政部办公厅关于印发〈农业机械购置补贴产品违规经营行为处理办法（试行）〉的通知》（农办财〔2017〕26号）要求，认真落实风险防控责任和异常情形主动报告制度，严格信用管理和农机产销企业承诺制，充分发挥专业机构的技术优势和大数据的信息优势，有效开展违规行为全流程分析排查，强化农财两部门联合查处和省际联动处理，从严整治突出违规行为，有效维护政策实施良好秩序。

各省农业农村、财政部门要根据本指导意见，结合实际制定印发本省2021—2023年实施方案，并抄报农业农村部、财政部。每年12月15日前，要将全年中央财政农机购置补贴政策实施（含试点工作开展情况）总结报告报送农业农村部、财政部。

2021—2023年农机购置补贴实施操作要求、补贴机具种类范围、农机专项鉴定产品购置补贴实施工作规范（试行）、农机新产品购置补贴试点工作指引、农机购置补贴实施有关备案工作申报材料格式要求详见农业农村部网站。

参考文献

[1] 施颖．农机市场营销 [M]．北京：机械工业出版社，2014.

[2] 赵轶．市场调查与分析 [M]．北京：清华大学出版社，2011.

[3] 蔡瑞林．销售管理实务 [M]．北京：人民邮电出版社，2011.

[4] 袁燕，钟红霞．新编市场营销 [M]．北京：东方出版社，2013.

[5] 钱增泉．市场营销学 [M]．南京：东南大学出版社，2007.

[6] 黄彪虎．市场营销原理与操作 [M]．北京：北京交通大学出版社，2008.

[7] 李岩，黄业峰．市场营销学 [M]．北京：科学出版社，2006.

[8] 杨春富．营销渠道管理 [M]．南京：东南大学出版社，2006.

[9] 贾凯君．新概念营销 [M]．北京：中国经济出版社，2007.

[10] 曹成喜．市场营销 [M]．上海：立信会计出版社，2004.

[11] 任锡源．营销策划理论与实务 [M]．北京：首都经济贸易大学出版社，2006.

[12] 李红梅．市场营销实务 [M]．北京：电子工业出版社，2009.

[13] 张新植，乔金友，刘宏新，等．农业机械管理 [M]．哈尔滨：黑龙江科学技术出版社，2008.

[14] 张瑞宏，孙玉兴．农机化运用实务 [M]．北京：中国农业出版社，2004.

[15] 科特勒，凯勒，卢泰宏．营销管理：第 13 版 [M]．卢泰宏，高辉，译．北京：中国人民大学出版社，2009.

[16] 张宗毅．农机购置补贴政策影响评估 [M]．北京：中国社会科学出版社，2019.

[17] 周振．农业机械化对中国粮食产出的影响研究 [M]．北京：经济管理出版社，2019.

[18] 农业部农业机械试验鉴定总站，中国农业机械化科学研究院，中国农业大学，等．中国农业机械化大事记（1949—2009）[M]．北京：中国农业出版社，2010.